《无锡旅情》是由我带队参加 1985 年日本筑波世博会期间策划的一首日文歌曲。这首歌曲成为日本红白歌赛的第一名，成为日本唱片发行量最大的歌曲，成为日本人人会唱且几十年经久不衰的金曲，成为一首歌营销一个城市、进而营销一个国家的国际著名案例，引起中国 10 座城市和许多国家纷纷效仿。因此，受到美国科特勒营销集团总裁米尔顿·科特勒和世界休闲组织主席德雷克·卡塞的点赞；原国家旅游局副局长、世界旅游组织执行主任祝善忠在他的著作《营销中国》中说："《无锡旅情》是营销中国的里程碑。"

  图为《无锡旅情》当年歌曲的中文翻译版。词曲由我的日本朋友、NHK 电视台音乐节目主持人中山大三郎创作，歌词由金石翻译。为了在 20 世纪 90 年代国内卡拉 OK 普及和我出版图书的需要，五线谱由我的女儿邵欣然翻译成简谱。（详见丛书之四《案例剖白说营销》）

联合国世界旅游组织原秘书长弗朗加利先生为丛书写序并友好会见。

与世界休闲组织原主席德雷克·卡塞会见。

被美国前总统约翰逊称为"金手指"、被世界财富500强奉为"高层管理者精神导师"的弗朗西斯·麦奎尔,来华演讲时与作者互相赠书,合影留念。

北京大学设立"旅游精英实践讲坛"。2006年4月12日,北大邀作者在英杰中心讲授营销策划课。此图为讲座前一周,北京大学设计的在校网发布和在校园内张贴的讲座海报。

1985年率团参加日本筑波举办的世博会,图为中国馆。

1985年策划和创意的歌曲《无锡旅情》,受到中宣部、外交部领导的肯定,被原国家旅游局的领导誉为"中国旅游营销的里程碑"。《无锡旅情》发行成功后,词曲作家中山大三郎和发行人山田广作与作者在卡拉OK合影。

为拓展港澳台和东南亚旅游，1986年带团参加第一届香港国际旅游博览会。在第一届香港国际旅游博览会新闻发布会上，介绍中国旅游情况。

1987年带团赴联邦德国参加全球最大规模的汉诺威世界工业博览会。展会期间，与德国同行洽谈业务，进行市场调研。

被品牌中国年度人物组委会评为 2008 年度十大品牌专家。

2015 年 12 月 28 日,被中国品牌策划大会评为"推动中国好品牌创新发展领军人物"。

邵春旅游丛书之四：市场推广篇

案例剖白说营销

邵春 著

中国旅游出版社

责任编辑：刘志龙
责任印制：闫立中
书名题字：陈松南
封面设计：中文天地

图书在版编目（CIP）数据

案例剖白说营销 / 邵春著. -- 北京：中国旅游出版社，2019.8

（邵春旅游丛书）

ISBN 978-7-5032-6253-1

Ⅰ. ①案… Ⅱ. ①邵… Ⅲ. ①旅游市场－市场营销－案例 Ⅳ. ①F590.8

中国版本图书馆CIP数据核字（2019）第080360号

书　　名：	案例剖白说营销
作　　者：	邵春　著
出版发行：	中国旅游出版社
	（北京建国门内大街甲9号　邮编：100005）
	http://www.cttp.net.cn　E-mail:cttp@mct.gov.cn
	营销中心电话：010-85166536
排　　版：	北京旅教文化传播有限公司
经　　销：	全国各地新华书店
印　　刷：	北京盛华达印刷有限公司
版　　次：	2019年8月第1版　2019年8月第1次印刷
开　　本：	720毫米×970毫米　1/16
印　　张：	29.25
字　　数：	437千
定　　价：	68.00元
ISBN	978-7-5032-6253-1

版权所有　翻印必究

如发现质量问题，请直接与营销中心联系调换

出版前言

十几年以前,我出版了《天南海北话旅游》《品牌策划36计》后,又写了《营销新论》《策划论纲》《城市营销》《海天片羽》,这后四本书稿一直压在案头,没有出版。十几年过去了,有些内容也已陈旧。退休12年,70多岁了,出书的劲头淡了。

最近几年,朋友相聚,大家觉得我写了近3000篇文章,不择要集纳成书,扔掉太可惜了。北京大学吴必虎教授也曾说,现在大学里缺乏案例教学,你应该把案例整理出来,提供给学生们,对培养旅游业人才有利。世界旅游组织原秘书长弗朗加利先生、美国科特勒营销集团总裁米尔顿·科特勒先生在为我的丛书写的序言里也特别强调了这一条。前年,接受凤凰网旅游频道主编孙小荣采访,他在题引中加了一段话:"他是中国旅游产业30多年来快速崛起的推动者和见证者,是中国旅游品牌营销最具实践精神和话语权的专家之一。"这些鼓励时时提醒我:退休了,但还有没做完的事情。

案例和实操,是学生和旅游工作者最需要参考的。美国学校是案例教学,培养出来的学生往往动手能力强。中国学校的学生系统地学习理论,但到工作岗位上,实操能力不够。如何帮助他们提高实操能力,就是要结合中国实际,用案例解剖说话。我参加旅游工作26年,退休后又在这个行业奋斗了10多年,近40年时间,参与了1000部以上规划评审、策划,为各地讲课600多场,做案例100多个。把思路和案例花点功夫精选梳理出来,进行适度解剖,对旅游工作者和学生会有一些帮助。

在朋友们的鼓励和撺掇下,把没有出版的几部书稿拆解打乱,精简理论部分,剔除过时内容,突出案例解剖,结合工作所需,分篇重新编辑为:《艰难起步篇:春潮带雨晚来急》《品牌建设篇:品牌策划36计》《供给改革篇:产品建设筊与窍》《市场推广篇:案例剖白说营销》《六洲旅痕篇:海天片羽化霓虹》《记者生涯篇:芒鞋竹杖写春秋》《学者本色篇:见学授业走八方》《温泉创新篇:教你泡出健康来》等,得以成此丛书。70多岁了,该淡出"江湖",过自己的休闲生活了。把这套丛书献给我曾为之奋斗的中国旅游业,作为"告别演出"的礼物,也算了结了自己的一桩心愿。

我在原国家旅游局做过9年市场工作,以后做记者,也是用报纸做市场营销,帮助地方做市场营销规划和营销案例,有一些案例在国际上和国内均有一定影响。把案例总结出来,上升到理论高度进行分析,可能对同行们、同学们有一定参考价值。这就是我写丛书之四《市场推广篇:案例剖白说营销》的初衷所在。

邵春
2019年5月19日

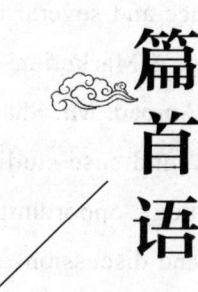

联合国世界旅游组织原秘书长弗朗加利先生亲自在邀请书上签字,邀请作者参加世界旅游组织第十五届全体大会。

Preface

China is an important destination for global tourism. Its tourism industry has enjoyed tremendous achievements in the last two decades. In the 21st century, China's tourism industry promises immense opportunities.

The further development of China's tourism industry will require thoughtful analysis and effective management. With over 20 years of tourism marketing

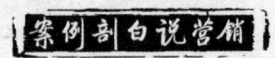

experience and several books to his credit, including 36 Strategies for Brand Planning, A Marketing Proposition, The New Marketing Theory, and Case Studies Abroad, Mr. Shao Chun has combined his experiences with principles, analysis, and case studies. He has discussed the importance of recognition, methodology, opportunity, creativity, and practice in tourism marketing. These studies and discussions are important for developing such tourism industry as China's.

I warmly congratulate Mr. Shao Chun's for the publication of these books. I also hope the Chinese tourism industry will keep prospering and contributing to the world tourism industry development.

Francesco Frangialli

Secretary-General

World Tourism Organization

篇首语译文

中国——作为全球重要的旅游目的地和客源发生地，近20多年来，旅游业取得了令世人瞩目的业绩；就发展前景而言，必将有更加光辉的未来。

旅游业的发展，需要加强旅游理论的研究，需要有一批努力奋斗这一研究的著述者。邵春先生结合自己20多年旅游工作的实践，所写的《品牌策划36计》《策划论钢》《营销新论》和海外采访录《海天片羽》等作品，无疑是中国旅游业所需要的。其中许多作者亲历的案例，创意新颖，效果奇佳；由此阐发的道理丰富了旅游应用理论的宝库。

我祝贺邵春先生作品的出版，也预祝中国旅游更加蓬勃发展，并为全球旅游业提供更多的经验。

世界旅游组织秘书长　弗朗加利

序
XUYAN
言

Shao Chun
86 10 6520-1953
sc@zglyb.com

The challenge of Chinese foreign tourism to China is to find ways to help foreigners fulfill their need to experience China. By 2020 Chinese annual wealth will equal the United States. Young people today in Asia, the United States and Europe are beginning to realize that their future fortune lies in this new land to them. Tourism must help them come here now and begin to feel at home with their own future.

    This is the job that Shao Chun has so ably accomplished in his career as a tourism marketer and writer. His new book "A Marketing Proposition" is a treasure of tourism experience and insight. This book will guide many tourism professionals and students to leadership in their industry.

                           Milton Kotler

序言译文

　　如何帮助外国人满足他们的需求,是中国旅游业的一大挑战。专家预测,到2020年,中国的年产值将与美国持平。今天的年轻人,无论在亚洲、美洲、还是欧洲,都清醒地意识到他们的前途将寄于中国这个新的市场。旅游业是其他行业的先行军,它引领外国人来到中国,并帮助他们在此找到自己的未来。

　　这正是邵春先生一直努力奋斗的事业。作为一名旅游工作人员和作家,他具有丰富的经验和能力,并在旅游工作中获得了很多成就。他的新书对于中国的旅游业来说是很有价值的。书中大量的充满了洞察力的实例分析揭示了旅游营销的过程,并总结了宝贵的经验。这套丛书对旅游从业人员和学生们来说是一本很有教育意义的指南。

美国科特勒营销集团总裁　米尔顿·科特勒

目录

Part 1 拓市篇

海外市场是初创时期的唯一营销方向……………………………………003

第一章　关于加强对日旅游宣传的调查报告……………………………005
　第一节　日本旅游市场的若干情况及分析………………………………005
　第二节　对日旅游宣传的主要情况及存在的问题………………………009
　第三节　关于今后加强对日宣传的意见…………………………………012

第二章　第一届香港国际旅游博览会参展后记…………………………018
　第一节　博览会概况…………………………………………………………018
　第二节　参加这次展览是必要的、成功的………………………………019
　第三节　今后赴港展览需注意的问题……………………………………022

第三章　对联邦德国旅游宣传战略初探…………………………………023
　第一节　联邦德国旅游市场的特点………………………………………023
　第二节　联邦德国游客赴远东旅游的现状和趋势………………………025
　第三节　联邦德国来华旅游市场的发展前景……………………………026
　第四节　对联邦德国宣传的几点意见……………………………………029

第四章　对欧美市场的开拓………………………………………………033

Part 2　学 习 篇

第五章　基本概念点评 ……………………………………………………039
　　第一节　关于市场的定义 …………………………………………………039
　　第二节　关于营销的定义 …………………………………………………041

第六章　世界营销理论及发展历程的梳理 ………………………………043
　　第一节　百年营销理论的回顾 ……………………………………………043
　　第二节　重要理论观点分析 ………………………………………………045

Part 3　创 新 篇

第七章　建立"转化创新营销"理论的必要性 …………………………049
　　第一节　产品建设与市场营销的关系 ……………………………………049
　　第二节　转化创新营销 ……………………………………………………050

第八章　营销理论在学习中创新 …………………………………………057
　　第一节　市场营销观念的提升 ……………………………………………057
　　第二节　在几个重要理论节点上的学习创新 ……………………………061

第九章　市场细分理论的创新 ……………………………………………066
　　第一节　市场细分是促销理论的核心和基础 ……………………………066
　　第二节　在实践中摸索的几种市场细分的方法 …………………………068
　　第三节　市场诉求的因子 …………………………………………………076

第十章　市场营销实践的创新 ……………………………………………083
　　第一节　基础薄弱的起步阶段 ……………………………………………083
　　第二节　从从业人员素质抓起 ……………………………………………084
　　第三节　旅游营销创新 ……………………………………………………085

第十一章　城市营销 ………………………………………………………088
　　第一节　概　　述 …………………………………………………………088
　　第二节　如何解读城市营销 ………………………………………………089

第三节　实际工作中如何营销城市……094

第十二章　品牌营销……106
　　第一节　塑造形象……106
　　第二节　提炼口号……108
　　第三节　开展活动……115
　　第四节　科学评价……115
　　第五节　找出接口……118

第十三章　危机处理……119
　　第一节　指导危机处理的"海恩法则"……119
　　第二节　实时应急方法……120
　　第三节　旅游营销管理中的危机处理……123

第十四章　记者访谈……131
　　第一节　必须完成对营销主体和客体的再认识
　　　　——凤凰网旅游频道主编孙小荣采访录之一……131
　　第二节　判断旅游品牌是否值得营销的"张五可"
　　　　——凤凰网旅游频道主编孙小荣采访录之二……138

第十五章　编制营销规划……144
　　第一节　编制市场营销规划的重要性……144
　　第二节　案例分析：林州旅游市场营销策划方案（摘要）……145

Part 4　例 说 篇

第十六章　口号提炼
　　——招资本找卖点：为象山口号创作和释义，4个月招商
　　　　100亿元……199

第十七章　标志遴选
　　——萃取核心价值：中国旅游标志"马超龙雀"的诞生
　　　　过程回顾和解析……215

第十八章　黄龙腾飞

——品牌营销插翅膀：活动策划和资本运营使黄龙洞
在旅游市场上刮起旋风……………………………… 224

第十九章　宁波经验

——城市营销变形象：宁波市成为景点景区营销向城市
营销转变的引领者……………………………………… 237

第二十章　焦作现象

——结构调整成典型：营销推景区，旅游带产业，焦作成为
城市转型成功者………………………………………… 266

第二十一章　栾川模式

——"16字诀"成真经：栾川通过旅游业发展甩掉国家级
贫困县帽子……………………………………………… 275

第二十二章　岚皋特色

——党政齐抓"十围绕"：岚皋找到经济发展突破口，成为
陕西省县域经济发展典型……………………………… 288

第二十三章　高端策划

——写文章送"两会"：一篇来自沙尘暴风源的报道引起
全国两会代表、委员强烈关注………………………… 295

第二十四章　形象再造

——挽颓势于既倒："天尽头"更名"好运角"，使祖国
东极旅游业迎来新生…………………………………… 305

第二十五章　作歌传情

——攫无名为大牌：《无锡旅情》使无锡名满东瀛，成为
国际著名的营销案例…………………………………… 315

第二十六章　以花为媒

——化干戈为玉帛："中日樱友谊林活动"增进中日两国
民间友好功不可没……………………………………… 330

目 录

第二十七章 借船出海
——引盛会到边陲：中俄国际象棋对抗赛让北疆边陲小城
额尔古纳一举成名 ……………………………………………… 344

第二十八章 寻觅时机
——借名人以扬名："总统之旅"策划让桂林在欧美市场走红 ……… 354

第二十九章 媒体选择
——变错位为对称：策划央视《夕阳红》连续报道使德天瀑布
养生度假地一床难求 …………………………………………… 358

第三十章 营销预算
——欲取之先与之：《WTO报告》让空手套白狼的人脸红自省 …… 364

附录一 市场营销100个接口 ………………………………………… 368
附录二 营销口号举例 ………………………………………………… 425

Part 1 拓市篇

走出去，请进来，在海外市场拓展中艰难起航

中国旅游业发展的开端，是选择了单一的海外市场，优先发展入境旅游。旅游理论和产品建设都是短板。但改革开放，意味着不能按部就班，循序渐进，超前和跨越是题中应有之义。中国旅游业必须走出去，请进来，边学边干，在游泳中学会游泳，在拓展海外市场中艰难起航。

海外市场是初创时期的唯一营销方向

要说清楚中国旅游营销初创拓市这件事，得简略回顾中国旅游业的发展历程：

中国旅游业的起步之年：1978年，邓小平同志关于发展旅游业的多次讲话，开启了中国现代旅游发展之路。

中国公民出境游启动之年：1990年10月，经国务院批准，出台了《关于组织中国公民赴东南亚三国旅游暂行管理办法》，标志着出境游的开始。

国内旅游起步之年：1993年，国务院办公厅批转国家旅游局《关于积极发展国内旅游的意见》，国内旅游逐步发展成为我国旅游产业的主力军；

1995年周末双休日制度实行，2000年"五一"实行"黄金周"、设立部际协调会制度，目前公民普遍享受的公休日和节假日115天，标志着中国大众旅游时代的开始。

《中华人民共和国旅游法》发布之年：全国人民代表大会常务委员会于2013年4月25日发布，自2013年10月1日起实施，标志着中国旅游业法制建设迈向新阶段。

全域旅游首肯之年：2016年7月，习近平总书记在宁夏考察时对发展全域旅游给予充分肯定，是适应大众旅游时代的要求，吹响了我国旅游业从景点旅游模式向全域旅游模式转变的号角。

由上述所列举的几个阶段性节点可以看出，中国旅游业起步不是与经济同步发展的，而是走了一条超前发展的道路：在物质匮乏、基础条件简陋和接待条件严重不足的情况下，直接与国际高端旅游客源对接，困难是现在的人难以想象的。旅游业起步的最初15年，是没有国内游的年代。对国内旅游实行"不鼓励，不提倡，不反对"的"三不"政策。我当时任《中国旅游报》副总编辑，如果一不小心报纸上登出了"国内旅游"四个字，报社领导是要写检查的。这样做的目的只有一条,就是把有限的资源用于一个方向:招徕更多的海外旅游者,积累外汇,为改革开放服务。为了达到赚取外汇的目的,对海外客人实行倾斜政策,入境后兑换外汇券,保证其购物、住宿等优先条件,排除了国内各种消费需求的干扰。

  与此相一致,旅游营销一心做好对外宣传。主要有四大市场:日本、欧美、东南亚及中国港澳台地区;方法就是走出去、请进来。20世纪80年代初创拓市,我在国家旅游局宣传司当处长,曾作为赴日本、联邦德国、中国香港展团负责人,参加国际大型展览会,邀请并陪同世界最大的旅游公司美国运通旅游公司副总裁张文琦来访,陪同《美国国家地理》杂志副总裁和海外记者到各地采访。现将市场调研报告和几次大的营销活动的总结刊出,读者可以管中窥豹,了解到中国旅游业初创拓市之概要。

拓 市 篇

第一章　关于加强对日旅游宣传的调查报告

　　从我国旅游业发展历史来看：日本可能成为我国第一位的客源国，其来华旅游的人数正在逐年增加；从20世纪80年代初，日本每年有400万人次以上的出国旅游者，但来我国旅游的人数所占的比例很小。这说明日本旅游市场的潜力很大。在我国旅游市场从"卖方市场"转向"买方市场"的情况下，调查分析日本旅游市场的情况，研究加强和改进对日宣传，采取相应措施，争取更多的日本客源，十分重要。这就是我们进行对日宣传调研工作的出发点。

　　一年多来，我们向来华的日本旅游者直接调查，请他们填调查表，与他们座谈，陪同日本记者在中国采访，通过我国驻日办事处在日调查，以及与国内接待日本游客的第一线的同志多次座谈，写出了这份初步的调查报告。

第一节　日本旅游市场的若干情况及分析

　　日本的出国旅游市场是以其发达的经济为基础发展起来的。"二战"后，日本经济发展很快，生产总值的增长快于其他资本主义国家。就其旅游业而言，1981年，直接用于国内外旅游的费用达10万亿日元，占国民生产总值的4.5%。这是日本旅游业发展的前提和保证。从国民收入看，日本人均收入已达9000美元。收入高，为人们出国旅游提供了物质条件。有薪假期增多，使人们有了更多出国旅游的机会。因而，日本游客在国外停留的平均天数不断增加，1977年为8天，1979年为8.3天，1981年为8.6天。但多数游客都想利用一次旅游多游览一些国家，一地性旅游的游客比例在减少，所以，日本游客在某一个国家的平均停留天数有相对减少的趋势。除自费旅游外，政府各部门和公司还对工作成绩优异者给予出国旅游的奖励，这也是旅游人数增加的一个因素。为了适应海外旅游业的发展，日本直接组织海外旅行的旅行社至 1982 年已有 466 家，是海外旅行刚刚开始的 1964 年的 9.5 倍。这些旅行社为国民出国旅游提供了良好的服务。

由于上述原因，日本的旅游业已经相当发达。据统计，1981 年希望并有条件出国旅游的人占国民总数的 14%，即 1500 万~1600 万人，而且，有这种愿望、要求的人数还在不断增加。1982 年出国旅游人数为 408.6 万人次。这种出国旅游人数不断增长的趋势，说明日本旅游市场具有广阔的发展前景。

从旅游目的来看，观光是所有旅游者的共同愿望。他们把旅游看成是一种享受，渴望看到在本国看不到的风景名胜，领略异国风情，了解异国社会制度和人民生活，品尝各地有名的风味食品等。有一些人旅游单纯是为了观光，其中青年、家庭妇女和农民比较多。但由于旅游者来自社会的各个阶层，他们出国旅游的目的也因年龄、性别、文化程度、职业、宗教信仰等的不同有所区别。不少人除了观光以外，还带有某种特殊的目的，因而，各种特殊目的的旅游越来越多。过去"静"的旅游较多，只是欣赏自然风光，现在转到"动"的旅游，即不仅要看风景，还要在旅游中开展和参加各种活动。这种趋势说明，旅游绝不仅仅是游山玩水，其活动内容将更广泛多样，丰富多彩。

公务、商务性旅游：主要是政府的官员和企业的管理人员等，他们在旅游观光的同时，进行某项业务活动。参加这种旅游的人虽然绝对数字还在增加，但随着自费旅游人数的增多，其在每年出国旅游总人数中所占比重逐渐下降。比如，1964 年占 81%，1970 年占 49%，1980 年占 16%。现在，这种公务、商务性旅游一年仍有 60 万人次左右。

疗养、学术交流性旅游：以老人和医生、律师、教员、佛教界、美术界人士等为主。比如，1980 年日本出国旅游的老年人占这一年出国旅游人数的 11%，这部分人中，有相当一些人以边疗养边旅游为目的。据日本通运公司森初先生讲，1980 年 4—9 月，日本出国旅游的医生、律师占整个出国人数的 2.9%。这些人在旅游中注意与同行座谈以及实地参观等专业活动，进行学术、技术交流。

体育性旅游：日本国民普遍认为，旅游应该是促进人们身心健康的一种活动。所以，近年来，专项的体育性旅游发展很快。比如游泳、滑冰、滑雪、划船、钓鱼、骑自行车、徒步旅游等。参加这种旅游的多为青年人和中年人。为促进这种旅游，日本国内成立了不少全国性的协会，组织各种爱好者到国外旅游。比如，日本有个"走一走协会"，是全国性组织，会员上万人，组织很多人到世界各国徒步旅行。1982年10月，他们第一次组团到哈尔滨太阳岛去。

此外，近年来，日本妇女出国旅游人数增长很快，1981年，出国的妇女人数达125万，占出国旅游总人数的31%，这些人主要来自日本的大、中城市。比如，东京去年就有30.5万名妇女出国旅游。

日本的农民由于耕作机械化，自由支配的时间多，1982年要求到海外旅行的农民人数据统计占农民总数的82.5%。据日本《农家旅行白皮书》对农村10万户农民进行调查，1981年海外旅行的农民人数占全国农户的24.7%，比1980年增长了1.6%。

在日本旅游市场上，出国旅游人数最多的是青年。据统计，19~29岁的青年在全国有2000万人，他们出国旅游的愿望比其他年龄段的人强烈。1981年，有280万青年人出国旅游，占所有出国旅游人数的70%。其成分的构成，主要是青年学生、单身职员、青年妇女、新婚旅游者。

青年学生旅游的目的不是单纯游玩，主要是参加教育性旅游，也称修学旅游。日本的学校在春秋两季都有假期。出国旅游的有一部分是中、小学生，但参加修学旅游和休假旅游的，大部分是高三学生和大学生，他们利用旅游机会到讲英语的国家去练习口语，去欧洲学习西洋史。1981年，青少年学生出国人数达494000人（其中男生189000人，女生305000人），比1980年增长了6.4%。

未婚的单身职工，在日本有1000万人，他们有较高的收入而无家庭负担，被称为"青年贵族""水晶部落"。他们追求享乐，穿着时髦，向往异国情趣和浪漫色彩，热衷于冲浪、划水、游泳和野营等旅游活动。这部分人在日本出国旅游的青年中所占比例最大，粗略估计每年不少于100万人。

日本的女青年，一般在婚前都要出国旅游一次，婚后辞去工作只忙家务。她们出国的目的多以观光、品尝美食、购物、娱乐为主。1981年出国旅游的20~29岁的女青年有52万人次，占妇女出国总数125万人次的41%，占所有出国旅游人数的 13%。

日本的新婚旅游，近年来引起了国际旅游市场的重视。日本每年约有 80 万对青年结婚。去年有 48% 的人出国度蜜月，人数近 80 万人（40 万对）。

从旅游目的地来看，较为集中的地方是亚洲、太平洋岛屿、美国及欧洲各国。据 1981 年统计，有 51% 的游客到亚洲，主要是中国台湾、韩国、中国香港及东南亚各国；有 49% 的游客去美国、欧洲及非洲。青年和新婚旅游者多去美国及在太平洋上的夏威夷、关岛、塞班岛。

结合我国旅游的情况，分析日本庞大的旅游市场，我们不难看出：

1. 日本是我国的主要客源国，在今后相当长的时期内，日本作为我国主要客源国的地位也不会变。我国国际旅行社系统接待的日本游客人数，1978 年为 24907 人次，1979 年为 43867 人次，1980 年为 65490 人次，1981 年为 124155 人次，分别占相应年度所接待的外国旅游者的 26%、33.1%、43.7%、45.7%；1982 年接待日本旅游者近 15 万人次，占接待外国人总数的 47%，已接近半数。

从发展趋势来看，日本旅华游客人数还将不断增加。日本交通公社中国课课长平林先生说，中国国际旅行社系统计划，1983 年接待日本旅游者 20 万人次，1985 年接待 40 万人次。中国只要改善接待条件，加强对日宣传，这个计划是可以实现的。按 1985 年中国国际旅行社接待外国游客 70 万人次计算，日本游客所占比例将达 57.1%。

2. 日本游客来我国旅游，有其他国家所不具备的有利条件。近年来，国际旅游市场出现了一个新动向，就是由于资本主义国家出现经济萧条、能源危机，物价和交通费飞涨，因而，远距离的洲际旅行减少，短途的、邻国间的旅行增加。从地理位置上看，中日两国一衣带水，到中国旅游可以省费用、省时间。即使世界上其他地区发生局部战争，对中日间旅游的影响亦小。就历史、文化渊源来讲，日本受中国影响较大，文字、佛教是从中国传过去的，民间习俗很多也和中国相近。比如书法。据说，在日本称得起书法家的有 40 万人，书法爱好者达 1000 万人以上，占人口总数的 10%。他们书写汉字，很多人想来中国学习交流。中日之间发展旅游的这些有利条件，我们还没有充分利用。

3. 从另一方面看，中日之间尽管有发展旅游的有利条件，但来中国的游客还是很少的。从国家和地区看，以接待日本游客多少为序进行排列，来中国大陆的日本游客仅排第 12 位。就亚洲来说，1981 年接待日本游客的人数：中国台湾 592000 人次，韩国 506000 人次，中国香港 501000 人次，中国澳门 172000 人次。名胜古迹闻名于世的偌大中国大陆，还不如弹丸之地的中国香港、澳门。这与我们开放较晚、接待条件较差、宣传不够等原因有关。同时，也说明日本这个旅游市场对我们还蕴藏着很大的潜力，有待于进一步开发。

4. 从长远的观点看，加强对日本青年旅游者的宣传招徕，对我国旅游业的发展具有战略意义。目前，来华旅游者平均年龄为 50 多岁，青年人来得很少。这个问题如果不引起我们的高度重视，再过些年，来自日本的客源将有萎缩甚至枯竭的危险。中日两国人民要世世代代友好下去，这是两国人民长远利益之所在。因此，积极创造条件，开辟适应青年特点的旅游项目，吸引更多的日本青年来我国旅游，从政治和经济上都具有战略意义。

综上所述，日本是我国的第一位客源国，从发展前景来看，日本旅游市场蕴藏着很大的潜力。要使更多的日本游客来我国旅游，一个重要的因素就是加强对日宣传。

第二节　对日旅游宣传的主要情况及存在的问题

几年来，就全国范围来说，对日的宣传品从无到有，数量、品种有所增加；一些省、市、自治区出版了日文的导游图、明信片和印有日文说明的幻灯片；有的还摄制了配有日语解说的旅游电影片、电视片；驻日办事处派出以后，很多地方积极提供宣传品；邀请记者和出国展览的工作也开始引起一些地方的重视，比如，广西、云南、四川都先后邀请过日本记者来访，天津曾利用友好城市活动的机会，赴日本神户搞过旅游图片展览。上述宣传使日本人民对中国了解的范围逐渐扩大。过去很少为日本人所知道的一些地方，如桂林山水，通过电视宣传，在日本几乎人人皆知。

一些地方除了加强对旅游点、参观点的建设和宣传工作外，在开展多种形式的旅游活动上做了可喜的尝试。比如，无锡利用本地的旅游资源，开展了古运河游览、太湖横渡、疗养旅行、自行车旅行、新婚旅行、钓鱼旅行、针灸交流、烹调学习、青少年遣唐使团等项目；苏州寒山寺的除夕撞钟活动，已连续搞了四次，规模一次比一次大，参加的日本游客一年比一年多。扬州大明寺自1983年起也开始了吸引日本游客的除夕撞钟活动。开展多种形式的旅游活动是我们搞好旅游宣传的前提和基础，也是宣传的重要内容。我们国家地域广大，民族众多，悉心研究、积极开展富有民族风格和地方特色的旅游活动，潜力是很大的。只有在这方面下功夫，才能搞好中国式的旅游宣传。

我们的对日宣传工作虽然有了一点基础，但必须清醒地看到，从全国范围来看，用发展的观点来分析，与旅游业发达国家相比，我们的对日宣传还存在不少问题。

1. 对日宣传的重要意义还没有被更多的人所认识。有些日本游客较多的热点、热线，终日忙于接待，因而对客源情况满足现状，盲目乐观，忽视对日本游客情况的调研和宣传工作的改进；日本游客较少而其他国家游客较多的地方，看不到日本客源市场的发展前景，因而不重视对日宣传。在思想认识上，有的认为，如果接待条件好了，客人自然会来，不必宣传，看不到宣传的作用；有的认为，现在接待不了，还不到宣传的时候。旅游事业是现代化的经济事业，这种等客上门的经营思想是远远不能适应旅游业发展的需要的。

2. 在指导思想上，还有"左"的、右的干扰。近年来，在接待工作中，有的地方发生了一些问题。个别地方的接待人员分不清侵略者和人民的界限，把客人中当年的侵华兵都看成是坏人，态度生硬，不能以礼相待。某地的翻译导游和客人一见面，就慷慨激昂地控诉当年日军的罪行，甚至要客人先表示忏悔，使客人感到坐立不安。这些极"左"的做法，使人望而生畏。其结果只能是为渊驱鱼、为丛驱雀，把日本游客赶到别的国家去。对于旧地重游的旅游者，我们要根据不同情况加以区别。比如，到东北旧地重游的大多是农民，而到江苏旧地重游的大多数曾是侵华兵。他们要求不同，我们必须区别对待。另一种倾向是，只为赚钱，不顾国格，不讲民族尊严。有的日本旅游者在个别地方为侵略战争的亡灵祈祷，未能妥善劝阻；有的接待人员对个别游客中坚持军国主义观点的言论听之任之，不予驳斥。某地的接待人员在宴会上听任游客唱日军侵华时期的歌曲,一起叙谈所谓"四十年的友谊",并把这种场面摄制成影片播放,群众反映强烈。这些右的做法伤害中国人民的感情,也损害了中国旅游事业的声誉。

这两种倾向虽然是个别现象,但影响很大。说明我们对日宣传的指导思想还不端正,还不统一。我们必须纠正"左"的"右"的干扰,把思想认识统一到党的对外宣传的方针、政策上来。

3. 宣传品品种单调,数量很少,形不成攻势。我们国内很多地方出版的数量有限的宣传品,赠送的少,出售的多。不少地方日文宣传品还是空白。

据原国家旅游局和全国23个省、市、自治区的不完全统计,1982年共印制各种宣传品443种,其中日文的只有79种,占18%。这种状况与日本是我国第一客源国的地位很不相称。

驻日旅游办事处派出以后,感到最困难的是宣传品供应不上。我们去年向驻日办事处运送的宣传品仅1150千克,向5个驻外机构运送宣传品的总数也只有9吨多一点。这和瑞士一个小国,一年向外发送600多吨宣传品相比,数量是微乎其微的。

现在,世界各国在日本旅游市场竞争很激烈,宣传战打得很猛,各种手段花样翻新,而我们的宣传却很微弱。日本交通公社的一些职员对我们说:"很多国家在宣传上都舍得花本钱,在日本电视上做广告、放电影,在各大城市的街头张贴招贴画,举办名目繁多的旅游展览,各种印制精良的宣传品随便赠送,唯恐人家不取。而你们的宣传品却很少见到。"1982年,我们从对来中国各地的222名日本旅游者的调查中得知,其中只有8人是看了宣传品才产生到中国旅游的念头的。而且这些宣传品也不都是我们印制的,有一些是日本有关旅行社为招徕生意印制的。这种状况如不改变,我们在国际旅游市场上就谈不上有什么竞争力。

4. 宣传品质量不高,针对性不强。我们很多搞宣传的同志,由于对日本人民的兴趣、爱好、欣赏习惯、心理状态缺乏了解和分析,现在印制的宣传品有的人家不愿意看,或者人家想要了解的东西,宣传品上反映不出来。有的宣传品文字说明太长,措辞生硬,过多掺杂国内常用的政治术语。宣传品只注重风景点的介绍,对旅游者十分关心的吃、住、行、购以及服务条件、设施等却很少介绍。有的图片画面呆板，静态的多，动态的少。从表现形式和色彩上，有不少东西也不符合日本人的欣赏习惯。对建筑物的照片，日本人不喜欢都是完整的正面的图像，而喜欢飞檐、翘角、彩绘图案或细部的特写镜头。对纪念品，他们喜欢淡雅的素色，不喜欢对比强烈的色彩，尤其忌讳绿色，他们认为绿色是不祥之兆。日本人，特别是青年人的思维方式受西方影响较大，喜欢看节奏很快的电影，而我们原有的电影片、电视片节奏很慢。有些地方觉得拍摄10分钟快节奏的旅游片不过瘾，就是不了解外国人思维方式的一个例子。

5. 口头宣传中存在着只注重介绍风景名胜，忽视介绍风土人情和政策方面宣传的现象。少数翻译导游带客人游览，一路很少说话，甚至把客人带到游览点，就让人家自己去看，他却坐在车里等着。日本《花好月圆》总编辑东村清在某地参观时，翻译对他说："里面没什么可看的，你自己看看就知道了。"对自己祖国悠久的历史文化抱这样的态度，怎么能引起外国人的游兴呢？此外还有部分翻译导游，虽然对工作比较负责任，对风景名胜介绍得比较详细，但忽视介绍风土人情，回避介绍政治方面的问题。这原因是多方面的，有的因为自己对政治很少学习，不会讲；有的怕犯错误，不敢讲；有的在思想上划不清适当进行政治、政策方面的宣传与政治说教、强加于人的界限，不愿主动讲。这些认识问题都需要解决。

第三节　关于今后加强对日宣传的意见

1. 认清我们面临的新形势，增强搞好旅游宣传工作的迫切感。1983年，我们面临着新的形势。党的十二大提出开创社会主义建设的新局面，到20世纪末工农业年总产值实现翻两番。我们旅游业也要开创新局面，计划1985年接待日本游客40万人次，按规划到1990年接待外国人的数量提前实现翻两番。不久，国务院发出文件，规定外国人参观游览29个城市不必再办旅行证，这说明中央关于旅游事业的政策是进一步开放的政策。为了贯彻中央的精神，原国家旅游局决定积极创造条件，逐步开展散客和家庭式旅游业务。不少地方的新建饭店陆续完工开业。我们面临的新形势，给旅游宣传工作提出了艰巨的任务。

从国际旅游市场的情况看,世界旅游业动荡起伏,竞争日益激烈。旅游业又具有敏感性、脆弱性,经济危机、政局变化、局部战争甚至一次飞机事故,都会对旅游业产生程度不同的影响。

日本1980年由于第二次石油危机,出国旅游人数比1979年下降了3.2%,减少了13万人。美国、韩国等国家和中国台湾、中国香港地区的日本游客数量显著下降。但在这种情况下,到西班牙、新加坡、泰国的日本游客却比1979年分别增加了24%、11%和13%。这些国家客源增长的原因,很重要的一点是加强了对日宣传。这充分证明,在竞争愈烈的国际旅游市场上,宣传的作用是至关重要的。

过去,外国人来得少,对中国怀有神秘感。但目前,这种神秘感已经大为减退,而且正趋向消失。我们的客源前景并不乐观,客观形势逼着我们不得不加入国际市场的竞争。今后要增加客源,非加强宣传不可。我们应清醒地认识这一形势,增强搞好宣传工作的紧迫感。

2. 注重市场调查,增强宣传的针对性。我们现有的宣传品,很多不对路。重要的原因在于忽视对日本旅游市场的调查研究,宣传品的制作存在着很大的盲目性。今后,应尽可能抽出一定时间和精力随时调研日本旅游市场的情况、变化和动向,对不同阶层、不同年龄的人,出国旅游的不同目的、不同兴趣,以及在爱好、要求、欣赏水平上的差异,都应心中有数。这样,才能使我们的宣传质量不断提高,针对性不断增强。日本人喜欢图文并茂、以图为主的宣传品。文字说明要力求精练,避免用一些与旅游无关的政治术语和口号。画面要生动活泼,适当选用反映儿童、老人的生活和外国旅游者活动的场面;图案的色彩要适应日本人的欣赏习惯,注意素雅。影片的节奏要适应日本人的思维方式。还要注意青年和老年、学生和一般青年、新婚伴侣与一般旅游者在旅游的目的、要求上的区别。应该根据他们的不同特点进行宣传。青年人多喜欢参加游泳、骑自行车、冲浪、滑冰、滑雪等体育性旅游活动,相对而言,对吃、住等条件要求不太高。学生来我国进行修学旅行,一般都是来学习中国历史,了解社会制度和观摩教学,因为他们在课本上曾读过关于长城、故宫及与重大历史事件有关的历史名城的情况。老人则对疗养、太极拳、钓鱼、名胜古迹、宗教等项目感兴趣。妇女除了游览外，对购物、烹调和旅游地妇女、儿童情况以及社会风俗等有特殊兴趣。新婚旅游者不同于其他游客，不是一次旅游要跑很多城市，而是到一个山清水秀的地方住下来，要求住的地方安静、舒适，没有干扰，就近能够游泳、游玩、购物。

此外，我们还应掌握日本人出国旅游在时间上的规律：1月初，元旦放假，出来旅游的人多，是个高潮；2月是低潮；3月下旬学校放假，教职员工出来旅游的多；4月是日本财政年度开始，很少有人出来；5月放假，每人至少有7天假，出国旅游人数猛增；6、7月季节较好，退休的老人出来旅游的较多；8、9月学校和一些企业放假，旅游又形成高潮；到10月，一年工作即将就绪，上层人士出来旅游的较多；11、12月又出现低潮。

各种不同类型的旅游者，在旅游时间上都有不同的选择。比如，春秋两季在日本被称为"婚季"，春天从3月初至5月底，秋天从9月20日至11月底，不少青年举行婚礼并出国度蜜月。我们掌握了这些规律，就能懂得什么时候向什么对象做什么宣传。

总之，调查研究是我们做好宣传工作的基础和前提，要增强宣传的针对性，非抓好调查研究不可。

3. 开展多渠道、立体式的宣传。调动各种宣传手段，利用多种渠道进行立体式的宣传，是当前国际旅游宣传的一大特点。宣传手段是多种多样的，各种印刷宣传品、幻灯片、电影、电视、邀请记者、出国展览、利用国际旅游组织的力量为我国宣传、向我国驻外使馆和办事处提供宣传品、做好外文书刊发行工作等。这些手段，我们能够利用的都应利用起来，并力求充分发挥其宣传效益。

邀请海外报纸、杂志、电视台、广播电台的旅游记者来华采访，是花钱少、收效大的宣传方式。1981年，原四川省旅游局曾邀请一批港澳记者到四川采访，回去一宣传，曾一度引起"四川热"。今后邀请记者的数量可逐渐增加，邀请的面可适当扩大。

借助外力宣传，效果最好的是电视。据统计，日本有家庭3580多万户，黑白电视机普及率达99.7%，彩色电视机普及率为98%。几乎平均每户有黑白、彩色电视机各一台。平均每人每天看电视3小时，晚上80%以上的家庭开着电视机。利用电视为我国宣传，其效果是任何别的宣传手段所无法比拟的。

桂林在1978年以前，并不被日本人所了解。日本NHK电视台记者在桂林拍了电视片《漓江之行》，1978年在日放映后，掀起了"桂林热"。1979年日本三得利制酒公司派摄制队来桂林，以漓江风光为背景拍摄广告。从此，日本去桂林的游客逐年增加，1979年接待了4904人，1980年接待了7600人，1981年接待了33844人，1982年1~9月接待了36074人。4年内，日本去桂林的客人增长了近10倍。这显示了电视宣传的效能。各开放省、市、自治区都有了自己的旅游电影片以后，应尽快复制成录像带，配上日语解说，提供给日本的电视台放映。以后还可拍摄一批传统节目、新婚旅游、少数民族歌舞、专项旅游、中国烹饪等专题电影片、电视片，向日本提供。

出国展览，是面对面地向旅游者做宣传的重要形式。今后除了积极主动地争取出去办旅游展览外，各地可以主动地和本地外贸部门、工艺美术公司、对外友协、文艺团体等联系、配合，争取同它们一起出去办展览。这样，就把看图片、电影、幻灯、手工艺品和欣赏文艺表演等有机地结合起来，更集中地宣传了地方的旅游特点。如果能带上知名厨师去表演烹调技术，更是对地方风味最生动、最实际的宣传。

各友好省、市之间的往来，也是一条宣传的渠道。天津去年利用友好城市的关系，去神户办旅游展览，收到了很好的效果。目前，我们同日本结成友好城市已有45对，友好省7对。这些地方都可效法天津的做法。

我们可与国际旅游组织，特别是与为我国组织客源的日本25家旅行社的宣传机构建立关系。这些旅行社一般都有自己的出版物，有的还办有专门介绍中国的刊物，我们可以同他们交换宣传资料，为他们提供宣传品，利用他们的力量为我国宣传。

4. 加强对口头宣传的指导。有些同志认为，外国人花钱来中国，就是为了吃喝玩乐，因此，只重视风景名胜的宣传，忽视对风土人情和政策的宣传。这些认识是不符合实际的，至少是不全面的。我们经常听到不少旅游者这样说：我们喜欢中国的古老文化、名胜古迹，但对人民生活、社会制度更感兴趣。因为游览风景名胜只能得到"即刻"的满足，了解中国社会及人民生活，才能得到"持续"的满足，甚至留下终生难忘的印象。1982年，我们对222个日本旅游者的来华目的所做的调查结果表明：想通过旅游了解中国的有133人，占被调查人数的59.4%；从旅游后的印象看，对我国城乡人民生活印象最深的有157人，占68%。这充分说明，忽视风土人情的介绍和政策宣传是一种应该纠正的错误倾向。

如果说邀请记者、出国展览等是走出去的宣传，那么口头宣传就是旅游者进来以后的宣传。搞好口头宣传的一个重要作用，就是使这些送上门来的宣传对象变成我们的宣传者。比如，从长远观点来看，日本青年将是我们的主要客源之一，但近一两年内，青年的人数不会骤增。我们要尽力做好来华的日本老年旅游者的工作，通过他们去搭桥、去宣传，逐渐把青年人吸引过来。

要搞好口头宣传，关键在于旅游部门和旅行社各级领导要对口头宣传的重要性有充分的认识。要教育翻译导游热爱祖国，热爱自己的工作，支持鼓励他们钻研导游业务。宣传部门应注意经常提供有关资料，指导他们学好党的方针、政策。旅行社接待处（科）的领导要随时掌握旅游者对国内外重大问题的反映，注意研究解决口头宣传中出现的问题，对于重点问题，可以举办讲座，进行必要的辅导。要认真总结经验，召开各种类型的口头宣传经验交流会、表彰会，今后可考虑把搞好口头宣传作为翻译导游评选先进的条件之一。

5. 既要注意学习、借鉴外国的经验，又要注意突出中国的特点，创中国式的旅游宣传。旅游作为一种商品，要在国际市场上有竞争力，必须具有自己的特色。世界上凡是旅游业搞得比较好的国家，都懂得这个道理。

被誉为"旅游王国"的西班牙，地处温带，有3000多公里的海岸线。充足的阳光，新鲜的空气，平整舒适的海滩，是这个国家的优势。他们抓住这个特点宣传推销自己的旅游商品，每年吸引了2000多万外国游客。比利时利用地处欧洲中心的地理位置，大力招徕各种国际会议和世界博览会，每年的旅游收入达14亿美元。泰国有绮丽的热带风光、繁华热闹的水上市场、浓郁的民族风俗，还有跑马、骑象等活动。为了宣传这些特点，泰国每年都派人到世界各地去宣传。1982年，他们在日本举行大象表演，同时散发旅游宣传品。

这些经验都是值得我们学习的。学习外国经验，切忌模仿，生搬硬套，因为别的国家的优势不一定是我们的优势。我们要学习它们好的宣传形式，并根据我们民族和地方的优势，扬长避短，搞出自己的特色来。

要充分看到，我们有其他许多国家无法比拟的优势。除了风景名胜、悠久的历史文化等优势外，我们的社会主义制度、人民生活、伦理道德、家庭关系等与西方大不一样。很多外国人参观我们的家庭、敬老院、幼儿园时，感动得流泪。日本东海地区青年会议所 1982 年 6 月组织 500 人来华旅游，团长田中克己说："日本青年到欧美和东南亚去，只是游山玩水，学不到东西。中国乌七八糟的东西少，人们有理想、有抱负，来这里旅游能受到很好的教益，家长们也放心。"在我们看来司空见惯的东西，但对外国人来说却很感兴趣。日本记者访问四川，对竹林茅舍、水牛耕田、民族服饰等总是不惜胶卷，拼命拍照。他们说："这是在别的国家无法看到的，我们宣传这些，会为你们引来更多的客人。"

宣传自己的优势，也要讲点辩证法。现在有一种倾向：一方面，我们的很多长处没有宣传出去，比如，中国风味和工艺品，至今还没有系统地进行宣传；另一方面，有些却宣传得过了头，比如，各地安排看寺庙太多，使人感到厌烦。我们国土广博，各地旅游资源十分丰富，为什么只在寺庙上做文章呢？江南水乡、内蒙古草原、桂林山水、少数民族风情……各地都有自己的特点。所谓特点，应该是只有我国有，别的国家没有，或者只有此地有，中国别的地方没有的东西。抓住这些东西去宣传，才有吸引力。寺庙，我们国家到处都有；在日本，有些寺庙甚至比我们的寺庙还大。如果各地都安排日本游客看寺庙，人家不可能不感到厌烦。再比如，云南路南石林，是天造奇观，对很多国家的游客都有吸引力，而有些日本游客却不以为然，因为日本山口县也有这样的石林。相反，桂林的漓江山水却在日本引起了轰动，因为日本人在国内找不到这样的风光。同样，湖南的采莲和龙舟、西双版纳的泼水节、内蒙古的那达慕，在别的地方也是看不到的。各地都把自己独特的项目搞起来，并创造各种形式宣传出去，丰富多彩的中国式的旅游宣传才能得以体现。

（原载《旅游宣传》1983 年第 2 期）

第二章　第一届香港国际旅游博览会参展后记

第一节　博览会概况

第一届香港国际旅游博览会于 1986 年 6 月 26~29 日在香港展览中心举行。来自世界 25 个国家的 39 个地区旅游局、32 家酒店、23 家旅行社、18 家航空公司的 1000 多名旅游界人士参加。共有 160 个摊位。其中中国馆摊位多，规模大，展台装饰新，极富吸引力。美国、加拿大、英国摊位也不小。这是香港首次举办这么大规模的国际旅游博览会，也是亚洲最大的旅游博览会。该博览会由香港合时国际展览公司承办。

我作为中国展团的团长，带领 17 个省、自治区、直辖市组成的展团参加了这届博览会。

中国馆设在展览中心四楼，由原国家旅游局、港国旅、江苏、上海、黑龙江、河南、河北、安徽、辽宁、云南、内蒙古、天津、江西、广东、吉林等省、自治区、直辖市旅游局及国旅杭州、重庆、南宁、福州分社共19个展台组成，占地面积230平方米。

中国馆正门，彩绘的四根门柱架起的横楣上，书写着醒目的"中华人民共和国"七个大红字，门前两尊狮子雄踞，迎面是巨幅中国旅游地图。馆内19个展台各具地方特色，以图片、灯箱、实物、模型和富有地方特色的旅游纪念品向观众展示17个省、自治区、直辖市的主要旅游资源。展馆出口是红色描金月亮门，门侧置一尊跪俑。中国的参展引起各方关注，丰富多彩的展出内容强烈吸引着观众。

第二节　参加这次展览是必要的、成功的

1986年年初，国务院召开的全国旅游工作会议，决定"七五"期间我国旅游业将迈开大的步伐。作为旅游业的开路先锋——旅游宣传应与旅游业的发展同步，而且还应有一个"超前量"。世界旅游发达国家每年出国展览一两百次，即使苏联每年出国旅游展览也达90次，而我国目前每年只有十几次，这与我国这样一个旅游资源十分丰富和大力发展旅游业的国策很不相称。

香港在内地旅游业发展中占有重要地位，我们应继续开发这一市场。香港是亚洲旅游贸易发达的城市之一，是连接东南亚和我国内地的通道。每年有300多万各国旅游者前来香港，但其中延伸至内地旅游的只是极少数。为什么这么多旅游者过国门而不入，原因是多方面的，但在香港宣传不够是其原因之一。香港近在咫尺，但内地去进行大规模的宣传仅这一次。如果我们经过宣传，不断增加游港外国人延伸至内地来旅游的人数比例，对于我们增加客源无疑是重要的。

"六五"期间，我们接待的旅游者总数为5585万人次，其中港澳台同胞人数为5000万人次，这充分说明，香港在我国旅游业发展中的重要地位，在香港的宣传是不容忽视的。

这次展览，通过参观160多个展台，与上千名各国旅游界人士接触，对于掌握世界旅游市场信息、学习旅游发达国家开展宣传的经验、改进我们的

宣传工作，是一次良机。从某种意义上说，这次展览也是花钱不多、受益不小、很长见识的一次实地考察活动。例如，夏威夷带歌舞团在现场表演，泰国也带来艺人为游客画伞，均招来不少观众。这种办法值得我们借鉴。

从实际效果看，这次展览是成功的。

1. 报刊、电视台宣传的声势较大

展出前，我们利用新闻媒介广泛宣传。香港新华分社新闻部及十几家报纸的记者都来中国馆进行专题采访。《文汇报》出了专刊，以八个版的篇幅宣传参展各省、市、自治区的旅游资源，刊登了我国展团名单、到港新闻和祝贺广告。展览开幕的前一天，我国举行了记者招待会、新闻发布会，回答了记者们的采访。无线电视台还安排最好的时间请我向香港市民介绍中国旅游政策、资源及中国展馆的情况。中央电视台派记者到展台进行了现场采访。江苏省展台举行了电影招待会。据不完全统计，展出期间，《文汇报》《大公报》《星岛日报》《中国经贸》《信报》《快报》《华侨日报》《华侨晚报》《南华早报》《亚洲旅游》《香港商报》《Hong Kong Standard》《国内外酒店旅游要讯》和《参考消息》等15家报刊共登有关我国展台的稿件约100篇。此外，联合印制的《中国馆场刊》图文并茂，宣传效果较好。

2. 19个展台各具特色

中国这次参展突出了以宣传为主的指导思想，各展台具有浓烈的中国特色和地方特色，因而取得了较好的宣传效果。国家旅游局展台巨幅长城照片显得气魄宏大；港国旅香港夜景灯箱标出了该公司写字楼位置，广告性极强；广东展台在木棉树、五羊模型衬托下，展示出主要旅游点及酒店等优质服务；江西的景德镇瓷画和闪烁红光的小瓷窑；安徽的黄山胜景；上海的巨幅外滩图片和用汉语拼音字母组成"Shanghai"灯箱；天津的津门故里；河北的承德避暑山庄；南宁的瑶族风情、壮族歌节；重庆的大足石刻、夔门峡谷；浙江杭州西子湖；云南的路南石林等，观众依次参观时，感到一步一景，风光各异。江苏以孙中山先生120周年诞辰为主线组织展台画面；内蒙古巨幅照片展示出美丽广袤的大草原，蒙古包模型一展出，就被新加坡一家展览公司预订；东北三省突出冷色，向观众展示了"千里冰封、万里雪飘"的北国风光。各地一改过去贪多求全的照顾思想，突出了本地旅游资

源的精华，给客人留下了深刻的印象，这是这次展览取得好的宣传效果的关键。

3. 参观踊跃，反映强烈

展出前两天是旅游界内部洽谈，后两天向公众开放，四天共接待观众逾3万人次。中国展台终日人流拥塞，展出期间共散发各类宣传品65万多份。各展台工作人员都抓紧机会向客人介绍本地的旅游资源。江苏、广东、南宁等单位因领导和负责外联的同志到展台协助工作，还与客户洽谈了组团业务。

布展工作刚一结束，所有的外国和香港各展团都络绎不绝地来中国馆参观，有的来过多次。他们反映，中国馆内容丰富，设计新颖，是所有展台中最有特色的。25日下午向香港新闻界预展，100多名记者在中国各展台上采访，问询的兴趣极浓，久久不愿离去。《经济导报》评论员迟宝伦先生看了中国馆，深有感触地说："中国已学会了如何做宣传，很多展台上散发的小纪念章很有特点。比如，江苏展台突出了纪念孙中山先生120周年诞辰这个主题，'天下为公''博爱'等纪念章统战性极强。"向公众展出的后两天，一些台湾同胞也赶来参观，一位台胞说："看完了三楼的外国馆，本来不想上来看中国馆；但上来一看，这么多好东西，真是出人意料。"新华社香港分社的领导及香港旅游界知名人士对中国馆也给予了不少肯定和鼓励，他们认为，中国第一次赴港系统地宣传内地的旅游资源十分必要，今后还应该搞。江苏的外联处长张作璋和宣传处副处长周锦骝同志说："这次展览比起1983年的北京国际会议和今年上半年杭州特殊旅游项目展览，从形式到内容都有新的进步。"承办此次展览的合时展览公司总经理梁文光先生说："中国这么多省、市、自治区参展，使这次博览会声势大震，所取得的成功比预料的还好。"

4. 加强思想政治工作，是展览成功的重要保证

展团组成后，成立了领导小组和临时党支部；人员集结后，进行了外事纪律教育；到港后请港国旅介绍香港情况和注意事项；领导小组和临时支部经常开会分析情况，及时做工作；展览结束后，进行了总结并给参展人员做了鉴定。由于思想工作抓得紧，在人手少、任务重、时间紧的情况下圆满完成了任务。新华社香港分社、港国旅和深圳海关也给了有力的支持。

第三节　今后赴港展览需注意的问题

1. 人少、时间紧带来诸多不便

从布展、预展、正式展出、拆展、往回运展品，全团无一点喘息时间，天天加班。每个展台一个人，如不是广东、福建、云南、江苏等单位有人帮忙，上海单位雇了临时工，布展任务很难完成。民航的展台7个人，可以分班站台，我们每台只有一人，连午饭也吃不上。今后，这一做法应该改变。

2. 国内事先应派人向新华社香港分社汇报

新华社香港分社经济部负责同志对我们说："新华社对你们来港展览的意图不了解。光凭打个报告不行，要事先派人来，有了矛盾我们可以调解。只要新华分社了解了你们的意图，人数、天数都好商量。今后来港办展览，摊位要更多，声势要更大。"

3. 要争取港中旅的协助和参展

港中旅有60多年的历史，在香港是最有实力的旅游公司。过去，与我们业务上联系不多，今后应加强联系。这对开拓香港乃至东南亚旅游市场作用不可低估。

4. 要把场地情况弄准确，设计师最好事先勘查现场

这次布展时，多数展架尺寸与现场不符，不得不忍痛锯掉。五辆集装箱卡车展品拉不进展馆，不得不拉到郊外卸在小车上再拉回来。如果对现场情况清楚，这些困难都可避免。今后再办展，应坚持选最好的展位。

5. 展架力求轻便，纪念品要精选

6. 参展人员要精干，要注重宣传、推销、调研兼顾

（原载《旅游宣传》1986年第11期）

第三章 对联邦德国旅游宣传战略初探

我国驻德意志联邦共和国大使郭丰民在中国旅游展馆大门前主持中国馆开幕式，表扬中国旅游展台很吸人眼球。

1987年4月，中国贸促会组团参加联邦德国汉诺威国际工业博览会。国家旅游局派我带领云、贵、川三省旅游部门组成的团组参展。旅游展台因有高大的彩绘盘龙柱门，成了中国馆的门面。我国驻联邦德国大使就在旅游展前举行了开幕剪彩。10天的展览取得了极大成功。展览会一结束，我访问了西柏林、汉堡、法兰克福、慕尼黑等城市，调查了联邦德国旅游市场的情况，对我国在该市场如何加强宣传招徕工作进行了调查研究。

第一节 联邦德国旅游市场的特点

这一市场的特点，简言之：经济实力强，出国旅游密度大，有薪假期长，旅游支出多。

经济实力强：联邦德国是西方发达的资本主义国家之一，是欧洲经济共同体的"火车头"。仅6000多万人口的国家，国民生产总值却居世界第四位，人均产值仅次于美国，外贸居世界第二位，国民收入名列世界前茅。雄厚、强大的经济基础是其出国旅游发达的前提。

出国旅游密度大：出国旅游密度（出国旅游人数与总人口之比）是衡量一个国家旅游业发达程度的尺度之一。联邦德国每年约有2100万人出国旅游，占其总人口的34%，占其就业人数的83%，远远超过美国。美国出国旅游密度为9.9%，就业人口出国旅游密度为21%。

有薪假期长：联邦德国有薪假期达35天（日本为16.9天，澳大利亚18天，法国24.5天，瑞典25天，加拿大14天）。实际上，加上周末和各种节假日，可以自由支配的时间远远超过这个数字。有人说，德国假期最多最长，国民半年工作，半年休息。这就保证了他们有充裕的时间每年进行一次或多次出国旅游。有薪假期长，决定了他们出国旅游过夜"人天数"多。1983年，联邦德国旅游者在国外过夜天数总和是美国的1.5倍，比英、法、意大利总和还多40%，居世界首位。

旅游支出多：据联邦德国旅游研究所调查，在家庭支出中，旅游已占一般公众基本生活需求的第三位（一是吃穿，二是住房，三是旅游，四是汽车），用于娱乐和旅游的花销已平均占21%以上。旅游支出占世界旅游总支出的16%，居世界第一位。

据美国统计，1984年，访美的英国人92.2万人次，在美花费4.42亿美元，人均花费479美元；访美的联邦德国人54万人次，花费6.15亿美元，人均花费1139美元。也就是说，一个德国人的支出相当于2.4个英国人。基于这一分析，美国特别看重联邦德国市场，重新调整了对欧洲的宣传战略，把对联邦德国的宣传放在最突出的地位上。1985年年底，"抓住美国之魂"的宣传运动首先在联邦德国打响第一炮，仅广告费一项就投入125万美元。1986年又在德国市场上花去宣传费266万美元，取得了较好的效果，使1986年访美联邦德国客源比1985年增加了13%。

以上这些特点，决定了联邦德国旅游市场成为各接待国为之垂涎并奋力竞争的一块肥肉。尤其是欧洲以外的不少接待国，从战略的高度看联邦德国市场的重要性，把该市场作为对欧宣传推销的重点。

第二节　联邦德国游客赴远东旅游的现状和趋势

近年来，联邦德国出国旅游人数在 1800 万~2100 万人次徘徊，其中约 95% 在欧洲范围内做近程旅游。1984 年，到欧洲以外地区作远程旅游的约 130 万人次，占 5% 左右。其中去北非的 43 万人次，中南非 10 万人次，近东 13 万人次，北美 37 万人次，南美 11 万人次。而到亚洲来的仅有 16 万人次，占其出国旅游人数的 0.9%，占远程旅游人数的 12%。

1986 年，联邦德国有 3200 万人次参加旅游，其中出国旅游人数仍维持在 1985 年 2100 万人次的水平，到欧洲以外地区的远程旅游者比 130 万人次略有增加，占出国旅游人数的 6.2%。

据抽样推算，1985—1987 年三年中，约有 500 万人次进行远程旅游，有愿望到亚洲旅游的达 102.3 万人次，其中 50%~66% 的人可以实现这一愿望，也就是说，平均每年有 17 万~22.5 万人次到亚洲。这已比 1984 年的 16 万人次增加了 6%~41%。据旅游研究部门调查，在今后的三年内（1988—1990 年）将有 150 万人次德国人希望到亚太地区旅游度假。今后进行远程旅游的人数将逐渐增加，其平均年增长率可望达到 10%。亚太地区在德国的市场将大大拓展，散客将大幅度增加。

预测远途旅游人数增长的重要因素之一，是个人支付能力的增加。据经济学家估计，随着联邦德国经济稳定低速发展和人口的下降，人均收入将逐年增加。除去通货膨胀因素，到 1990 年，家庭收入平均每年递增 1.8%，1990—1995 年年均递增 2.8%，1995—2000 年年均递增 2.9%。成年人旅游密度（实际旅游人数与 14 岁以上公民总数之比）也随之逐年增加：1980 年为 57%，1990 年为 60%，1995 年为 64.5%，2000 年达 68%。出国旅游人数目前为 2100 万人次，1990 年为 2900 万人次，2000 年将达 3100 万人次。

这一雄厚的、人数不断增加的客源市场，为各旅游接待国所瞩目。当然，远程旅游，特别是远东旅游，在联邦德国客源流量中只是一个小小的支流。但大河涨水小河满，到远东、中国旅游的联邦德国游客逐年增加的趋势是确定无疑的。

第三节 联邦德国来华旅游市场的发展前景

据调查表明，联邦德国旅游者的旅游兴趣和动机主要集中在五个方面：①了解异国文化、风情；②"三S"（sun：阳光，sea：海水，sandy beach：沙滩）旅游；③一揽子旅游；④冒险——走向大自然；⑤领略都市气氛。

我们为之骄傲的伟大祖国历史悠久，幅员辽阔，民族众多，名胜古迹、风土人情、自然风貌等旅游资源得天独厚。我国有条件满足旅游者的各种不同的愿望和兴趣，加之日益强盛，社会安定，对国际政治、经济所起的作用和影响越来越大，必将成为具有很大吸引力的旅游目的地。在让人们随便挑选一个亚太地区旅游目的地的抽样调查中，大部分人选择在中国、日本、夏威夷、澳大利亚和新西兰。

近几年，来华的联邦德国旅游者年年大幅度增加。1980—1985年6年中，每年接待的旅游者分别为14727人次、18444人次、21352人次、26544人次、34268人次、43000人次，同比的增长率分别是：35%、25%、15%、24%、29%、25%。六年中增长率从未出现过负数，这在亚洲10个联邦德国游客旅游目的地国家和地区中是首屈一指的。

1986年，来华的联邦德国游客48000人次，比上一年递增12%。从人数上看，仅次于英国来华旅游者（7.9万人次），居欧洲八国来华人数的第二位；但从增长率看，却占欧洲八国来华游客的第一位。

从以上的分析，可以得出两个看法：①联邦德国是我国在欧洲的最重要的客源国之一，其来华旅游者的潜力可能超过英国（联邦德国，堪称西欧首富，国民旅游支付能力远远超过英国；旅行商做生意比较讲声誉、重信用，且无台湾问题作梗，有利于我国在该市场的宣传招徕；香港问题解决后，英国来华客人增长可能变缓）。据此，我们应将联邦德国作为对欧宣传的战略重点。②在亚洲接待联邦德国游客的10个国家和地区中，我国虽起步最晚，但大有后来居上之势。从目前来看，我们的接待人数次于泰国、新加坡和中国香港地区，与日本、斯里兰卡、印度差不多，超过印度尼西亚、菲律宾、韩国和中国台湾地区。如以我们接待联邦德国客人历年来最低的增长率12%递增，1990年可接待8万人次，超过中国香港和新加坡目前的水平。到20世纪末，连同到香港的德国客人一起计算，我国将成为联邦德国在亚洲的最主要的旅游目的地。

从我们的主观条件看，近一两年来，综合接待能力有了提高，服务水平低的问题开始在抓，联邦德国人来华旅游的兴趣正在增加。据统计，1986年与1984年相比，该国公众有兴趣来远东旅游的人增加了0.5%。亚洲其他国家和地区接待德国旅游者至少已有20多年的历史，这种新产生的兴趣，很大程度是对中国。1987年第一季度来华的联邦德国游客达1.02万人次，比1986年同期增长15%，旺季还没到来，增长率已超过1986年全年12%的水平，这是个令人鼓舞的势头。

我国与联邦德国之间的交通条件也在改善。从1987年4月起，北京飞法兰克福的航班从每周2班增加到3班，北京与东柏林通航，也给西柏林乃至北德经营中国旅游路线的旅行商带来了福音和信心。此外，港国旅正准备在联邦德国建立分公司，如此举成功，其竞争能力是很强的。因直飞香港的飞机比飞北京的飞机票价便宜，而使香港入境的德国旅游者降低了开支。再加上马克坚挺，联邦德国鼓励公民出国旅游等外部因素，来华旅游的人必然越来越多。

但是，联邦德国旅游市场的开发，还有许多不利因素。

1. 路途遥远，价格昂贵。联邦德国游客到亚太地区旅游的人均价格为5000马克，而到中国旅游一次，价格在4000~10000马克，一般路线需7000马克左右。去西藏一次，需要10000~13000马克。联邦德国人均每月毛收入2600马克，除去各种税金、保险金外，纯收入1600马克。到中国旅游的昂贵费用，绝大多数人支付困难。而近距离就比较省钱。联邦德国在欧洲各国旅行，平均每人支出2000马克。我们的旅游价格构成中，交通费占的比例在1/3以上。法兰克福到北京与到美国洛杉矶距离相等，但前者的飞机票价是后者的2倍，因此，路途远、价格高就缺乏竞争力。这是联邦德国游客绝大多数在欧洲旅游，远程旅游时大多数去北美的重要原因。

2. 我国服务水平较低，声誉不高。由于中国接待条件的不足，旅游从业人员素质不高，加之社会上不正之风的影响，在 1983—1985 年服务质量下降的现象特别突出。旅游者回国后告状、投诉、索赔事件屡屡发生，搞得经营中国旅游业务的旅行商焦头烂额。好几家旅行社反映，他们组织的来华旅游者中，再访客基本上是 1980 年以前访问过中国的，以后便成了一锤子买卖。1986 年，中国狠抓了服务质量，客人的投诉明显下降，旅游声誉开始回升。这一教训应引起我们的高度注意，声誉即是生命，服务质量的改进任何时候我们都不能放松。

3. 中国目前还不是理想的度假地。联邦德国每年 2000 万人次左右的出国旅游者，绝大多数人的旅游目的是度假。哪里的度假条件好，哪里的联邦德国游客就多。比如，访希腊的联邦德国游客，84% 的人是度假。访瑞士的德国旅游者中，63% 的人是老顾客，其目的也是度假。泰国在亚洲是联邦德国第一位的旅游目的地，访泰人数已逾 10 万人次。除了那里的色情项目吸引了一部分人以外，度假条件比我们好也是重要原因。中国旅游产品单调，以团体为主、以观光为主的旅游形式，搞得游客疲劳不堪，对众多度假旅游者缺乏吸引力。

4. 我国旅游产品知名度不高。除了长城、兵马俑等少数产品有一定知名度外，绝大多数产品不为公众所知。在汉诺威博览会期间，10 万观众参观了旅游展台。我们发现，他们对中国旅游基本上不了解。一个不被人了解的地方，要被选为旅游目的地，那是不可能的。

当然，还有其他一些不利因素。面对这些不利因素，我们应该冷静对待、正确估价联邦德国市场。该市场旅游密度很高，虽说还没达到饱和的极限，但也到了稳定、缓慢的发展阶段，既不会大起大落，也不会突飞猛进。从客源流向来看，在每年 2000 多万人次出国旅游者中，94% 到欧洲各国。这个巨大的数字至少近期对我们没有太大的实际意义。占 6% 的做远程旅游的 130 万人次是我们的潜在市场；其中来远东的 17 万~22 万人次是我们与其他亚洲接待国的竞争对象。应该在此基础上考虑制定我们的宣传战略。当然，如果我们各方面工作跟上去，争取在欧洲内做短途旅游的联邦德国旅游者中的一小部分来华，也不是不可能的。

第四节　对联邦德国宣传的几点意见

1. 注意捕捉目标市场

瞄准目标市场，是解决宣传针对性、提高宣传效率的首要条件。这必须：在阶层上找准对象。西欧人来亚洲旅游，重要的是支付能力。联邦德国人民经济状况大体可分三类：一部分是失业者，没有工资收入，政府每月发放几百马克的救济金，只能勉强维持生活，无力支付旅游费用。一部分是中、低档收入的人，每月可得纯收入1500~3000马克，如果家庭负担重，绝大多数人也支付不了到中国旅游的费用。另一部分是每月纯收入4000马克以上的人，占就业人口不足20%。这部分人有支付能力，但其中不少人目前没有来中国旅游的兴趣。

具有来华旅游支付能力的大致有四类：自由职业者（如医生、教师、律师、艺术家、工程技术人员等）；企业家（商人、经理人员等）；政府官员、高级职员；多就业者家庭。这几个阶层绝对人数不少（仅自由职业者就占2570万就业人员的9.1%，约234万人），是我们宣传招徕的目标市场。

在宣传手段上，除了加强电影、电视、录像等形式外，《时代》周刊、《法兰克福汇报》《世界报》《南德意志报》《明星》《明镜周刊》等，一般是富人常读的报刊，应作为我们的重要宣传媒介。

在到远东、中国来旅游的客人中，也有少量中下层人士。他们经过几年的积攒，也可以支付一次洲际旅游的费用。这些人多为年轻人，往往参加4000马克左右的廉价旅游，住的条件不讲究，七八个人一间房，公用厕所和浴室也可以（但卫生条件要好）。国际上有一个生意兴隆、具有50年历史、500万会员参加的青年旅馆业协会，就专门接待这部分中下层旅游者。我们在对德的旅游宣传中，除了以富有阶层为主要对象外，还应注意多建中低档饭店，开辟体育、文艺、教育、专业考察等适应青年旅游的项目，以吸引中、低阶层的人来华旅游。

在地域上缩小范围，以提高宣传对象的"命中率"。联邦德国虽然版图不大，但若在全境6000多万人中寻找数万来华旅游者，也无异于大海捞针。这次调查中，我们了解到，在联邦德国10个州、一个特区（西柏林）内，北德的汉堡州、下萨克森州，南德的巴伐利亚州（主要是慕尼黑和巴登巴登）最为富庶。那里居住着很多富商大贾，第三产业发达，自由职业者众多，普通公民收入可观。今后，除了继续加强在西柏林、法兰克福的宣传外，还应将汉堡、慕尼黑作为重点地区进行宣传，以开发那里的客源市场。地域范围缩小了，可以使我们极为有限的人力、财力发挥出更大的宣传效益。

1987年6月，山东在慕尼黑举办大型展览，并将签订省州间的旅游协定，这对提高山东在联邦德国的知名度将起很大作用。

2. 多方合作，开展立体式宣传

旅游形象的树立离不开整个国家形象的树立。旅游宣传与国家其他方面的宣传相结合，就相得益彰，变得更有力量。这次汉诺威博览会，虽然主题是工业，但由于1987年我国为伙伴国，国务委员张劲夫率京剧团参加开幕式，展览期间又举办了中国电影周，中国旅游展台在这种"中国热"高潮中召开了记者招待会，散发了15万份宣传品，回答各种问题，使旅游展台成为整个展区最热闹的地方，取得较好的宣传效果。尤其是50多个国家参展的商人、企业家达数千人，几乎人人都参观了中国旅游展台，索要资料，购买纪念品，详细询问来华旅游事宜。这些人有支付能力，不仅可以到中国做公务旅游，也可携妻儿来华做家庭旅游。这个宣传直接抓住了目标市场，影响所及，不仅联邦德国一国。

与文艺团体、德方旅行社合作，利用演出的机会做宣传，也是一种好形式。汉堡奇迹旅行社经理温德莉介绍说：1986年上半年，安徽杂技团到汉堡演出，门票一张100马克。能为一场节目舍得花这么多钱的人，都是富有阶层。每场观众都有2000多人。平常没有机会把这么多富人召集在一起聚会。所以，有几家旅行社在剧场前厅租了摊位，散发宣传品，演出结束，很多人现场交钱登记来华旅游。这是选择目标市场的最有利时机。她建议中国旅游部门应主动搞好这种演出，借机宣传、组团。德方旅行社愿意合作，共同设计、印制宣传品，并承担我方人员在德的全部费用。这一建议将来不妨一试。

3. 改进宣传品

这次展览接触到的几家旅行社都反映，中国的宣传品在内容上应增加销售信息，气候、交通（特别是各种交通工具的衔接）等内容不能少。形式上以图为主，图文并茂，第一眼即能抓住观众，产生到此一游的愿望。文字要以德文为主。声像宣传需要加强，很多经营中国业务的旅行社（如西柏林中国旅行社）急需我国旅游录像带。德国人对我古典音乐、民间音乐特别感兴趣。这次展览带出的180盒录音带，开展的头两天即被抢购一空。观众建议，乐曲要用古筝、二胡等民族乐器演奏，不要用西洋的电声乐器。

4. 导游性宣传要加强

导游性宣传这两年在全国各地有所忽视。从大量投诉信件看，旅游者对中国服务质量不满意，主要集中在交通、饭店和导游上。在饭店、交通条件逐步改善的情况下，导游宣传中存在的问题显得十分突出。有些城市没有德语导游；有些城市旺季团多，德语导游严重不足；有的城市导游带客人到了旅游点，就自己去喝咖啡，不导不游，让客人自己去看。在发生困难和矛盾时，有的导游态度不好。

导游性宣传除了上述问题外，饭店的闭路电视，城市、旅游点上的导游标志，问询处和外文问询电话，旅游者晚间文娱生活等都存在问题，需要逐步解决。

增加客源一是争取再访客，二是开辟新客源层。第一次访问能否满意，是他们决定是否再访的主要因素。一锤子买卖只能导致客源的枯竭。所以，导游性宣传应作为我们提高服务质量的重要内容抓上去。

5. 开辟和宣传度假旅游等多种项目

旅游产品结构要进行改革，在进一步完善观光型产品的同时努力使旅游产品向观光、度假型过渡。旅游应该是一种休息和娱乐。联邦德国旅游者的最大旅游动机是通过旅游消除紧张工作造成的体力和脑力上的疲劳。中国尽管很有吸引力，但来一次不能消除疲劳反而更累，他们只好另觅他地。有些来华旅游者一路奔波，疲惫不堪，回国后不得不再寻一个地方重新度假。很多德国人希望中国尽快建立度假村，以便他们在中国做一次旅行之后，在距口岸较近的度假村休息一周，然后回国。因此，计划中的海南岛、无锡度假村应抓紧建设。其他交通便捷、风景秀丽、距出境口岸近的地方，也应适当建设度假村。这里值得注意的是，度假村应有中国特色，暂时不要搞迪士尼游乐场之类的东西。福建与香港、东南亚交通方便,福州目前通香港飞机每周6~7班,且有"浴在福州"的美称,宾馆里有温泉,可治疗皮肤病、风湿病。厦门临海,风景、气候也好,湖里、鼓浪屿一幢幢漂亮的别墅,厨房里炊具齐全,可接待家庭度假者。

度假旅游要尽量和疗养旅游相结合,外国人对我国气功、针灸、按摩等中医疗法很推崇,用一两周时间既能度假,又能治慢性病,对旅游者是有吸引力的。开展度假旅游可以延长逗留天数,增加经济效益。海外旅游者在广州平均每人只停留1.2天,利用从化温泉和市内的南湖开展度假旅游,就会延长平均逗留天数。联邦德国每年有近2000万人出国度假,欧洲其他国家、美国、日本出国旅游者中大多数也是出国度假,我们应该看到这一项目的广阔前景。当然,开展度假旅游,还要在度假区内修建各种综合性的配套设施,这要借鉴国外的经验。

其他如民俗(田园)旅游、狩猎旅游,在内蒙古大草原骑骆驼、骑马,坐船游三峡,驾汽车游丝绸之路和西藏—青海—新疆,也是联邦德国人非常喜欢的项目。

会议、奖励旅游也很有潜力,因旅费由公司支付,参加者又是企业家、专业人才和大公司的精兵强将,属于高消费旅游。这种旅行过去集中在欧美,随着国际经济重心东移,亚洲会议、奖励旅游已开始变热,新加坡、马来西亚、中国香港、日本、韩国将逐渐成为会议中心。中国这个大市场是其他邻国无法比拟的,很多城市也初具接待国际会议的条件,但由于宣传少而鲜为人知。建议国旅总社编印会议和奖励旅游的专题宣传品广为宣扬。

联邦德国对我国有些省份有特殊兴趣。从1986年接待人数看,青海的第二位客源,湖南、湖北、山东、山西的第三位客源,都是联邦德国游客。这些地方应抓住时机开展宣传,以进一步提高自己产品的知名度。云、贵、川三省这次参加汉诺威博览会,引起了德国人的兴趣。为使这次宣传取得连续性效果,西柏林中国旅行社将与三省合作,拟两次派记者来华采访,这是应该努力促其实现的。

(原载《旅游宣传》1987年第6期)

第四章 对欧美市场的开拓

欧美是我们初创时期锁定的四大客源市场之一，也是最有发展潜力的客源发生地，因而，是我们必须抓住不放的重要旅游市场。

首先，欧洲是世界工业革命的发源地。产业革命、新技术的采用，促进了生产力的发展，使得欧洲列强并起，财富聚积，富有阶层最早产生旅游的愿望和行为，因而成为世界旅游业的发端地区。时至今日，西班牙仍是全球著名的旅游王国，地中海的气候给了它得天独厚的度假环境，成为世界旅游组织的驻在地；法国旅游者的人均出国游次数世界第一，德国旅游人均消费能力全球最高；欧洲其他许多国家人口的出游率在世界上也是排在前列的。

美国的旅游业虽然晚于欧洲，但它是现在世界唯一的超级大国，民众旅游的支付能力当然很强；同时，美国也是世界现代旅游理论、特别是市场营销理论建树最多的国家，很多著名教授的论著引领世界旅游理论之潮流。比如，菲利普·科特勒被称为美国市场营销之父，他的著作成为世界许多大学选用的营销教材。欧美旅游产品建设精细化、个性化、人性化程度高，国民文化水平和文明素养普遍较好。

上述原因决定了我国拓展旅游市场的战略选择方向，欧美市场不仅是我国旅游业初创时期的重点之一，也是现阶段和未来争取客源必须花力气、下功夫开发的重点市场之一。我们要学习国际经验、经营思路和产品建设的水平，他们在许多方面仍然是我们的先生。

中国开拓欧美市场，是不遗余力、不放过一切机会的。主要办法仍然是走出去、请进来。

1. 对美营销的特别重视。在欧美市场，美国是经济的领头羊，也拥有世界最大的旅游公司——美国运通公司旅游部。如果我们在市场启动的时候，运通公司愿意为中国组织客源，则会带动整个欧美市场。1985年12月

4—13日，我们邀请美国运通公司（以下称 AMEX）旅游部副总裁张文琦、中国部业务经理珍妮、该公司驻北京办事处经理林满地及美国《妇女》杂志、《频飞》杂志、《波士顿环球报》记者一行 6 人访华，国家旅游局派我全程陪同，访问了北京、昆明和广州，我们一路上做咨询、做宣传、做调研，增强了该公司对中国旅游业的了解和组团的信心，同时也为改进中国旅游产品提出了不少好意见，对开拓欧美市场有重要参考价值。这次接待有详细的分析和总结，编选在丛书之一《艰难起步篇：春潮带雨晚来急》中，可参阅。

2. **派出驻外机构**。中国派出了 20 多家旅游驻外机构，从远程市场看，派往欧美大城市的最多，如马德里、巴黎、法兰克福、伦敦、苏黎世及接近欧洲的西亚特拉维夫等，这些办事处分管周边国家的旅游促销，几乎做到欧洲全覆盖。在美国、加拿大都有中国的旅游办事处，而且在美国东西两座大城市纽约和洛杉矶各设立一个办事处。中国成立了文化和旅游部后，各驻外使领馆文化处，自然就有了促销旅游的职能，市场开拓力度将大大增强。

3. **出国展览的次数逐年加大**。欧洲西柏林国际旅游展销会是世界上规模最大的旅游展会，我国每届都参加；其他国家和其他可搭载的展会，旅游行业也应积极设法参加；各主要市场的广告投入也在增加。

4. **宣传品供给量加大**。从声像制品、印刷品、网络信息，源源不断地通过各种渠道向欧美新闻媒体、旅行商和公众发送。

5. **邀请记者来访**。1983 年，国家旅游局就邀请了 87 名海外记者来华采访，其中美国记者就有 8 批 12 人。后来各省、自治区、直辖市都有自主邀请记者采访的计划，全国这项营销措施投入加大，批量增多。

6. **建立多种媒体平台**。现在，推动全国建立了 21 个旅游推广联盟，建立集传统媒体、网络媒体和微博微信媒体三位一体的新闻传播平台，支持媒体拍摄了《旅游中华》《旅游天下》等纪录片在央视播放，对外提供，其功能大、效果好。

7. **通过国际组织进行推广**。世界旅游组织年会，不论是我国主办还是别国主办，都是我们宣传推广的好时机；我国发起成立的世界旅游联盟总部设在杭州，是第一个全球性、综合性、非政府、非营利的国际旅游组织，会员已达165家，境外会员超过60%。这是一个国际旅游行业多元主体间的对话平台，增进各成员的互利互信，也提高了中国旅游的世界影响力。

8. 开展各种双边和多边活动。中国主要领导人非常重视这一活动。习近平主席出席中日友好交流大会并发表重要讲话，亲自宣布举办中美、中瑞、中韩、中丹、中印等旅游年并发贺词，向联合国世界旅游组织第22届全体会议发贺词。李克强总理出席首届世界旅游发展大会，宣布举办中国—中东欧、中国—东盟、中国—欧盟、中澳、中加、中新（新西兰）等旅游年。

9. 关于"一带一路"的营销。"一带一路"涉及沿线60多个国家，46亿多人口，分布有世界近80%、500多项世界自然与文化遗产。历史上就是经济、旅游交往的大动脉，加强这条大动脉的旅游宣传营销和其他经济、文化交流，意义重大。我国已发起召开了"一带一路"国家旅游部长会议，今后还会有许多专题或综合类会议、论坛等活动。

这样，把对欧美市场的开拓营销纳入整个世界旅游营销的大框架内，在更高的层面、更大的规模下互相影响促进，效果更加显著。

Part 2 学习篇

旅游营销理论概述和点评

营销是商品经济的组成部分,旅游营销是旅游产业的重要内容。旅游产品和促销理论引进于西方。对这个问题的认识,我的看法是:①像对待一切人类文明成果一样,学习和继承不是丢人的事。欧美旅游业发展已有上百年的历史,有资格成为我们的老师;②在采取"拿来主义"之后,要认真消化,把有利于我们的内容发挥、深化,作为我们旅游业初创时期的思想先导;③在我们有了一段实践经验之后,要结合本国、本地的实际,对自己的经验加以总结、提升;对别人的理论加以改造、创新,以形成一套符合中国特色的社会主义市场经济条件的旅游市场营销的理论。

第五章　基本概念点评

第一节　关于市场的定义

搞市场营销，必须从理论和实践两个方面弄清"市场"的含义，否则，这个营销没法搞。

什么是"市场"？人们是有一个认识过程的。大抵经过三个阶段，五种定义。

一、"地点"定义

因为市场最初是约定俗成的集市贸易，或者以物易物，或者以币易物，交换的地点至关重要。不到这个集市去交换，买卖关系就形不成。因而，在1948年，美国市场营销协会定义委员会给市场下的定义是："**买主和卖主发生作用的场所（地点）或地区。**"

二、合成定义

这一定义认为，市场是由买主和卖主组成的。美国营销协会定义委员会1960年将1948年的"地点"定义修订为："**市场是买主和卖主做出导致货物和劳务转手的全部力量或条件。**"此时，菲利普·科特勒也对自己原来的观点做了调整，他说："对于一位经济学家来说，**市场是指参与某些货物和劳务的实际和潜在交易的所有买主和卖主。**"他举例说：比如，"软饮料市场由可口可乐、百事可乐、七喜等主要卖主和所有购买这种饮料的消费者组成"。这个合成定义中买卖双方交易的商品所指的是有形产品，产品销售的市场外延扩大，可能已形成网络，市场的"地点"概念逐渐淡化和模糊，交易双方的地位突现，这是"合成定义"产生的客观条件。

三、需求定义

随着对"市场"认识的深化，菲利普·科特勒认为："**对市场营销者来说，他们认为行业是由卖者组成的，市场是由买者组成的。**"现代市场营销学开始从买主的角度来界定"市场"的定义。1960年，美国营销协会定义委员会从这个角度给市场下的定义是："**一种商品或劳务的所有潜在购买者的需求总和。**"

四、消费者群定义

菲利普·科特勒从消费需求出发，为市场所下的定义是："**市场是指某种产品的所有实际的和潜在的购买者的集合。**"

五、混合定义

即地域观念和人群观念相结合，过程考察和寻求目标相结合来界定"市场"。从市场细分的过程来看，营销者应采取"聚焦法"来捕捉最大宗的消费者群，即市场—主要市场—目标市场—目标客源层。这个目标客源层就是营销者最终找到的大宗消费者群。只有找到目标客源层，你的市场细分才做到了位，你的市场营销策略和措施才可能击中目标而获得理想效果。但从市场细分过程来看，市场地域的观念并没有完全被舍去。比如，旅游市场细分，离不开对洲别、国别、地区、城市的分析，这是为寻找客源而定向；在定向基础上挖掘出目标客源层，这是在为一切营销武器的瞄准器定位。只有先定向后定位，定向定位相结合，才能真正搞好营销。需求存在于目标客源层中，目标客源层存在于某些特定区域中。所以，我为旅游市场所下的定义是：**"旅游市场是旅游产品（包括有形和无形）在某些地域客源层的需求的总和。"**

点评：从经济学角度分析，旅游市场的概念有狭义和广义的区别：狭义的旅游市场是旅游产品交换的场所。广义的旅游市场是指在旅游产品交换过程中所反映的各种经济行为和各种经济关系的总和。从市场角度看，旅游市场是指旅游产品的现实购买者和潜在购买者。

第二节　关于营销的定义

一、何谓营销

欧美的许多营销大师如是定义营销概念：

被尊为美国营销之父的美国西北大学教授菲利普·科特勒认为：**营销是通过交换过程满足人的需求和欲求的过程。**

美国营销协会的定义是：**用引导商品和服务从生产者到消费者流动的商业行为。**

美国密歇根州立大学的 E.杰罗姆·麦卡锡称营销为：**某机构通过预测顾客或客户的需求，以及引导满足需求的商品和服务从生产者到顾客或客户的流动，来设法达到其目标的活动。**

美国的定位论大师里斯和特劳特说：以上的定义都是从传统角度解读的，强调的是，经营者要面向顾客，而不是面向生产。这两位大师从竞争的角度为营销所下的定义是：**市场营销的本质并非为顾客服务，而是在同竞争对手的对垒过程中，以智取胜、以巧取胜、以强取胜。简言之，市场营销就是战争，在这场战争中，敌人就是竞争对手，而顾客就是要占领的阵地。**

二、营销与销售、推销、促销的关系

表面上看，含义似乎差不多；但如果混淆其区别，便不能认识营销的本质，而易于在运作过程中坠入推销所造成的不良结果。销售、推销和促销都曾经是或有的仍然是商业活动中的重要环节，现在被营销所涵盖、所代替，譬如，促销成为营销的组成部分，销售已不如营销时髦，推销则显得力不从心而被淘汰出局。下面从功能、过程、发展、结果做点简单分析。

从定义出发，解决"需求"几乎贯穿商业活动的全过程。哥伦比亚大学的约翰·A.霍华德教授认为，满足消费者"需要和需求"最完整的解释应为：确认顾客的需求；根据生产能力使需求概念化；将此概念同此机构适当

的生产能力相联系；根据先前确定的顾客需求，使随后的生产概念化；将此概念同顾客相联系。霍华德称营销应经历这样5个过程。

从功能上讲，营销是基础、是整体，其他概念是局部。菲利普·科特勒认为，广告、销售以及公关活动是促销的手段，连同产品、价格、分销渠道、调研、信息系统和制订计划，都是营销的具体内容。杰出的管理思想家皮特·德鲁克（Peter Drucker）也说："市场营销是基础，不能把它看成是一个单一的功能。从它的最终结果来看，也就是从顾客的角度来看，市场营销是一个整体活动。企业的成功不是由生产者决定，而是由顾客决定的。"

从总体上来看，营销发挥统率和战略的作用而"关照"各个局部，离开这个"关照"，局部的环节就变成了一盘散沙。比如，销售和推销，如果不在营销战略的指导下进行，必然坠入削价竞争的恶性循环中，"大放血""大甩卖""清仓底""跳楼价"之类叫卖无法顾及质量，而质量无法保证必然导致"需求"不能满足，最终"关门大吉"，败下阵来。这样的教训比比皆是。

第六章 世界营销理论及发展历程的梳理

第一节 百年营销理论的回顾

要使某一区域旅游业或旅游企业顺利发展，制订出好的营销规划，必须通晓营销的理念和规则；要想发展和创新，就要了解营销理论的发展脉络及在什么样的实践中产生，又在多大程度上对不同的实际起多大的指导作用。有用的东西要继续发扬，不合理的部分要予以规避，不足的部分要给以补充，把发展的阶段论与可持续发展论结合起来。

中国的旅游业发展仅有 30 多年的历史。所使用的营销理论是从西方引进的；而西方的旅游营销理论追其源是从工业产品的营销理论发展起来的。发达国家旅游业的发展已有 100 多年历史，经历了资源导向、产品导向、市场导向、顾客导向等发展阶段，这些阶段与其国民经济发展相适宜，是逐步成熟、自然过渡的。在市场营销方面，每一个阶段都有与其适应的理念思考。旅游营销学是在"二战"以后逐步发展起来的一门新学科。在国外，研究旅游营销学的文献始见于 20 世纪 40 年代末期，到 60 年代形成体系；到 80 年代，随着经济市场化程度的提高，坚持市场导向的营销理论应运而生。

在此，我将百年营销史做个简要的回顾。

1905 年，美国教授克罗伊西（W.E. Kreusi）在宾夕法尼亚大学开课，讲授《产品市场营销》课程。

20 世纪 20 年代，市场营销理论衍生于美国经济学。

30 年代，宝洁公司率先提出品牌管理理论。

50 年代，温德尔·史密斯（Wendell Smith）提出"市场细分"概念。

50—60 年代，营销学三大奠基性理论诞生：罗瑟·瑞夫斯（Rosser

Reeves）提出的 USP 理论，广告大师大卫·奥格威的品牌形象论和特劳特（Trout）和里斯（Ries）的定位论。

"定位"理论的倡导者里斯和特劳特（RIES & TROUT）《营销革命》一书"为我们带来观念颠倒的冲击"。他们将传统的由战略而至于战术的营销策略描述为自上而下的、不可避免承受脱离市场竞争现实的危险。在这一开拓思路的新著中，他们发展了自下而上的营销策略，即由战术层面的问题出发，迅速认清趋势，形成自己独特的优势，谋求建立市场领导者的地位。这一理论对于我们注重从具体实际出发，建设特色产品具有重大指导意义。

这两位作者合著的《营销战》强调竞争的重要性："今天的市场营销，其本质并非为顾客服务，而是在同竞争对手的对垒过程中，以智取胜、以巧取胜、以强取胜。简言之，市场营销就是战争，在这场战争中，敌人就是竞争对手，而顾客就是要占领的阵地。"《新闻周刊》《商业周刊》对此书给予高度评价，称之为"革命性观点，惊人之力作"。

60 年代，杰罗帕·麦卡锡创立了 4P 组合理论。

70 年代，被称为"现代营销学之父"的菲利普·科特勒，出版了三本教科书:《营销管埋：分析、企划、实施及控制》《营销学原理》和《市场营销教程》。其中，将 4P 丰富为 8P、12P，使营销组合理论日臻完善成熟。他的书以 20 种文字出版，在 58 个国家发行，其理论、观点成为许多产业、行业促销理论的基石。

80 年代到 21 世纪初，出现了传播整合营销和颠覆 4P 营销组合理论的 4R 营销理论。作者提出，把营销对 4P——Price（价格）、Place（渠道）、Product（产品）、Promotion（促销）等供方因素的关注转向对 4R——Relationship（关系）、Retrenchment（节省）、Relevancy（关联）、Reward（报酬）的关注，强调顾客——人的因素，注重销售过程中对顾客的关怀、客户关系的维护。

维克多·密德尔敦所著《旅游营销学》成了国际旅游业界的畅销书，书中关于营销组合、实践应用、典型案例、10 年预测等内容，具有重要指导意义。英国航空公开股份公司主席科林·马歇尔爵士在该书序言中说："市场营销最重要的一点在于：如果应用正确，它可以促使一个组织去认识顾客的偏好、做出相应的反应以培养顾客始终如一的忠诚，并因此使企业赢利。"这一理论使市场导向理论开始向顾客需求导向理论深化，以开创旅游业促销主导时期的到来。

第二节　重要理论观点分析

在众多营销界经典作家所提出的若干理论中，市场细分、"4P""4C"和"整合营销传播"理论得到了广泛使用。现把要点简介如下：

一、市场细分理论

这一理论最早产生于西方，源于有形产品的生产和销售。著名的旅游促销理论家维克多·密德尔敦说：市场细分化的要求与规模经济下产品差异的要求如何相互协调，管理层对此的关注并不是新出现的。正如40多年前爱德森（Alderson）所说，市场营销基本上应看作一个多阶段的分类过程，该过程"首先通过提供制造（生产）所需的各色物品，然后经过不断地转换，最终生产（提供）消费单位（顾客）手里的物品（产品），从而使批量生产（标准化）成为可能"（爱德森，1958）。他接着说：这个概念最初是用于制造业的，括号中的加注是为了便于把这个概念借用于旅游业中。这样定义的分类概念，清楚地说明了当今营销中市场细分方法的实质。

维克多先生说这段话的时候，是20世纪80年代，全球旅游业已有很大的发展，况且旅游业是以服务这种无形产品为主要形式存在的，与有形产品在促销上有许多不同之处。因此，市场细分也应有新的发展。

二、4P 理论

在杰罗帕·麦卡锡论著中把影响营销的变量归纳为"4P"，即：产品（Product）、价格（Price）、促销（Promotion）、渠道（Place）。强调营销就是要解决好"4P"组合。也有的专家认为，4P不足以概括所有营销变量，又将4P发展为9P，新增的5个P为：旅游项目（Programming）、包价（Packaging）、推销人员（People）、定位（Positioning）、合伙（Partnership）。

无论 4P 还是 9P，都是以生产为中心，以产品为导向，保留有许多卖方市场的痕迹。

三、4C 理论

包括顾客的需求和愿望（Customer）、顾客的费用（Cost）、顾客购买的方便性（Convenience）以及顾客与企业的沟通（Communication）。如果说 4P 理论是西方工业化的产物，那么 4C 理论则是西方第三产业发展的产物。它已跳出产品导向的窠臼，而强调考虑顾客的利益。

四、整合营销传播理论（IMC）

这是美国西北大学教授舒尔兹等人提出的，被认为是市场营销理论在 20 世纪 90 年代的重大发展，被誉为"带领企业跨越 21 世纪的营销教战守策"。这一理论的含义是："要充分认识用来制订综合传播计划时所使用的各种带来附加值的传播手段——如普通广告、直效广告、销售促进和公共关系，并将之结合，提供具有良好清晰度、连贯性的信息，使传播影响力最大化。"

总结："4P"和"4C"理论所强调的"产品组合"及"从顾客利益出发"的要点，在"整合营销传播理论"中被淡化了，后者着重强调营销中各种促销手段的整合，突出了如何使产品上市这一后续的工作。整合营销传播的目的是使企业所有的营销活动在市场上针对不同的消费者进行"一对一"的传播，以形成情感认同并产生购买欲望。达到这样一种效果的传播过程，就是塑造品牌，即建立品牌影响力和提高品牌忠诚度的过程。于是，品牌打造、形象宣传、产品包装、广告口号、标志标识等就成了营销的重要内容。这一点无疑是对营销理论的丰富和发展。但对于我们这样在管理和产品质量还存有不少问题的市场而言，"4P""4C"和"IMC"理论都还有参考意义。

Part 3 创新篇

旅游营销理论和实践的创新

在我国旅游产品体系建设有了一定基础的时候,站在产品这个十字路口上回头看,资源是规划的基础,规划是产品的基础,产品是营销的基础;站在产品十字路口上往前看,需求导向必然要代替资源导向。我们刚刚从先生那里学到点儿传统营销理论,一些内容就面临过时,向前看的市场营销理念需要创新。本篇奉献给读者的,就是我对我国旅游业营销在学习和实践中创新的总结。

第七章　建立"转化创新营销"理论的必要性

第一节　产品建设与市场营销的关系

中国旅游业经过30多年的奋斗，产品建设有了一个基础（只是基础，或可以说得到飞速发展，但还未成熟和领先）。站在产品这个十字路口上前后张望：回头看，资源是规划的基础，规划是产品的基础，产品是营销的基础，我们的路就是这样走来的。毕竟老天爷、老祖宗留下来的资源是宝贵的历史沉淀，我们后人要给予十二分的尊重和珍惜，那些"子卖爷田不心疼"的态度，彭老总都曾激烈地训斥过！站在产品的十字路口向前看，资源导向是要受到质疑的，市场需求是寻求效益的出发点，营销是占领更多市场份额的先锋官，产品是赢得顾客之心的吸引物。不在产品上下功夫，"诚信"就建立不起来。当然，"产品只是承载战略的工具"（里斯·特劳特语），没有好的营销策略，再好的"工具"（产品）也实现不了预定的战略。

与国外上百年的旅游产品建设相比较，我们是速成的。这种快速赶队过程，在总体上模糊了"阶段"的节拍性，在区域间带来了不平衡。如果我们学习别人的理论，拿一个模子来套千差万别的情况，往往不能成功。即使产品建成了，也可能成为千篇一律的"制式"产品。一旦这样，产品的吸引力、穿透力也就消失殆尽。我们制作产品不能削足适履。而是要挖掘、张扬个性，精心打造独特"卖点"，这才是一切营销理论得以实施的基础（这个问题已在我的另一本丛书《产品建设"笈"与"窍"》中重点分析过）。

第二节　转化创新营销

海外的营销理论从"4P"到"4C"再到"IMC",引进中国后,哪些适应我们,哪些不适应我们?中国式的营销理论应该如何概括?我以为,我们的营销理论应该称为"转化创新营销"。

一、理论需要与时俱进

我们国内从学校授课到企业运作,所使用的营销理论多为20世纪五六十年代以后欧美的理论家、实战家陆续总结出来的。中国改革开放后,引进的这些理论发挥了很好的作用,这是首先应该肯定的。但是,半个世纪以来,世界发生了许多变化:从冷战时期的三个世界向多极化发展,从区域经济向全球一体化发展,从工业化向后工业化发展,从以信息革命为标志的"第三次浪潮"向以休闲娱乐为主的"第四次浪潮"过渡,许多客观条件发生了巨大变化,营销理论也必须与时俱进。

事实上,海外的营销理论大师们也从来没有放弃过思考。"二战"结束以来世界进入了相对安定、科技迅猛发展的阶段,经济大比拼代替了政治军事的大比拼,商战成为竞争的主要形式;经济短缺被产品的不断丰富所代替,卖方市场转变为买方市场;从等客上门到把巨额广告费打入成本,从推销到营销机制的形成;从资源导向—产品导向—市场导向—消费需求导向逐步深化;从经营理念—竞争观念—品牌意识的培养、创新及核心竞争力的打造,都不断有新的理论概括出来。"新概念""新观念"日益成为人们追逐的精神产品。这个产品关系到物质产品和文化产品融合的综合体的生产和营销,是使物质产品能够迅速投入消费者怀抱的原动力和加速器。中国的旅游产品从体量较小的景点、简单的单一的观光吸引物发展到多产业融合、全域性整合、社会公共服务体系的配套、旅游业作用多方面发挥、与第一产业、第二产业以及第三产业中各个相关服务行业的互动互利互补发展等巨大变化,旅游营销的理念、理论、范畴、手段必须创新。谁站在潮头上最早掌握适合自己发展实际情况的最新营销理论,谁就能在竞争中获胜。

二、工业产品与旅游产品在营销理论适用中的个性和共性

西方营销理论起源并指导于工业产品的流通销售；中国旅游营销引进了这些理论作为自己的指导而逐渐与国际旅游业接轨并得到了快速发展。这些理论是对市场经济进行深入研究的产物，对市场经济的各行各业都具有普遍指导意义。比如，市场细分理论、消费者需求是营销的出发点和归宿点的理念，适用于各行各业，当然旅游行业的产品建设和营销也应遵循。

但应该注意到：任何结论都不是放之四海而皆准的。这里有理论的偏颇、立意的侧重、国情的不同、文化的抵蚀、发展阶段的错位、行业的特性、岗位的差异、消费心理的区别、市场成熟程度的不同等因素，如果只强调共性而忽视个性，如果只强调全球化、一体化，而忽视本土化、行业化甚至岗位的差异，就会严重脱离实际。这里只就旅游业与工业的不同略作比较，就可以看出，聪明的中国营销者对海外的营销理论，必须结合国情和行业特征进行矫正、发展，有时生搬硬套会适得其反。

与工业品营销相比，旅游产品营销具有以下特点：

1."物流"变"人流"

"物流"是当今一个时尚字眼。交通与网络是物质商品传输的依托，物流配送中心是现代商品流通的组织者、实施者。"物流"是工业产品流通的主要形式。但旅游产品（除了物质消费品外）的流通不是"物的流通"，而是"人的流通"（简称"人流"）。不像工业产品那样，消费者可以买回家去享受；旅游产品的不可移动性决定了消费者必须移动。于是，旅游者形成的巨大"人流"，就成了这个行业区别于工业品生产行业的显著标志之一。目的地"异地宣传"的重要性、"人流"形成的季节性、全程服务的人性化关照程度等诸多方面，有着比其他行业都广阔的拓展空间和发挥的余地，都有特殊的规律可以探索和总结。

2."出口"变"进口"

"出口"和"进口"，习惯上也是指工业产品对外贸易的两宗基本业务。因为追求贸易顺差，任何国家都不忽视"出口"的重要性。在20世纪70年代，邓小平同志在概括我们为什么要改革开放的问题时说，改革开放就是要

学习人家搞经济的先进经验，要进口先进的技术和设备，这就需要外汇。外汇从哪里来？他当时说，要靠"两you"：即"石油"和"旅游"。这是一个战略家对当时中国发展雏形的描绘，是对实现这一战略应采取的手段的初步思考，从此也就迎来了中国旅游业大发展的春天。

  从邓小平同志的上述谈话中，我们不难体会到："出口"是"进口"的基础和前提。因为当时我们的工业产品在国际上缺乏竞争力，深加工水平很低的农产品换汇比值差，相反，旅游资源却十分丰富，因而邓小平同志要求旅游业要加快地搞、突出地搞。当初，也有人概括旅游创汇是非贸易创汇，是"风景出口"。但从产品组成来看，旅游业不仅是"风景出口"，除了名山大川外，还有文化古迹、风土民情、本土化的特色服务、现代化文明成果等，也都是旅游者感兴趣的东西，因而也都是旅游产品的组成部分。由于上述这些产品的不可移动性，旅游产品"出口"是以吸引海外客源"进口"的形式来实现的。在这里，"进口"变成了"出口"，同样，"出口"也就变成了"进口"。由于旅游产品的不可移动性，与实体商品比较，旅游产品的"出口"和游客的"进口"可以循环往复，多次消费，一本万利，决定了其朝阳产业地位和蓬勃发展的美好前景。

三、照搬照抄和水土不服

  由于我国旅游业发展较晚，旅游营销队伍素质参差不齐，有的经过院校培养，懂得一些理论但缺乏实际经验；大多数缺乏营销理论修养，搞营销还停留在过去的宣传推销的水平上。在这种情况下，强调理论重要性的时候，就容易产生照搬照抄的现象。科特勒、舒尔茨、特劳特的营销理论就成了中国营销人员的"圣经"，这些大师及其徒子徒孙走马灯般地被请到中国来"讲经说法"。这确实对开阔眼界、改变思路起到了重要作用。但是，人们很快发现，由于历史发展、文化背景、思维方式等方面的不同，西方的许多理论并不完全适用于我们。照搬照抄的结果，要么产品千篇一律，扼杀了产品的多样性、个性化，因而在市场上丧失了竞争力；要么产品西化，使那些万里迢迢赶来"求异"的"老外"们面对我们的产品顿觉索然无味。在中国的营销队伍中，也冒出了一些"大师"们的"得意门生"，有人只会用几个新名词唬人，炒作一番，掠钱便走，搞得"甲方"叫苦连连。这样的事例听到见到的不少。

即使大师们亲自出马，所做的规划、策划也存在着水土不服的现象。国外专家的优点是市场经验丰富，不足的是对中国的文化解读"消化不良"，只能进行文化移植。其结果必然搞出许多"疑难杂症"。笔者看过一些文章，也参加过海外专家为我国某些地方编制的规划评审会，海外专家水土不服的问题、把不适合中国的创意生搬硬套到中国的事例不少。

于是，有文章说，中国营销业遇到了"整体的困惑"。7000万营销大军（就全国各行业而言）除了极少数人外，或一筹莫展，或饥不择食，无头苍蝇般到处乱撞。鄙人以为，"**全球化视野，本土化思考，个性化创意，市场化运作**"，可能是中国营销业的救赎之路。理论的生搬硬套是有害的。即使是真理，也是相对的，只能在相对的时空内适用。美国微软中国分公司的掌门人唐骏先生对这个道理有过切身的感受。他说："在美国以外，微软是家典型的美国公司，它所有的投资、研发都是集中在美国本土。它没有在其他任何一个国家和地区设立研究院、全球技术中心和研发中心。但是中国不一样，中国有5000年的文明史。我们告诉微软，如果微软不在中国进行这样的投入，作出这样的承诺，想在中国有更大的发展，几乎是不可能的。""要在中国土地上管理好一个企业，可以说任何一个纯西方的模式、纯美国的管理模式都不一定非常适用。把西方的管理模式更好地和中国的传统文化、历史背景有机结合起来，这才是一个真正适合中国的跨国企业的管理模式。"一个外国公司进行跨国经营，都需要对原有的模式进行改造，那么中国人在中国的土地上引进外国的理念经营中国的企业，生搬硬套那些模式就显得更需要改造创新。

旅游业是中国改革开放的先行行业，是与国际接轨最早的行业之一，重视和吸取海外先进的理论、经验是题中应有之义。但就全球化和本土化的结合上，在入境旅游、国内旅游和出境旅游三个方面，由于对象、目的的不同，产品特色、营销策略也应有不同。在全球化、一体化大趋势下，区域化、本土化、个性化是产品的生命和营销的关键所在。往大了说，我们要"拿来主义"，也要"自我诉求"、创新发展，否则，如何逐步获得我们自己的话语权？如何巩固我们的理论自信、道路自信？

四、敢破常规而求发展

规律是不以人们的意志为转移的。但有时在事物运行的某个局部，可以打破常规，反其道而行之，从根本上、大局上对事物的发展起促进作用。中国旅游业的发展，就是走了这样一条道路。

世界旅游业发展史表明：旅游业是经济发展、社会进步的产物。发达国家旅游业发展时序都经历了国内旅游—国际旅游—出境旅游这样一个逐步成熟的过程。但中国旅游业的发展是先从国际旅游起步的。20世纪70年代后期，全国人民的生活水平还很低，在温饱问题还没有完全解决好的情况下，要发展国内旅游是不可能的。如果亦步亦趋地走发达国家的老路，中国旅游业就只能徘徊不前，无法起步，推迟20年发展那是少说的。我们从发展国际旅游开始，把门槛一下提起来，游客消费需求高，而我们的接待条件差，设施落后而缺乏，困难难以想象。在这种情况下，我们采取了内外有别、配额控制、发行外汇券、引进外资建设饭店、建立院校培训人才等政策，强力推动国际旅游的发展。40年一路赶来，两个主要指标在世界上的排名不断跃升：1978年，入境旅游者人数为180万人次，外汇收入2.36亿美元；2001年，入境旅游者人数达8901万人次，外汇收入178亿美元，两项指标分别增长了49倍和75倍。1978年接待入境旅游者人数和外汇收入在世界上的排名分别是第48位和第41位，2001年双双跃升为第5位。发展速度之快在全球是仅有的。2017年，中国旅游业国内市场、入境市场、出境市场全面发展，供给侧结构性改革成效明显。数据显示，2017年全年实现旅游总收入5.40万亿元，同比增长15.1%。中商产业研究院预测，2018年全国旅游收入将达6.24万亿元，增速约达15.6%。

中国旅游业是在旅游供给十分缺乏的条件下，优先发展入境旅游，1990年开始发展出境游；1993年开始提倡和发展国内旅游。又经过了20多年的奋斗，中国才成为国内、国际、出境3种形式齐全的旅游市场。最初的15年，我国只有低水平的旅游接待条件，面对高素质的国际游客市场，不适应程度是难以想象的，遇到的困难也是难以想象的。硬件不行软件补，笑脸和勤快是人人可以做到的，服务是产品的一部分。同时，为了完成改革开放所需要的创汇任务,我们必须努力学习,一面改善接待条件,一面努力学习新理论、新观念,同发达国家旅游业接轨。说到这里,我情不自禁地要表达一下对我国老一代旅游工作者的敬意,没有他们初创时期付出的艰辛,打下的基础,就不会有今天的成就。

30多年的实践证明,国际旅游的优先发展促进了国内旅游,国内旅游又带动了出境旅游,中国旅游业产业素质逐渐提升。跨越式发展填平了鸿沟,缩小了差距,赢得了时间,促进了发展。现在回头看,如果当初我们处在两难境地时,不敢打破常规,不敢在旅游业三大组成部分发展时序上进行局部调整,果敢地提出优先发展国际旅游的战略决策,就不可能有今天旅游业发展的大好形势。在这个过程中,从方针政策的制定到具体实施,从产品的组织建设到营销,我们都有许多发明和创新。比如,对旅游的认识从事业—行业—产业,从民间外交—创汇手段—战略性支柱产业—文旅融合发展,从宣传—推销—促销—营销—推广思路的转变,从资源—产品—市场—顾客导向的深化,从模糊市场—细分市场—主要目标市场的确定,从盲目开发—制定总体规划—项目规划—开始重视营销规划—多规合一等方面,许多专家学者和旅游实际工作者,都进行了不少的探索和改进,许多是发达国家不曾经历过的。这些都是值得总结、提炼并使之上升到理论高度的。

五、谨防"错位"和"不对称"陷阱

管理大师德鲁克(Peter Drucker)有句名言:管理是用对的方法(Do Things Right)做对的事(Do Right Things)。这当然是对的。

这是从若干"对"和"错"的组合中抽象出来的,而实际情况却要复杂得多:用错的方法做对的事结果是错的;用对的方法做错的事结果是错的;用错的方法做错的事结果是错上加错;只有用对的方法做对的事结果才是对的。再进一步分析,这"方法"和"事"是因时因地而变化的,在此处是对的在彼处可能是错的。因此,任何理论都必须因时制宜、因地制宜。

教条主义的生搬硬套造成严重后果的原因,就是"事情"与"方法"的错位,认识与环境的错位。这是两大陷阱。海外营销理论与中国发展阶段的不对称是另外一大陷阱。发达国家经历了农业社会、工业社会、后工业社

会，而我国这几种社会形态并存，后工业社会的潮头刚刚看到，国内较发达地区与中西部落后地区差距还很大。在这种情况下，显然照搬发达国家的最新的营销理论是与我国的发展阶段不对称的。要绕过这些陷阱，必须在消化别人的先进理论的基础上，总结出符合自己实际的理论。我以为用"转化创新营销"概括这一理论较为适宜。其主旨不是排斥，而是吸纳；不是照搬，而是转化；不是停顿，而是发展。通过学习、转化、创新三部曲，通过国际化视野，本土化运作，逐步使这一理论完善起来。

第八章　营销理论在学习中创新

第一节　市场营销观念的提升

营销要做好，观念要提升，首先要解决对市场概念的认识问题。

一、对市场指义的再认识——地点概念需转化为人群概念

营销观念提升，首先是市场指义的转换。也就是要将地点概念转化为人群概念。在商品交换之初，需要先确定地点，也就是集市。从以物换物开始，逐渐产生货币，逐渐有了买卖即生意。大约在3000年的历史中，市场即指地点。直至市场经济发展起来以后，市场从地点概念逐渐转换为人群概念。

旅游市场通俗的定义指，旅游需求市场和旅游客源市场，即旅游产品的经常购买者和潜在购买者。定义本身直指人群。

因此，我们在做市场营销时，也要将市场转化为人群，要首先确立主要市场和目标市场。在确立目标市场后，要分析目标客源层，即特定的、具体的消费群体，只有这样才是深入、有效的市场分析。通常，一些公司在做市场分析时，仍会按照以不同距离为半径画出几个同心圆的方式来进行市场分析，即只是按照地点概念来做市场，并没有分析同心圆距离中的哪些客源层更有希望成为我们的目标客源群体，没有将地点概念转化为人群概念。较为科学的做法是，不仅按照距离远近来划分市场，更要找出这些客源地中具体的目标客源层。通过分析目标客源层所涉略、阅读的媒体，有针对性地在该媒体上进行宣传，才能真正将目标客源层抓住。现在一些地方的常规做法是直接去锁定的城市进行宣传，但在宣传之前缺少对市场的细分，因而没有针

对目标客源层来宣传，这样做的效果通常会比较差。所以，要想做好市场分析，达到抓住目标客源层的目的，就需要对市场进行细分，需要先将地点概念转化为人群概念。

二、对营销概念的再认识——分析宣传、促销、营销概念的不同

营销概念含义的转变也经历了很多的过程，在20世纪80年代初，营销主要指"宣传"；后来，叫作"促销"；再后来叫"营销"；最近又被称为"推广"。其实，推广本身和营销的意思是相近的。

宣传，是主张的诉求。"宣传"的定义：宣传是一种公共传媒话语形式，它具有三个特点。第一，它所进行的不只是单纯"提供信息"，而是要把接受信息者争取到信息发送者这一边来，并接受他的观念、立场和政治主张。第二，宣传是代表某个社会政治性的体制、组织、机构、事业来传播信息的，它所代表的必然是局部的利益，但却总是以整体的名义来进行。这一点不因制度而有差异。第三，宣传是与其他思想、认知争夺同一人群对象。宣传总是有明确的或假想的"对手"，它也往往把对手的主张看成是敌对宣传。宣传具有很大的政治性。改革开放之初，旅游销售、公关队伍中，有许多做过宣传工作的人员担任，这是刚刚进入市场经济的中国缺乏营销人员的必要过渡。

促销，在英文中为"promotion"，一词意为"使运动"。促销的目的旨在将潜在的顾客转变为实际的购买者。

营销，在英文中为"marketing"。营销本身便是用"市场"来做定义，营销即指市场。营销区别于前几个概念。

1. 营销与推销

市场营销英文为 Marketing，有人把它与推销 Selling 相混淆。国际上的专家认为，在第二次世界大战前这两个词是通用的。美国的"营销之父"菲利普·科特勒说："市场营销最重要的部分不是推销！推销仅仅是市场营销冰山的顶端，推销仅仅是市场营销几个职能中的一个，而且往往不是最重要的一个。"他引用美国著名管理学家皮特·德鲁克（Peter Drucker）的话说："市场营销的目标就是使推销成为多余。"（如培养和借用品牌的力量，知名

度和美誉度上去了，许多初级的促销费用可以节省）。皮特·德鲁克说："营销的目的是促使促销成为多余之举，是力求充分地理解顾客的需要，从而使产品和服务能适合这种需要并自动销售出去。"

2. 营销与销售（Marketing & Sale）

特别要认清销售观念与市场营销观念的组织目标和实现过程（起点和结果）的不同：

	起点	焦点	途径	结果
销售观念	工厂	现有产品	销售促销	通过增加销量获得利润
	起点	焦点	途径	结果
营销观念	市场	顾客需求	整体营销	通过使顾客满意而获利

销售观念与营销观念动态比较图

两种不同观念的出发点、关注焦点、实现途径和结果不同，而且这个过程不是静止的，而是动态的、循环往复的。前者得到获得利润的结果后，又返回到产品的制作和销售；而后者获利后，一方面要通过已建立的网络搞好售后服务，另一方面搞好市场调研，收集反馈意见，改进产品质量，投入新一轮的生产和营销。前者是产品导向，后者是需求导向；前者的目的是经营者"利益最大化"，后者是在最大限度满足消费者利益的基础上赢利。两者优劣、发展后劲不言自明。

这个用箭头表示的两种观念实质上在运行过程中是循环往复的。每一次循环都是以结果为新的起点，经过"途径""焦点"，获得新的"结果"，完成新一轮循环。其市场营销效果不断叠加，后者将不断培养起消费者的满意度、忠诚度和取得较高的市场占有率，竞争的最终结果是可想而知的。用图表示如下：

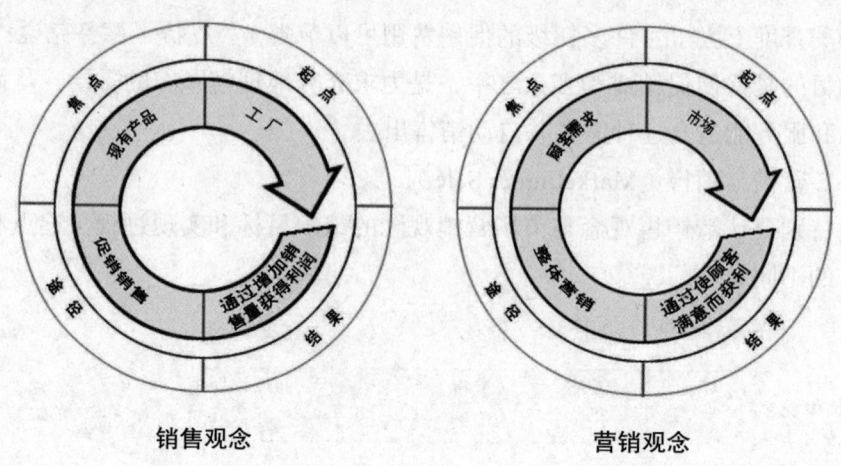

销售观念　　　　　　　　营销观念

三、对营销主体和营销范畴的再认识——全员营销、全过程营销、全方位营销

"全员营销",指不仅专门为旅游营销成立的公关部、销售部等部门的人员在做营销,这些部门仅代表了营销概念中的"销"的部分。营销的概念还包括"营"的部分,即指经营管理也在营销范围内。因此,在营销做得较好的大企业集团中,从决策层到骨干层再至一般职工,人人都懂得营销,人人都是营销员,从上至下对公司产品理念的把握,对口号的含义,对产品的特性,对营销的策略、价格等,均很了解。这是一个企业、一个集团、一个城市、一个地区最基本也是成熟的素质的体现。所以营销是全员的营销。

"全过程营销",在市场经济条件下,已从先做产品后做营销的方式转变为:从产品的设计阶段便把市场需求包括在内,这便是由需求导向而非资源导向来做规划、做产品、做营销。若忽略市场需求,只从资源整合来做产品,这样的产品很难做到差异化、个性化。全过程营销主要强调避免同质化,也就是强调"USP"理论。这也是核心竞争力概念的出发点和归宿点,同时,也是我们的营销能否取得满意效果的关键所在。所以,营销理论中有两个不可忽视的部分:其一为定位论;其二即是"USP"(独特卖点)理论。

"全方位营销",客源市场是多层次、多方位的,要求营销手段也要多样化。例如,营销可通过中介来进行,主要指通过媒体、沙龙、友好组织等多种形式来促销。其中的"媒体"主要包括平面媒体、影像、歌曲、动漫、网络及其他的虚拟空间等，这些都是我们用来营销的手段和途径。

第二节　在几个重要理论节点上的学习创新

在营销理论方面，西方是我们的老师。但30多年来，学习的创新是多方面的。现就几个理论节点方面的创新做剖析。

一、距离决定论和营销规划的圈层理论的突破

30多年来，划分市场的工具不是独特的销售主张，而是距离决定论。即不同长度半径画出的几个同心圆，比如，以目的地为中心画圆，500公里半径的圆圈是核心市场，1000公里半径画出的圆圈是拓展市场，1500公里画出的圆圈是机会市场。这种距离决定论的所谓"圈层理论"，统治了30多年的旅游规划。圈层层层包裹，很难突破，几乎成了市场分析的金科玉律。它带给人们的若干试图突围的思考：距离不是出游的决定因素，消费能力才是旅游成行的关键因素；圈层居民不都是你的客户，少数目标客源层才是应该锁定的市场群体；媒体选择的标准不是受众的多寡，目标客源层收看的媒体才是你选择的对象。

微型案例： 德天瀑布在开发了近距离市场后，想吸引北方市场。我帮助他们选定北方的老年市场，然后选定老年人爱看的央视《夕阳红》栏目，由我做嘉宾，在央视几套节目里播放，于是启动了北京市场，而后带动了华北、东北市场。在本书 Part 4 第二十九章有详细案例剖析。

二、独特卖点和外线作战

USP 理论的创立者是美国人罗瑟·里夫斯（Rosser Reeves），这一理论开始称为独特销售主张，被翻译成 Unique Selling Proposition，也有人译为独特卖点 Unique Sales Point。产品建设的大忌是同质化，独特卖点既是产品建设的第一原则，又是市场营销的独特销售主张。

面对中国旅游产品同质化严重的局面，如何破解困局，寻找突围之策，

成为旅游理论界和实际工作者苦苦思考的问题。

案例：贵州，一个经济和旅游业都不发达的省份，率先破解了这道难题。这得益于省委原书记陈敏尔提出的"农业文明在平原，工业文明在沿海，生态文明在山地"论断。此言一出，山地系列产品建设独树一帜，使贵州抓住了本省的独特卖点，并且站在了生态文明的制高点上，在全域旅游百舸争流的态势中，成为引领潮流的旗舰舵手。

"生态文明在山地"，贵州的客源在哪里？我在和省旅发委主任李三旗探讨这个问题时，感到他们已经胸有成竹。贵州"地无三尺平"，过去这都是劣势，观念一变，好山好水好生态，成为山地旅游的最佳优势。这样的优势对哪些地方、哪些人群最有吸引力？当然是发达国家和国内的先发地区，这些地方中产以上人群就是贵州的目标市场和目标客源层。明确了这一点，营销策略为之大变：放弃过去多年坚持的周边近距离"短促突击"的战法，跳出固有的圈子，拉上队伍到"外线作战"。他们盯住了珠三角、长三角、环渤海城市群、川渝和武汉城市群，发起了一波又一波的营销攻势。在海外发达国家和地区的重要城市，陆续建立起10多个推广贵州的办事处。这些中远程有消费能力的客源源源不断地涌进来，贵州旅游奇招频出，风生水起。制约旅游市场30多年的"圈层理论"被破解了。这就是值得称道的贵州的独特销售主张。这里有理论创新，也有实践创新。贵州做法是一篇大文章，不是一个微型案例能够完全解读的。他们正在写一部分，并且已经正式委托我给他们提意见。

三、知名度与美誉度、忠诚度

国际销售理论界也讲"三角形模式"，即：

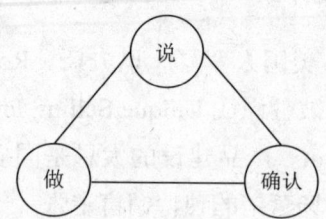

在此"三角模式"中,"做",是指产品的硬件建设和软性服务状况。"说",是市场诉求,俗一点就是"吆喝"。"说"好、"吆喝"好不容易,这些年经历了几个过程:有什么说什么,什么最好说什么,市场需要什么造什么,市场需要什么卖什么。越来越实际,越来越市场化,越来越有针对性。"确认"就是评价,要对产品和营销状况作出评估,不能"说"和"做"脱节,这叫"全程关照"。以市场"确认"和反馈的数据做依据,对产品和营销进行矫正。这是一个循环链,三个环节不断改进使品牌得到提升。

我们曾经有过误区:认为营销就是提高知名度。提高知名度是营销的目的之一,但不是最根本的目的。在这个误区中,出现了一些偏差。

第一个偏差,就是把主要资金和精力放在了"吆喝"上,产品建设下功夫不大。

微型案例: 贵州荔波,这里的风光是中国自然风光的代表之一,森林喀斯特地貌列入世界自然遗产名录,八大景区数十个景点美不胜收,资源出奇的好。我参加过荔波的营销活动,深感活动策划、营销口号、项目介绍都不错。但荔波的同志告诉我,客人来得不少,就是留不住,统计客流量很大,经济效益却上不去。经济效益越上不去,所以,在营销上花的力气就越大。

造成这个问题的原因何在?就是产品建设方面下的功夫不够。资源品位高,但资源还不是产品。将资源变为产品,还缺乏若干整合功夫。留不住客人,就是业态的丰度不够。丰度,要按旅游14要素(行、游、住、食、厕、购、娱、文、商、养、学、闲、情、奇),重点选择、做足做好落地项目。有了可消费的项目,客人能住下来,效益自然就上去了。根据我的经验,3小时一顿饭,6小时一宿觉,一夜的消费是白天的3~5倍。业态不丰,遛一圈就走,最多挣个门票钱。客人如留下住一个晚上,住店费、喝酒费、唱歌费、观看演出费、健身费、特产购物费等,就高出门票的好几倍。所以,产品建设是第一位的,市场营销是第二位的,关系不能颠倒。颠倒了,只抓营销,浪得虚名,效益不高,不可持续。

第二个偏差是,只抓知名度,有可能丢了美誉度和忠诚度。

产品的知名度,是游客选择目的地的必要条件。口号,是形象传播的载体,市场是通过口号达成游客认知的桥梁。因此,打造口号,成为营销的重要内容之一。"做""说""确认"是一个逻辑整体,"知名度"要以"美誉度""忠诚度"为前提;正面的知名度,为培养美誉度和忠诚度加分;反之,负面的知名度,损害区域形象,为美誉度、忠诚度减分。

但在知名度提升手段和口号打造方面,存在一些偏差,这里不得不提一下。产品初创时期的经营管理者的浮躁和策划人的急功近利相结合,于是编造了一些肤浅、低俗的口号,甚至从"裤裆文化"里挖掘创意,结果成为业内笑料。比如,报纸上曾争议过的"我靠重庆""毗邻重庆",某县"三个蛋支起一个民族"等口号。都没有给美誉度和忠诚度加分,而为形象抹了黑。有人问:"口号被记住了吗?"答曰:"记住了!""我就是要这样的效果!"要让人记住并不难,"遗臭万年"和"流芳千古"都能让人记住,但价值取向却是天壤之别。只要知名度,不要美誉度、忠诚度,这个营销观念是短视的,走不长远的。知名度是市场的启动器,美誉度和忠诚度才是市场持续的永动机。

四、品牌形象论和产品楔形布阵

1. 市场的精准营销与目的地的影响力一致

"组团忽悠"是近些年对外营销的一大特点。全域旅游必然跨界联合,联合必然组团营销,这无可厚非。但是,我经常出席这样的营销活动,参与者有政府、景区、酒店、旅行社以及若干相关部门的代表,在产品说明会、新闻发布会上,十几个人、几十个人轮流介绍,每人5分钟,把媒体和公众搞糊涂了,龙头产品没说清,主要特点没被记住,记者回去写稿子都不知道重点是什么。这就犯了营销之大忌。

2. 产品楔形布阵

《词源》对"楔"字的解释是:可以插入木榫间隙的上平下锐的木块。只有尖头朝下,才能楔入木榫;如果平头朝下,是楔不进去的。这个"木榫"好比市场,这个"楔子"好比产品;产品只有楔形布阵,才能打入市场。这如同一个钉子,尖朝下才能砸进木头里,钉子帽朝下是砸不进去的。每一个区域都有自己的拳头产品和一般产品,把这些产品摆成楔形;在较大的区域范围内,无数小楔形摆成的大楔形,拳头产品放在楔尖的位置上谓之

"楔形布阵"。拳头产品最能体现主题形象,是区域品牌及其产品系列的代表,犹如淬火之钢,具有穿透性,最能率先攻入市场。这是市场准入的一条规律。

到某地去开产品介绍会,如果把一两个著名产品和新产品多介绍一些,媒体也会抓住重点宣传,就能很快引起人们的注意,进而产生购买的欲望。有了这个基础,其他系列产品也就具备了紧随其后"揳入"市场的条件。

也有的是宝塔形布阵。宝塔形与楔形的优劣是:一个具有观赏性,一个具有进取性;市场经济的竞争属性决定,花瓶只是摆着看的,进取性才是产品的最好品质。所以,楔形布阵是产品建设的最后工序,是产品组合的最后一环,是产品入市的准备和前提。有了它,产品卖得好坏,就看促销的本事了。

产品楔形布阵:如图:

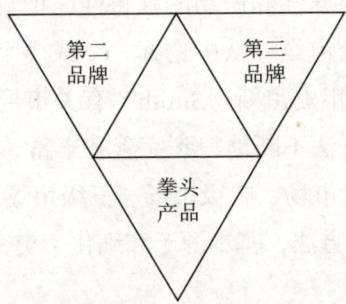

按照楔形布阵原理,首先要培植区域品牌,下功夫打造龙头产品。一个地区,长期没有龙头产品就没有独特卖点,也就没有持久、纵深的市场穿透力,市场份额占有率很低,是不会根本改变的宿命。

第九章 市场细分理论的创新

因为市场细分的重要性，特作专章总结梳理。

第一节 市场细分是促销理论的核心和基础

一、旅游市场细分（segmenting the tourist market）

根据旅游者需求的差异性和产品的独特性，把具有相同属性的旅游者归类并组成若干不同的细分市场，从中选择一个或多个作为旅游目的地的目标市场的过程。自从1956年史密斯（Smith）有关市场细分的研究成果问世以后，市场细分的理论和方法不断地得到完善和丰富，应用领域越来越广泛。

目前我们使用的一级市场、二级市场、三级市场和主要市场、目标市场、机会市场等称谓及其分析方法，基本源于和细化于史密斯的市场细分理论。

二、五种需求层次

营销是通过交换过程满足人的需求和欲求的过程。美国人本主义心理学家马斯洛（Maslow）在《人类动机理论》一书中，把人们千差万别、多种多样的需求概括为五个层次：第一层次是生理需要，这是最基本的，如氧气、食物、水、睡眠；第二层次是安全的需要；第三层次是爱和归属的需要；第四层次是尊重的需要；第五层次是自我价值实现的需要。我们在建设产品和确定客源层时，必须调查了解人们的这些不同需求并力求满足之。

三、四种公众分类

消费群体在锁定之前，是有一系列培养、寻找、发现过程的。美国公共关系研究者格罗尼格和亨特把公众的一般发展过程分为四大类：非公众、潜在公众、知晓公众和行动公众。

非公众指与公司产品销售、原料供应、社会管理、舆论监督、生态影响等业务和非业务无关的群体；潜在公众指那些客观上已与公司的业务和非业务发生了关系，但尚未明确意识到这些关系的群体；知晓公众是指由潜在公众意识到了组织行为作用于他们所引起的共同问题后的群体；行动公众是指知晓公众进一步向前发展的群体。

四类公众有一个递进、发展的过程。在旅游营销中也有一个给予不同程度的关注问题。让潜在公众变为知晓公众，是一般化营销的目的所在。知晓公众中有可能发展为行动公众的群体是我们的目标客源层，要锁定目标，诱发其购买欲望，进而变为购买行动。当市场产生新的需求或产品有了新的改进，需要拓宽公众领域时，非公众和潜在公众就应该纳入经营者的视线和营销的重点。

我们过去长时期的粗放型经营，等客上门或"砂枪打鸟"的策略是主要方式，细分市场和逐级培育客群的策略是极少数有市场意识的企业才重视的。过去旅游企业少，守株待兔可以吃饱，现在数以万计的企业，竞争日益激烈，营销理论、观念、策略、手段都必须改进。

四、波士顿模型——四象限划分法

国际新型的波士顿模型，用四象限划分的方法来分析客源市场，以此作为市场营销的科学基础。明星市场（bright star market）——双高市场，即高占有率和高增长率。金牛市场———高一低市场，高占有率和低增长率。幼童市场———一低一高市场，低占有率和高增长率。瘦狗市场——双低市场，低占有率和低增长率。以这样一套方法对现有市场进行分析，即可判断自己在该市场上的段位和该市场对自己的价值、潜力及向高一级象限冲击的策略、措施。

这一细分市场的方法在一般商品市场营销中已被广泛使用。比如，美国麦肯锡咨询公司就经常用这种方法为企业作市场分析，但在旅游市场营销中还用得不多。辽宁本溪旅游业发展规划中用了这种方法，对国际市场进行细分，显得很有新意。在实际操作中，基数较低的初始阶段和巨无霸的统治阶段，在表面上都可能是一低一高市场。许多旅游业刚刚起步的国家与现在的美国就是这样的情况。前者的市场低占有率是因能力所不及，故称"幼童市场"；后者是因巨无霸地位所带来的低成本高回报。否则，不能"胜者通吃"，当"超级明星"有何用？所以，"双高"不一定是最高境界，在此之上应该有一个"太阳"的等级。太阳是太阳系的核心，近处的繁星满天和远处的若干星群都围绕太阳旋转，"场效应"显而易见。当然，这就成了"五象限"划分。这是我对这一分析方法的补充。

河北说北京是巨大的"黑洞"，河北成了"灯下黑"。我在承德研讨会上提出反证：认为，北京有巨大吸引力，同时又是巨大的客源发生地。对旅游而言，这是市场优势。美国"首都圈"内的郡县，多数是百强郡县前列县；而我国"首都圈"内，很少有百强县，原因就是市场观念的差距。有的得了"前列腺炎"而显得阳气不足，在"灯下黑"中过着得过且过的日子。

第二节　在实践中摸索的几种市场细分的方法

一、聚焦法

客源市场—主要客源市场—目标市场，这是一种范围层层缩小，逐渐聚焦，从而找到最密集的客源地的方法。就拿我国的海外市场而言，我们的客源遍布全球，许多国家、地区都是我们的客源市场。但就客源的多少而言，又可以选出一些客源集中的国家和地区作为主要客源市场。在主要客源市场中又可以确定出目标市场，而且这些目标市场又因为各省市情况不同而有所变化。

二、消费群锁定法

客源地确定之后，还必须确定客源层；没有捕捉到目标客源层，市场细分就没有到位。比如，20世纪80年代，我们确定了日本是主要客源市场，当时，来访者主要是抗战时的侵华老兵，大都是六七十岁的老人。要想使日本市场后继有人，必须发现和吸引新的客源层。1985 年，日本筑波举办世博会，我带队参加，并趁机展开调研，摸清了最有希望成为我国新的旅游消费群体的是："水晶贵族"——有工作的未婚女青年，以及新婚旅游、修学旅游的群体。日本有一个传统，女青年大学毕业后，先不谈婚事，而是找到工作后，利用假期周游世界，玩够了再结婚，成为家庭主妇，辞掉工作，在家相夫教子。这是一个相当集中又有消费能力的群体。结婚是人生的一件大事，日本青年的新婚一般是到国外旅游，这也是一个相当集中又有消费能力的群体。在日本的教育方针中，培养学生的国际意识是一个重要内容。出国修学旅游是旅行社的一个传统产品。据我调查，日本的家长每个月给孩子 3000 日元零用钱，老师为学生存起来。三两年后这笔钱正好够一次出国修学旅游的费用。这也是一个相当集中又有消费能力的群体。锁住了这三个群体，就抓住了日本的客源层。

调查中，我问日本受访者："一家人中，谁决定出游费用？谁决定旅游去向？"回答是："丈夫决定费用，妻子决定去向。"我把这个结论说给欧美客人，他们也大致认同。也就是说，家庭旅游占旅游大潮的 70%，妇女是家庭旅游目的地选择的决定者。抓住了妇女就抓住了家庭旅游，也就抓住了旅游大潮的主流。因而旅游营销就要想方设法赢得女人心。中央人民广播电台曾有一档妇女节目，广告词是："抓住了女人，就赢得了世界。"旅游市场开拓，不正是这样吗？

于是，我就调查：日本妇女平常看什么节目和报章杂志，明白了她们不看《朝日新闻》，而看化妆品、编织品、服装杂志，看电视多爱看音乐节目。在这些刊物和栏目上做宣传，才能"抓住女人心"。

同样，我在对修学旅游项目调查中，摸清了学校教谕（教导主任）是决定学生出国旅游去向的关键人物。要吸引日本修学旅游的小客人，在日本中小学教师阅读的刊物上做广告，就引起教谕们的关注，随后跟上营销渠道的开辟和建立工作，就会把潜在客户变为现实客户。

我又对其他几个目标客源层进行调查，摸清了他们平常收看的媒体。通过座谈、到各地走访、在世博会上问卷调查等方式，理出了思路，写了一篇调查报告，题目是"对日旅游宣传趋势谈"。这篇调研报告发到全国后，对日市场细分起到了指导作用。并且调整了多年来一直以邀请《朝日新闻》和NHK记者为主的宣传计划，增加了几个目标客源层喜欢阅读的报刊，花钱少，效果好。

这就是所谓"鸟铳"和"来复枪"的区别。鸟铳，装的是火药和铁砂，不用精确瞄准，打出去一大片，击中目标靠运气。不做市场细分，在大媒体上做广告，就是鸟铳打空气。"来复枪"就不一样，有精密瞄准器，扣一下扳机打一发子弹，击中一个目标。针对目标客源层，选择对应媒体，就是用来复枪打目标，命中率大大提高。当然，战法和武器是不断改进的，创新是没有止境的。在现代战争中，来复枪是杀伤力最小的常规武器。叶文智说：我搞营销，常规武器不用，一年打一颗"原子弹"，震撼力和杀伤力全有了。这就是每年集中财力，花 2000 万元搞一次大活动，各类媒体全调动，搞完活动做资本运作。比如用法国飞机穿越天门山，使张家界扬名世界；请中韩两国国手常昊、曹薰铉在南长城上对弈，使凤凰城一举成名，都是典型案例（在本书 Part 4 中有详细解剖案例）。

三、客源地距离测算法

以目的地为圆心，以一定距离为半径，画几个同心圆，而后确定一级、二级、三级和机会客源市场。有一些规划组在做规划时，往往采取这种方法。当然，国内外旅游市场细分的半径是不同的。比如，国内许多专家在确定某地国内旅游市场细分时，认为：250 公里半径范围内，适于周末游，这是核心市场；80% 的国内客源来自于 500 公里半径范围内，这是基本市场；更远的距离占客源的 20% 左右，可以称为机会市场。这种市场划分的依据是圈层理论。这种理论之所以在相当时期内通行无阻，是因为客源市场总体消费能力较低，距离与费用有关，所以成为低消费水平的客源出行时考虑的主要因素之一。人们出行的两大决定性因素：一是金钱；二是时间。在改革开放后 15 年间，中国大多数人这两个要素都不具备。随着个人可支配消费增加，从 1993 年开始实行促进国内旅游的一系列政策和措施，中国人的出游半径发生了变化。又经过了 20 多年发展，圈层理论到了该改进的时候了。

四、美学衡量法

我在研究中发现,有两个定律互为悖反:第一个定律是"万有引力定律"。一个产品在市场上的吸引力,符合"万有引力定律"(引力计算公式:$F=G\ M_1M_2/r^2$,含义:万有引力等于引力常量乘以两物体质量的乘积除以距离的平方),即两个互相作用的物体的引力与两个物体的质量成正比,与他们的距离的平方成反比。大家细想一下,旅游产品的吸引力不也是这样吗?目的地和客源地互相作用的引力也与其质量成正比,与其距离的平方成反比。也就是说,由于受金钱和时间的限制,近距离旅游是旅游初创阶段和不发达地区的主体客源;距离越远,产品的吸引力淡化而客源量逐减。因而,许多产品规划文本都有一张图表:以规划地为圆点,以不同距离为半径,画几个同心圆,然后,确定一级、二级、三级市场。这里有意识或无意识地借用了万有引力定律。半径(距离)的长短,与目的地产品质量、知名度、交通便捷程度和客源地人们的品位、欣赏习惯和消费水平等因素有关。本人和几位专家议及此事,认为如果量化一下,以国内旅游为例,大概可以如下表述:250公里半径范围内,适于"周末游",这是"核心市场";80%的国内客源来自500公里半径范围内,这是"基本市场";更远的距离占客源的20%左右,可以称为"机会市场"。因此,距离仍然是考察产品吸引力的一个重要因素。

第二个定律是一条美学定律。我在研究中还发现:旅游目的地对客源的吸引力还符合美学的一条定律,即"距离产生美"。旅游者旅游的目的是"求异"。从消费的角度分析,人有一个特点,即缺什么想什么,有什么烦什么。距离越远地貌变化越大,风土民情差异也大,因而越是人们所追求和向往的。如果时间、金钱和身体等条件不成问题、交通便捷的话,远距离的目的地将是许多人的首选。从这个意义上讲,旅游目的地与客源地距离越远,吸引力越大。所以,近距离旅游是各种限制的产物,远距离的旅游是人们出游动机追求差异的选择。这个"美学定律"和前边借用的"牛顿定律"成了二元悖论,这就是辩证法。它告诉我们:想问题、做事情要"两点论",不要"一点论"。

案例剖白说营销

　　谈到"距离产生美",正好有篇文章可作佐证:《读者》2002 年第 19 期:篇首语《熟悉的地方没有风景》,现照录如下。

　　美国《幸福》杂志曾在征答栏中刊登过这样一个题目:假如让你重新选择,你做什么?一位军界要人的回答是去乡间开一个杂货铺;一位女部长的答案是到哥斯达黎加的海滨经营一个小旅馆;一位市长的愿望是改行当摄影记者;一位劳动部部长是想做一家饮料公司的经理。几位商人的回答最为离奇:一位想变成女人;一位想成为一条狗;更有甚者,想退出人的世界,化为植物。其间也有一般百姓的回答,想做总统的,想做外交官的,想做面包师的,应有尽有。但是,很少有人想做现在的自己。

　　人有时非常矛盾。本来活得好好的,各方面的环境都不错,然而当事者却常常心存厌倦。有时是不能用不知足来解释的。

　　我曾对住在森林公园的一对夫妻羡慕不已,因为公园里有新鲜的空气,有大片的杉树、竹林,有幽静的林间小道,有鸟语和花香。然而,当这对夫妇知道有人羡慕他们的住所时,却神情诧异。他们认为这儿没有多少值得观光和留恋的景致,远不如城市丰富有趣。

　　当时,我的感觉是,熟悉的地方没有风景。这对夫妇对这儿太熟悉了,花草树木、清风明月,在他们漫长的日子里,已不再有风景的含义,而是成为习以为常的东西。《幸福》杂志上的那些部长、商人及平民百姓们,之所以不愿做他们现在的自己,与住在森林公园的那对夫妇一样,是对长期拥有的那片风景,已经习以为常,风景已不再是风景了。

　　在人生的旅途中,最糟糕的境遇往往不是贫困,不是厄运,而是精神和心境处于一种无知无觉的疲惫状态。感动过你的一切不能再感动你,吸引过你的一切不能再吸引你,甚至激怒过你的一切也不能再激怒你。这时,人就需要寻找另一片风景。

　　工作和生活中,我们追求知识,挣脱旧我,纯洁精神,净化灵魂,升华自己。其实,深究其根源,也是因为熟悉的地方已没有风景了。

　　这篇文章告诉我们:寻求差异是人的本性,也是出游的目的。如果不寻求差异,就没有必要出门了。出售旅游产品,寻找客源市场,也不要只盯着眼皮底下的一亩三分地,远地方也有文章可做。远的地方差异大,远的地方有风景。距离近不是吸引客源的决定性因素，有时候远也是一种优势。近距离有相同的地质圈和文化圈，与旅游者"求异"的出游目的相悖。距离远的地方，自然景观和人文元素差距大，反而是吸引力。所以，当人们有了闲暇和闲钱的时候，随着交通条件的改善，中远程旅游就成为旅游者的最爱。现在中国的中产阶层，已经不满足于国内旅游、日韩和新马泰旅游，欧美、澳大利亚也已去过，非洲、南美、南极又成为热点。从目的地而言，许多地方的主体客源不是近距离的，甚至不是国内的。比如地处加勒比海的墨西哥尤卡坦半岛，数以百计的度假地，绝大多数客源来自美国、加拿大和世界各地，很少有墨西哥人（详见丛书之五《六洲旅痕篇：海天片羽化霓虹》）。

五、消费能力测算法

距离远近是市场细分时需要考虑的重要因素，但不是全部因素。能不能购买你的产品，消费能力是重要因素。消费能力的提高，可以引起目的地的关注；消费能力强的群体往往只考虑吸引物对他的价值，而很少考虑距离的远近。比如，20年前，中国的出国旅游者少得可以忽略不计。但近几年，各国都看准了中国这块客源肥肉，纷纷通过政府间的谈判，争取作为中国的旅游目的地国。中国与这些国家的距离并没有发生变化，但为什么引起世界的关注？原因是中国出现了中产阶层，这部分人腰包鼓起来了，有了出国消费的能力。就以我国国内市场而论，除了以距离划定的市场外，先富起来的地区格外引人注目。比如，珠江三角洲、长江三角洲、环渤海地区，几乎成了全国各地争夺的"共同市场"。这一点有力地说明：消费能力在商品消费中是决定性要素之一，不可不高度重视。

有时候从宏观上考察一个国家公民的旅游消费能力，常常分析人均GDP的状况。按照国际旅游业发展的经验，人均GDP达到1000美元时，国内旅游就兴旺起来；达到3000美元时，就会出现到周边国家旅游的热潮；达到5000美元时，就会追求周游世界。现在平均超过8000美元、许多一线城市达到10000美元，使得中国游客的足迹遍及世界各个角落。

六、恩格尔系数计算法

分析恩格尔系数的情况也可大致了解一个国家、一个地区、一个群体旅游消费能力的状况。

恩格尔系数 = 人们购买食品的消费额除以生活消费总额 × 100%

也就是说，恩格尔系数值越小，标志着文化旅游等消费的增加值越大。联合国粮农组织恩格尔系数划分标准是：恩格尔系数在 59% 以上为绝对贫困，50%~59% 为温饱，40%~49% 为小康，30%~39% 以下为富裕。我国改革开放前的恩格尔系数，城市为 57%，农村为 67%；1990 年，城市为 54.2%，农村为 58.8%；2001 年，城市为 37.9%，农村为 47.7%。2016 年，我国城镇居民恩格尔系数为 29.3%，农村居民 32.2%。按这组数据分析，目前除了少数居民仍较困难外，多数已跨入富裕的门槛。由于两极分化的因素，这个平均值会显得不够客观。但城乡居民文化、旅游等方面消费能力的提高是不争的事实，所以全民旅游的时代到来了。这个判断基本是站得住的。

从城乡居民购物特点来看，20 世纪 80 年代的"三大件"是手表、自行车、缝纫机；20 世纪 90 年代的"三大件"是电视、电冰箱、洗衣机；而进入 21 世纪的"三大件"是汽车、住房、出国游。30 多年，三个阶段，消费级别三大跳："出国游"成为"新三大件"之一。这充分说明恩格尔系数大幅度降低，说明旅游消费的大幅度提升，这是人民生活质量提高的明证，是时代进步的重要成果之一。

七、"两闲"硬件统计法

近年来，国际上的一些未来学家和著名的经济学家预言：从 21 世纪开始，将出现"第四次浪潮"，这个浪潮以休闲活动为中心。这样，"闲钱""闲暇"就成为实现"休闲活动"的两个必备的"硬件"。一个家庭有没有能力支付旅游的费用，取决于这个家庭"闲钱"的多少。在旅游研究中，有两个术语，即"可支配收入"（Disposable Income）和"可随意支配收入"（Discretionary Income）。

何谓闲钱？可支配收入指扣除全部纳税后的收入，可随意支配的收入指扣除纳税、保险、医疗、教育和日常生活必需的消费之后所余下的部分。这"之前""之后"之间有一个临界点。所谓"可随意支配的收入"即为"闲钱",这个"临界点"则是我们考察旅游消费能力的关节点。20世纪80年代,这个临界点在美国是15000美元。超过这个临界点以后,每增加一定比例的收入,旅游收入便会以更大的比例增加。据英国有关部门估计,旅游收入的这种弹性系数为1.5。国际官方旅游组织联盟(世界旅游组织的前身)则估计这一系数为1.88。即收入每增加1%,旅游消费便会增加1.88%。当然,这个临界点在各个国家是不一样的,我国由于物价水平等原因,临界点没有这么高。

除了"闲钱"以外,"闲暇"是旅游的另一个硬条件。

何谓闲暇?所谓"闲暇",即为自由时间或称可随意支配的时间,是人生时间减去学习时间、工作时间、满足生理需要的生活时间和必要的社会活动时间之后的剩余。由于各国的情况不一,闲暇的多少也不一样。一般可划分为:

每日余暇,可用于娱乐、休息,不能用于旅游;

每周余暇,双周日可以用来作近距离旅游;

公共假日:我国当下实行的法定节假日就是;

带薪假期:各国情况差距最大,北欧福利国家最长,如瑞典每年6周,欧美一般在4周左右。我国还没有普遍实行带薪假期,但职工每年已有1/3的时间用于自由支配,这是旅游活动非常火爆的重要原因。如果将来普遍实行带薪假期,个人支配的时间则可达到一年的40%,这更有利于旅游业的发展。

带薪假期在中国是一个政策性很强的问题。目前,公务员、事业单位普遍有带薪假期,大企业职工没有普遍实行带薪假期。严格地讲,这是违宪的。宪法规定:公民有休息的权利。随着经济的发展,国家应该逐步规定企业职工实行带薪休假的制度,把提倡变成硬性的规定,并有相应的监督措施,比如,像问责欠农民工工资那样问责企业占用职工假期的行为,从制度安排上推进全民旅游时代的到来。

八、若干"软件"考察法

如果说闲钱、闲暇是旅游必备的两个"硬件",或者称为客观条件。而诸如动机、兴趣、爱好、知识、修养等国民素质则是实现旅游活动的软条件，或者称为主观条件。市场营销不能不重视这些"软件"。

前面我们已经说过，旅游的动机或称目的是为了"求异"，如果不是为了求异就没有必要外出旅游。"求异"是为了满足生理（如美食）、感官（如参观风景）、见学（如求知）、寻求事业的合作伙伴（商务考察）等需求。而这些需求因人们的性别、年龄、职业、阶层、社会地位、知识、兴趣、爱好、欣赏习惯、宗教信仰乃至忌讳等主观条件的不同而不同。单个自然人的考察相当烦琐且没有实际意义。物以类聚、人以群分。不同的区域、职业、阶层的人们的上述若干"软条件"大致趋同，这是我们作市场细分、确定客源层的主要依据，是建设和改进旅游产品的主要依据，更是加强市场促销针对性的主要依据。

比如性别、年龄这些"软件"元素对于旅游需求有不可忽视的意义。妇女、儿童对家庭旅游、新婚旅游、修学旅游目的地的选择，有决定性意义。中国进入老龄社会，适于老年人的旅游产品是很有销路的；而这方面的产品要抓住养老、健身、休闲类文化讲座等内容为重点进行建设。我做的宁波象山"不老岛"的策划，就体现了这个主张。对"软条件"考察的目的，不是为了建设总体上的共同市场而采取"无差别覆盖策略"，而是根据不同特定群体的特殊需求而建设的个性化产品，采取的是"差别覆盖策略"和"集中覆盖策略"，在局部上占领更多的市场份额。这是由从20世纪80年代那种团体包价式旅游向需求多样化的发展趋势所决定的。这个趋势最大的特点就是"软条件"的变化。因而探究这些"软条件"就显得十分重要。对"软条件"的考察有许多方法。比如，进行数据统计分析、随机抽样调查、深入生活体验、作文化历史现状考察等都是对这些"软件"解析、综合的办法。

第三节　市场诉求的因子

一切营销活动都是产品供给方对市场需求方的诉求，诉求的效果如何，与一些关键因子有关。

一、价值诉求和感情诉求

市场细分的目的，是便于市场营销；而面对细分后的市场进行促销，第一步是要搞好市场诉求。这种诉求可分为价值诉求和感情诉求。价值诉求是产品叩击市场之门的基本方法，是产品的供应方经过媒体宣传产品的使用价值、欣赏价值、纪念价值、收藏价值等。这是靠产品的品质在说话，是一种直接诉求方式。感情诉求是一种通过供求双方都经历或知道的特殊事件提取市场记忆，拉近感情距离，引发购买欲望。感情诉求是用产品、客户与这一事件、人物的特殊关系的感染力说话，是产品对市场的间接诉求。现在的问题是，人们对价值诉求用得较多，而对感情诉求重视不够。在同类产品众多的市场竞争中，让顾客购买你的产品选择的倾斜，往往不在价值诉求，而在感情诉求。就是那么几句话打动了顾客的心，使顾客最终把购买欲望变成了购买行动。

二、媒体的选择标准不是发行量

除了直销外，较大规模、较大范围销售的产品往往需要通过媒体进行诉求。因而选择适当的媒体是关键问题。英文的 Media，中文翻译为媒体或媒介，《现代汉语词典》对媒体的解释是：使主体和客体发生关系的人或事物。通常指报纸、杂志、书籍、画报等纸媒体；广播、电视、电影、歌曲、像带、光盘等声像媒体；线上的网络媒体以及人们的口头、文字介绍等传播方式。选择什么样的媒体是有讲究的。有些人往往从理论出发，以为发行量大、覆盖面广就是最好的媒体。这不一定。选择媒体之前，先要看你的产品卖给谁。我的经验是：当某一媒体的顾客与你的产品的顾客尽可能多的重合，也就是说，你的产品与某一媒体有共同顾客，那么这个媒体就是你要选择的媒体。这样的媒体发行量不一定很大，但却是你的顾客圈能最大限度读到的、看到的媒体。选择这样的媒体才能收到最理想的效果。比如，你的产品是吸引日本修学旅游或新婚旅游的产品，在日本《朝日新闻》上做宣传不一定有在发行量相对较小的教育报刊和服装、化妆品报刊上做宣传效果好。因为《朝日新闻》不是普遍进入学校、家庭的报纸，或者说不如上述几种报刊在学校、家庭发行量大。

对于旅游促销而言，各种媒体我们都应该善于使用。目前的问题是对传统媒体采用得比较多，对网络这一最现代化的媒体作用还远没有充分挖掘，对最古老的口头媒体（人们的口传身授）的作用有点淡忘了。这是需要着重改进的。

旅游产品的促销离不开媒体。但商家切记：不可为争"标王"搞到倾家荡产的地步。做广告要讲究艺术，要注重效果，要争取有更多的"眼球"关注，选择地点很重要。一般地讲，这样的地方广告费很贵。但如果脑筋动得好，也不一定要花许多钱，这样的地方一定引起了观众的注意但还没有引起绝大多数广告商的注意。试举一例便可明白。一次，我去宁波，在象山通往宁波的路上，高速公路收费站拦路杆上赫然写着："别忘记带点老板娘食品。"一想，这是一句广告词，凡过路的司机和乘客都能看到，而且这样的"媒体"费用不会高。你不能不佩服浙江"老板娘"的聪明才智。再举一例，就是宝洁公司所做的洗涤剂广告：一个男孩儿把脏手印印在妈妈的裙子上，臀部的部位吸引了电视观众的视线。宝洁公司不愧是"注意力经济"运作的高手，得体而不庸俗，轻松而得实效。看来，做广告是要动脑筋、讲艺术的。花同样的钱，由不同的人策划效果是不同的。

三、新媒体的使用

客观地讲，各种媒体都有其独特功能和不可代替性。但新媒体的威力和方便及时，是营销值得重视的手段。

新媒体浪潮一浪高过一浪。目前区别于传统营销模式的电商营销渠道层出不穷，例如：各类电商平台、垂直电商、团购平台、限时特卖、EDM、SEO/SEM、网站联盟、SNS、微博、微信等。

博客崛起不久就被微博迅速超越；微博正当火热，又杀出使用率扶摇直上的微信。酒店业的电子营销手段OTA（Over-The-Air，一项通过手机终端或服务器动态下载、删除与更新，使用户获取个性化信息服务的数据），还未坐稳就迎来了App（application program的简称，指第三方智能手机的应用程序）手机预订时代，过后又有更便捷低价的MSS（"迈点酒店移动互联网营销系统"），成功实现微信与手机官网无缝对接。

　　B2B、B2C、C2C及其他门户网站和在线平台等四大模式还未完全成熟，O2O（Online to Offline 在线离线/线上到线下）如同黑马，又以强大势头杀将出来。智能手机功能日臻完善，车联网又开始起步，Wi-Fi成了新宠儿，手表上网也在玩炫。营销的方式和手段插上科技的翅膀，不仅花样翻新，令人目不暇接，而且功能巨大，法力无边。不迅速跟进，就真的OUT了。

　　手机微信与名人效应结合，产生了"病毒传播效应"：

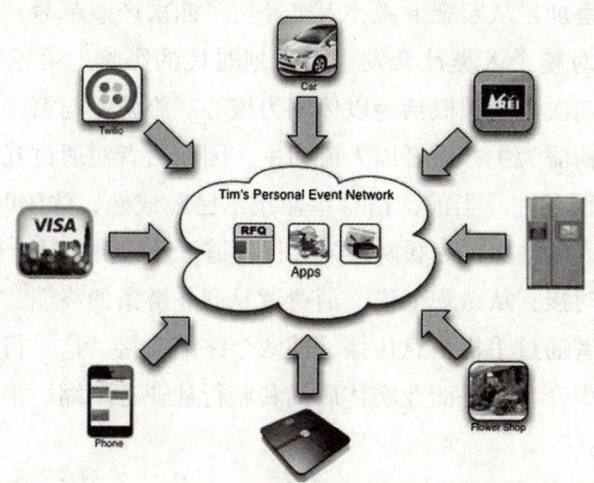

　　由于手机的使用者是信息消费终端，也是旅游市场的终端消费者，酒店消费信息直接被终端消费者接收，方便选择。微信用户已超4亿人，而且微信群发转发，形成病毒式传播效益，传播量取决于软文卖点的打造，比如说，凡客体、电子书、名人粉。据统计，姚晨的粉丝数量相当于中国前十名超大型城市人口的数量，她发一条微博，影响力不逊于CCTV。

　　世界营销大师克里曼特·斯通预言："**未来的营销，不需要太多的渠道，只要让你的产品进入消费者的手机，就是最好的营销**。"

　　学习，至关重要。迈点特约评论家黄健祥认为："在微营销时代，酒店就要实施'微战略'。以廉价为终止，始终保持对新鲜事物好奇学习的心态，掌握新技术的运用规律，将新技术合理进行运用。这样即使微信过时了，出现了更多新媒体，我们也能抢先以低价挖掘到新渠道。"

微型案例：2012年8月13日，北京开元名都大酒店和北京歌华开元大酒店在其新浪官方微博上正式试水"微订房"。据悉，两家成员酒店"微订房"上线后，很快陆续产生订单。由于反应快，成为国内"微订房"的先行者。

2013年4月17日，中国酒店业门户网站迈点网正式推出"迈点酒店移动互联网营销系统"（MSS），成功实现微信与手机官网无缝对接。

为什么新媒体如此强势？我从宏观、微观两个视角简要分析。

两大成果叠加：从宏观上说，人类经历了四次产业革命，被经典作家称为四次浪潮，对整个人类社会发生的是划时代的影响。第三次浪潮被称为信息革命，第四次浪潮被概括为以休闲为核心。旅游业与第一、第二产业不同，前两者以物流为主，后者以人流为主，因而后者对通过互联网实现交易具有更明显的便利性。当前，信息革命技术已经成熟，休闲时代汹涌奔来，两次产业革命成果叠加，互联网营销大行其道，使旅游业插上腾飞的翅膀。

两个终端对接：从微观上说，消费者是商业链条的终端，产品是生产活动的终端，二者通过手机信息传播，使两个终端对接。这一行为甩掉了不少传统的媒体和中介。这是商业实体店铺和旅行社业务萎缩、平面媒体维系困难的重要原因。

四、网络给服务业带来革命性变化

网络作为信息手段是一种神奇的东西，它能使许多预言成为谬误。著名的哈佛商学院的学术专家们曾确信"服务具有易折损性，是不可贮存的"（萨塞尔等，1978）。在只有有形产品贮存形式的情况下，这种断言是成立的。有形产品的贮存之所以是仓库，无形产品的贮存之所以是网站。电脑和网络的发明使无形产品的贮存成为可能，服务这种无形产品不仅不具有易折损性，而且具有了现实的可贮存性、传输的便捷性、成本的节省性、资源的共享性，从而给旅游业的营销带来了一场革命性的变化。

对服务类产品实行计算机库存管理，分类、运算，快速准确。这种贮存性的可显示、可下载的特点，检索方便，比广播和纸媒有更多优越性；它的可传输性，通过运用交互式数据库与供应商、旅游者在线联系，千里之外，数秒之内，磋商反馈，实现零距离洽谈；由于旅游产品的不可移动性，其运营方式是人流而非物流，不需要建立物流配送中心，网络传输发挥着重要作用，电子预订、电子支付提高了交易效率，这有助于旅游业这种大量的却是小额的、琐碎的，特别是散客的买卖能够得以成交；在行政和企业管理方面，如人力资源的管理、成本效益管理以及经营方面的调研分析、发展预测、新模式的建立、发挥网络决策参谋的作用等，网络都大有用武之地。现在的问题是，网络的作用远远没有充分挖掘。仅仅用计算机制作文件、上网查询是不够的。

五、回头客是营销的重点客源层

回头客是营销的重点客源层。客源层作为促销的客体是要分层次、分步骤的。对潜在旅游者—初访客—再访客促销的方法、策略是不同的。对潜在客源要先进行市场细分，然后对不同的客源层各自采取有针对性的促销方案；吸引初访客是市场的启动工程，在执行预案中，要特别注意及时抓住被激发起来的购买欲望，利用人们消费的从名、从众心理，造成一种争先恐后的购买氛围，把购买欲望向前推一把变成购买行动。于是，潜在客变成了初访客，完成了第一轮市场启动工程。吸引再访客是产品层次的提升，是宣传手段的改进，是整个促销链中要着力改进的环节。

回头客是产品的多次消费者，是促销活动的"实惠品"，是未来休闲经济的主体客源群，因此也是旅游经营者争相猎取的对象。对这部分人的促销，在加大宣传力度的同时，要着力改进产品的品质性、内容的丰富性、服务的周到性、性价比的合理性。所谓品质性是指产品的高档次、高质量、程度更高地提供健康享受、愉悦的性能。丰富性是能更好地、多次地满足人们多样化的旅游需求，这是在原有丰富性的基础上又注意根据需求变化不断调整的产品才能具有的性能。周到性是一种从人性化出发，使产品设计力求细腻、体贴。比如，发展中国家的人出差若带家属被视为揩公家的油，而发达国家的人出差则提倡家属陪伴，因此夏威夷及时为带家属、孩子的商务客改造酒店，准备了女士房、儿童房和托管、娱乐设施。所谓性价比的合理性，并不是单方面地强调优质优价，而是在优质的前提下尽量压低价格，使顾客感到物有所值,这是吸引回头客的重要因素。许多营销单位采取"捆绑"和"回报"战略,就是优化性价比策略的延伸。比如,多次消费有奖措施,航空公司的"常客计划"、某些景点对再访客的"折扣激励"、摩托罗拉与电信联营推出的"免费用机"措施,都是"拧根绳子拴上你""给个奶嘴让你嗫"的捆绑式发展战略实施的范例。

重视回头客就要重视"口口相传"的促销方式。这种最古老的宣传方式在最现代化运营中作用不可低估。人们对出游目的地的选择,以亲友介绍为依据者仍占很大比例,这是传播产品诚信度的最重要的渠道。忽视这个渠道,忽视对送上门来的宣传对象的宣传,是旅游经营粗放的表现。让初访者满意,进而让再访者满意,通过他们的"口口相传"引来滚滚客源,这是一个滚雪球的过程,所谓"人气"很大程度上就是这样形成的。

微型案例:有一个公式,即客户 =1:25:8:1,这是小天鹅公司经过多次市场抽样调查得出的环比公式。其内容的表述是:服务好 1 个老客户,可以影响 25 个潜在消费者,这其中有 8 个人可以产生购买欲望,而有购买欲望的 8 个人中有 1 个人会成为实际的购买者。这个公式告诉我们,服务好 1 个老客户(对于旅游业而言就是回头客),就会产生 1 个新客户,更多的实际购买者还将不断地从 25 个潜在消费者中产生出来。这样,往复循环,滚动推进,倍数发展,市场占有率和效益增长率将会双双提高。这再一次证明:回头客是旅游促销中需要特别重视的人群。

试破"牢笼"。有人概括中国营销界的局面时,用所谓"整体性困境"来形容之。有些学者也在努力探索,总结自己的理论。如《本色营销》《K模式营销》《博弈营销》等提法。郭立新、胡志刚在《本色营销》中说:造成这一整体困境的原因,不是学了无法与中国国情相适应的"屠龙术",也不是因为还没有念到更先进的"真经",而是因为我们在过去的 20 年接触到的多是其皮毛、表象,而并未认清营销的本色。本色营销可以从"三个中心"的角度来理解:一是产品的中心地位;二是消费者的中心地位;三是管理制度的中心地位。一切现代营销理论都是建立在本色营销理论基础上的。

第十章　市场营销实践的创新

第一节　基础薄弱的起步阶段

我们在学习西方营销理论的同时，也结合自己的实践进行了苦苦的探索。1978年旅游业刚刚起步时及以后的15年间，是中国旅游营销的摸索阶段。为了增强本书阐述问题的针对性，我对这期间市场营销存在的一些倾向性问题做了调查，认为不足之处主要表现在三个方面。

一、旅游营销队伍很小

旅游发展最初几年，国家重点抓7个城市：北京、西安、苏州、杭州、上海、桂林、广州。绝大多数省市区没列入重点，旅游局与外事、侨务工作放在一起，旅游属于自发状态。旅游宣传机构先在7个重点城市和国旅、中旅总社建立宣传处，下面的分支社和景点有少量宣传人员，尚无专门营销机构。但各地发展旅游业的积极性很高，在三五年内，各省市级旅游局从合署办公的状态下逐渐分离出来，到20世纪80年代后期，旅行社放开，雨后春笋般地建立起来。到90年代，全国各类企业营销大军有7000万人。旅游直接从业人员达612万人，间接从业人员有3060万人。但旅游营销队伍较小，机构不健全，从上到下呈现倒三角形结构，越基层越薄弱。经验是在实践中边学边积累起来的。开始时难免照抄模仿、东施效颦，摸索前进。尽管取得了许多成绩，但市场营销中观念陈旧、方式老化的问题，在许多地方、单位没有得到根本的改变。

二、理论素养不高，专业人才奇缺

由于旅游业发展太快，人员培养和配备跟不上。不少做营销的是原来在党委、政府做宣传工作的，有的就是乡镇干部，营销理论没学过，赶鸭子上架，给报纸写个小稿子就不错了。更多的人缺乏营销理论的学习。

三、消化不良，接点错位

一些学过营销理论的人员，包括旅游学院、大学旅游专业所讲授的营销理论，基本上是20世纪50年代欧美营销有形产品的理论，有些旅游营销课程在这些理论基础上做了一些探讨，但仍未突破这一理论窠臼；加之院校的教师缺乏市场营销实战经验，没有针对旅游产品的独特性进行理论创新，学生毕业后在实际操作中不可避免地出现理论应用错位问题。

四、观念陈旧，方式老化

这方面的表现不少。比如，把产品作为营销的出发点，而不是把客户需求作为出发点；市场细分不到位，仅分到客源地，没有找出目标客源层；仅从给媒体写稿子、做广告角度很狭义地理解营销；营销中缺乏品牌和策划意识，不能创造性地制作概念、打造"抓手"、找出"接口"；使用的宣传品简单化、单一化，许多地方一个版本面对所有市场，一个语种针对所有国家客源层，缺乏专项营销小册子，难以主动适应需求多样化的趋势，如此等等。

第二节　从从业人员素质抓起

加强具有一定理论素养的专业人员的培训。

30多年来，国家高度重视旅游专业人才的培养。原国家旅游局发布的《中国旅游发展报告（2016）》（以下简称《报告》）中提到，中国共有约2500所院校开设旅游类专业，全面形成了涵盖博士、硕士、本科、专科（含高职）、中职层次的旅游教育体系。

2014年，全国旅游相关专业（方向）博士研究生招生167人，毕业115人，在校579人。旅游相关专业（方向）硕士研究生全国招生1569人，毕业1317人，在校4742人。2014年，招收的本科旅游管理类专业包括旅游管理专业、酒店管理专业、会展经济与管理专业等主要专业。全国共招生53386人，毕业45353人，在校201161人。2014年，招收的高职高专旅游管理类专业13个专业，全国共招生110835人。2014年，中职旅游管理类专业全国共招生12.30万人，毕业10.88万人，在校31.87万人。2014年，旅游行业从业人员培训总量为462.13万人次，分为岗位培训和成人学历教育两大类，岗位培训428.77万人，成人学历教育33.36万人。这些经过旅游专业教育的人才源源不断地充实到旅游行业各个单位，整体素质得到了提升。

第三节 旅游营销创新

一、营销机构设置日臻完善

各级政府文化旅游主管部门和旅游企业逐步健全营销机构，旅游营销规划成为旅游产业、产品规划的重要组成部分，旅游营销在旅游产业发展过程中的作用不断加强。

二、在宣传品样式上创新——九样式：老三样、中三样、新三样

近40年来，我们在产品建设和市场营销方面取得了很大成就，创造了许多生动活泼的办法。在营销方式上，不断积累经验。宣传品制作方面，从20世纪80年代的"老三样"（导游图、明信片、幻灯片）到90年代的"中三样"（画册、录像片、电影片），再到21世纪以后的"新三样"（专题小册子、多媒体、网络化）。宣传品琳琅满目，营销手段从自媒体、平面媒体、声像媒体到网络媒体，不断为进步的科学技术所武装。营销活动从新闻发布会、产品说明会、展销会、路演到联合促销、品牌营销、搭载营销等方式越来越多。

三、旅游营销活动丰富多彩

普遍采取请进来、走出去的方法,如邀请经销商、代理商采线团、记者采风团,走出去开产品说明会、展销会、大篷车促销和各类节事活动,取得了不小的成绩和进步。

目的地营销的观念不断强化,促销半径不断扩大,促销活动高潮迭起,奥运旅游宣传计划成功启动。2004年,利用美国旅行批发商协会召开年会之机推出的"中国之夜"大型宣传招徕活动,利用德国旅行社在华举办"旅游学院——中国旅游产品培训项目"之机推出的以"中国,一个充满活力与魅力的旅游目的地国家"为主题的系统培训活动,利用"中法文化年"之机在巴黎举办的旅游展和推介会等对外宣传促销活动,都取得了良好效果。在雅典奥运会期间,原国家旅游局联合国家体育总局、北京市人民政府、北京奥组委及VISA国际组织等举行了"2008北京—中国欢迎您"奥运旅游宣传计划启动仪式,将全世界的目光吸引到了中国。

国内的旅游主题营销,一年一个重点;对海外的营销规模和水平都在提升。初创时期,以邀请记者和参加展销会为主。我曾带队参加日本筑波世博会、第一届香港国际旅游博览会、西德汉诺威世界工业博览会,中国旅游业的展台都是最吸引人眼球的。参加这些展会,"让世界了解我们",同时经过调研和学习,我们也了解了世界。比如,在筑波世博会上,我们创意的歌曲《无锡旅情》,引起了30多个国家的效仿,成为国际上著名的营销案例。现在,国家领导人参加的与各国举办的"旅游年"活动,如火如荼。原国家旅游局办公楼灯箱打出的2017年旅游年就有:中国—哈萨克斯坦旅游年、中国—丹麦旅游年、中国—澳大利亚旅游年、中国—东盟旅游合作年、中国—欧盟旅游年、中国—瑞士旅游年、中美旅游年等;现在巨幅的广告经常在美国纽约时代广场出现。中国已是名副其实的世界旅游大国。

四、在营销发展的三个阶段上创新

中国旅游营销经历了产品营销、行业营销、整体营销三个阶段。

这三个阶段与旅游产业发展的整合度有关。产品营销是以观光产品为主的时代的营销方式,其主体是景区、酒店、旅行社,为了生存各自为战,打的是短促突击的游击战。行业营销是旅游产品的区域整合度增强后的营销方式,其主体是旅行社和行政主管部门,产品样式是"卖路线",由旅游局带队组织旅游企业组团营销,打的是中等半径的运动战。整体营销是全域旅游的产物,牵头者从企业、部门上升到政府和国家层面,打的是阵地战和歼灭战。

整体营销可细分为县域营销、城市营销、区域营销、国家营销。

县域营销:指政府决策、组织的整体营销行为。

城市营销:把旅游作为城市营销的载体或是把城市作为旅游产品集群向市场营销的政府行为。

区域营销:营销的主体是联合起来的城市群,共同筹集资金、面对共同市场,协同作战。

国家营销:是指抓住重要时机,由国家领导人亲自出席的重大旅游活动,是展示国家形象的重要内容。美国前总统克林顿、俄罗斯总统普京、韩国前总统金大中和中国国家主席习近平都主持过这类活动,如中国在俄罗斯举办的"中国年"。

产品营销、行业营销、整体营销三阶段不是截然分开,时序上互相交叉,层次上逐渐升级,效果上不断强化。品牌时代单打独斗不合时宜,各自为战难以成事,搭载和借势成为捷径,政府主导、企业参与的品牌营销,势在必行,而城市营销是这个趋势的重点。因为城市营销在整体营销中的重要地位,下面做专章阐述。

第十一章　城市营销

第一节　概　述

一、城市营销概念产生的时代背景

优秀旅游城市的创建催生了城市营销，这是国外营销理论中没有阐述的理论问题和实践问题。历时12年，从1998年开始，到2010年，在原国家旅游局的主持和各省、自治区、直辖市的支持配合下，共分8批验收，有339个城市获批优秀旅游城市称号，至今城标还在各地巍然屹立。2000年前后，国家进行产业结构调整，第三产业特别是旅游业得到了一次大发展的机遇，各地政府抓旅游业的积极性进一步提高。2009年，国务院4号文件发布，确立旅游业是"国家战略性支柱产业和人民群众更加满意的现代服务业"。这一产业定位坚定了各级党委、政府和旅游从业人员的信心和决心。

二、对城市营销理论的探讨

我从1985年参加日本筑波世博会开始，就在为无锡、桂林等城市对日本的营销努力。但从理论方面研究市场是从1998年开始的。我陆续在一些报纸、刊物上写了系列的研究文章。《关于城市营销的思考——以宁波为例探讨目的地营销中的一个关键问题》就是其中一篇。这篇文章在《中国旅游报》发表后，被《中国城市经济》杂志全文转载，而后连同我策划的六篇解读宁波经验的文章一起收在《城市营销》一书中出版发行。

第二节 如何解读城市营销

一、城市营销是目的地营销的关键

目前中国比较成熟的管理者,熟悉产品营销和企业营销,但对于城市营销比较陌生,缺乏研究。营销是分层次的,有一个从低级层次向高级层次不断发展的过程。

营销的层次是随商品经济规模的扩大、水平的提升而变化和发展的。从个体、行业、产业到产业链,从单位、行政区到跨行政区的区域联合,营销的行为和组织都表现出不同的形态。就旅游业而言,理查德·乔治认为:市场营销主要在两个层面:"第一个层面是企业层面,第二个层面是目的地层面。"英国学者维克多·密德尔敦从相反的角度作了概括:"旅游目的地的营销具有两个层面。第一个层面所关注的是整个目的地及其旅游产品,这是国家旅游组织的重点。第二个层面涵盖的是促销单个旅游产品的旅游企业的活动。"维克多所说的第一个层面被归纳为目的地公共营销,第二个层面被归纳为产品营销。作为营销内容的分工,我们曾经概括为"政府营销形象,企业营销产品"。

中国的目的地营销已被一些专家提到议事日程上来。但是,由于中国的旅游产品建设还有许多"短腿",相当多的行政管理者和企业家还停留在产品建设和企业营销的层面而抽不出更多的精力来关注目的地营销。尤其是跨地区的目的地营销,还停留在概念和形式上。而城市是近程旅游目的地或远程旅游目的地的重要节点,是产品建设和市场营销的行政主管者。要抓好目的地营销,关键要抓好城市营销、凸显城市营销的作用。

二、城市营销概念解读

城市营销不是产品层次的营销,而首先是城市整体形象的营销。城市营销不是与产品没有关系,而是在产品建设比较成熟基础上的必然要求,城市营销如"纲",产品营销如"目"。城市营销的过程和结果是"纲举目张"。

城市营销不是行业层次的营销，而是城市决策层自觉关注和亲自组织指挥的营销。这既是政府主导型经济的体现，也是旅游行业贡献加大、地位提升的结果。城市的方方面面都可能是旅游者所关心的内容，旅游业能够承担提升城市形象重任的载体。城市决策者选择旅游业作为突破口提高城市的知名度、美誉度和影响力，是具有远见卓识的表现，是具有辩证的政绩观的表现。此时的旅游行业营销不是被动的，而是在更加主动的前提下受到领导高度重视和强力支持而发挥出生力军的作用。

城市营销不是旅游行业的孤军奋战，而是在城市决策层的领导和协调下，城市各相关行业、相关部门取得共识、目标一致、各有分工又协同作战的公共营销体系。

城市营销不是琐碎的景区景点的营销，而是有相对的较大体量和较大客源容量的目的地营销。准确地讲，对近距离而言，城市营销就是目的地营销；对于远距离特别是海外和洲际旅游而言，城市是目的地的一部分，是长途旅程的重要节点。目的地营销如果不从城市抓起，目的地就会暗淡无光而失去吸引力。

城市营销是一个经过归纳、整合后在整体形象统率下的产品群营销。这个产品群不是一盘散沙，而是把产品群优化整合后打造出独特卖点（USP）的、有龙头产品拉动的、有个性化包装的、对市场有特殊吸引力的营销过程。城市营销突出整体性、独特性、高品质性等特征。要像重视产品规划那样制定城市营销规划，重大的具有影响力的营销活动要请高水平的策划家进行策划，要善于整合专业化的营销手段和筹资体系等。否则，就成了纯粹的"概念炒作"，花大钱而难收实效。

基于上述分析，可以概括为：城市营销是一种全新的营销概念，是城市决策层高度重视的，在城市形象统率下的，各相关组织协力推进的，对城市范围内具有整体性、公共性、战略性，能够体现城市独特卖点并受到游客喜欢的旅游产品群进行的一切宣传推广活动。

三、城市营销是经济发展到一定阶段的产物

城市营销作为一种概念，不能到处乱套，也不是所有城市都具备了营销

城市的条件。城市营销是经济发展到一定阶段的产物。

城市营销是旅游产品建设发展到一定阶段的产物。

旅游产品主体从景点、景区、参观点、休闲娱乐场所为主到城市群为主，使营销从零碎的景点营销发展到目的地整体营销，反映了旅游吸引物由分散到集中，由小体量到大体量，由低级到高级，由近程到远程的发展变化，这是产品建设日臻成熟的表现。产品建设发展到这个阶段，就为城市营销奠定了坚实的基础。

城市营销是旅游业发展到一定阶段的产物。

旅游业的发展，使其对城市经济的贡献值增大，产业地位上浮。在城市产业链中，旅游业的龙头产业、支柱产业、动力产业作用获得共识，旅游业对城市建设的拉动性、关联性日益显现。此时，以旅游营销为主要内容的城市营销就应运而生。

城市营销是城市经济发展到一定阶段的产物。

改革开放以来，中国城市从小城镇到小城市到中等城市到大城市再到特大型城市，规模不断扩大，数量不断增加，城市化水平也在不断提高，城市功能得到很大改善，城市产业链变粗延伸，城市的经济实力不断增强，一些发达地区城市圈正在形成。在这种情况下，城市营销必然和应该被提到议事日程上来。

到了这个阶段，旅游业的产业地位上浮，作为动力产业的旅游业在国民经济中的拉动性、关联性日益显现。比如宁波，在长三角城市圈及全国副省级城市中是地位特殊、经济实力较强、城市化水平较高的城市，营销城市已是顺理成章的事。

据当年公布的中国城市竞争力排名榜，列表如下：

竞争力排名前10位的中国城市

发布机构 \ 排名	1	2	3	4	5	6	7	8	9	10
中国城市竞争力研究会	香港	台北	上海	北京	深圳	广州	澳门	天津	南京	武汉
《2005年城市综合竞争蓝皮书》	上海	深圳	广州	北京	杭州	宁波	苏州	无锡	厦门	天津

从上表可以分析出：

两个排名由于考量范围、数据采样和时间不同而有所区别，这是正常的。都在相当可信程度上反映了中国城市竞争力的实际情况，有重要的参考和激励作用。设在香港特区的中国城市竞争力研究会在排名中加进了香港、台北和澳门，使中国城市竞争力考核更加完整。但这几座城市与内地城市处于不同发展阶段，使用一个衡量体系不甚妥当。《2005年城市综合竞争力蓝皮书》是受中国科技部资助的一项国家级学术研究成果，仅就大陆的城市竞争力做了排名，虽有某些质疑，但说它是一个较有说服力的"参照系"却不乏理由，因而仍有其权威性。

就宁波而言，在《2005年城市综合竞争力蓝皮书》中国内地城市竞争力排名中，排在第6位，是副省级城市的第4位。说明宁波的实力和竞争力已足以具备支撑城市整体营销的能力。

其实，城市整体营销是树立城市形象的捷径，具有中等偏上经济实力的城市，找准市场接口，进行城市营销，都会取得很好的效果。就上述两个排名的十几座城市而言，笔者认为都已具备城市整体营销的资格。在蓝皮书中，还做了不同地区和子项目竞争力排名，如三大城市圈、西部中心城市竞争力和发展最快的城市以及在人才本体、企业本体、生活环境和商务环境竞争力排名前10位的城市还涉及温州、芜湖、马鞍山、合肥、重庆、成都、西安、呼和浩特、乌鲁木齐、秦皇岛、青岛、威海、淄博、潍坊、镇江、常州、佛山、东莞、中山、惠州、大连、沈阳等城市，也都应该具备城市整体营销的资格。在中国数百座城市中，前50~100名也都应该具备和接近城市整体营销的资格和水平。在蓝皮书统计的前10名中，笔者虽未找到河南的城市，但近几年的实践证明，如焦作、洛阳、郑州开始重视城市整体营销，其知名度的提高和竞争力的提升，是非常明显的。

上述这些地方的旅游业营销不应该只停留在产品和行业的层面上，而应该纳入城市高层的视野并且以城市营销作为主要内容，亟须做城市营销专题研究和规划、策划设计。即使一般的、实力还不太强的中等城市，在结构调整中抓住"独特卖点"进行城市营销，也会取得出其不意的效果。比如焦作，在城市竞争力排名中，由于传统的主打产业已走向穷途而上不了名单，但由于抓住旅游业进行营销，仅仅5年，就迅速发展起来而成为媒体和各地都关注的"焦作现象"。所以，城市营销应该是大多数城市领导者关注和努力做好的功课。

抓城市营销本身就是塑造城市品牌。

目前，国内城市营销和区域营销观念正在形成中，但尚无成熟经验，又无较成熟和系统的理论概括。当笔者提出宁波应该进行城市整体营销的概念时，立即得到市旅游局和市领导的积极回应，并延请专家，拨出专款，限时拿出城市营销课题的研究成果。这在全国是领先的。此时，宁波的研究课题具有典型意义。一旦成为典型，就成了一种"现象"和品牌，就具有了品牌的附加值。国际上的品牌管理专家有一个测算，如果一般品牌等于社会平均价值的话，实力倍数是1，知名品牌的实力倍数就是6~20倍。商品越走红，实力倍数越高。如可口可乐1994年实力倍数为18.9，当年净利润额19.0212亿美元，品牌价值为净利润和实力倍数二者的乘积，高达359.50亿美元。争取较高的实力系数，无疑是人们塑造品牌的目的和动力所在。

品牌既不是产品，也不是名牌，品牌到底是什么？这里讲两个不同时期的不同概念：在产品经济时代，品牌是指区别于其他产品的某一名称、词句、符号、设计及其组合，是与产品融合在一起的东西。在市场经济时代，品牌是以产品为依托的相对独立的一种客观存在。品牌是产品及其供应者形象、质量等在顾客心中的主观反映、综合印象及认同程度，并形成控制顾客的购物指令。品牌是联结产品与顾客需求并决定企业与顾客关系存续的"唯一纽带"，只能是那些顾客记忆深刻并被广大顾客高度认同的强势品牌，才能获得更大的市场占有率；只有获得顾客较高忠诚度的品牌，才能具备与其品质匹配的市场竞争力。

这几年，笔者参与了"宁波经验""焦作现象"和"栾川模式"的培育、挖掘、总结和概括，在媒体上推广后，使其品牌效应在全行业扎了根，作为城市营销的先行者而成为学习的榜样。

四、小结

到了这个阶段，出现了几个重叠：旅游形象与城市形象重叠，推广旅游形象就是推广城市。

旅游营销成为城市营销的重要内容（风景名胜、文化古迹、风光民情、现代风貌）。旅游行业主管部门的设想、要求与城市决策者的意志一拍即合。旅游部门成为城市营销主体中的主角之一。

旅游业发展的重大举措纳入决策层主动议事范畴。

从某种角度上看，城市是书记、市长的物化，书记、市长是城市的人格化。有什么样的书记、市长就有什么样的城市。同样，有什么样的城市就有什么样的书记、市长。此时，旅游业成了"一把手工程""政府主导型"经济。这种经济发展模式为完全的市场经济准备了条件。

旅游业的奋斗目标与相关行业的任务和百姓的需求相一致。

旅游业不再是行业的孤军奋战，其发展不仅得到决策层的关注，也得到各行各业的认同和广大民众的支持、理解和配合。旅游业从此结束了艰难的爬坡阶段，走向了快速发展的坦途。此时，旅游业的担子不是轻了，而是重了，必须更新观念，在更高起点上实现二次创业。

第三节 实际工作中如何营销城市

一、营销城市要学习先进的经验

营销城市在国际上已有成熟经验。纽约"大苹果"和"I LOVE NY."口号打造，扭转了纽约的形象。还有"花园国家"新加坡、"购物天堂"香港、"水城"威尼斯、"音乐之都"维也纳、"世界艺术之都"巴黎、"会议之都"达沃斯，以及"滑雪胜地"瑞士和"圣诞老人故乡"芬兰等。整体形象的确立使目的地营销获得了巨大成功。这些成功的范例是20世纪80年代取得的，几十年过去了，我国的旅游经济已经在相当多的城市打下了较好的基础，城市营销在这些地方被提到议事日程上来的时机已经成熟了。

二、观念创新

现在营销方面，方法陈旧、观念老化、人员素质不高是普遍存在的问题。

宣传方式上的三阶段九样式；多数营销人员没有经过系统的营销理论学习和专业训练，即使在大学学过的理论，也是西方发达国家营销有形产品的理论，如4P、4R、4C等理论，许多不适于营销旅游产品和营销城市这类综合性无形产品。所以，城市营销从思路到方法都必须创新。笔者所一再强调的塑造形象、打造概念、制造抓手、找出接口、整合媒体、加强策划等，是对营销理论创新的初步探索。

三、坚持正确的营销模式

旅游营销、城市旅游营销和城市营销三种不同层面营销的内容、运行、结果状况比较如下：

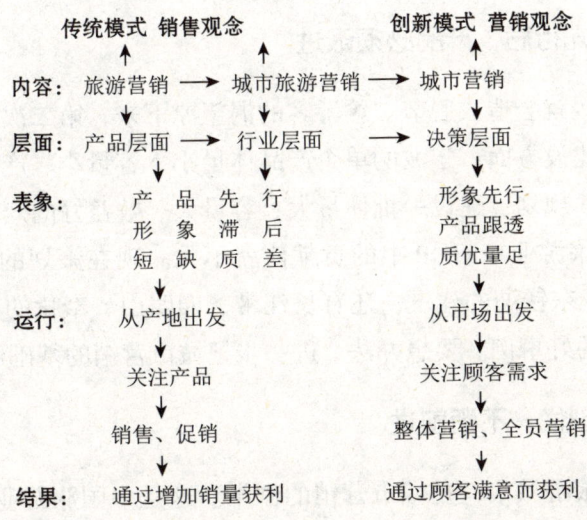

上述三种营销层面反映了两种营销模式的运行过程和不同结果。

产品销售模式＝产品先行＋形象滞后＋行业掣肘＝各自为战＋产业成长缓慢。

城市营销模式＝形象先行＋产品跟进＋拉动各行业＝目的地做大＋产业链做强。

前者产品、行业之间互相掣肘、发展缓慢、旅游的贡献率有限。后者统一领导,目标一致,互相支持,目的地做大,产业链做强,形成良性循环。

以宁波为例,坚持城市营销模式,就要形象营销先行。城市主题形象的打造及宣扬十分重要。现在概括的旅游口号"东方商埠,时尚水城",其内涵外延显然已超越旅游产品和旅游行业的限制,而成为城市形象,这正是营销城市所必需的。只有这样的形象概括,才能调动全市上至市领导、中至各部门各行业、下至普通市民的积极性,共同参与到营销城市的统一行动中来。有些地方,提炼的旅游口号只从旅游产品出发,涵盖面很窄,引不起区域和各行业的共鸣,这样的口号一定是短命的,叫不响的。

有了好的主题形象,就要整合媒体,强力推广宣传,使其在本地深入人心,在外地产生影响。从而使潜在客源层首先被这个主题形象所打动,而后才有可能决定到目的地来旅游。

四、形象先行后,产品必须跟进

跟进得迟缓就会造成脱节。等游客的渴望凉下来,第二次启动市场就艰难了。在产品建设方面,宁波的单个产品体量小、容量小、产值小,要从营销城市的高度,规划、建设一批体量大、容量大、效益好的产品。这个问题不着力解决,旅游业在 GNP 中的贡献值就不大。现在策划的"梁祝"、象山"不老岛"、东钱湖的建设,还有长江带、四明山、奉化的产品整合都是解决这个问题的好事例。要想办法,进一步把城市营销的基础做好。

五、多次创优,不断前进

创建优秀旅游城市,是城市营销的创举。这是中国旅游业的一个发明。像宁波这样已经获得中国优秀旅游城市称号的城市,要不断抓好二次、三次、多次创优。

六、城市产业链延伸变粗

构建了城市整体营销的概念,城市的方方面面都成了旅游吸引物,从这个角度理解旅游业的包容性和拉动作用,理解旅游业既是加速器,又是催化剂;既是孵化器,又是大容器。以旅游业为龙头、为支柱、为城市建设的抓手,使城市产业链延伸、变粗,日益成为一些城市决策者的战略选择。

七、广泛建立关系,开展多方合作

与优秀旅游城市协会、中国城市协会、市长协会、国际城市协会、友好城市协会等合作,开展丰富多彩的活动。

八、主办城市营销论坛

仍以宁波为例,如:①核心城市圈—甬温台舟营销论坛,紧密型合作品牌从精细处入手;②长三角—泛长三角营销论坛;③副省级城市发展论坛。

九、抓好三个战略结构调整

1. 在产业结构调整中,给旅游业以应有的地位

比如,焦作在产业结构调整中,把"煤城"变成"美城",旅游业发展拉动了产业链,形成了全国瞩目的"焦作现象"。

2. 在产品结构调整中,既重视观光产品,又重视休闲度假产品

休闲娱乐业,被国际上著名经济学家、未来学家称为"第四次浪潮",是21世纪推动全球经济的五大推动力之首;中国建设休闲产品在一些地方已具备条件,市场需求也已形成;休闲产品丰富多彩,比如,4N(即Nature——自然、Nostalgia——怀旧、Nirvana——涅槃、Nocturna——夜生活)和新4S(Snow——冰雪、SPA——水疗、Skiing——滑雪、Sailing——帆板)将充实和取代国际上传统的4S(即Sun——阳光、Sands——沙滩、Sea——海洋和Sex——性),成为旅游者喜欢的项目。

3. 在战略发展思路设计结构调整中,既重视产品规划又重视营销规划

国际上旅游发达国家,两种规划都重视;我们不重视营销规划,这是营销搞不好的主要原因。

完成了上述3个层次的结构调整,旅游业将在城市发展进程中起到重大作用。

十、成立营销城市领导（工作）机构

由市领导挂帅，成立由市委宣传部、外宣办、新闻出版、文化、文物、城建、交通、财政、旅游等部门领导参加的协调机构，统一筹措营销经费，策划大的营销活动。

成立专门负责城市营销的工作机构，设在旅游局。提出需要建设和完善的产品名单。

增拨营销经费，根据印制各类宣传品、媒体宣传、开展活动所需制订计划。

围绕营销城市主题，列出各相关部门的配合性工作内容。如：宣传、新闻、文化、城建、交通及服务业的任务。

十一、突出城市品牌建设

营销中，对城市总体形象要抓住不放；不断完善产品建设和服务体系，精心设计和制作几张具有"独特卖点"的"城市名片"；把目的地整体营销和产品推广有机结合；将"顾客为本"的观念渗透到全员营销、全程营销和全方位营销的各个环节；将品牌的自我评价转变到市场评价上来。

中央优先发展沿海、沿江、沿边经济战略、西部大开发、振兴东北老工业基地和中部崛起战略逐渐展开的过程中，各种区域论坛应运而生，成为新观念、新理念、新概念的发生器和孵化器。城市圈的形成，是城市营销活动日益活跃的基础；特别是国家旅游局推出的优秀旅游城市的评比，带动了城市营销。珠三角、泛珠三角、长三角、泛长三角、环渤海城市群，以及陆续出台的城市群，使城市营销成为热门话题。这些城市和城市群，节庆活动和论坛十分活跃，我经常被邀请去论坛演讲。比如，泛珠三角城市群论坛举行时，我的发言题目是：高扬城市营销的旗帜。并就如何做好城市营销提出10条做法：高端发力、规划先行、市场运作、打造口号、制造抓手、塑造形象、铸造品牌、找出接口、选择媒体、策划活动等。

我到各地调研和采访，发现了一批城市营销做得好的典型，于是，在那里讲课，帮助总结提升，后来，有一些成为全国响当当的品牌城市。如为无锡创意了歌曲《无锡旅情》，使无锡名满东瀛；开展"中日樱友谊林活动"，使无锡在20世纪80年代成为"日资高地"；借克林顿总统来访之际为桂林策划的"总统之旅"营销活动，使桂林提升了在欧美的知名度；对宁波经验、焦作现象、栾川模式、岚皋特色的总结推广，使这些城市成为全国知名品牌。

下面介绍我总结的"江南三雄"、枣庄路径等经验，供各地参考。

微型案例："江南三雄"

江苏：除了区位优势外，文化创意产业优势决定了江苏跨越式发展。前几年，旅游收入一直排在粤、京、沪后面，近几年跃居全国第一，2011年旅游收入超5580亿元，排全国第一，占全国的1/4。下面解剖一下"江南三雄"苏、锡、常三种模式：

苏州：抓住"私家园林"等休闲度假产品，打造"人间天堂"，2009年，请我为他们策划典型综合性旅游换代产品——中国品牌产业园。2011年旅游收入达到1196亿元。

无锡：旅游创业30年三大步：20世纪80年代我帮他们策划的《无锡旅情》和"中日樱友谊林活动"，使无锡名满东瀛，成为吸引数千家中日合资企业近40亿美元外资的"日资高地"；90年代的水浒城、三国城等央视影视基地；21世纪灵山大佛和"梵宫"落成，产品高端而不断更新，无锡市2011年实现旅游总收入890亿元。

常州：落成和在建的亿元以上项目多达60多个，形成产品集群和产业配套，2011年旅游收入近600亿元。

三种模式三种经验值得我们借鉴。

苏州——弘扬历史文化与现代休闲业，捍卫着"上有天堂，下有苏杭"的品牌地位；无锡——文化创意产业项目不断更新；常州——市场导向而不是资源导向的发展思路十分突出，没有资源，创造资源也要上，恐龙游乐园就是"无中生有"的典型案例，一个景点，年收入数亿元，而且有望上市，许多有恐龙资源的地方都没做这么大或根本没有做起来。

"江苏三雄"的发展模式，提供了文化创意的思路：资源导向和市场导向相结合，为自己的产品、产业寻求品牌、品格和品位，因而城市影响力增大，旅游收入超过许多省区，在市场搏击中稳操主动权。

微型案例：枣庄路径

在台儿庄古城修复之前，枣庄市委、市政府请我为全市干部讲课。时任市长陈伟和我一起对古城恢复、招商进行多次座谈。古城恢复后引起海内外的好评。枣庄重建和恢复台儿庄古城，与微山湖、古运河一起打造枣庄的旅游产品群。在产品建设和营销方面，枣庄路径是：全社会参与、全方位宣传、全领域监督、全过程管理。把旅游业放在了区域产业链群中突破口的位置，调动政府资源和社会民间力量，齐抓共管。这是对旅游这一战略性支柱产业支持、培育的重要举措，是有决策层主导的整体营销和城市营销。与过去旅游企业和旅游局为主抓的产品营销、行业营销相比，其层面、作用、影响力都得到了根本性的提升。

与枣庄市原市长陈伟就台儿庄古城修复谈话

在"2009年中国优秀旅游城市市长高峰论坛"上的发言

（2009年4月24日下午，山东潍坊）

尊敬的陶斯亮会长、各位市长、各位专家、各位来宾：

大家好！

由中国市长协会主办、潍坊市政府承办、度假杂志社协办的此次优秀旅游城市市长高峰论坛，是一次非常有意义的活动。创建优秀旅游城市十年来，已有307座城市通过了验收，几乎占全国600多座城市的一半左右，这对于中国城市的转型、产业的升级、战略的实施，对于旅游业地位、作用的提升，对于旅游目的地的建设，起到了极大的促进作用。总结交流这方面的经验是非常有必要的。

今天会议的主题是优秀旅游城市的市长论坛，我谨遵照这个主题阐述我的一个观点：高扬城市营销的旗帜！

近两年来我研究了一个课题，就叫作城市营销。2005年5月11日，《中国旅游报》曾经以一个半版的篇幅刊登了这篇研究成果，中国城市学会的会刊也权威发表了这个研究成果。此前，我还和一些专家完成了宁波市城市营销规划的课题并且已经出版，研究了宁夏回族自治区旅游营销规划、编制了河南林州市旅游营销规划，为宁夏黄河金岸城市群的建设和营销进行策划。这都是城市营销的一些案例，并且完成了近百个城市营销的策划。我愿意把这个成果贡献给在座的各位市长和我们的陶会长。10分钟的讲话，我简要地介绍一下这个成果的一条思路、两个概念、三个阶段、十种做法、四个典型。

第一，为什么提出城市营销的概念。有两个概念这些年比较热门，一个叫作旅游目的地，另一个叫作经营城市。旅游目的地是我们旅游行业的一个术语，这个目的地是一个变化不定的概念，它是随着出游的半径长短而变化的。城市是目的地的重要节点，它连接着城乡，整合着辖区内的资源，形成一个统一的品牌，抓住了城市营销就抓住了目的地营销的重点和核心。经营城市是我们市长们从美国的城市管理中学到的一个概念，营销城市是经营城市的题中应有之义。旅游业是国际上公认的第一产业，在我们国内许多中央领导同志也讲到，旅游业是综合性强、关联度高、成长性好的产业。旅游业的形象就是城市形象，旅游产品的形象上升到城市形象的时候，旅游营销就变成了城市营销。这是我要简单说明的第一个问题。

第二，旅游营销发展经历了三个阶段。这三个阶段是产品营销、行业营销、整体营销。产品营销在20世纪80年代，营销的主体是旅游的企业，饭店、旅行社和景区，其特点是打游击战，各自为战。90年代的行业营销，其主体和牵头者是旅游局，旅游局把行业的企业组织起来出去做营销，打的是阵地战，特点是小规模集团作战。整体营销的主体和牵头者是各级政府的决策者，打的是歼灭战，把城市和各级区域主要的资源综合利用，指哪儿打哪儿，花大价钱搞大活动，集中主流媒体对目标客源市场一次性拿下，在全国很多的城市是这样做的。整体营销包括县域营销、城市营销、区域营销、国家营销。县域为什么要提出来呢？因为它是经济社会重要的组织单元，它有条件率先突破。城市营销是整体营销的最重要的内容和环节。区域营销是联合起来的城市群，共同出去营销。国家营销就是以国家领导人带队出去做的营销。2007年，中俄战略合作伙伴关系签订之后，胡锦涛主席带领着上千名的队伍到俄罗斯去宣传，这就是国家营销。

城市营销是中国经济发展的产物，是市场需求的必然，是旅游供求关系进化的结果。为什么这样说呢？现在中央提出来城市转型和产业升级，旅游业是城市转型的催化剂，农村抓了旅游，一产直接变成三产。通过农旅融合，互相借力，把美丽乡村建设成旅游休闲度假的好去处，三农问题迎刃而解。做强了三产，旅游业发展起来又带动了工业，这是旅游发展促进了经济的发展，也是市场需求的结果。2008年，我国旅游三大市场，即入境、出境和国内市场是20亿人次。五年以后，2015年我们将达到30亿人次，这30亿人次就是国内旅游28亿人次，入境1亿人次，出境1亿人次，30亿人次是世界上最大的市场（实际上发展已大大超过预计：2015年，仅国内旅游人数达40亿人次，出境人数达1.17亿人次，入境1.34亿人次，总数达42.5亿人次，超过预计41.6%——此书出版时注）。这个时候我们国家变成全世界旅游大国。说它是供求关系变化的结果，大家知道二十几年以前，我们的旅游产品就是几条线，丝绸之路、长江三峡、万里长城、运河以及北京、西安、杭州、上海、桂林、广州这样一个S线，这是一个线性结构。经过这些年的发展，特大城市向中小城市辐射，发达地区向中西部和边远地区发展，出现了不同级别的中心城市的板块结构，在板块结构的周围形成了两万个成规模的景区，这种线性结构变成了板块结构和网状结构。原来的线性结构是适应观光旅游的，这个板块结构和网状结构是适应度假休闲旅游的。城市营销在这个基础上应运而生。

第三，简单介绍一下如何进行城市营销。我总结了十条，叫高端发力、策划先行、市场运作、打造口号、制造抓手、塑造形象、铸造品牌、找出接口、整合媒体、开展活动。这十条每一个都有观点、有案例，因为今天时间有限，所以我就省略了，只谈一下纲目。

提到最后一个叫作开展活动，我不能不提潍坊的国际风筝会，这是全国最早、延续性最好、影响力最大的营销活动。从1984年搞起，现在已经连着办了26届，是国际节庆协会评选的十大最有影响力的节庆活动。这个活动代表了潍坊的城市形象和城市品牌，是在全国4500个节庆活动当中的凤毛麟角。26年一届不差，现在很多活动办得虎头蛇尾，搞一两届就完了。如何提升？我有一些建议，因为今天没有时间来说，我只是提一下。当旅游产品不丰富的时候，需要一个一个地制造旅游产品成为一个旅游产品集；当它丰富起来的时候，一定要打造一个囊括力更强的概念，把这些产品集中起来。在此基础上提出一个口号，把这个口号打出去，带动整个的城市形象。比如中国龙城，因为诸城出了恐龙之后，近期受山东省和潍坊市委托，我到美国、加拿大专门去考察，也写了龙城策划案，里边有许多策划，比如说把恐龙、蓝宝石、风筝合而为一，打造一个概念。因为全国16个地方在做恐龙文章，这个概念是诸城的商业机密，我在这里还不能说。

第四，就是闻名全国的几个城市营销的样板。我列出了一系列的样板，有国内的、有国际的，他们怎么样的做法我后边都有剖析，今天会上我只简单地说几个。宁波经验、焦作现象、栾川模式、岚皋特色，这是在全国旅游业界叫得响的城市营销的典型，这些地方我从2000年开始帮助培育、总结、宣扬，在人民大会堂、在钓鱼台国宾馆召开推广会，是一步一步做下来的，所以我比较了解他们。

宁波经验不展开说，他们最重要的是先做了城市定位。比如说，他们邀请我去为象山县做了一个口号："东方不老岛，海山仙子国"。这个口号交给他们3个月，招商100亿元。杭州湾大桥通了之后，这个地方已经变成了上海休闲的一个基地。

焦作现象，我这里主要强调一点，叫"赊账营销"。什么叫赊账营销？别的地方搞营销，从收入当中拿点钱做营销。焦作不是，云台山收入200万元门票的时候，成本都不够，他却拿出1000万元做营销，那八九百万元都是借的。这样做的结果是什么呢？是知名度不断地提高。奥运期间，云台山把北京所有地铁站的一面墙全包了打广告。这样做的结果是，200万元门票变成了3亿元。这仅仅是他们经验当中的一条。

栾川模式，栾川模式叫作"全党动手、部门联动、分片包干、督察到位"。为了统一骨干们的认识，前后邀请我去了7次，有5次去讲课。一次开会，县委书记在主席台前边摆了一个大桌子，桌子上铺了一张中国地图，然后拿一个圆规，600公里为半径，围绕着县城画了一个圆，圈定9省40座城市。然后按部委局办派分任务，每个部门包一个城市，签订责任状。第二天浩浩荡荡的队伍就出去了。公安局、法院、武装部都是穿制服的、跨着绶带，上写"河南栾川旅游营销团"。别人问说你们这是干什么？解释曰：我们政府有四句话，16个字，就叫"全党动手、部门联动、分片包干、督察到位"。这个动静一造出去，投资商说：这个地方的领导重视旅游，好，投资去！年底不到，20亿元投进去了。就这么抓了三年，效果是什么呢？在全省118个县市中，栾川过去是第94位，国家级贫困县。抓了三年的时间，变成了全省正数第5位，人均GDP第一，增幅第一。旅游过去是没有多少收入，现在是光上交的税相当于四年前全县的财政收入。我就不展开说这些案例了。上面这些案例详细的做法在搜狐专家板块中我的栏目里都有，你们可以检索。

岚皋特色。陕西有个岚皋县，岚皋县最近请我去开研讨会，岚皋特色是"十个围绕"。即：一产围绕旅游调结构，二产围绕旅游出产品，三产围绕旅游搞服务，交通围绕旅游上档次，城建围绕旅游树形象，林业围绕旅游出景点，文化围绕旅游出特色，宣传围绕旅游造声势，公安围绕旅游保平安，各行各业围绕旅游聚合力。这十个围绕得到了陕西省委、省政府的支持，国家旅游局为他们专门在北京开了岚皋特色研讨会。

城市主官要有使命感。书记、市长是城市的人格化，城市是书记、市长的物化。也就是说，有什么样的书记和市长，就有什么样的城市；反之，有什么样的城市，就知道有什么样的书记和市长。城市营销的关键是书记、市长，是营销的第一主体，宣传部长、主管市长是现场指挥，旅游局长只是个联络人，如果把它反过来，旅游局长变成了营销的主体，我说这个城市的营销没戏。为什么没戏？那还回到前边我说的，又变成了行业营销和产品营销，落后了城市营销10~20年。所以我现在极力提倡城市营销的观点，在我们市委、市政府统一领导下，搞好城市营销，只要高高地举起城市营销这面旗帜，城市的知名度、美誉度、竞争力和品牌价值就会大大地提高。信与不信，一试便知。谢谢大家！

第十二章 品牌营销

　　品牌营销的目的，就是树立产品、企业、区域、城市乃至个人的知名度、美誉度、忠诚度。有了品牌价值，就淘汰了一般的渠道营销。品牌营销重中之重是要抓好塑造形象、打造口号、找出接口、策划活动、制定规划等。

第一节　塑造形象

一、塑造形象要概念先行

　　概念属于战略和理念范畴，是顶层设计的梁柱。

　　产品经济时代，直接向市场推销的是产品；市场经济时代，先向市场推销的是概念，或者称为"包裹着概念的产品"。消费者认可了你的概念，才进而决定购买你的产品。

　　高明的地产商，不是先盖房子卖楼盘，而是先炒概念。随手拈个北京交通台的地产广告："百望家园——颐和园后的夏宫"，这个广告语针对群体是买得起第二套住宅的中产阶层和北京夏天闷热难耐的环境，紧跟着一句"5000 元的花园洋房——天天看山水"，真有诱惑力。

　　1775 年，六世班禅罗桑华丹盖希写了一部《香巴拉王国指南》；1933 年，美籍英国著名作家詹姆斯·希尔顿写了一部小说《消失的地平线》，后来拍成电影，主题歌是《这美丽的香格里拉》。两本书说香巴拉和香格里拉是天人合一的世外桃源。之后，引起许多人对藏区的考察。香港郭氏家族看到了这个概念的含金量很高，于是买断了"香格里拉"这个词，将自己的酒店和商号命名为香格里拉，成为世界一家著名的连锁酒店集团。作为旅游目的地更为贴切的"香格里拉"，1957 年印度就对外宣布巴尔蒂斯镇为香格里拉；尼泊尔于1992年宣布木斯塘小镇为香格里拉；在中国，西藏林芝、云南迪庆、四川稻城、青海和甘南藏区，都在打造香格里拉和香巴拉品牌。报请国务院批准，2002年云南中甸县正式更名"香格里拉县"。于是，这些地方的对外形象发生了变化：世外桃源的意境让人向往。游客、特别是自驾车游客大增，在旺季一床难求。

形象塑造的例子在全国有许多：张家口，在河北各市中资源不是很好，与承德避暑山庄资源、北戴河海滨资源没法比。但他们近几年连出几招：打造中国66号公路、主办草原音乐节、申办冬奥会滑雪基地。于是，对外形象发生巨大变化，拉动了地产和旅游业，真正摆脱了"灯下黑"的被动局面。

借着杭州湾大桥的修建，我和马志福为宁波象山打造的"东方不老岛"概念，成为象山建设的总抓手。我为山东荣成"天尽头"塑造的"中国好运角"形象，得到国务院批准，不仅扭转了负面形象，带来滚滚客源，还被国务院命名为"好运角国际度假区"，面积从不足一亩扩大到120多平方公里。形象变了，市场的美誉度、忠诚度随之而变。唐山湾三岛规划是几家规划公司编制的，我在担任规划评委会主任时，否定了香港公司为他们打造的"中国曼哈顿"形象，提出把"唐山湾"打造成"国家海湾"的形象定位，得到了政府和专家团队的赞许。

由此不难看出，塑造形象，概念先行，是产品建设的关键，也是营销的基础和要害所在。

二、塑造形象要遵循一套科学方法

企业形象识别系统（Corporate Identity System），即人们所说的"CIS"设计。包括理念识别MI（Mind Identity）、视觉识别VI（Visual Identity）、行为识别BI（Behavior Identity）和听觉识别AI（Audio Identity）。其中，理念识别MI和视觉识别VI是CIS的中心部分。日本CI专家中西元男说：对企业理念的挖掘与重新催生，必须紧紧把握个性化特征。标识设计是VI（企业形象识别中视觉识别）之一种。基本要求是显著性、独创性和识别性。区域和产品形象识别也应遵循这套科学办法。

三、我总结的衡量 VIS 设计好坏的四条标准

1. 与区域定位沟通

1983 年，我经历和参与了中国旅游标志的策划，经国家旅游总局批准发布。20 多年来已成为业内公认度最高、使用频率最大的 VI 标识。

2. 迅速与消费者沟通

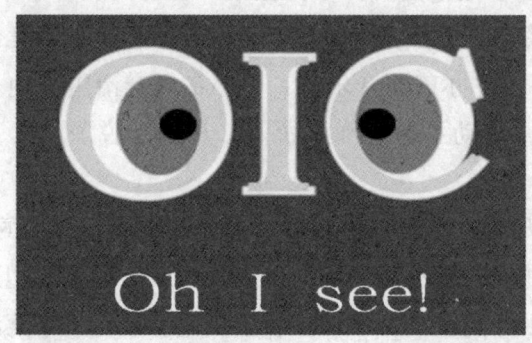

这是美国一家眼镜商店楼顶广告：三个字母代表两个眼睛和鼻梁，读这三个字母时，就是一句英文：OH，I SEE！用中文翻译：噢，我看清了！这不是配眼镜所希望的最好结果吗？这样的广告语最能迅速与消费者沟通。

3. 迅速与市场沟通

我设计的象山形象——"东方不老岛 海山仙子国"，4 个月招商 100 亿元。

4. 与名人的影响沟通

"BUSHI——不湿"，这是几年前，一郭姓公民用"BUSHI"为"尿不湿"做广告，目的是使产品与名人的影响沟通。当然，注册批准部门是很谨慎的。

第二节　提炼口号

一、提炼口号是塑造形象的最重要内容

为什么要打造口号？旅游业产品的无形性和不可运输性决定了消费者和

客源地的分置性。也就是说，一产、二产的农业、工业产品，可以通过运输和快递运到消费者身边。消费者通过检验、品尝，确认其使用价值、欣赏价值后，即可决定购买。旅游产品必须打造口号，通过媒体传达给消费者，消费者认可口号才决定去目的地旅游。没有口号的吸引，就不可能把购买欲望变成购买现实。

因此，口号的提炼就成为一种艺术表达和价值取向诉求。既不可低俗，又不可矫情，低俗和矫情都会脱离群众；既要知名度，更要美誉度和忠诚度，片面追求知名度，就可能损害美誉度和忠诚度。三者最佳的统一，是提炼口号所追求的境界。

口号要易读、易听（音节响亮，读来上口）、易写、易记（过目不忘，印象深刻），着重写意，意向美好，引发联想。

设计时，要遵循7种要求：描述产品的成分及性能；显著区别，独一无二；易记；押韵；文字及数字组合；标示语具有引发联想、给人启示的能动价值；良好印象。

二、提炼口号的八字诀

我发明的理念、口号、标识提炼8字原则：宏观采气，微观求义。具体阐释见丛书之二《品牌策划36计》，此处不详细论述。

运用比附法、借名法、重点带动法、外延涵盖法、内涵提炼法、逆向定位法，都需要"宏观采气""微观求义"；要符合实际，顺口、好记，具有唯一性、排他性。能收得拢，放得开：收拢时，凝聚起来一句话；撒出去，围绕主题千条线。这是指导产品建设的牛鼻子，是搞好全局性形象宣传的抓手，也是企业搞好产品促销的出发点、凝聚点。

30多年来，我经常参与给各地作口号。为林州、象山、荣成、即墨、乳山、凤冈、南丰、上饶等地策划的口号，至今还在使用。

有些口号的创意虽未被采纳，但作为一家之言，还是花了心思，简记于此。我坚持的原则是：口号有引导性，所以要积极向上；要求易记性，所以要简明扼要；要求排他性，所以要唯一独到。

微型案例：福建省进行旅游规划修编，聘请我为顾问，连续半个月的考察,我感到:清新福建,比较简约,但唯一性差一点儿,因为环境生态导致的空气洁净,不止福建一地。我觉得"客家福建"更好:第一,泉州成为海上丝绸之路的起点,决定了福建是"客家人"首聚之地,从此后走向世界;第二,旅游目的地建设的最高境界是"主客共享""客舍如家""宾至如归";第三,融入口号的简约系列:"好客山东""客家福建""老家河南",范式传导,效果更佳。

在评审三亚旅游总体规划时,设计单位给三亚的形象是"凤凰"。我也提出不同意见:第一,"龙凤"文化是皇家文化,不是边陲文化;第二,国航公司、凤凰古城,都已用过"凤凰"的概念,不宜再用;第三,"鹿回头"才是三亚本来就有的形象:有一个美丽的爱情故事,还可以引申为"天涯海角"连着祖国心脏,对于建设国际旅游岛和经济特区都有丰富的重要意义。

三、案例分享

1.我为河南设计的主题口号

2006年,河南省曾广泛征集,进行评审。他们把1万多条预选方案发给我,我看了一个星期,没有找到合意的。于是决定自己动笔,写了下面的方案。

依据我对VI、CI理论的研究和实践,联系河南旅游资源、产品特征,面临的市场需求和未来发展前景,我设计的主题口号是:"文武中原,张弛宝地——中国河南"

其理由及含义如下:

(1)突出了河南厚重的历史文化

河南的文化资源十分丰富,把它作为主题口号的重中之重,这一点可能没有疑义,故不再展开。

(2)有利于打造河南的独特卖点

营销学中,独特卖点是产品市场竞争力的关键所在。现在,打文化牌不仅是河南,陕西、山西、山东等历史文化沉积都十分厚重,只讲"文",不是河南独有的。

而"武"是河南独有的。少林功夫蜚声国内外,这是河南海外营销最好的"接口"。刚刚结束的郑州世界传统武术节，盛况空前，海内外的武术信徒像朝拜麦加一样，纷至沓来，赶到少林寺朝拜。从郑州到登封20公里路程，4万多名武校学员龙腾虎跃，武艺精湛绝伦，让海内外的观众看傻了眼。有不少专家和国外武术团体的教头建议把传统武术列入奥运会比赛项目。若果能如此，少林武术不仅是河南的瑰宝，更是全体中国人的骄傲，其影响将会更大。

太极拳的故乡也在河南，它的影响由于有一套哲学理念的贯穿，一点也不亚于少林功夫。特别是它与全民健身运动相结合，更符合时代精神，更有广泛的群众基础，在国外练习太极拳的也不少。记得亚运会会标征集中，唯有"太极"图中标。

以上武术中的两个大项是河南独有的，突出"武"，就找到了河南的独特卖点。这个要素，是别的省份没有、因而也不可能提出来的。河南如果放弃了"武"，或者说在主题口号中不提"武"，就等于漠视这个唯一的、最宝贵的东西。当前，各地的主题口号中，许多内容趋于同质化，在市场上很难分辨，很难让人记住，而让人记不住的口号就是失败的口号。这样的口号失败的原因，就是提炼过程中没能"微观求义"，没把设计客体区别于其他客体的独特的东西找出来。

（3）"文武之道，一张一弛"，是做好任何事情的至理名言

这句成语见《礼记·杂记下》卷四十三。孔夫子曰："张而不弛，文武弗能也；弛而不张，文武弗为也。一张一弛，文武之道也。""张"，表示严紧；"弛"，表示宽缓。"文武"指善于治国的周文王和周武王。孔夫子以弓箭作喻，指出弓弦不能总是绷紧，也不能一味松弛。只有宽严相济，张弛相替，有紧有松，有劳有逸，才能成事。人们平常引用此成语，重点强调"张"中有"弛"。"弛"即休闲，这是旅游业发展的社会需求和客源基础。

（4）有利于"大抓旅游，抓大旅游"

"张弛宝地"是说河南是投资的热土，是建功立业的战场，同时也是休闲旅游的好地方。这样，从大视觉、大旅游方面打造主题口号，会得到各级领导、各行各业人们的认同和支持，有利于改善旅游业的发展的宏观环境，也有利于反映旅游业对社会、对经济的贡献。

(5) 有利于营销全省、营销城市

按世界和我国先发地区的经验，效果最好的口号，不是张口见喉咙，很狭义地直说旅游、说休闲，而是营销一个城市、营销一个地区、营销一个省份，甚至营销一个国家，将旅游口号直接变成城市、省份和国家的口号。旅游业从营销景点、景区到营销城市、营销全国，是旅游业成熟的表现、作用的提升、意识的超前。这样的口号，一下就引起各地最高领导的重视，从而在地区战略大局上、在产业结构调整中赋予旅游业以重要的地位。一个口号的提出，要使用多年，稍有超前性和较宽泛的适用性，是有好处的。

20世纪70年代，纽约在世人心目中形象不好，简直是罪恶的渊薮。旅游业为它制定的"我爱纽约"口号和"大苹果"标识，经过宣传，很快改变了纽约的形象。旅游口号营销的是城市，而不是旅游产品，这条经验得到了世界旅游组织的肯定，并颁牌奖励予以在全球推广（此案例我曾写成专文研究过）。许多国家的旅游口号也不是直接说旅游。比如，"百分之百新西兰"，是新西兰的旅游口号。这个口号是泛化的，推出的是新西兰的整体形象。

在国内，我以宁波为例率先提出"营销城市"的理念，得到市政府的支持，因而提高了旅游业的地位。宁波的旅游口号是"东方商埠，时尚水都"，在营销城市中起到了重要作用。

现在，从大视野、大旅游、大市场角度提出旅游口号的省份在我国还不多。河南如果认可了"文武中原，张弛宝地——中国河南"的口号，就在全国开了先例。它不仅把发展旅游看成是旅游部门的事，更是政府的事，是各相关行业甚至是每一个老百姓的事；可以发挥旅游业的拉动功能，促进休闲旅游的发展，通过旅游带来客源流、信息流、资金流，从而改变本地人们的观念，吸引外地企业家来河南投资等。

(6) "文""武"的精神内涵

从精神层面上来讲，岳飞的故乡在河南。岳庙有碑刻，其文振聋发聩，令人深思。"文官不爱钱，武官不惜死，不患天下不太平。"这里的"文""武"概念，是我们当前廉政建设之所需，是贯彻"三个代表"之所需。这不能不说，河南关于"文武"的旅游资源，有自然层面的，也有历史

文化层面的；有物质层面的，更有精神层面的。特别是"文武之道，一张一弛"的内涵，博大精深，其他省份难望其背而莫及。丢了这个，就丢了河南最本质的东西。抓住这个，就抓住了河南自己的核心竞争力。

（7）对"文武中原，张弛宝地——中国河南"口号含义的解读

通过以上的解析，这12个字的含义是：要领略华夏文明吗？要健身习武吗？请到河南来；要从政做官，建功立业吗？请到河南来；要拼搏，要奋斗，要驰骋商海吗？河南是个好地方；要旅游，要休闲，要放松精神吗？河南是个好去处。

此口号主体8个字中，前4个字即"文武中原"，是目的地的吸引力，是独特卖点；后4个字即"张弛宝地"，是市场需求的关注点。以往中国各地的旅游口号只注重"卖方"，不注重"买方"，也就是只考虑自己产品的销售，不考虑顾客的需求；只注重资源要素，不注重市场要素。这是产品经济观念的反映。在打造河南这个口号时，从供求双方的需求出发，着重考虑顾客的利益，这是市场观念的体现。这一点决定了这个口号在未来的市场上的影响力、感召力和穿透力。为了使口号简短，也可把12个字缩为："张弛宝地，文武河南"。

（8）一个好口号体现了省委、省政府发展经济的战略思路

主题形象设计是政府指导旅游业的"抓手"，是企业建设旅游产品的"依据"，是对外招商引资的"旗帜"，是招徕游客的巨大"引力"。"文武中原，张弛宝地——中国河南"这个口号可以在所有媒体、宣传品中广泛使用，多次出现，以塑造河南的新形象，成为实现河南旅游新战略的最便捷的表达者和承载者。

（9）在中央提出"中部崛起"战略时，提出一个整体营销的口号以振兴河南，正当其时

改革开放以来，种种原因造成了"中部塌陷"，专家概括为中部"发展速度落后于西部，发展水平落后于东部"。在2004年中央经济工作会议上，"中部崛起"的提法首先出现在经济工作的六项任务中，这是继"五个统筹"以后，中央试图解决的另一个具有战略意义的焦点问题之一。河南是中部最重要的省份，也是人口最多的省份。通过发展旅游业，整体营销河南，这对

113

于贯彻中央"中部崛起"的战略决策，振兴河南经济，正当其时。

2. 为云台山设计的主题口号

焦作云台山景区规划在北京初审时，许多专家事先提出，主题形象应定为"云台山——中华归隐第一山"。我以为"不妥"。理由是：云台山虽是"竹林七贤"归隐的地方，但"归隐"文化今天不宜提倡。封建社会的归隐地，大都是持不同政见者的小型沙龙，一群骚客文人聚在一起，终日借古讽今，发泄对朝廷的不满。"七贤"中有人后来被处死就是这个原因。"归隐"在当时虽有进步意义，但今天不宜作为一个景点的主题口号加以宣扬提倡。

再者，从事实上说，云台山在历史上，就时间和重要性而言，都够不上"中华归隐第一山"之称谓。春秋名士介子推归隐的山西绵山，亦称介山，晋国君重耳求其做官而不出，宁愿烧死在山林中，因而后人为纪念他，每年清明节前两日禁火三天，名为"寒食节"；其山其县为其更名为"介山""介休"。东汉严子陵与汉光武帝刘秀是同学，后被拜为谏议大夫，严不肯受，遂归隐浙江桐庐县城西富春山。此事后来被毛泽东写在诗中，于是关联了东汉皇帝刘秀、严子陵、柳亚子、毛泽东等多位历史名人，更有炒作价值。如上两个故事，都比"竹林七贤"早，且影响大。

这是我所认为"云台山——中华归隐第一山"主题不妥的理由。

如果从积极角度来看，也套用"第一山"的说法，莫不如概括为"云台山——中华养生第一山"更妥。这因为：竹林七贤之首嵇康在云台山研究和完成了一部专著《养生论》，这是中华健康长寿传统理论之集成。提倡健康养生，在今天有着更高端的政策支持、更广泛的社会基础和积极意义，同时又是休闲旅游的主旨。在那次初评会上，我简述了上述观点，立即得到专家们的认可，云台山管理局的领导也认为"这下找到了独特卖点"。十几年过去了，"大健康"被确定为国家战略，更加证明"云台山——中国养生第一山"创意的超前性。如果这十年抓住这个创意建设和营销，云台山就站在国家战略的制高点上打造品牌，成绩会更大。

品牌最范特首，产品人性精细，营销合纵连横，形象通天接地。这是我概括的品牌建设的四句话。

第三节　开展活动

中国5000年文明史，56个民族，造就了光辉灿烂的节庆传统。开展各种形式的节庆活动，是旅游营销的亮点之一。这种活动，与文化、宗教、产业、节日等因素整合，办论坛、研讨、演出、展销、路演等丰富多彩，加之媒体造势，广为传播，效果明显。有些地方请策划家作出规划方案，列出具体项目，做到"年年有主题，季季有亮点，月月有活动，周周有惊喜"。据说，全国节庆活动数以万计。全国这么多节庆活动，良莠不齐，缺乏创意、形式主义倾向和品牌意识不强，部分活动值得下功夫提升。

中国最具国际影响力的十大节庆：北京国际旅游文化节、上海国际艺术节、中国吴桥国际杂技艺术节、平遥国际摄影大赛、宁波国际服装节、青岛国际啤酒节、潍坊国际风筝会、中国曲阜国际孔子文化节、中国金鹰电视艺术节、南宁国际民歌艺术节。

中国最具发展潜力的十大节庆：北京大兴西瓜节、中国呼和浩特昭君文化节、中国长春电影节、中国江苏盱眙龙虾节、中国豆腐文化节、中国宜昌三峡国际旅游节、中国成都国际美食旅游节、中国昆明国际文化旅游节、中国石林火把节、中国天水伏羲文化旅游节。

微型案例：四川光雾山红叶节。巴中光雾山，是中国最大最美的红叶观赏区。每年10月金秋，这里举办盛大的红叶节。2017年红叶节我有幸应邀出席。中国新闻社四川分社负责策划和牵头营销。活动内容丰富多彩，会中套会，论坛和参观结合，组团和自驾结合，展销和演出结合，省内外、国内外结合。论坛中，请来加拿大侨领和旅游企业，签订合作协议，实行中加互派红叶观赏团。为了把红叶旅游节办出吸引力，与巴中文化和加拿大文化紧密结合，成为生态和文化融合的天衣无缝的旅游节事活动。

第四节　科学评价

建立一套科学体系，不断提高营销水平。

一、把产品建设成品牌

如果营销是经营和销售的简称的话，那么，营销就贯穿了生产和流通的全过程。营销的水平是以产品建设水平为基础和条件的。把产品培养建设成知名品牌，是营销取得成就的标准和前提。何谓品牌？著名市场营销专家菲利普·科特勒（Philip Kotler）说："品牌是一种名称、术语、标记、符号或图案，或是它们的相互结合，用于识别某个销售者或某群销售者的产品或服务，并使之与竞争对手的产品和服务相区别。"

品牌命名的原则：①易读易记原则（简洁、独特、新颖、响亮、有气魄）；②暗示产品属性原则；③启发品牌联想原则；④支持标志物原则；⑤适应市场环境原则；⑥受法律保护原则。

当然，品牌建设绝不是仅仅通过命名和规定术语、符号等所能解决的，还要有理念的贯穿、文化的打造，从经营模式、人才培训、资本运营、促销水平及内外软硬环境等方面精心建设，方可创造出一个知名品牌。

二、七个监测公式

为经受市场的检验，不断提高、改进产品质量，增加品牌的含金量，需要建立一套科学的考察、检测体系，就显得十分必要。

英国的 Interbrand 公司是世界著名的商标品牌咨询公司，该公司品牌评价方法被世界广泛采用。我把他们用过的 7 个公式进行改造，分成两组来考察。

体现生存力的三个公式：

A. 产销率 = $\dfrac{\text{产品销售收入}}{\text{已生产的产品价值（即入库商品价值）}} \times 100\%$。产销率越高，说明产品越适销对路，生存能力也就越强。

B. 保值增值率 = $\dfrac{\text{期末资本权益总额}}{\text{期初资本权益总额}} \times 100\%$。这是通过资本保值增值率的比较中得以体现，以表明品牌的稳定性和脆弱性。

C. 产品开发率 = $\dfrac{\text{本企业已有产品品种数}}{\text{本行业应有产品品种数}} \times 100\%$。这一指标体现了企业新产品的开发能力。

表明影响力的四个公式：

D. 市场占有率=$\frac{品牌产品销售量}{该类产品市场总销售量}×100\%$。这一指标反映了产品在市场上的竞争能力。

E. 市场覆盖率=$\frac{产品已销往的地区}{产品可销往的地区}×100\%$。这一指标反映了品牌产品市场推进和扩大的情况，是空间的占有，是超越地理和文化边界的能力。

F. 产品美誉度=$\frac{信任赞誉该产品的人数}{了解认识该产品的总人数}×100\%$。这一指标反映了产品质量的公认度和广告的有效性、信息沟通的顺畅性。

G. 产品知名度=$\frac{了解和认识该品牌的人数}{被调查人员的总数}×100\%$。

依据上述公式，建立市场调研、市场反馈、数学模型分析，不断调整策略，扩大积极因素，消除或减弱消极因素，争取较好概率。这是坚强科学管理的最基础的工作。

三、经常做品牌价值评估

公式为：品牌价值＝品牌产品净利润 × 品牌实力倍数

品牌产品净利润＝企业商品专指商品利润－非商标利润－应付税款

对品牌赚得的利润进行分解，用产品销售额减去不受品牌保护的资本净利润（如5%）和应付税款，得出"品牌产品净利润"。

品牌实力倍数＝产销率＋保值增值率＋产品开发率＋市场占有率＋市场覆盖率＋产品美誉度＋产品知名度

第2个问题中的7个公式结果之和，即是品牌实力倍数。

一般产品倍数较低，知名品牌倍数在6~20倍。商品越走红，实力倍数越高。如可口可乐1994年实力倍数为18.9，当年净利润额19.0212亿美元，品牌价值为二者的乘积，高达359.50亿美元。

把经过调查、计算和统计的数据代入公式，即可算出品牌价值。我们依据这套科学公式，对产品和企业的品牌价值，经常进行跟踪调查、检测评估，就会及时找到优势和劣势，寻找弥补薄弱环节的措施，以改进工作、提升品牌，争取获得更大的利润。

第五节　找出接口

接口是影响营销效果的关键；接口是资源和市场对接的"榫卯"。对于不了解目的地的中远程客源市场而言，接口是重要的感情诉求。

营销是一个过程，是一个循环链；接口的预设、发现、选择和使用是我特别强调的值得研究的问题；懂得发现和寻找接口，才能真正懂得"借船出海""移花接木"，取得"杠上开花""起死回生"的营销效果。

接口有两类：直接接口和间接接口。

直接接口。从产品到目标客源层，直接作产品价值诉求，就可以使二者沟通。直接接口适于那些知名度很高的产品。如秦兵马俑、万里长城、丝绸之路等。

间接接口。知名度较低的产品，需要采取感情诉求才能与市场对接，或者说这样的对接才能收到理想的效果。

"名人效应"。清代袁枚有诗曰："江山也要伟人扶，神化丹青即画图。"名人效应也是大家比较重视的间接接口。就是善于用与某地有关的伟人、名人的影响造势，以使产品形成吸引力。伟人是具有更大影响力的名人。善用伟人的影响力提高知名度，是连古人都懂得的道理。现在，不仅伟人故居、革命圣地是著名的旅游景区，连与伟人经历、题字、讲话、诗文等相关的地方，也在用"名人效应"打"知名度"（作者根据积累的调研资料，编辑了100个营销接口，详见本书附录一）。

第十三章 危机处理

危机处理是对消极因素的救赎之策,甚至是营销推广中的"起死回生"之术,不可不专章论述。

第一节 指导危机处理的"海恩法则"

一、"海恩法则"的内容

人们从经验教训中总结出:一个严重事故的后面,隐藏着29起轻微事故、300起未遂先兆和1000起事故隐患。这就是著名的"海恩法则"。

人类不能在事故面前束手无策,更不能永远是被动应付。不要以为,建立了预警机制就万事大吉了。建立预警机制只是个"中游"对策,是事故发生以后的处置预案。要最大限度地减少或避免事故,必须从"上游"源头抓起。这样,预案虽有而永处备用之地,则是最佳的安全状态。反之,预案常用而显不足,则是安全的欠佳状态。欠佳状态暴露出"上游"的源头工作没重视、没做好,却把精力放在了"中游",事故必然越抓越多,警报常鸣,预案不足,人们成了消防队。

我不是一概反对建立预警机制,而是说要把事故前的苗头和事故后的对策一起抓,而且两者相比,前者更应该是工作的重点。前者抓得越好,后面的事故越少。否则,本末倒置,事故将抓不胜抓。

二、从源头抓起

"海恩法则"为我们抓好安全工作提供了很好的思路。在平素工作中,每每发生事故,很多人都感到"突然""偶然"和"意外"。这只是看到事故的表象原因，没有看到引起事故的深层缘由。

依照"海恩法则"来分析：

1. 任何重大事故发生都不是"偶然"的

从事故的起点—中点—事故发生，都有一个过程。这个过程是：较大的事故是由多种事故隐患和较多的轻微事故的积累形成的。所谓"意外""突然"，是对隐患熟视无睹。在管理中，忽视了这些事故隐患和轻微事故的多次警告而麻木不仁，重大事故的发生便成为"必然"。中国地质大学工程技术学院院长罗云教授认为，安全生产事故从理论上说是一种技术风险，技术是人为的，技术风险是可以预防的。对事故隐患麻痹大意，对轻微事故轻描淡写，这种人为的因素最终必然导致血的代价。

2. 海恩法则告诉我们，"月晕而风，础润而雨"

严重事故是由轻微事故、事故先兆和事故隐患所引发造成的，一句话，就是"事故背后有征兆，征兆背后有苗头"。任何事故在发生之前，都是有未遂先兆的。只要细心观察，认真研究，及时采取措施，事故都是可以预防的。

3. 抓事故，要从源头抓起、延及各个环节

首先，思想不能松懈，要见微知著，不放松任何隐患；要建立健全机制，如落实责任制、奖惩制、预警机制等；技术改进、安全设施设备完善；综合治理，系统治理。

第二节　实时应急方法

应急管理理论的创始人、旅美华裔管理学专家于刚教授编写了应急管理决策支持系统，很多公司采用了这个专利，取得很好的经济效益。比如，美国航空领域广泛应用实时应急管理系统，每年为企业节约数千万美元。于刚教授也因此在2002年获得了有世界管理科学应用领域"诺贝尔奖"之称的埃德尔曼大奖。

5分钟得到最佳方案——节约500万美元

于刚教授开发的应急管理决策支持系统，1999年首先在美国大陆航空

公司使用。2001年元旦前夕,暴风雪袭击纽约,大陆航空公司被迫取消225个航班。运用应急管理系统,大陆航空公司在计算机系统内输入数据和参量后,只用5分钟就得到了最佳解决方案,当天即恢复航班,节约资金500万美元,而许多航空公司过了3天才恢复运营。2001年,"9·11"事件给美国的航空业带来灾难性的打击。由于采用了应急管理系统,美国大陆航空公司比其他公司提前恢复正常运营,挽回损失3000多万美元。

快速的危机处理,使大陆航空公司被《世界航空运输》杂志列为年度最佳航空公司。

一、要学会处理不确定事件

不确定性是每个人、每个公司每天都可能遇到的,有无应急预案结果大不一样。

诺基亚和爱立信公司手机芯片的供应商都是美国的飞利浦公司。一次,闪电引起飞利浦芯片生产厂10分钟的火灾,飞利浦不得不停产近1个月的时间。面临芯片供应吃紧的突发性危机,诺基亚应用应急管理系统,迅速开启新的供应渠道、修改产品设计,而爱立信却是一味等待。结果爱立信当年损失1.8亿美元,而同年诺基亚在全球市场上的占有率上升3%。于刚教授说:"假如没有应急管理机制,一个非常优秀的企业可能毁于一旦。"

二、预案管理

预案管理,就是把可能发生的情况都考虑到,针对每一种情况做一套预案,事件发生后可以按照固定的步骤去应对。这种方法应用的范围很窄,只能应用于已知会发生的情况。然而紧急事件的发生可能完全是出乎意料的,即使可以预计到某些事情的发生,在什么地点、什么时候、什么情景下发生也是不知道的,如果发生的事件是未知的,按照固定的程序去处理就有可能出错。比如人们在认识"非典"以前,如果把"非典"患者当作其他疾病的患者处理,就会导致严重后果。

三、"鲁棒优化"

"鲁棒优化",就是在做计划时考虑可能发生的各种情况,事先留出很大余地。比如去开会前估计会堵车,就提前1小时出发;估计设备有可能会坏,就购买备用设备。这种方法的缺点在于太过保守,容易造成不必要的资源浪费。

四、随机模型

随机模型,即在考虑事件发生概率的基础上进行准备,在经验和常规的基础上留有余地,把经验和变化结合起来制作模型。但随机模型很难对概率做出精确的估计,因此,这种方法应用的范围并不广泛。

五、实时应急管理

于刚教授说:"应急管理的精髓就是适时调动所有的资源,以最优的方法完成预先制订的计划,同时减少各种干扰给系统带来的成本和负面影响。"适时应急管理,就是在事件发生过程中,根据情况随时调整。实时应急管理比较灵活机动,不需做过多的预备,但是有一套很好的系统保障,在不确定情况发生之后迅速作出最优的响应。

实时应急管理可以应用到生产、物流、交通、通信等很多领域。于刚教授拿到了美国国家科学研究基金,给英特尔、AMD、摩托罗拉等半导体生产企业做实时应急管理系统的研发。

六、遇到危机要换个角度想问题

对危机的处理,有时要换个角度想问题。这也是常说的横向思维或逆向思维。这里有个典型案例可供参考。

在一次欧洲篮球锦标赛上,捷克斯洛伐克对保加利亚。当比赛只剩8秒钟的时候,保加利亚以2分优势领先。那次锦标赛采取的是循环制,保加利亚队必须赢球超过5分才能取胜,这是剩下的8秒钟所难以做到的。

正在此时,保加利亚教练突然请求暂停。比赛继续开始时,出现了戏剧性场面：保加利亚队员突然运球向自家篮下跑去，并顺利投进一球，全场观众目瞪口呆，此时全场比赛时间到。双方打成平局需要加时赛，裁判员宣布加时后，大家才恍然大悟。保加利亚抓紧时机，一连串地进攻，连赢6分，如愿出线。

心理学家研究的结果表明，我们所使用的能力，只有我们所具有能力的2%~5%。在一般情况下，按常规办事并不错。但是，常规已无法完成任务时，就应打破常规，换个角度思考，取得出人意料的胜利。保加利亚这位篮球教练和他的球队出色的表演，是体育运动的绝响之作，是智慧之作，是救急的典范之作。这对我们做任何事都有启迪。

第三节　旅游营销管理中的危机处理

所谓危机处理，是由于一些预料之外事件发生，对企业形象产生不良影响，并在很短的时间内波及社会面很广时，企业迅速有效地消除负面影响，恢复公众信任的过程，就称为营销危机处理。

诱发危机的因素大致有三种。一是因为企业遇到不可抗外力或突发事件，导致损失发生；二是竞争对手为达到破坏对方形象的目的，故意谣传不利于对方的言论，造成信任危机；三是企业自身的失误造成的公众信誉的下降。

出现危机，领导层必须迅速作出反应。因为一旦危机真正破坏了企业形象，要想恢复，就要付出更大的代价和更长的时间。而睿智的危机处理可以帮助企业转危为安、败中取胜，更好地适应市场，稳健经营。

危机处理的目的是缓和局面，化解矛盾，消除不良影响，变不利为有利，重树良好形象。因此危机处理有四个关键要素：调查、策划、传播、评估。处理危机首先要迅速查明事件真相；提出应对策略；新闻公开，通过媒体向大众表明自己的负责态度和努力过程，既不回避推诿，更不封锁消息。实质上，封锁只能使不利于自己的消息和谣言传播得更快更广；最后，做好信息反馈，确认危机造成的影响是否消除。

在危机处理中有几个原则要把握好。

一是临危不乱。危机的特点之一就是它的意外性和突发性，面对危机立刻慌乱则无法迅速看清问题实质，影响作出正确的判断。

二是反应快捷。危机具有危害性，如不及时控制，会导致大面积的连锁反应。企业要立刻派得力人员调查处理，并主动与政府、媒介沟通，争取支持。

三是积极主动。勇于承担责任，依法保护自己权利的同时也增强公众的信任感。

四是以诚相待。坚持诚信形象，有理有利有节，争取败中取胜。

在危机处理中，常见的有以下几种方法：一是迅速收回不合格产品；二是对有关人员进行损失补偿；三是利用传媒引导公众；四是利用权威意见处理危机；五是利用法律调控危机；六是公布造成危机的原因；七是重塑企业良好的公众品牌。

下面介绍两个有代表性的案例：一个是利用法律调控危机的；另一个是利用传媒引导公众的。这是作者的朋友李伟写来的自己亲历的两件危机处理的案例。

一篇文章挣回100万元

2001年冬天，我在开封清明上河园景区负责市场策划工作。一个星期天的下午，《开封日报》负责旅游报道的记者李政亭打电话给我，请我接待一下京城某名报的一位记者。我爽快地答应了，就在景区的孙洋正店接待了他们，大家边吃边聊，谈笑风生，相处得比较愉快。随后这位记者又启程去了他此行真正的目的地——杭州宋城。

不料事隔不久，这家报纸登出这位记者洋洋洒洒的一篇文章——《南宋城北宋城 同根同花不同果》，文章失实地描述了开封，损害了清明上河园的品牌形象，此文一出，清明上河园、开封无不为之惊诧。清明上河园有限公司立即召开此次事件的专项会议，我作为市场部负责人、新闻记者的主要接待人，责无旁贷担负起处理这次危机的责任。我没有陷入从景区找问题改善自身形象的常规思路中，而是冷静分析了所有情况，进行了法律咨询，当日提出起诉这家报社的方案。

此举正是利用法律调控危机。危机处理是一种高难度的营销手段，恰似一把双刃剑：处理得当，可以消除影响，反败为胜；处理不好，会招致更多麻烦。如何掌握"度"，是一个关键问题。我提出诉诸法律以及下一步操作原则时，公司有许多不同意见。为了统一大家的态度，我在会上讲了一个故事：

美国一作家写了本小说请总统阅览，总统自然很会场面上的话，说"很好"。第二天，作家在很多家报纸上宣传说，总统看了此书说"很好"，总统说"很好"，那一定值得一看，全国争相购之。顿时该书被抢购一空，作家大赚一笔。接着这位作家又写了一本书，请总统阅览，总统想，上次你利用我赚了钱，这次还想利用我，于是说此书"很糟"。哪知第二天各家报纸又争相报道，大家要看看总统说"很糟"的书是什么内容，该书又被抢购一空，作家再赚一把。故事至此，没什么更有意思的发生了吧？然而，数日后作家把自己写好的又一本书送给总统阅览，总统闭嘴不言。次日，各大媒体再次报道。公众在思考：让总统"无言以对"的书是一本什么样的书？书又被销售一空。

这个故事实质说明了两个问题，一是只要事件主体的影响力和被关注度高，就有制造高潮的可能；二是坏事只要把握得当，就不一定会有坏的结果。我在会上讲完这个故事，说服了公司，起诉报纸的诉状递交到法院。

这家报纸号称中国经济的第四大报，清明上河园仅仅是中原地区的一个区域旅游品牌，若与这家报社同时站到法庭上，就会达到与之平起平坐的社会关注效果，所引起的宣传效果是几百万广告费也难以达到的。

我们提出的诉讼请求有三点：第一公开赔礼道歉，挽回影响；第二赔偿我方名誉损失费100万元；第三赔偿我方诉讼费1万元。到了开庭之日，我们请来众多媒体，京城的这家报社副总编到庭时，一看场面什么都明白了，所以对方在开庭不到20分钟内，当庭接受我方的诉讼要求，只是提出没有100万元现金，请求以报纸广告版面抵付赔偿金。我方同意，结果当庭宣判。

于是，2001年、2002年、2003年每个旅游黄金周和春节前10天，这家报纸整版的清明上河园宣传版面，就是那次危机处理的战利品。在清明上河园成长的过程中,我们也感谢这家报纸的支持,危机过后,我们成了好朋友。

一个小数点打开河南大市场

皇城相府是清朝康熙皇帝的讲师、四部尚书、《康熙字典》的总阅官陈廷敬的故居,城堡式的礼制建筑,保留的康熙题赠"午亭山村"匾联为全国之罕见。

2002年8月21日,河南《大河报》旅游版把郑州离山西皇城相府的距离145公里错误地刊登为:"郑州距山西皇城相府的距离为14.5公里"。

一石激起千层浪,一个错误的小数点,导致《大河报》旅游编辑部和我们景区(我这时已从开封清明上河园被聘到山西皇城相府工作)咨询处一天接到600多个问询电话,基本上是一个问题:这么好的景点离郑州这么近,我们咋就不知道?可以骑自行车去吗?所有的人都愣了,《大河报》很快表示可以在报上更正。

我综合分析了所有信息:首先,《大河报》是中原市场的第一大报,影响力非同寻常,而且同我们长期以来互相配合不错,不能用法律手段解决问题。其次,景区要进入中原市场,这是一次难得的机会,必须抓住并扩大影响,把我们对关心景区人们的真诚传递出去,将负面影响改变为正面影响。

基于此,我迅速与《大河报》旅游编辑部联系。对方在电话里再三表示歉意,我明确告诉对方,这不是坏事,而是一件好事。对方说:"都什么时候了,你还开玩笑。"我对他讲:"不是开玩笑,关键看我们怎么对待,怎么把握了。"我当即提出,在次日的《大河报》上,双方联合向读者致歉。对方没有经历过这种处理方式,比较为难,但他们更不愿用法律的手段来解决,斟酌之下,同意与我们联合致歉。我随即提出,第一,既然是道歉,就要真诚,同时让所有的人都了解到皇城相府的实力,所以用整版来道歉。第二,要引起大家的注意,版面必须耳目一新,道歉文字采用手写体。为此我迅速请郑州大学一位书法教授,用毛笔写了如下文字:"《大河报》与山西皇城相府联合向读者致歉:《大河报》8月21日所刊登的'山西晋城皇城相府距郑州14.5公里'是错误的,真正的距离应该是145公里。但我们为游客提供的服务却是零公里。"后来由于种种原因，文字有个别改动，最终这个道歉启事在 8 月 26 日的《大河报》上以半版的位置刊出。

如果说第一次的错误是"一石激起千层浪"，那么第二次的更正真正成了"黄河决堤，举世震惊"。且不要说老百姓的反应，很多旅游单位和广告策划公司纷纷打来电话交流："你们花了多少钱买通《大河报》？居然这么不顾自己的品牌和你们联合搞策划，有什么高招？"后来皇城相府在郑州的代名词就成了"那个 14.5 公里的"。一直到 2003 年我去河南睢县办事，遇到当地的县长，当他知道我来自皇城相府时，居然能口若悬河地讲出"那个 14.5 公里的"故事。后来我们又趁势搞了以 8 月 21 日、26 日《大河报》换景区门票的活动，更加炒热了郑州来皇城相府的旅游热。

当时，河南、山西众多媒体纷纷报道了这个成功案例，河南大学、郑州大学也将此列为营销案例教材，皇城相府的旅游客源地几乎人人尽知这个故事，了解这个景区。最终结果是，皇城相府的河南游客在短短几天内暴涨为总游客数的 60%。

旅游市场因某种因素客源下滑是经常遇到的问题，1993 年上海旅游市场就是这样。为给全国提供经验，我约稿、编辑了下面这篇文章，并配发了言论《从应变意识谈开去》。

应变及时　对策得当　反弹迅速

1994 年 1—5 月，上海国内旅游共组织旅游者 68.6 万余人次，同比增长 45%，营业收入 1.5 亿元，同比增长 24%。基本扭转了 1993 年下半年国内旅游客源大幅滑坡现象。这是他们通过广泛调查研究，及时调整产品结构，适时推出市场适销的旅游新产品而取得的成绩。

上海是国内旅游起步最早、经营规模最大的城市之一。从 1980 年第一批 13 家旅行社算起，已成长为几个颇具规模的新兴产业，整个上海共有三类旅行社 120 家，开辟旅游线路 100 余条，年收入近 4 亿元。1993 年，上海国内旅游业出现了十年大发展后的第一次滞缓阶段，旅游人次大幅下滑，只有 137.7 万，同比下降了 11%。这种情况引起了上海旅游局的重视。他们同经营单位一起分析，找出了客源下降的原因：① 1993 年国家对经济过热实行宏观调控，严格控制消费基金增长，使团体旅游，尤其是长线团（如边境游等）受到控制。②交通三票价格上调，旅游景点门票的"暴涨"使旅游成本大幅增长，在不同程度上降低了旅游者的出游热情。如一向被上海市民看好的"北京游"由于整个游程中门票价格竟超过京沪火车票价，游客叫苦不迭，1993年首次出现客源大幅回落，比前年下降近40%。③上海的国内旅行社多年来一向重团体、轻散客，在团队比例显著下降时，散客组织工作又跟不上，以致出现了这样的怪现象：一方面旅行社在纷纷抱怨生意清淡难做；另一方面又把络绎不绝地上门询问的零星客人拒之门外。④近几年上海三类社在以每年15%左右的幅度递增，旅游服务质量忽好忽坏，游客时有投诉，败坏了整个行业的声誉。

针对这些问题，上海旅游局把抓好国内旅游作为1994年行业管理的第一位工作，主管国内旅游的副局长张春鹏带头大兴调查研究之风，年初连续召开三个不同规模旅行社经理座谈会；广泛听取意见，了解市场，掌握第一手材料，然后召开全体旅行社经理参加的国内旅游工作会议，总结成败损失，把工作重点放在1994年扭转旅游人数滑坡上。

他们根据客源下降的四个原因采取了五条措施。一是鉴于团体旅游人数下降的问题，上海各家旅行社把重点转到组织零星散客上来，采用一家为主，多家招徕方式，进行联合促销。二是积极开发本地旅游资源，改变上海旅游形象。前几年，上海在人们心目中只是个购物和交通口岸城市。但近年来，城市建设日新月异，浦东开发如火如荼。南浦、杨浦两座世界一流的大桥、亚洲第一高度东方明珠电视塔，新外滩，还有南京路、淮海路繁华商业街，高楼林立的虹桥开发区以及地铁、隧道等均成为新上海标志的景观，成为上海城市旅游的吸引物。为此上海旅游部门特地开辟了一条"百万市民看上海，看浦东"的市内日日游新线，深受各企事业单位和郊县农民的欢迎，上海东联旅行社，1994年上半年旅游人数5000人次，仅组织外高桥保税区游览就有3000人次。三是积极招徕接待全国各地来上海的旅游者，变单纯客源输出型为输入输出并举型，这是上海旅游部门扭转市场疲软，开掘新的客源三个重头戏。华东五市游是全国许多旅行社的一条热线，南京、无锡、苏州、杭州，最后到上海返程，既有六朝古都，也有天堂美称的苏杭,更有繁华大都市的魅力,它集人文名胜、山水风光于一身。新世界旅行社1994年第一季度接待外省市组织的旅游团队来上海一地游的就占其接待人数的85%。四是组织本地客源赴外省市风景名胜旅游。随着五天半工作制的实施,短途的一日、二日游大受欢迎。据对61家旅行社抽样统计表明,1994年前三个月,客源人数比去年同期增加了37%,为近年来所罕见。上海最大的旅行社上海旅行社反映,目前每逢周末,上海周边城市游最为抢手,许多三口之家乘"大礼拜"巴士外出度周末,杭州、千岛湖、无锡、欧洲城、唐城、三国城成为热点。五是推出淡季优惠价。全国各地航空公司云集上海,展开一场空中大战,各家航空公司在淡季给予旅行社机票折扣价,旅行社又让利给游客,所谓"机票半价优惠游"成为上半年最吸引人的广告语。以北京为例,一张机票原价440元,航空公司让利给旅行社最低价只有264元,旅行社打出"一张机票游京城"的旗子,北京7日游全价只要460~480元。精明的上海人一算,花三张机票的钱,又乘飞机又游北京,何乐不为? 1994年上半年国内游客乘飞机旅游成为上海旅游市场一大显著变化。

业内人士估计,1994年上海国内旅游将平中趋旺,下半年金秋时节将会出现一个不小的旅游高潮,中长线重新崛起,成为旅游热门货。

从应变意识谈开去

旅游业是具有广阔前景的"朝阳产业",也是一个敏感而又脆弱的行业。国际国内政治、经济形势的变化甚至政策性调整,都可能给旅游业带来影响。是被动地应付还是主动地研究,以变应变,反映出管理者、经营者市场经济意识的强弱。较强的应变意识是经营者成熟的标志之一。上海旅游主管部门和一些国内旅行社,面对去年客源大幅滑坡的形势,分析原因,采取措施,半年扭转局面,应变及时,反弹迅速。他们的做法具有普遍意义。依我看来,1993年上海国内旅游客源下降的四条原因,很多地方都不同程度存在着。但是否像精明的上海人那样及时分析,及时采取措施,恐怕就不一定了。但有一条是肯定的,经营的结果会给应变迅速、对策得当者以丰厚的回报。这正是市场经济的特点之一。

案例剖白说营销

近几年来，国内旅游虽然有较大发展，但就全国范围来看，就旅游者的消费水平、经营者的服务质量而言，仍处在较低的层次上。要提高水平，首要的是经营者观念的转变。经营为了赚钱，这并没错。但"君子爱财，取之有道"，不能杀鸡取卵。要制定合理的价格，要努力做到规范化服务，这才是长久的赚钱之道。与国际旅游相比，我国国内旅游开展较晚，经验不足，装备较差，人员素质不高。因此，在提倡自己摸索积累经验的同时，还应提倡三类社向一类社好的做法学习，提倡向发达国家开展国内旅游的经验学习，提倡二类、三类社之间互相学习。

有消息说，近一两年来，广东一些国内旅游者乘飞机、住三星酒店渐成时尚，其消费水平不亚于台胞团。以中国的经济发展之快、客源潜力之巨、人民有薪假期的增加，经营国内旅游必将是一个赚钱而又受人青睐的行当。本文从上海旅游部门应变意识谈开去，是想提醒有志于此行当的经营管理者注意：面对滚滚而来的国内旅游大潮，您的市场竞争意识是否很强？从业人员素质是否适应？如若不然，意欲何如？接下的文章应由您自己来做。

（原载 1994 年 8 月 29 日《中国旅游报》）

创 新 篇

第十四章 记者访谈

第一节 必须完成对营销主体和客体的再认识
——凤凰网旅游频道主编孙小荣采访录之一

原国家旅游局巡视员、"中国十大策划风云人物"邵春

凤凰网的按语：他是中国旅游产业30多年来快速崛起的推动者和见证者，是中国旅游品牌营销最具实践精神和话语权的专家之一。

他拥有30多年旅游从业经验，从事9年旅游市场开发调研工作，担任中国旅游报社副总编辑和代总编辑17年，审定稿件9000万字，发表过200多万字的作品，被10省市及企业聘为营销策划咨询顾问，参与1000多部旅游规划评审和编制工作，为各地讲课600多场，策划经典案例100余个。

他参与策划中国旅游标志——"马超龙雀"；策划《无锡旅情》，由日本著名词曲作家中山大三郎编写词曲，红遍日本，开了一首歌塑造一座城市

131

旅游形象的先河；对宁波象山"东方不老岛，海山仙子国"旅游形象的提炼，使象山在半年内招商引资100亿元，在业界成为形象策划经典。

凤凰旅游走近中国著名策划师、"中国十大策划风云人物"及"案例金奖"获得者邵春，与他探讨中国旅游品牌营销的历程，以及他反复实践的旅游品牌营销经验，还有那些经过岁月沉淀历久弥新的真知灼见。

凤凰旅游频道主编孙小荣对话"中国十大策划风云人物"邵春

旅游市场是人群概念，而不是地点概念

凤凰旅游：品牌营销是一个热门话题，在旅游界盛行"品牌先行"的策略。有些目的地看重形象口号的提炼，有些目的地注重客源市场的拓展，在品牌的打造方面，也有宣传、推广、促销、营销之说；对于旅游主客体的认识也是众说纷纭，有的认为游客是主体，目的地是客体，也有人认为目的地是主体，市场是客体，您是怎样认识这个问题的？

邵春：你提的这个问题很好，我们做旅游营销，必须对品牌和市场有一个全新的认识。对于品牌营销和市场的定义有许多种说法，我比较认同美国现代营销之父菲利普·科特勒提出的概念，他说营销就是marketing，营销就是市场，品牌营销最本质的是市场，市场和营销是不可分割的统一体。

解决好这个问题，要做到三个"再认识"。第一个就是对市场指义的再认识——"地点"概念转化为"人群"概念。

市场的指义原本是一个地点的概念。人类社会从有商品交换以后，就是确定一个交易地点，大家以物易物，比如集市就是个地点概念。但旅游市场不是地点概念，而是人群概念。什么叫市场？旅游市场的定义就是目的地"现有游客和预期（潜在）游客"。我们搞市场营销，不仅要解决他们在哪里，还要确定他们具体是哪些人群？这就叫市场细分。

现在的问题是，旅游营销重视地域选择，目标市场细分没做到位，是因为传统的市场地点观念没有转变。

凤凰旅游：也就是说旅游市场并不是泛泛的客源地划分这么简单，而应该精确到具体的游客受众，这里面包括目标游客和潜在游客？

邵春：对，必须精准到人群。目标市场的细分原理最终是细分到人群，而不是地点。这个问题我们目前还没完全解决，很多地方搞营销还是围绕一个地点来做市场。比如现在很多旅游规划，在市场分析部分总是画三个同心圆，以本地为圆心，分别以500公里、1000公里、2000公里为半径，画三个同心圆，三级市场就确定了：核心市场、机会市场、潜在市场。很不精准，在实操中难以选择媒体。

凤凰旅游：画圈比较简单省事儿嘛，找目标客源群操作起来比较有难度，要有详细的市场调研和数据分析，这就要增加规划委托方和规划机构的工作成本，双方都图省事儿，所以就都蒙混过关。您有没有具体的案例来说明下这个目标客源层，到底怎么去划定？

邵春：有节约问题，但更主要是观念问题。在中国旅游产业大发展、大转型的关键时期，我们需要对市场指义进行再认识，把地点转换成人群的这个概念，在市场营销过程当中是一道坎，跳不过这道坎，粗放经营的发展模式就得不到改观。

1985年，日本在筑波举办世博会，国家旅游局派我带团参加，我在日本工作了半年。我给自己定的目标是一定要弄清日本旅华的目标市场。以前我们对日宣传多为围绕《朝日新闻》、NHK等那些大媒体，每年邀请新闻记者来华采访，效果并不十分明显。

事实上，刚改革开放时，日本年轻人很少来中国，多数去了欧美。日本来华游客多数是参加过侵华战争的老兵，来了之后有些人就直奔他们打过仗的地方，然后跪下磕头烧香，挂上那个膏药旗，唱过去的军国主义反动军歌，老百姓非常反感，但我们又不能驱逐他，驱逐了他，就等于对海外游客关上了门。我们清醒地认识到，日本市场如果不把年轻人吸引进来，用不了几年，这些老兵不在了，这个市场客源就枯竭了。把日本青年人吸引进来，就是我率团参加日本举办的世博会的目的。

凤凰旅游：那如何把年轻人引进来呢？这一目标客源层有哪些群体呢？

邵春：我们在日本做了若干次市场调查，光调查表格就发了近万张，收回来进行对比分析，拿出调查报告。最后找出这几类人，一个就是家庭主妇，一个就是"水晶贵族"。"水晶贵族"就是日本女青年从大学毕业到结婚生子这段时间，大概给自己留个三五年时间，满世界去旅游。然后结婚，又有新婚旅游，日本的新婚旅游当时绝大多数都去欧美，后来有一些去韩国济州岛。

还有修学旅游。我在日本还发现，日本政府为培养下一代的国际意识，提倡学校把家长给孩子的零用钱存起来做出国费用，不足部分政府给一定补贴。还在出国见习的学生中选一部分人组成"小记者团"，并规定教育界和社会报刊开辟专栏，刊登孩子们的游记和照片。这样，刺激了家长和孩子们出国见习的积极性，几乎每个孩子在中、小学阶段都有出国修学旅游的经历。

妇女和儿童是拉动整个市场的关键人群。这个认识也是从调研中得来的。一次，我请一对日本夫妇吃饭，问他们：今年你们家庭出不出国旅游，谁说了算？妻子指着丈夫说：他说了算。我又问：到哪里去旅游谁说了算？他们异口同声地说老婆、孩子说了算。我又将此问题问了欧美客人，回答基本一致。这后一个"说了算"对目的地太重要了。

这使我想到中央人民广播电台一档广播节目《抓住女人心》的广告词："抓住了女人，便抓住了世界。"当今，家庭旅游占旅游大潮的70%客源，抓住了妇女、儿童，就抓住了家庭旅游，抓住了家庭旅游就把控了旅游大潮。妇女、儿童就是我们营销的目标客源群体。

根据目标客源群选择媒体投放

凤凰旅游：目标选定之后，再根据目标客源群选媒体，实现精准化的营销投放。

邵春：对，经过这样的努力，把日本的年轻工薪阶层和以家庭主妇、孩子为主导的家庭游市场逐渐地建立起来了。至于吸引修学旅游的专项营销，我又做了调查：决定中小学生到哪个国家旅游，由学校的教谕（相当于教导主任）说了算。我到学校走访许多教谕，问他们平常看什么报刊？他们说有关教育的报刊，国外的修学旅游资讯也是在这上面找。于是，我写出调查报告，把日本家庭旅游、水晶贵族、新婚旅游、修学旅游等作为目标客源层，并列出他们平常爱看的服装杂志、化妆品杂志、娱乐期刊、教育报刊的名称、地址、广告价位等。

此报告经国家旅游总局领导批准，下发到全国各级旅游局和国旅、中旅分支社（当时没有其他旅行社）。对日本市场的分析和营销，在全国旅游宣传工作会议上又做了宣讲和部署，于是，全国性的对日宣传有计划、有目标地开始了，取得了非常好的效果。

这期间，中国驻日使馆和旅游办事处也给了许多指导和配合。日本从青少年将要枯竭的市场到大批青少年潮水般地涌入，逐渐成为我第一客源国。其中。我策划的《无锡旅情》这首歌曲在日本唱红和"中日樱友谊林活动"连年举办，也起了不小的作用。

凤凰旅游：从您的亲身经历，我们可以总结出一个观点，也就是说只解决地点概念是选不准媒体的，只有解决了目标客源层才能选对媒体，这才是一个正确的操作逻辑。

邵春：到任何地方去营销，必须都遵从这个逻辑，而不是简单地、想当然地画几个同心圆能解决的。这么多年来我参加过500多部旅游规划的评审和编制，我看到的都是千篇一律的市场定位，500公里多少个城市是国内市场，然后是中国港澳台市场，是日韩市场，都这么划分。但究竟哪个群体有可能到你这来旅游，不进行调查，最后市场迟迟起不来。目标客源层的问题没解决，你就出去营销的策略叫"鸟枪策略"，就是一把沙子打出去没重伤几个，不是来复枪，更不是原子弹。

我一直在强调这个精准化营销，一定要找到目标客源层，而且要细分客源层，深度地了解客源层的爱好、年龄、收入、旅游意向等，要以真实的调查结果为导向制定营销策略。

确定了目标客源层,要根据客源层阅读、收看习惯选择媒体。

凤凰旅游:那怎样判断媒体适不适合投放,什么样的媒体才能覆盖到调研得到的目标客源层?

邵春:媒体选择要坚持一条原则:不要只看发行量,而要看某媒体的受众和某旅游区目标客源群体二者重合的程度,这种重合程度越大越值得选择。举一个我做过的案例。广西德天瀑布,是广东一位民营企业家租赁经营的中越跨国瀑布景区。开始几年南方市场开发得不错,但北方市场迟迟打不开。

他们请我现场考察,为他们做了产品重新定位:老干部、退休职工有闲有钱有病,他们不少人的病是气管炎。北方冬季寒冷,气管炎犯了容易引起肺炎,威胁到生命。要吸引他们到德天过冬。酒店要增加名老中医坐堂就诊服务。确定这个老年群体后,我在现场请央视《夕阳红》栏目来采访,我做嘉宾,做了"山水画廊两景观"两期节目,于2003年6月在央视一套、二套、四套连续播放,引起市场关注,北京市民纷纷找旅行社协会,60家旅行社老总组团前往德天踩点,回来立即组团。

10年来,德天老年越冬旅游成了热线,老年养生游带动了家庭游,北京一地游带动了华北、东北游客。国旅总社一位老总对我说,民众参团赴德天旅游的热情高涨,提前半年都订不上床位。这个案例进一步说明锁定目标客源层并以此选择媒体的重要性。

旅游产品没有库存,要实现全过程营销

凤凰旅游:经过您的分析,我们对旅游市场有了一个新认识。那我们还是回到前面提到的问题,我们应该如何分辨旅游营销的主客体关系?

邵春:这就是我要强调的第二个问题:对市场营销主体的再认识——全员营销、全过程营销、全方位营销。长期以来,我们沿用了工业体系中的一些做法,就是在景区成立公关部、营销部等部门来专门从事品牌营销和产品促销。实际上做好旅游营销仅靠个别部门几个少数人是远远不够的。营销是什么?营销是全员营销、全过程营销、全方位营销,它是持续的概念,而不是临时抱佛脚的逢场作戏。

凤凰旅游:这就是品牌营销的常态化。现在很多旅游目的地还是将营销

的任务寄托在一些节庆活动，或者间歇性的广告投放上。

邵春：那样是不行的，营销常态化千万不能只依靠某个营销部门、某个活动，或者某种广告的投放，首先第一步就是全员营销。在一个公司里，每个员工都是公司的形象代言，对公司定位、产品定位、市场定位、目标定位等很清楚，从总经理、中层骨干到普通员工都心中有数，多少员工就是多少对外营销的嘴巴。如果做到这一点，我认为这就是一个成熟的公司，一个有市场竞争力的公司。

我经常受邀去一些地方考察、评审、讲课，当地会安排司机去接我，我上车后喜欢跟司机攀谈，问他所在的城市或公司的形象口号、目标定位等是什么？如果司机能回答上来，我就觉得这座城市、这家企业做得不错；如果问了许多人，甚至是骨干都一问三不知，我从心底里就会认定这个公司或地区没多大市场竞争力。

凤凰旅游：这里面反映出两个问题，司机能说清楚，一是实现了全员营销，二是实现了全过程营销，因为司机知道公司形象定位、目标和优势，在接人的过程中实际上已经完成了全过程营销。

邵春：没错。全员营销的概念是衡量一个公司是否成熟的首要标准，你看哪个知名企业的董事长不是营销员？如果这个公司的董事长都说不清自己的定位体系，这个公司没戏，也发展不大。一家企业之所以能做大做强，最起码这个公司董事长、核心领导层、各条线上的骨干能说清楚，普通员工能说清楚，这是全员营销、全过程营销。

凤凰旅游：这是不是也说明旅游产品跟其他产品的特性不同，我理解的旅游产品它相对是比较稳定的，人们对它的认知和印象也是比较稳定的，而其他产品无时无刻不处在升级换代当中，所以，旅游更符合全员、全程营销。

邵春：旅游产品跟工业产品不一样。工业产品要等到产品生产出来之后才进入营销阶段，旅游产品是从规划设计阶段就必须把市场定位、客源定位等都写出来，把市场需求做进产品中去。这些东西如果没弄明白，做出来的产品就是目标定位不清楚的产品，就没有办法营销，所以营销策划应该是在规划之初、设计之初就开始了。

旅游产品是没有库存的，工业产品是有库存的。高山大川、历史遗迹、风俗民情、现代化建设成就、新鲜的空气、变化的色彩、优质的服务等旅游产品要素，体量巨大，无法库存，也不需要库存。另外，旅游产品交易总体上是人流，而工业农业产品交易总体上是物流。这决定了旅游品牌营销一定是全过程、全方位的营销。

凤凰旅游： 如何实现全方位营销？其实现在大家都在讲这个概念，但具体怎么去做，总是落不到实处，所以，营销的方式还是比较单一。

邵春： 如何实现全方位营销，这就需要打造全媒体营销体系，比如平面媒体、立体媒体、声像媒体、网络媒体等整合进一个有机的营销体系中。而不是说凭个人关系在哪个报刊、网络上发个"萝卜条""豆腐块"，靠这个是永远成不了品牌的。玩大手笔品牌营销策划的人从来不干这个，品牌营销策划一定是全方位的。

现在，媒体市场也在重新划分，新媒体异军突起，应该引起高度重视，但有作为的与时俱进的传统媒体也不必冷落。营销是需要花钱的，只算计"成本营销"很难成大品牌；云台山"赊账营销"搞了4年，几百万元的门票收入跨越为4亿元。武隆坚持亿元营销战略，旅游总收入达到一年几十亿元。

营销费用没有保证，品牌营销就难以展开，全员营销、全过程营销、全方位营销就做不到。我做了这么多年旅游营销，感觉中国旅游品牌营销在这方面还差得很远。

（本文采访、撰稿者孙小荣，凤凰旅游频道主编、凤凰城市与旅游研究院高级研究员）

第二节　判断旅游品牌是否值得营销的"张五可"
——凤凰网旅游频道主编孙小荣采访录之二

游客的信任和忠诚，才是真正的品牌价值

凤凰旅游： 品牌营销是个系统工程，您前面强调了市场调研和全员营销的重要性，除此之外还有形象定位、营销策略、营销执行及后期的营销效果评估等，那么您认为怎样构建一个完善的营销体系，或者说什么样的营销才能达到效果的最大化？

邵春：我们首先要对营销目的、动机的再认识——从自我利益的最大化转向产品的精细化、服务的人性化和产业的集约化。从自我利益的最大化，或者说从自我利益诉求入手营销产品而获利，与市场经济所提倡的从满足市场需求出发，通过优质服务而获利，是有本质不同的。我们现在很多旅游目的地都是在表达自我诉求，整天喊口号，调门也高，用词也大，少数广告词甚至吹到只要自己好，不许别人活的地步；还有就是为了博眼球走低俗路线。城市旅游品牌形象关乎一座城市千百万居民的尊严，历史的尊严，这个一定要谨慎。

什么是品牌？关于品牌的定义有几十种，这里说一种。在产品经济时代，品牌是指区别于其他产品的某一名称、词句、符号、设计及其组合，是与产品融合在一起的东西。在市场经济时代，品牌是以产品为依托的相对独立的一种客观存在。产品经济阶段的品牌是一套VI体系，形象和产品相联系。

到了市场经济阶段，形象和产品相对独立，靠自我诉求只能带来一定程度的知名度，靠信誉建立起来的品牌价值存在于消费者的共识中。这种品牌印象一旦形成，产品即便一夜之间完全毁掉也没关系，只要市场的满意度和忠诚度还在，品牌的价值就在。比如，假如可口可乐被毁掉了，但这个品牌也值300多亿美元，这就是它的品牌价值。

凤凰旅游：也就是说许多旅游品牌建设还处于产品经济阶段，因为就连这个VI体系现在很多目的地都没有清晰地表达和推广运用，更不用说品牌价值的形成了。

邵春：我们的品牌建设较西方晚了至少50年，现在不得不进行必要的补课。速成就要恶补，恶补就必然引起机体的某些不适。如只注重"知名度"，轻视"忠诚度、美誉度"，既表现为初级阶段的初级产品还缺乏被"忠诚、美誉"的基础，也表现为情绪上的浮躁。如果说这与之前粗放型经营方式有关，那么今后要在增长方式、产业结构、产品规模、效益和服务的精细化、人性化和集约化等方面打造升级版。

你说的这个品牌体系的构建，中国的整个旅游行业还有很长的路要走。营销上的自我诉求，说自己是谁，还不是市场认为你是谁，市场认为你是谁的时候它可以认可你、追捧你，也可以否决你。死乞白赖地说自己是谁，往往注了水；只有从改善服务入手，靠产品的质量、服务赢得游客的信任和忠诚，这才能真正产生品牌价值。这要求我们对营销的目的也要来个颠倒和升级。

旅游品牌营销的"三大战役"不同打法

凤凰旅游： 我们回顾一下，刚才您谈到了三大"再认识"：一是对旅游市场的再认识；二是对营销主体的再认识；三是对营销目的再认识，只有搞清楚了这些概念以及它们之间的逻辑关系，才能构建科学合理的品牌营销体系。那么，这些年来，您觉得中国旅游营销在这种不断的摸索中，经历了怎样的发展历程？

邵春： 中国旅游营销的发展，我总结为经历了三个阶段，恰巧我参与了全过程。这三个阶段可以概括为产品营销、行业营销、整体营销。产品营销产生于20世纪80年代，比如说旅行社、酒店、景区等企业自己去拓展市场，去销售产品。行业营销是90年代，各级旅游局把比较具有优势的产品单位组织在一起，出去参加展销会，搞大篷车巡游等这种区域性的、路线性的营销。整体营销是从21世纪开始的，包括县域营销、城市营销、区域营销、国家营销，这样一个系列，到现在我们出现了很多省域品牌，国家层面也倡导旅游区域一体化发展。

县域营销是政府决策、组织的整体营销行为。城市营销要把旅游作为城市营销的载体或是把城市作为旅游产品集群向市场营销的政府行为。区域营销的营销主体是联合起来的城市群，共同筹集资金、面对共同市场，协同作战。国家营销要抓住重要时机，由国家领导人亲自出席的重大旅游活动，是展示国家形象的重要内容。美国前总统克林顿、俄罗斯总统普京、韩国前总统金大中和中国国家主席胡锦涛、习近平都主持过，如中国在俄罗斯举办的"中国年"和中国在莫斯科举办的"俄罗斯年"。

这三种营销的主体、规模和战法不一样，效果也不一样。产品营销阶段是"游击战"，打一枪换一个地方；行业营销应该是"阵地战"，这是中等规模的；整体营销是区域决策者带队，调动的是区域内整体的资源，打的是"歼灭战"，比如说找准客源市场，就花足力气整体拿下。

当然，需要说明的是，三个阶段从时间划分上，只是个大致的说法，不是严格的界定，时序上互相交叉，层次上逐渐升级，效果上不断强化。近40年来，经过这三个阶段的发展，中国旅游营销既锻炼了队伍，又积累了经验。

现在讲全域旅游，随着人们经济条件的改善，旅游基础设施、公共服务水平的改进，人们旅游半径在延伸。因此，旅游目的地范围也在扩展，质量在提升。在市场推广方面，整体营销或全域营销的意识和水平的提升，比以往更加迫切需要，其方式和战法要不断摸索和改进。

凤凰旅游：现在各区域都在搞旅游联盟塑造整体形象，您认为在整体营销这方面，哪些地方做得比较好？

邵春：相对而言，山东省的经验得到同行的认可。几年来，山东旅游在营销方面的反应特别快。举个例子，《闯关东》电视剧热播之后，山东省各个城市都是市长，甚至是市委书记带队到东北各个城市搞推广。这个效果是不一样的，中国传统讲究礼尚往来、礼遇平等，山东城市的书记、市长去了，到了东北的某座城市，这个城市的市委书记、市长就得出来欢迎，而市委书记、市长出来一般后面都跟着电视台记者。当地的电视台一播，全市市民就都知道了，营销的效果就达到了。这跟景区的总经理，或者旅游局长去营销不一样，你不花钱，当地媒体不会配合报道，就算花了钱，用现在流行的话来说，也不会上当地新闻"头条"，根本引不起重视，活动搞完了，对客源地影响不大。

另外，整体营销它一定是有系统策划的，不是旅游局在搞，是高端发力，省市领导亲自过问、宣传部负责整体策划和执行，区域内所有的媒体必须跟踪报道，在资源的调动、协调和资金投入上都比旅游局要有力和灵活得多，因为这宣传的不仅仅是旅游，而是省、市的整体形象。所以，主导部门不一样，相应的营销力度和效果也会有很大差别。

忽悠出来的品牌缺乏可持续性

凤凰旅游：您参与策划了很多优秀的旅游品牌营销案例，也见证了中国旅游品牌营销的演变历程，那么，现在回顾一下，您觉得有哪些案例是可以为当下的旅游品牌营销提供可借鉴价值的？

邵春：参加旅游工作30多年来，我为各地做的案例有100多个，参与规划编制和评审有1000多部，这些规划中的营销部分，应各地的要求，我都提出了相应的改进性意见。独创的一些案例，如日文歌曲《无锡旅情》、"中日樱友谊林活动"等，在国内外都有一定影响。在城市营销方面，可以举几个案例在这里简单说一下。

比如，"宁波经验""焦作现象""栾川模式"等，这些都是引领行业发展的创新模式。他们的经验是当地党委、政府重视的结果，也是那里旅游行业的首创精神使然。我在全国各地讲座中，这几个案例我常常解剖，因为它们的发展过程我参与了，比较熟悉。这几个地方的经验从发现、培育，到最后写成系列文章，甚至在人民大会堂、钓鱼台国宾馆组织经验交流，我都发言做了解剖。还有这几年新出现的"岚皋特色""枣庄实践""沂水现象"等，当地领导也请我参与。他们都不是凭空喊出来的，而是形象品牌和产品品质相融合、相对应的一种模式。

营销实际上不仅仅是推广形象，支撑品牌形象的产品经营过程，也包括在营销体系中。所以，营销就是经营和销售，这个经营一定是一系列非常好的产品，加上大手笔的推广策划和活动，这样才能被市场认可。一个不好的产品，光靠自己忽悠，即便是有点知名度，这个东西也没有可持续性。因为游客去一看，你的谎言就被戳穿了。

凤凰旅游：很多地方把形象营销和产品建设分开了，比如前几年出现的"我靠重庆"等，这些宣传口号，只是一句口号，不知道他们拿什么产品去支撑这个形象口号？

邵春：这就是我前面提到的低俗的营销思路，是非主流的。形象口号的提炼非常重要。现在各种口号都有，我觉得好的口号应该是政府对旅游业的抓手，是产品建设的依据，是市场营销的一面旗帜，是招商引资的巨大吸引力,好的口号能够有这样的功能。

营销一定是以产品建设为先导的,在基础质量保证的前提下才能逐步加大营销力度。产品建设和营销绝不是两个截然分开的系统。在这个过程当中我提倡做好五个选择:包括产品要素选择、口号提炼选择、客源群体选择、宣传媒体选择、营销时机的选择。

产品要素选择有很多的说法,我是用比较形象的说法,管它叫"张五可",就是借用《花为媒》中的"张五可"的名字,这个比较好记。

首先是"张",就是好的产品要张扬个性,要有独特卖点,这个独特卖点就是对外营销的一个由头,也是游客认知的一个具象化符号;"五可"是什么呢?叫可向往、可进入、可停留、可消费、可回味。这"五可"是我衡量一个景区是否是一个好产品、好目的地的标准,也是是否值得大力营销的前提。

(本文采访、撰稿者:孙小荣,凤凰网旅游频道主编、凤凰城市与旅游研究院高级研究员)

第十五章 编制营销规划

第一节 编制市场营销规划的重要性

《营销战》的作者里斯·特劳特（Ai Ries & Jack Trout）说："市场营销战的阵地并不在杂货店和超市的走廊里，也不在底特律和达拉斯等城市的街道上的这些实实在在的地方。"营销战斗的阵地在制订计划，这再清楚不过地告诉我们：制订营销规划的重要性。

现在，各地比较重视编制旅游业发展总体规划，看重产品开发建设规划，但许多地方忽视市场营销规划。资源、产品的多样化，消费需求的个性化及影响买卖成交因素的多变性，决定了我们必须更新市场营销的理念，总结营销的规律，制订切实可行的营销规划。没有这样的规划，即使有了好的产品，也不可能创造出高占有率、高增长率的双高佳绩。国外作规划既有产品规划，又有单独的市场营销规划，我们则往往只是在总体规划中带上几笔营销的内容就完了。市场营销是一门科学，应请专家与有实践经验的同志一起合作，拿出切实可行的方案。

规划属于顶层设计。区域《旅游业发展总体规划》《旅游修建性详细规划》《旅游控制性规划》是指导产品建设的。专项的《旅游营销规划》是指导产品推销的。对市场现状、趋势作出客观分析预测，对目标客源群体作出准确研判，对媒体作出准确选择，营销口号、推广活动进行策划设计、对费用筹措、目标达成作出科学计划。

多年来，我在全国作营销讲座600多场，在1000多次规划评审中强调做好营销规划；撰写了近3000篇文章。2003年参与第一个省级营销规划《宁夏回族自治区旅游营销规划》的编制并写序；参与或执笔编制了林州市、即墨区、荣成市、栾川县、象山县等旅游营销规划，对威海市、武隆县等城市营销规划提出意见；为世界双遗产泰山、世界遗产黟县宏村、杭州西湖、德天瀑布等许多著名景区规划提升把关、参与做营销方案；为福建省、河南省、焦作市云台山专门写过营销口号策划方案；在中央电视台、旅游卫视、河南卫视、黑龙江卫视等数十家电视台和人民网、新华网、中国网、中新网、凤凰网等数十家网站应邀受访，以及带队参加日本筑波世博会、香港第一届国际博览会、西德汉诺威国际工业博览会；在上海世博会、悉尼奥运会、北京奥运会、第九届世界休闲大会等重大国际赛事、展会期间参加论坛，采写文章，做营销推广工作。

第二节 案例分析：林州旅游市场营销策划方案（摘要）

此方案本着有创新性、可操作性、地方经济力量可以支撑的原则，设计了三年的计划（2003年8月至2006年7月）。到2020年未来的17年需要解决的问题很多，三年也只是打个基础，制订营销计划不能急功近利，面面俱到，必须抓住重点，在关键部位上有所突破。

因而，本策划案主体内容包括三大部分，分上、中、下三篇：上篇是对林州旅游营销方面需要认识和解决的10个问题的分析，中篇是关于开展13项重点营销活动的策划，下篇是近三年旅游营销广告和其他营销活动总体预算。

如这一方案能得到共识，得以落实，林州的旅游业一定会在三年内实现倍增计划，并为下一步实现跨越式发展打下一个坚实的基础，以至为真正成为安阳市旅游业的龙头、河南省旅游的新亮点创造必要条件；从而，在市域经济产业结构调整中，旅游业的地位得以显现，在未来林州地方经济产业链中必将发挥重要作用。

上篇：林州旅游业需要认识和解决的 10 个问题

一、制定本策划案的原则

此文本为营销策划方案，不是旅游总体规划，也不是长期营销规划，只能以阶段性营销战略、方法为主要阐述内容，产品建设随带提及。

按林州市政府、市旅游局的委托，制定三年的策划（2003 年 8 月至 2006 年 7 月），只是一个阶段性、市场启动性计划；不是一个长期的、宏观性方略，而是一个重于可操作的行动计划。

依据原国家旅游局关于振兴中国旅游业的预计，到 2005 年，将彻底克服"非典"的影响达到全面振兴。因而，此规划是在全局性恢复期内的市场启动性策划，要创造一些新办法，也不可避免地使用一些传统的办法；对于林州局部而言，着眼点不仅是市场恢复，而应经过策划和努力工作，使市场得到扩展，客源得以倍增，率先结束恢复期并对全局旅游业和地方经济做出贡献。

二、制定营销策划的必要性

国际上的通行做法是，制定旅游发展总体规划时，单独编制旅游营销规划（短期的也可称为旅游营销策划）。这两个规划同时产生，并行推进，互相倚重。前者着重于产品建设，后者着重于产品营销。

20 多年来，我国各地旅游业已普遍重视总规的制定，但对营销规划制定的必要性还没引起普遍重视。这正是一些资源相当不错的地方，产品却卖不出去，在地区经济中，是政府关于"实行旅游带动发展的战略"难以落实的根本原因所在。这如同工业产品生产出来后，营销环节断档，而造成产品大量库存一样。凡是"零库存"的企业，都是因为营销战略搞得好。经过 20 多年的实践和教训，中国旅游业的有识之士已开始认同这个道理。因而，出现了一些新的观点：现在不是产品经济，而是市场经济；不是产品时代，而是营销时代。

有没有营销规划或策划，市场推进的效果大不一样。

在何光晔局长题写书名、由本策划案作者撰写的《品牌策划36计》中，列举了大量案例：如无锡对日本，桂林对欧美的营销，由于注重事先策划，而取得较好的效果。此处不再赘举。

仅举最近经历的几个案例。江苏省江阴市名列全国百强县前茅，经济实力很强，但在全国的知名度却不如其下属的一个自然村——华西村。原因何在？作者在同该市负责同志交换意见时说：原因在于江阴的宣传力度不如华西村大。华西一年上稿千篇，每天做到"广播有声，电视有影，报上有文"。因而，人们只知有华西，不知有江阴；更不知华西是江阴的一个村落。明确了这个道理，从而激发了江阴市对外宣传的决心，加大了对外营销的力度。

笔者参与了浙江省象山县旅游总体规划的编制，并为其写出了《形象策划文案》。国家发改委投资所负责同志告诉我，象山以此思路招商已达100亿元，目前1亿元以下的投资已宣布免谈。

广西德天景区由笔者策划、编写提纲并作嘉宾在中央《夕阳红》节目中串讲，在京城引起轰动，数十家旅行社负责人自动联络去德天踩线。从"求你来"变成"我要来"。这对目的地而言，客源地代理商的主动，大大降低了营销成本。

林州率先提出制定营销策划，是有远见、想作为的表现。

经过接触，林州市决定作旅游营销策划。营销规划不是地方旅游发展总体规划，也不是产品规划，更不是某次节庆的项目策划，而是产品营销的战略构想，是回答如何把产品推向市场的问题。它应与总规并行，时段互应。策划的3年时段仅是一个启动期，是今后17年的基础阶段。在这个时段里，提出总体形象、促销口号、细分市场，寻找市场接口，整合媒体资源等方面，提出重点活动的创意，做出营销策划文本。这些与"黄金周"的工作计划等是上水和下水的关系，是思路和执行的关系。

仅以形象设计为例。其方法我概括了8字原则：宏观采气，微观求义。具体阐释见《品牌策划36计》中的两计。

形象的提炼，不论运用比附法、借名法、重点带动法、外延涵盖法、内涵提炼法、逆向定位法哪一种方法，都需"宏观采气""微观求义"；要符合实际，顺口、好记，具有唯一性、排他性。能收得拢，放得开：收拢时，凝聚起来一句话；撒出去，围绕主题千条线。这是政府指导产品建设的牛鼻子，是搞好全局性形象宣传的抓手，也是企业搞好产品促销的出发点、凝聚点。形象概括的好坏对今后促销效果影响很大。有略胜于无，好胜于有。有了好的形象设计，政府有了"抓手"，企业有所遵循，政企同心，形成合力。

这样的营销策划应该是重点突出，特点鲜明，理念创新，可行管用。能够成为今后营销指导性方案。

不要以为，策划和创意没有价值，或价值很小。近两年来，报上不断有广告，如浙江、山东仅征集一个宣传口号，一旦采纳就奖励5万~10万元，策划一个重大活动文本就奖励数十万元。要正确认识做营销策划的作用和价值。

三、林州旅游资源和产品的特点

林州旅游资源和产品在河南乃至全国有其特色。

就全国而言，江山如画，南秀北雄。林州段太行山是"北雄风光最胜处"，有古人摩崖为证，更有险峡奇谷、遍地人文胜迹为证。巍巍太行由燕赵南行入豫，与林州平原相接，陡成千米高差，形成水平岩层断层抬升切割山地，造就了深断层、大纵峡、围套谷、多级阶梯地貌。其间湍流飞瀑，植被丰茂，景色蔚为大观。太行大峡谷是品位很高、极其难得的景观群。在全国人文景观中，红旗渠有其特殊地位。是太行山风骨，铸就了林州人精神。红旗渠是令中华民族引为自豪的艰苦奋斗精神的产物，在国际上被称为"世界第八大奇迹"而名声远扬。它的景观价值、教育价值、历史价值，使其成为极具特色的旅游产品。

在全国各地区产品、市场特征如以平面图形式进行对比，林州也别具特色。各地区产品及市场基本是以中心城市为圆点，以一定距离为半径点圆分布。而林州产品、市场点圆分布特征不明显，或者说近期还没形成。林州产品大多在西部林虑山区，十大景点弧形排开，由北向南依次为：红旗天河、太行峡谷、龙洞天桥、柏尖奇境、弓上塘鱼、洪谷金灯、天平北雄、黄华神苑、王相金秋、滑翔基地。这些景点用线条与市区相连，形成一把巨扇：以市区为扇轴（是指挥中心、接待中心），以红旗渠、大峡谷为扇梁，余线为扇骨。这就是用语言描述的林州旅游产品特征。以平面空间图表示如下：

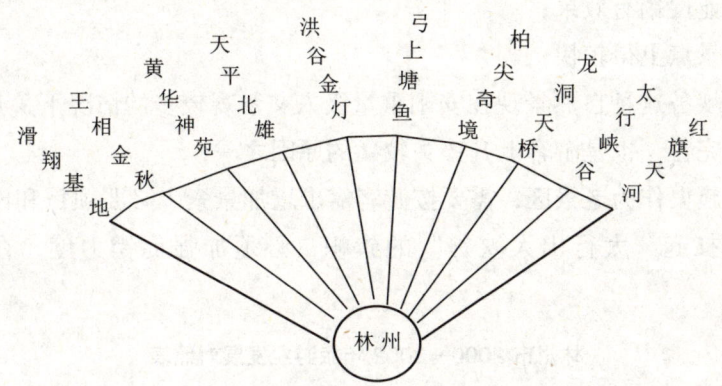

林州重要旅游资源空间分布图

总之，林州旅游产品在全国是特色产品，在河南是重点产品，在安阳是主打产品。加之市委、市政府制定的旅游发展战略，林州旅游业已打下较好的基础并蕴藏着巨大发展能量。有这样好的资源基础，只要制定正确的政策和营销方案，舞起这把巨扇，浩荡的林州旅游之风就会吹遍五湖四海。

四、林州旅游业发展现状分析

让我们回顾一下近几年林州旅游的接待情况，做一些资料的对比分析。

林州市三大景区近三年完成主要经营指标对照表

年份 \ 状况	红旗渠	大峡谷	黄华山
2000	接待人数：43万人次（含海外310人次）	接待人数：39万人次（含海外210人次）	接待人数：10万人次
	门票收入：600万元	门票收入：560万元	门票收入：60万元
2001	接待人数：31万人次（含海外320人次）	接待人数：35万人（含海外180人次）	接待人数：18万人次
	门票收入：728万元	门票收入：608万元	门票收入：80万元
2002	接待人数：50万人次（含海外340人次）	接待人数：60万人次（含海外240人次）	接待人数：13万人次
	门票收入：805.5万元	门票收入：841万元	门票收入：75万元

依据上表数据可以作如下分析：

1. 企业促销有效果；

2. 新景点上得较快；

3. 大峡谷这种自然景观在安阳重量级人文景观较多的情况下，是对产品的补充和完善，也是游客上升势头较猛的原因之一；

4. 红旗渠作为老景区，需要按游客需求增加景素、必要项目和设施；

5. 要扛起"太行山大峡谷"的旗帜，必须加强促销力度，在市场上叫响。

林州市2000—2002年旅游业发展对照表

状况 年份	接待人数	人数同比增长	主要客源地	收入状况	收入同比增长
2000	国内114万人次		郑州、新乡、安阳、邯郸、太原、长治、广州、南京	门票：1315万元	
	海外320人次		中国港澳台、新加坡、日本	总收入：1.3亿元	
2001	国内120万人次	5%	郑州、安阳、邯郸、广州、北京、长治	门票：1503万元	14%
	海外380人次	18.7%	中国港澳台、新加坡、日本	总收入：1.5亿元	15.4%
2002	国内138万人次	15%	郑州、新乡、安阳、聊城、菏泽、邯郸、邢台、石家庄、北京、太原	门票：1790万元	17%
	海外350人次	-7%	中国港澳台、日本、美国、新加坡	总收入：1.79亿元	19.3%

分析：

1. 林州旅游收入主要是门票收入，比较单一，反映了旅游产品结构简单，发展水平仍处于初级阶段。

2. 客源构成以近距离为主，客源地分布在500公里半径范围内；客源成分以国内游客为主，海外游客只区区几百人，几近忽略不计的程度。

3. 总体上，三年来每年接待总量为114万、120万、138万人次的规模，收入同比增幅分别为14%、17%。

4. 林州产品品位高于全国平均水平，增长率低于全国国内旅游平均水平，无大的跨越式发展。旅游业收入占GDP比重较小，贡献不大。

5. 这种状况基本反映实际情况：由于产品建设和营销投入较少，几个指标呈现缓慢、自然增长态势，与投入成正比。

6. 林州旅游资源丰富而有特色，从前景来看，只要解决目前存在的主要问题，抓住目标客源层，加大投入，在抓好产品建设的同时，有效地开展系列性营销活动，就会从近到远，逐渐打开客源市场，旅游业在地方经济中的拉动、带动功能就会逐渐显现。

五、存在问题的主要原因

林州的旅游业没有形成规模经济，没有取得市域经济的应有地位，原因是多方面的。

（一）直接的原因至少有三个

1. 产品建设和营销体制建设还有缺陷

红旗渠作为著名的水利工程和爱国主义教育基地已经闻名遐迩，深入人心，但作为旅游景区的功能还需要完善。太行大峡谷资源本身条件不错，但由于开发较晚，除了王相岩比较精致外，大多数景点还很粗糙，而且知名度不高。如不加紧建设、加强营销，在整个太行山脉同质化产品的竞争中，有被湮没之可能。其他若干景点，品位和知名度与上述两个景区相比，都较低。这样看来，林州旅游产品建设和营销的任务还很重。

在营销体制方面，政府的形象宣传和企业的产品营销认识和分工不明确，全市形象营销资源没有整合，形不成合力，造成资源和资金的浪费。

2. 交通成为瓶颈，游客可进入性较差

林州是豫北第一市，距离京津特大城市最近，守着这样好的资源和区位，目前优势却没有得到明显发挥。客源市场没有打开；两个拳头产品：红旗渠有较高知名度，但无有把握的市场占有率；太行大峡谷有模糊的知名度，还谈不上具有明确的市场占有率。原因何在？主要原因是资源和区位优势被交通劣势所冲淡。林州虽然距北京等大城市较近，又在交通要道之侧，但多数火车不在安阳停靠，呼啸而过，成了"通道效应"。个别路经火车留给林州的火车票没有几张，连出差票都保证不了，大批游客就更解决不了。这是林州客源上不去的重要原因。

3. 营销投入很少，不足以撬开市场

在市场营销方面，没有下大决心、做大投入；没有提炼、设计具有磁力的总体形象和口号，致使以往的宣传游离主题；形象宣传与产品促销、政府作用与企业力量、企业之间的共同目标和各自利益没有很好地整合，所做的促销动作多数成为零星火力的游击战；没有找出目标市场、特别是目标客源层，以及正确选择交通、线路和促销接口；没有整合媒介资源，形成交叉火力、叠加效应，从而引发轰动效果；所有上述关键部位都缺乏有针对性整体策划、分步分层实施。

（二）在结构调整方面存在的深层认识方面的原因

在产业结构调整中没有明确旅游业的地位；在产品结构调整中，缺乏超前意识，只一般地注重观光产品建设，还没有注重休闲产品建设；在阶段性发展设计结构调整中，只开始重视了产品规划，还没有重视营销规划；在国家关于区域板块发展战略结构调整中，没有千方百计抓住旅游业发展的机遇；因而，旅游产品建设和旅游营销投入很少，是旅游业发展缓慢的直接原因。下面分而述之。

1. 在产业结构调整中，旅游业的产业地位至关重要

这两年，全国冬季旅游出现两大亮点：海南和黑龙江。海南是热带风光，避寒胜地。黑龙江以滑雪业为龙头，拉起了一条产业链，把方方面面的积极性全部调动起来，冬季不仅旅游业成了旺季，全省经济都成了旺季。这是因为省委、省政府在产业结构调整中提高了旅游业产业地位的结果。这种结果的取得，光靠旅游局的努力不行，但没有旅游局的积极推动也不行。

更明显的例子是焦作。为了说明问题，我们拿焦作的发展作个对比：焦作发展没林州早，基础比林州差，资源品位不如林州高，区位也不如林州有优势。从接待总量来看，2000年为95万人次，还赶不上林州。2001年、2002年接待总量分别为221.83万和452.8万人次，三年同比增幅为81.3%和113%和104%。更重要的是，这种增长不是升虚火，而是一种效益型增长,从表上可以看出,每年门票和综合收入同比增长都高于人数的增长比例。2003年受"非典"影响,预计可接待650万人次,仍然保持增幅43%;门票收入首次突破亿元大关,综合收入达30亿元,两项同比增长74%和64%。这是全国罕见的高水平。

与全国的情况形成鲜明对照的是:"非典"使中国旅游业遭受重创。据统计,2003年4月下旬到5月,全国11615家旅行社总体上处于歇业状态;8880家星级饭店的平均客房出租率不到20%;1062家A级旅游景区的游客接待数量和营业收入同比下降80%以上;中国旅游车船协会105家会员单位的接待人数和运营收入同比下降90%。预计,"非典"给2003年全年旅游业带来的损失:旅游外汇收入将减少88亿美元,国内旅游收入将减少2037亿元人民币,旅游业总收入将损失2768亿元人民币,相当于2002年总收入的一半。在全国旅游收入普遍大幅下降的形势下,焦作不仅没有出现负增长,而且同比增长43%,在这里看不出"非典"使高速运转的旅游业的突然叫停的迹象,似乎这里不存在恢复和重振的问题。

这就是"焦作现象":连续三年,黄金周接待人数超过郑州、开封、洛阳,居全省第一;进而在2002年"十一"黄金周旅游总规模上超过桂林、张家界、黄山等全国著名的旅游城市;焦作同安阳、林州一样,火车客运没有优势,于是他们加大了专列促销,2003年8月6日,就有太原两趟、青岛一趟共三列火车同一天到达焦作,这在历史上是从来没有过的。这种变化,被业界和媒体称为"焦作现象"加以研究,从而引起《人民日报》《光明日报》《中国旅游报》等多家媒体的大讨论。

人们要问为什么?原因是多方面的。但发展思路与促销投入是最重要的两条。

焦作市通过结构调整和产品建设,实行了"旅游带动战略"把"煤城"变成了"美城"。通过市财政对旅游营销加大投入,支撑了几大有影响力的活动的开展。三年市里拿出3100万元(2000年拿出300万元,2001年拿出500万元,2002年拿出1000万元,2003年拿出1300万元)专门用于媒体宣传。通过大力度投入支撑8个有影响的促销活动使知名度大大提高(大篷车赴9省20多座城市宣传,中国焦作第一、第二届国际太极拳年会,第一、第二届焦作山水国际旅游节，第一届焦作山水国际摄影节，第一届焦作红叶节，河南省太极拳、剑、推手锦标赛，"云台山"杯全国武术散打擂台赛，"U—17"国际乒乓球擂台赛）。

总的表现为思路领先，投入加大，经过策划，炮炮打响。

焦作在"旅游带动战略"指引下，在产品建设方面，把景区、公路、知名度、服务四件东西打成一包，作为优秀旅游城市的重要内容扭住不放，一抓到底，哪里有问题，主要领导就深入到哪里，哪里有障碍，就给哪里的领导出黄牌。三年大变样，是凭新观念、大战略、多投入、拼命干夺来的。这里如此详细地列举焦作的若干做法，是因为焦作的经验值得学习。如果，安阳、林州也有这样的决心和得力的措施，也一定会实现跨越式发展。

2. 在产品结构调整中，要有超前意识，既要注重观光产品建设，更要注重休闲产品建设

中国旅游产品20年来，主打产品是观光型产品。依据经验，产品周期一般5年左右就老化，观光类产品已经更新了几代，有的过于成熟，有的还未成熟就已过时。特别是在竞争中近距离重复建设，使产品同质化问题日益显现。在此种形势下，盯住世界潮流，建设有生命力、竞争力的旅游产品，注意产品从观光型向休闲度假型的转变十分重要。

休闲度假产品是观光产品的升级换代，既符合世界潮流，又有国内消费基础，论据充分，客源充足。（休闲时代的理念，成书时因与别的章节有重合，在此删节）

3. 在阶段性发展设计结构调整中，既要重视产品规划，又要重视营销规划

旅游业开始的前10年，人们还不懂得做规划的重要性，上什么项目主要靠领导拍脑袋来决定。到了20世纪90年代，法律有了规定，不做规划就不能立项，通过10年，各地都明确了旅游产品建设必须先做规划。但各地普遍没有认识到编制营销规划的重要性。营销规划只是作为产品规划的一个章节，不深不透，缺乏可操作性。

在国外，产品规划和营销规划是并行的，不仅是单独的文本，而且后者更重要、花钱更多。

旅游营销理论需要创新。现在，大学课堂上讲的和各地实际运用的营销理论，是20世纪50年代欧美创立的有形产品的营销理论。与旅游无形产品或无定型产品营销相比，这种理论存在着缺陷和不足。比如，有形产品的流通是物流。而旅游产品的综合性决定其营销方式、渠道的多样性；旅游产品的不可移动性决定其流通主体是人流而非物流，便于电子支付和形象化促销。旅游营销理论要建立自己的一套形象、口号、接口、楔形布阵、目标市场和目标客源锁定等原理，从共性中找出个性。依据这种原理制定营销规划，以使产品的销售克服盲目性而带有预见性和目的性，从而获得最佳效果。

4. 在国家区域板块发展战略结构调整中抓住发展机遇

改革开放之初，国家提出优先发展沿海、沿江、沿边地区，这些地方获得了迅速发展；20世纪90年代后期，又提出西部大开发的战略部署；2003年，振兴东北老工业基地，于是"第四增长极""共和国长子"的发迹等文章，充斥报刊。每一个阶段，国家都有发展战略和重点，而在战略调整和实施过程中，都充满着机遇和挑战。自己有机遇的时候绝不放过；别人有机遇的时候善于搭车，发展是与时俱进的。如果是抱着等的态度，机遇就会错过，周围都成了高山，自己就成了锅底。在最近闭幕的中央经济工作会议上，"中部崛起"的提法出现在2005年经济工作六项任务中，这是一个中央试图解决的另一个具有战略意义的焦点问题之一。河南是中部最重要的省份。随着"中部崛起"战略的提出，中央必将出台若干倾斜性政策和反哺措施，河南、特别是林州，应该抓住这个战略发展机遇期，努力实现跨越式发展。

六、客源市场分析

（一）客源构成现状

近三年来，林州市客源同比增长低于全国平均水平。以2002年为例，林州接待国内游客138万人次。客源构成以近距离为主，客源地分布在500公里半径范围内的郑州、新乡、安阳、聊城、菏泽、邯郸、邢台、石家庄、北京、太原等城市；客源成分以国内游客为主，海外游客只区区350人次。这一方面说明目前林州旅游业的发展现状与高品位的资源不匹配，另一方面也说明今后的发展有巨大的空间和潜力。

（二）网上信息披露频率调查

利用网络进行信息披露频率调查是了解景点景区知名度的一种方式。这种信息披露频率尽管是不断变化的，但披露频率高，受众造访率就高，访问对象的知名度也必然随之提高。所以，网上披露频率调查也是市场分析的一种重要手段。

2003年10月18日17点，以Google为搜索引擎，做四次搜索：

1. 以"红旗渠"为关键词进行搜索，网上信息披露频率为6850项；
2. 以"河南红旗渠"为关键词进行搜索，网上信息披露频率为5150项；
3. 以"安阳红旗渠"为关键词进行搜索，网上信息披露频率为2140项；
4. 以"林州红旗渠"为关键词进行搜索，网上信息披露频率为1420项。

这些数据表明：红旗渠受媒体的关注程度较高，信息披露率从河南省、安阳市到林州市呈现递减趋势，今后林州与红旗渠应捆绑营销。

同时间、同种方式进行搜索，发现"太行大峡谷"的知名度太低。

1. 以"林州太行大峡谷"为关键词进行搜索，网上信息披露频率为515项；
2. 以"安阳太行大峡谷"为关键词进行搜索，网上信息披露频率为580项。

这些信息不少来自于安阳市政府网站。被媒体关注得少，知名度就低。这与太行大峡谷开发较晚、太行山同类峡谷较多造成信息披露地分散等原因有关。这一事实再次说明：同质化新景点加大营销力度十分必要，谁认识到这个问题的迫切性、严重性，谁就能把"太行大峡谷"的旗帜抢到手、扛起来；否则，被别人抢走，就傻了眼。

（三）总体把握，分步实施

关于市场营销规划，可以分阶段实施。从近期考察，在城市南北东辐射方向，存在着广阔的客源市场，600公里半径内，集中分布着几十座小、中、大和特大型城市，客源充分；随着产品的日益成熟和交通条件的不断改善，其辐射半径还将不断延伸，珠三角、长三角、环渤海湾城市群及即将振兴的东北老工业基地，都将有大量客源产生；此外，也要关注西部客源地的需求，适时地开辟市场。

林州市的西部，山西、陕西乃至内蒙古，也将有一部分客源输入，因为红旗渠精神过去对这些地区就有一定影响，在重视主要客源市场的同时，这部分市场也应给予适度关注。

海外市场的开发，近期应与安阳市和河南省捆绑进行，在参与上级团组对外营销方面多下些功夫，争取先进入市线、省线，这样做，符合林州目前的经济实力和产品知名度现状。在有条件的情况下，不放弃单独的对外营销机会，随着林州对外影响力的增强和营销投入能力的加大，主动出击的半径和频率也要不断扩大和增加。在营销策略上，近3年国内营销以主动出击为主，参与促销为辅；近距离以自主营销为主，远距离以自主和参与并重；2006年以后，增强海外营销的投入力度，周边国家、地区和主要目标市场开始增加独立营销频率，以期在2008年奥运会前加深国内外市场对林州的印象。这一做法所争取的目标是：抓住2008年北京举办奥运会的良机，把安阳、林州作为运动员会后旅游的目的地。此举若能实现，林州作为中国成千上万个目的地中一下突现出来，林州旅游业的爬坡阶段即将结束而步入迅猛发展的坦途，旅游业的带动功能和叠加效应将明显显现，以红旗渠和太行大峡谷为代表的旅游富矿资源的休闲价值将在新经济形态（被国际未来学家和经济学家称为"第四次浪潮"的休闲娱乐业）中得到发挥，人们的传统观念将受到巨大冲击并得到根本性改变。

七、接口的选择

选择市场接口，必须明确营销目标。美国《成功的广告营销》作者萨拉·怀特和约翰·伍兹说：确定营销目标实际上就是寻找一种方法将你全部的业务目标同你的市场联系起来。他引用一句形象的话说：把干草撒到驴子可以找到的地方。因而，他进一步引申说：营销活动基本上只是研究"驴子"，弄清楚他们喜欢什么类型的"干草"以及他们想从何处获得。这就是我所强调的市场接口的选择。

市场接口、交通接口、线路接口、媒体接口、名人接口，要一一找出。比如：

目标市场。从2003年起瞄准的京津冀和豫、晋等周边地区。以后促销半径适当扩大，2005年将渤海湾、长三角、珠三角纳入促销范畴。

目标客源层。以重点带一般，先从老干部、有车族、外国使领馆、外企白领阶层、学生和有薪休假者突破。注意以此目标客源层选择媒介和印制专项宣传品。通过发信等形式，"把促销工作做到大院里去"。如果把说明会、大篷车、旅行社等作为促销的第一渠道的话，那么，通过发信等形式，"把促销工作做到大院里去"就是第二渠道。这是一种细腻化的渠道，其效果往往高于第一渠道，因为它的目标明确。此项工作，坚持三年，必收实效。

机会市场：把平时和重点时段相结合，以黄金周、寒暑假、周末游、干部休年假和节庆活动等作为促销重点进行策划实施，把促销工作做到大院里（注：机关、部队、大专院校、企事业单位等，大院众多，是大城市的特点，也是客源最集中的地方）。

交通是制约安阳、林州旅游业发展的瓶颈之一，必须下大力突破。这是本文案突出强调的问题。解决的方法：

与豫北诸市协同报批旅游专号列车，力争此列车以"红旗渠号"命名。这一方案的实施，需要安阳市的协调，但林州应积极推进和配合。命名是要竞争的，竞争是要花钱的，这个钱是花得值的。它本身就是一个活动广告。又因为红旗渠是唯一的，大峡谷在太行山有多处，预计在竞争中红旗渠容易胜出。

建立自己的规模车队。在周边大中城市通过自设办事处和委托经销商、代理商、批发商组织客源，提供汽车接送服务。

开拓自驾车旅游项目。在旅游专号列车运行之前，自驾车旅游应有大的突破。

改善周边城市和景区内的道路交通。要有意识地接通和改善这些部位的交通条件，以快捷、方便客流运转形成规模生产力。

路线接口。至少有两个层次：一是建立区域经济意识，主动同周边城市合作，与它们捆绑发展，这就需要整合区域旅游产品，排列新的线路，共同制作新营销、新线路的宣传品；二是把林州的旅游产品，特别是拳头产品设法列入"市线""省线"特别是"国线"，并进入上述产品的营销小册子（这是需要做争取工作的）。

提高知名度的方法之一是借名扬名。用好与本地、本企业、本景点有关的名人、名事、名文资源，印制、出版各类宣传品；聘请名人做形象大使，作为间接接口把产品向市场推介。比如，对红旗渠，毛泽东、周恩来、李先念、江泽民等党和国家领导人都有过评语、题词，在制作宣传品时，应该把这些印上去。比如，李先念主席赞扬红旗渠为"山碑"，可以作红旗渠的标志。

媒体接口。人们一般不重视利用广播作为招徕工具，而林州恰恰应该把广播作为自己的选择重点。主要理由在交通接口中已经阐述。这里引用国际上一些数据、观点以作强化。

依据广播广告对林州解决交通瓶颈和争取自驾车族的重要性，以及广播广告价位相对便宜的特点，建议林州在北京市场的广播广告要常年坚持做下去；其他主要客源市场的广播广告可配合三个黄金周有选择地做一些。

每个广播广告多长时间合适？萨拉·怀特和约翰·伍兹也有评论：形象广告30~60秒，响应广告（即号召人们赶快行动的产品广告）一般30~60秒，专题专栏节目要视情而定。

选择广播为重点，也不是排斥其他媒体。所以，在出方案时，此文本作了一个"套餐"，供选择。

八、产品楔形布阵

产品只有楔形布阵，才能打入市场。每一个区域都有自己的拳头产品和一般产品，把这些产品摆成楔形；在较大的区域范围内，无数小楔形摆成的大楔形，拳头产品放在楔尖的位置上即谓之产品的"楔形布阵"。

拳头产品最能体现主题形象，是品牌及其系列的代表，具有穿透性，最能率先攻入市场。这是市场准入的一条定律。

九、形象标识设计

（一）形象标识设计理论

形象识别系统（Corporate Identity System），即人们所说的"CIS"设计。包括理念识别 MI（Mid Identity）、视觉识别 VI（Visual Identity）、行为识

别 BI（Behavior Identity）和听觉识别 HI（Hear Identity）。其中，视觉识别 VI 是 CIS 的中心部分。日本 CI 专家中西元男说：对企业理念的挖掘与重新催生，必须紧紧把握个性化特征。标识设计：是 VI（形象识别中视觉识别）之一种。基本要求是：显著性、独创性和识别性。包括：易读、易听（音节响亮，读来上口），易写、易记（过目不忘，印象深刻），着重写意，意向美好，引发联想。

设计时，要遵循 7 种要求：描述产品的成分及性能；显著区别，独一无二；易记；押韵；文字及数字组合；标识语具有引发联想、给人启示的能动价值；良好印象。

理念、口号、标识提炼 8 字原则：宏观采气，微观求义。

不论运用比附法、借名法、重点带动法、外延涵盖法、内涵提炼法、逆向定位法哪一种方法，都需"宏观采气""微观求义"；要符合实际，顺口、好记，具有唯一性、排他性。能收得拢，放得开：收拢时，凝聚起来一句话；撒出去，围绕主题千条线。这是指导产品建设的牛鼻子，是搞好全局性形象宣传的抓手，也是企业搞好产品促销的出发点、凝聚点。

（二）总体形象

1. 总体形象的提出

总体形象应具有概括性或代表性，若兼而有之为佳。现在提炼总体形象，有两种做法，或者是两大学派：虚化和实化，虚化的总体形象往往体现概括性，实化的总体形象往往体现代表性。实化的总体形象应体现出拳头产品的主要品质。如果通过实化的方法提炼的总体形象不但有代表性，还有相当程度的概括性，就应该算最好的选择。根据这种规律和目标，林州市的旅游总体形象应从拳头产品太行大峡谷和红旗渠来概括和提炼。经深层挖掘、反复比较，最终确定为：

林州览胜——太行山风骨，红旗渠精神。

2. 总体形象的阐释

仁者乐山，智者乐水。大仁大智存乎林州山水之间。

横观中华山岳，可称有风骨之山能有几座？纵览华夏历史，可称有风骨之士能有几人？林滤山为太行精华之段。中华大地，南秀北雄，林州太行古称北雄佳胜处。太行有如此巍峨骨架，才形成了这样的峡中套谷，才生成了亚洲第一高瀑，才孕育了"盛夏冰冰背""数九桃花开"等反季节奇观。闻名中外的红旗渠，不仅是一处著名的水利工程，也是一处人文遗产，是中华民族的一种精神载体，是全人类的一种优秀品质符号和物化样本。只有用"风骨"和"精神"来概括林州的总体形象，才能反映出林州旅游产品的独特卖点。集中张扬这种独特卖点，对各个层面的旅游者都具有吸引力：从政者从中端正官品，经商者从中学到诚信，老年人引起怀旧，青年人懂得奋发，忙碌者在此偷闲养性，烦躁者来此放飞心情。因而在观光中身心得到舒缓，思想受到教益，在休闲中得以充氧充电充实人格。

这一总体形象把风光与人文、观览与体验、物质与精神紧密结合，具有感官享受、愉悦情绪、境界提升的效果和市场感召力。林州的旅游产品不是小家碧玉，而是高品位、大体量的旅游绝品，这样的形象概括是与其产品品位相一致的。否则，就糟蹋了这个产品。

在评议会上，有的专家提出，可否用"人间天河网，中华智慧泉"来概括总体形象？我将此提议记录于此，以供选择。

（三）标识描述

太行大峡谷、红旗渠是林州的两个拳头产品，标识中要努力做到山水相谐。标识设计考虑了两个方案：

1. 方案之一：可考虑选拍或合成一段典型的太行山体，以一蓝色水渠斜绕山间，水渠从青年洞流出，山岩上有李先念主席写的"山碑"字样；水渠尾端消失在山脚下的田野中。此图创意为"太行山蓝飘带"。

2. 方案之二：用"LZ"连在一起的蓝色图形表示总体形象。寓意如下：

（1）其形状如在太行山上蜿蜒而下的红旗渠，此图创意为"人间天河"。

（2）其字母表示林州汉语拼音和英文 LINZHOU 的缩写，便于对内对外宣传。

（3）旁边有李先念主席题字：山碑。寓意"太行山为红旗渠作碑，红旗渠为太行山壮色"。山水呼应，天人合一，物神互变。

（4）此图其形如"山"字，代表太行山；也是英文字母"W"，为"Water"的字头，代表红旗渠的"水"。这样，林州两个拳头产品太行大峡谷和红旗渠就都体现在一个图案里。

（5）按这种创意设计的标识具有唯一性，不会在广告轰炸中被埋没、掩埋。上述两种表述虽然都与总体形象"林州览胜——太行山风骨，红旗渠精神"相呼应，但两种设计方案经比较，还是倾向于采取第二种。因为它含义丰满，且有个性，表述得简洁、明了，可以内外兼用，方便在各类宣传品和徽章中使用。建议林州及其景点都用这个标识，这样做市场促销容易形成叠加效应。否则，标识太多，形不成合力，当然营销效果就不好。

标识确定后，这个"标识"和"总体形象"可单独使用，亦可印在一起，作为林州的广告出现在报刊、电视、街头路边的广告牌和对外促销的小册子上。基于第二种标识设计思想，设计了五种图形。图形和释义如下。

3.林州市旅游标识及其释义

标识一：

这张俯视图，由美国马里兰州营销师和电脑工程师 Grace Denno 根据我的创意设计。

LInZhou．ChIna

标识一释义：

1.这是一个"W"字字母，代表英文"Water"水的含义，为水而造的红旗渠。

其形状如在太行山上蜿蜒而下，此图创意为"人间天河"。

2.此标识用"LZ"连在一起的蓝色图形，其字母表示林州汉语拼音和英文 LINZHOU 的缩写，表明红旗渠的地点。

3.此图其形如"山"，代表太行山；这样，林州两个拳头产品就都体现在一个图案里了。

美国人思维特点是崇尚简便，抓住重点，删繁就简，便于记忆，增加市场的穿透性。

以下五张图（标识二至标识六）是北京凤凰国际广告有限公司广告设计师赵坤先生专门为林州设计的作品。

标识二：

标识三：

标识二、标识三释义：

1. 这两个标识是在标识一的基础上变化而来的。加上主色调一红一绿，绿色代表太行山的优质生态，红色代表红旗渠，这样就囊括了林州两类旅游产品；

2. 中间蓝色或白色的水，由林州的汉语拼音和英文字头"LZ"组成，既代表"红旗渠"，也代表亚洲第一高瀑；

3. 这两个标识既汲取了美国设计师简捷思维的优点，又反映了中国特色和地方产品的独特性，因而海内外都可使用。

标识四：

标识五：

标识六：

标识四、标识五、标识六释义：

1. 标识的外形设计成中国"古印"的形式，阴刻文字为李先念主席的题字，以提升林州市旅游品牌的知名度。

2. 标识色调简洁明快，中间的蓝色或白色折带代表"水"，寓意驰名中外的"红旗渠"和亚洲第一高瀑。

3. 将"林州"拼音和英文的字头 L、Z 加以组合，形成水流，蜿蜒而下，此创意为"人间天河"；红绿两色被曲折的水流分割为两山相夹的峡谷形状，这样，林州两个拳头产品太行大峡谷和红旗渠就都体现在一个图案里了。

4. 标识右"山碑"题字，寓意"太行山为红旗渠作碑，红旗渠为太行山壮色"，山水呼应，天人合一，物神互变。

5. 这三个标识有强烈的中国特色，可在国内和华人圈使用。

（四）营销口号

制定口号的原则是，要符合实际高于实际。与实际不符，将来促销时受众就不知道你营销的是谁；不可一般化，一般化就跳不出来，在广告战中就被淹没了；不可太多太滥，太多太滥给受众留不下印象，效果就要大打折扣；不可一方医百病，面对不同目标市场要有灵活性和针对性。

1. 总口号

总形象即是总口号，使用场合机会较多。重复刺激大脑皮层 7 次，便产生印象；印象反复出现，便产生购买欲望；购买欲望得到机会，便产生购买行动。所以，总体形象口号的正确制定即多次使用十分重要。"林州览胜——太行山风骨，红旗渠精神"这一总口号符合上述原则，使用后会产生良好作用。

2. 有针对性的口号

针对不同目标市场和目标客源层，产品广告中应适时地变换不同的促销口号：

太行大峡谷——北雄风光佳胜处

太行大峡谷——探奇览胜休闲游的好去处（小册子、录像片中以文图方式展示奇、雄、险、高及生态休闲条件。此口号针对周末游市场）

人间天河——红旗渠

红旗渠——地球蓝飘带，中华水长城

红旗渠——世界第八大奇迹（这是海内外都可兼用的口号）

南秀北雄，林州太行北雄风光最佳处（此口号针对南中国市场，重点是长三角、珠三角）

3. 过去曾经使用过的口号

世界奇迹——人工天河红旗渠

天然氧吧——林州太行大峡谷

人工天河——红旗渠

百里画廊——大峡谷

人工天河红旗渠当代传奇

林州太行大峡谷旷世风光

红色之旅——人工天河红旗渠

绿色之恋——神奇莫测大峡谷

林州旅游 "红""绿"交辉

领略人工天河风采，欣赏北雄风光奇观

领略人工天河风采，感受北雄风光神韵

感受人工天河，探险太行峡谷

游览林州山水美景，感受北雄风光神韵

东方的科罗拉多——林州太行大峡谷

中国的水长城——人工天河红旗渠

古有都江堰，今有红旗渠

以上这些口号，在不同用途、不同场合还是可以选择运用的。

十、整合强化营销机制

党委、政府新闻、外宣部门，旅游主管部门，企业和景点要各司其职，分工合作，一致对外，形成合力。

从分工角度上讲，政府抓形象宣传，企业抓产品营销。政府和企业在明确工作重点的同时，政府和企业的职责、形象和产品的营销也是不可割裂的。

从某种意义上说，旅游资源丰富的地区，旅游形象就代表城市和地区形象，旅游形象营销就是营销城市形象。党委、政府的新闻、宣传部门，利用手中资源、资金优势宣传旅游形象，是职责之内的事，应发挥义不容辞的领导、指导和资源整合责任，以形成造势氛围和轰动效应，同时，也便于筹集资金，把钱用在刀刃上。

为了整合强化旅游营销机制，在市委、市政府的领导下，由主管的副书记、副市长挂帅（当然，最好是一把手挂帅），旅游局和相关部门领导参加的机构，统一调动力量，调配资金，落实项目，争取在短时间内，在市场上打出林州形象。

旅游局要发挥提供信息、加强汇报、上下联络、提出方案等政府主管部门的作用。因此，制定总体营销规划，策划全地区营销系列方案，指导企业分工落实方案内容，合理使用政府的营销费用，应是政府主管部门的责任；对于相对较大地区的产品群，为其披上"总体形象"的衣冠，联合对外，整体推介，应由政府主管部门牵头；为企业搭建各类平台，寻找"接口"，上通下联，也应是政府主管部门的任务。

在营销分工方面，政府营销形象，企业营销产品。政府和企业可以使用共同的标识，但企业可以使用突出自己产品特征的口号。企业应有专门的营销费用，并列入成本预算。企业应在政府作形象营销所形成的良好氛围的基础上，制订符合自己实力的营销计划，选择适当媒体，积极抓紧进行产品营销活动。主管部门要鼓励企业主动地在媒体上作产品营销，主动与周边城市搞好客源合作并给予适时地指导。

企业如果离开了政府的领导和指导，单打独斗，市场接口找不到，经常弹奏"无主题音乐"，事倍功半，难以突破；甚至同一地区多家企业哄抢客源，狭路争斗，恶意诋毁，形成恶性竞争，搞坏市场秩序。这样，一旦企业、产品名声搞坏，恢复起来要费大劲，更重要的是错过了发展机遇。对于企业而言，产品的质量和产品营销始终是中心任务。最近2~3年内，抓紧完善产品建设，仍是搞好营销的基础。大峡谷的许多景点步道不好，绿化、美化、设施完善化，装饰细腻化还差功夫，这方面应向王相岩学习。在营销方面，太行大峡谷只有模糊的知名度，尚无大计量的客源层。所谓"模糊的知名度"，是指太行山在国内很有名，但类似的景观遍山脉，要使"太行大峡谷"成为林州的品牌之一，光注册了不顶用，必须大规模、多渠道、广覆盖、强影响地开展营销活动，重要的是先声夺人，尽快获取市场认同。红旗渠在产品建设上，过去教育功能较强，这是多年努力的结果。这个功能不能淡化，许多人提出过建立"功德碑"的建议，就着当年修渠的人还健在，制定一个标准，把凡为红旗渠立过功的人统计出来，勒碑纪念。这应该成为人们学习参观的一个热点。另外，旅游休闲、"水长城"的景观建设还需加强。寓教于乐才能扩大客源层，才能具备时代发展后劲，因此，加紧建设一些可参与性强的内容十分必要。在营销方面，红旗渠虽有较高的知名度，却无明确稳定的客源层。寻找新的接口嫁接到较高的知名度上，制定形象口号高端发出鸣响，是红旗渠突破之策。

在营销宣传品制作方面，不少新的景点还没有像样的小册子；相当多的老点只有一个面孔、一种文字应对所有市场的小册子，立体的、声像的、多媒体的和针对不同客源国、客源层的专项的、多文种的宣传品还严重不足。宣传覆盖面很窄，甚至在本地区对内宣传耽搁的工夫太多。

谈到营销措施，营销有形产品和无形产品有许多共通的做法可以借鉴。比如，宁波波导徐总裁讲到他们营销的三板斧是：做广告、扶持经销商和"跳大神"（做广告要设计好；给合作者以零风险，让经销商有钱可赚；"跳大神"是指在铺面前舞之、蹈之、讲演之）。这些做法，旅游营销都可以用。要想用得效果好，那就看你如何发明创造了。最近出台的广告策划、对组团社的奖励政策和对周边省市派出大篷车，估计会收到较好效果。

中篇：十三项重点营销活动

近三年，重点对京津和晋冀鲁豫等周边省市开展总形象、多主题、多媒体、多渠道的营销活动；营销活动半径要由近到远，逐步扩大；潜力大、见效快的地方要早下手，扭住不放；要大手笔造势，细腻化求新，把促销工作做到客源层、做到大院里、做到人心上。

为此，设计了13项重点促销活动。

活动1：2003年"十一"黄金周促销方案

操作要点：

（1）先抓京津冀。在京津冀卫视作10~15秒广告，打出口号，推出拳头产品。

（2）北京的广告，重点是在交通台、经济台作有声广告，与车友俱乐部建立咨询联系，从现在开始工作，尽快撬开有车族市场。

（3）在京、津、石家庄、郑州尽快设立办事处或寻找旅游代理商，开展合作组团业务。

为了开拓周边旅游市场，把林州旅游促销半径扩大，逐步实现"旅游创名牌"战略，以促进旅游业和带动全市经济的发展，特制订本方案。

一、指导思想

1. 制定营销策划（规划）是国际通行的惯例。近一两年来国内旅游业界的有识之士也越来越认识到这一工作的重要性，开始在营销策划（规划）方面作必要的投入并尝到甜头。

2. 林州旅游业谋求突破，必须制定营销策划。林州旅游业经多年努力，已经有了迎接大发展的基础。但从差距上看，作为距离京津特大城市最近的河南城市，守着这样好的资源和区位，目前优势却没有得到明显发挥。两个拳头产品：红旗渠有较高知名度，但无有把握的市场占有率；太行大峡谷有模糊的知名度，还谈不上具有明确的市场占有率。在市场营销方面，没有下大决心、做大投入；没有提炼、设计具有磁力的总体形象和口号，致使以往的宣传游离主题；形象宣传与产品促销、政府作用与企业力量、企业之间的共同目标和各自利益没有很好地整合，所做的促销动作多数成为零星火力的游击战；没有找出目标市场、特别是目标客源层，以及正确选择交通、线路和促销接口；没有整合媒介资源，形成交叉火力、叠加效应，从而引发轰动效果；所有上述关键部位都缺乏有针对性的整体策划、分步分层实施的营销规划。

3. 从目标市场出发搞营销。抓住河南省和安阳市大投入地开辟周边省市旅游市场的良机，必须确定林州市旅游业发展的目标市场和目标客源层，要在目标市场围绕目标客源层寻找市场接口，选好宣传媒介，重点突破，循序渐进，稳步扩大促销战果。力争在这次全省发起的营销战中奇兵迭出，先声夺人，多收实效。

4.收获在黄金周，工作在平时。黄金周是断续的，平常的营销工作不能断续，而应把策划（规划）变成具体的行动计划，连贯实施。

二、目标市场

2003年是北京、天津、河北（第2年增加晋，第3年增加环渤海城市圈、长三角和珠三角以及有选择的海外市场）。

三、目标客源层

在对上述三地公众普遍进行宣传的同时，要针对老年市场、青少年（特别是学生）市场、有车族市场和家庭游、周末游、黄金周等，有侧重地进行促销。

四、形象和口号

这是对外促销的主题和纲领。形象概括得好坏，对今后促销效果影响很大。好强胜于有，有略胜于无。这次黄金周，你们先自己概括一个，9月评议后，我会提交较满意的方案。

口号的提出，要在市场上有针对性，对自己的产品有卖点。比如，太行大峡谷，对大城市的人而言，要春卖绿色，夏卖凉爽，秋卖红叶，冬卖桃花；对南方人要卖"雄"，对青年人要卖"奇"，对老年人要卖生态、卖健康，等等。

五、媒体资源整合

要根据目标客源层的促销需要，电视、广播、报纸和各类宣传品合理编织，有机配合，形成多渠道、多网络、多媒体、多角度支援的、兼顾平时和节庆的立体攻势。根据精力、财力、时间的可能，先大众，后目标层；先单一,后复合;先宽面媒体,后专栏节目。亦可按轻重缓急、参差花插编排。

六、营销接口

分交通接口、路线接口、客源层接口、特殊诉求接口。这一部分很重要,需要在总体策划中才能讲清楚;同时涉及的工作量较大,许多在这次黄金周来不及做。凡必要的接口,我尽量在本方案各个问题中插进去交代。

七、发起京津冀广告攻势

目前看,时段似从8月中旬到10月中旬为宜,"十一"过后延长一点,是考虑秋季赏红叶、天气凉爽了老干部、有车族利于出行,针对目标市场的促销工作应该跟上去。重点抓两大媒体:广播和电视。

(一)针对有车族,"占据"交通台和经济台

安阳(林州)是豫北第一市,距离京津特大城市最近,守着这样好的资源和区位,目前优势却没有得到明显发挥。原因何在?根本原因是,火车多数成了"过路车",如果大批客人去林州,返程票难以保证,因而,人们也就不去了。这就是经济学家所说的"通道效应",近的优势变成了劣势。因此,豫北六市两三年内必须解决旅游专列问题。

利用高速公路畅通的条件,把有车族市场抓住,这是解决林州旅游发展瓶颈的关键。比如,据我调查,北京市机动车已突破200万辆大关,其中,私人机动车达128万辆,私人小轿车80万辆。北京市每百户家庭拥有私人机动车30.5辆,拥有私人小汽车19辆,平均每4个居民当中就有1名驾驶员。300万驾驶员可以影响1000万家庭成员出游。目前,这300万驾驶员还达不到人人有车,但从统计分析,过去的六年半,北京的机动车增加了100万辆,第一个100万辆却经历了48年;预计到2008年,北京的机动车将达350万辆。北京已经进入了汽车化社会,这一点具有划时代的意义。

就旅游业而言,司机及其家庭是我们重要的目标市场。北京交通台是司机们爱听的台。听北京经济台的是炒股者、白领和企业老板,也是有消费能力的有车族群体。"占据"了这两个台,就抓住了有车族目前至少100万客源,如果加上其亲属、领导就是300万客源。这种市场的集中性和宣传的

"命中率"高于电视,因此,这两家电台应为这次广告攻势之首选。

而且,电台价格便宜,可以长期"占据"。经调查,北京交通台(每天3次,每次30秒)和经济台(每天2次,每次30秒)两个台套播一个月,最便宜的栏目5万元可以拿下(作专栏专访节目效果好但贵一些)。当然,还有一些收费略有差别的可选栏目,应该是物美价廉效果上好的促销手段,建议抓住不放,常年做下去。利用这两个媒体,还做点《畅游天下》的专栏节目,30~60分钟,属软广告形式,价格也不太贵,适于企业做产品广告,可请红旗渠和大峡谷一起去做专访节目。这就是本方案坚持利用手头媒体资源进行整合,使地方少花钱、收奇效的营销思路。

现在的这两个台,是黄金媒体,不仅价格看涨,而且很难排队。如果9月1日开始,8月上旬就得谈妥,中旬录音(事先写好120个字的广告词,交500元录音费)、签合同、交支票,这些办好就排队安排播出。

对于天津、河北,道理亦然。如有财力,三地的交通台可同时操作。如财力不足,可先以北京为试点,明年全面推开。

为了检验效果,两年可做个抽样对比,统计一下开车去林州旅游的人增长的比例,以坚定信心。

(二)开始做京津冀电视广告

按林州旅游局原来的安排,从2003年"十一"黄金周起,做周围省份的电视广告。旅游业是一种外向型经济,客源地在外地,因此,必须走出去到外边去宣传。这次决定做较大的投入到外省是在做电视广告,是具有重要意义的事情。但要取得好的效果,切记:不要被电视台指挥我们,而是我们指挥电视台,广告做在什么栏目、什么时段,由我们说了算。这就需要做市场调研。

1. 对三家卫视的各套、栏目收视率、价格进行调查;
2. 根据目标客源层能看到的套、栏和我们的财力进行选择;原则是选择花钱少、效果较好的栏目和时段;

据上述原则,你们自己去落实。如果有困难,第一次我可先帮助做点调研和选择,由你们最后拍板。据我目前的了解,天津台最便宜的50天(每次10秒,每天8次)需付10万元左右。河北相仿,北京价格稍高一点。为了先报预算,三地35万元,这个黄金周电视广告可能差不多。待具体协议时再力争节省一些。

3. 在调研的基础上,迅速在三地卫视上播出10秒广告。

以上广播、电视两项连同制作费,45万元可能差不多。

八、其他媒体配合方式

为解决市场接口,可在专题节目中,请名人客串;

在北京合适的地段做广告牌;

在三省市、特别是在高速公路安阳入口处竖立单臂柱(或称"一柱擎天")。

九、伴随媒体宣传同时开展的促销活动

8月中下旬组成促销小组到三地与旅行社举行业务洽谈;

9月上旬组织客源地旅行社来林州踩线;

黄金周过后,应积极通过安阳市促成豫北旅游专号列车开通,并争取红旗渠或太行大峡谷冠名权。

把红旗渠的展览办到北京等各大城市去,掀起"红旗渠热",具有重大社会意义和经济意义。

制作工会、老干部、外国使领馆、外企白领所需的专项宣传品,通过发信等形式,"把促销工作做到大院里去"。如果把说明会、大篷车、旅行社等作为促销的第一渠道的话,那么,通过发信等形式,"把促销工作做到大院里去"就是第二渠道,这是一种细腻化的渠道,其效果往往高于第一渠道,因为它的目标明确。

此项工作,坚持三年,必收实效。

十、改造现有宣传品

从客源地目标客源层需求出发,有针对性地制作专项宣传品。

按市场细分原理,改造、配套现有宣传品,尽快把针对不同国家、地区、不同客源层的专题、专项宣传品配齐,使平面、立体、声像宣传品系列

化。多媒体、多文种地制作出适应电视、广播、报刊、广场、街头、洽谈、推介、信函等不同场合、不同用途的宣传品。彻底改变一些地方、企业一个文种、一个文本包打天下，面对所有对象、应对所有场面的现状。

十一、调整、强化营销体制建设，使促销形成合力

政府抓形象宣传和负有全面指导、协调职责，上通下达外联。企业抓产品营销，要有品牌意识、先进理念，打造企业文化（在总策划方案中细谈）。

十二、落实资金，加大投入是撬开市场的关键环节之一

市局原方案资金筹集方法可行。但也要同时考虑"十一"后的促销经费，到时候再做计划、打报告，有可能出现空档，浪费机会。一般地讲，要撬动一个市场，主要是造势、打形象，政府加大投入是必要的。

上述策划提纲，要做的事很多。这个黄金周做不完，可"十一"以后接着做。因为开头的三年正赶上"非典"后的恢复期，是市场的启动期、开拓期，要在打基础上多想办法。逐步深入地做下去，目前营销中"无主题音乐"，各行其是、互相掣肘、穿透力差等弊病就可避免，林州旅游的响亮品牌就会从周边走向全国，走向世界。

主要活动经费大致可以计算出来了，如认为可行，请马上报批，以便运作。

广告投入计划见下篇的表格。

（注：以后各黄金周的方案，均可参考此方案作必要修改。原则是在巩固前一个黄金周效果、保留原来做法的基础上，根据需要作适当调整、增减。）

活动2：举办大峡谷高空走钢丝活动

操作要点：
（1）做可行性调查。
（2）做活动预算；举行这样的活动，目的不仅是为本地增加一个旅游项目，而是调动媒体掀起宣传潮，以提高太行大峡谷乃至林州的知名度。
（3）如果能寻找到女"阿迪力"效果会更好。

一、选女选手走钢丝

据《乌鲁木齐晚报》报道，24岁的达瓦孜家族第七代女传人米热古丽·尤努斯，练习达瓦孜（高空走绳）已有17年，曾在全国12个省、市、自治区表演达瓦孜。2003年5月，她曾在昆仑山吾鲁瓦提力克苏山谷在没有任何保护措施的情况下，用72分15秒的时间走完了高450米、长1680米的钢丝绳。这次挑战赛的钢索被固定在铁门关内公主峰和与其隔河相对的另一座山峰上，钢丝长1000米、高200米，由于钢丝拉成了30°的斜度，使这一挑战更具危险性。目前，工作人员正在加紧高架钢索的施工。

但后来不久有消息称，米热古丽·尤努斯在比赛中发生了事故。如果林州此活动要搞，选手是不难物色的。为了说明活动效果和作用，暂时仍拿阿迪力说事儿。

二、阿迪力简介

阿迪力·吾守尔，新疆维吾尔族人，达瓦孜绝技第六代传人，第九届、第十届全国人大代表，中国杂技家协会副主席，五项吉尼斯世界纪录保持者。

"高空王子"阿迪力走钢丝成为各地策划轰动性活动的主角。阿迪力从1995年至今成功创造了3项吉尼斯世界纪录，其中包括没有任何保险措施跨越长江三峡、跨越南岳衡山和在北京平谷金海湖高空钢缆上连续生存26天。

时任北京市副市长、假日办主任张茅说，"五一"是北京市民出游的季节，我们考虑到北京郊区会形成热点，而且平谷这个金海湖景区今年新建了很多大型旅游项目，阿迪力的表演带来了巨大效益。

2002年，阿迪力应浙江省桐庐县政府邀请，专程到桐庐进行高空走钢丝跨越富春江表演。他倒走、平卧、蒙眼走钢丝等惊险动作吸引了数万现场参观者和数家媒体前来采访。

阿迪力说："第一次到成都搞活动，房地产开发商开发的楼盘卖不出去，公司老总请我去走钢丝，走过之后，当天就卖了300多套，每天都来三四万人，当时带来的效益是1300多万元。"

2003年5月，在"世界最大的岩溶大漏斗"小寨天坑进行高空走钢丝。

活动带来经济效益6540万元。

三、网上信息披露频率调查

网上披露频率调查是市场分析的一种重要手段。

2003年11月9日上午9点，以Google为搜索引擎，以"阿迪力"为关键词进行搜索，网上信息披露频率为8400项。这一数字比著名景点红旗渠、林州太行大峡谷网上披露频率分别高1.22倍和16.2倍。这充分说明请阿迪力在太行大峡谷走钢丝对提高林州及大峡谷的知名度有重要作用。

阿迪力天坑走钢丝

四、活动应抓紧办

阿迪力走钢丝带来的轰动效应，使他与各地签约不断。但到目前为止，只是跨江、跨湖，还没有跨越大峡谷。如果林州请其走钢丝跨越太行大峡谷，定会带来很好的宣传效果和经济效益。这一点很多地方都认识到了。太行山有许多大峡谷，多为同质化资源，谁把知名度先打出去，"太行大峡谷"的旗帜谁就扛上了。这关乎今后产品的市场准入和经济效益，关乎品牌的打造和产品的吸引力，不可不争。

建议明年年底开始筹备这一活动：

调查金海湖所花费用以作参考；与阿迪力接触，制作预算；而后联系强势媒体，商谈合作事宜；市里成立专门班子，制订和组织落实活动计划；争取 2005 年"五一"黄金周前举办活动，以扩大黄金周客源。

（此活动"相关链接"见 P241 附件一。）

活动 3：市庆活动

操作要点：

（1）2004 年 9 月 8—14 日，林州"撤县设市"10 周年庆祝活动，届时将举办滑翔赛；

（2）拟定中央电视台"心连心"艺术团慰问演出；

（3）要在红旗渠迎宾馆会议厅举行乡情恳谈会；

（4）要在红旗渠迎宾馆举行摄影、美术、书法（包括所有领导、名人为红旗渠题词）展览开展仪式，展期 9—14 日（包括晚间）。

活动 4：开展"空中赏太行"活动

操作要点：

（1）此为林州重要的节庆活动，并从此把活动日常化，变成专项旅游项目；

（2）创意要新，既有地方特色，又要引起普遍关心；

（3）为使此创意产生轰动效应，开幕式请航天员杨利伟出席；

（4）成立专门班子进行落实。

在林州建市 10 周年之际，开展什么活动最有纪念意义？

创意：推出"新百年、新发现、新体验"的"空中赏太行"活动，充分利用林州一流的滑翔资源，把它办成经常性的专题旅游项目。

新百年：2004 年，是人类发明动力飞行器 101 周年，是第二个百年的第一年，在我国航天取得重大成就的时候纪念人类发明动力飞行器这一伟大事件，同时，又迎来了林州建市 10 周年的喜庆日子。把三层含义放在一起纪念，十分有意义。

新发现：林州段的太行山，是"北雄"最佳处，"空中赏太行"，有利于把"太行大峡谷"这个新项目推出去；同时，空中俯视，可以发现林州百年沧桑，十年巨变，为普通游客提供了一种认识新林州的新视觉。

新体验：国际通行的理论认为，旅游、休闲是一种体验经济。开展"空中赏太行"活动，给人的体验是全新的。

操作：建议争取安阳市委、市政府的领导和支持，由市政府和国家体育总局中国航空运动协会主办，由市体委、旅游局和航空训练基地承办，由中央电视台、凤凰卫视、旅游卫视、河南卫视、《中国旅游报》等为合作媒体，首先办好纪念活动和首游式。请杨利伟出席，纪念人类发明动力飞行器101周年，杨利伟是很可能请得动的（我可帮你们请）。

成立股份制太行航空旅行社，购买热气球和直升机，不是表演性质，而是经营性质，首游式后正式投入运营。

热气球：经咨询，热气球国产的一套7万元，湖北襄樊热气球厂的产品在国内占了90%的市场。

各类热气球

（此活动可以成立合资股份公司进行运营，飞行器可以做成产品形状，或在上面做企业产品广告。这样运作，企业应该是有积极性的。相关链接见P245附件二。）

活动5：在央视做5~10秒广告

操作要点：

（1）2004年开始，适当在央视做点广告；

（2）投入由少到多，比如，2004年、2005年、2006年"五一""十一"、春节前各做一个月（估计费用每年各70万~100万元）；

（3）请央视广告公司报一个最节省的价目表。

活动6：在央视《夕阳红》栏目作一期节目

操作要点：

（1）针对老年市场，做一期《夕阳红》节目很有必要；

（2）选择红旗渠、大峡谷为宣传内容；

（3）要事先与中央台联系；搞好采访中的接待工作，选好导游员，提供丰富的资料；

（4）请人写好脚本；

（5）请名人做嘉宾；

（6）争取《夕阳红》在央视一套、二套、四套中套播；

（7）同时在北京、天津、济南、郑州、太原等城市选好组团社，把营销和接待工作紧密结合起来。

活动7：搞好综合性促销活动

操作要点：

（1）除了参与省市促销活动外，林州要单独在主要客源市场举办新闻发布会、产品说明会、旅行社联谊会，开展丰富多彩的大篷车促销活动；

（2）这些活动要突出重点，集中力量把拳头产品打出去，切忌面面俱到，使客源地老百姓眼花缭乱；

（3）要出台对当地组团社的奖励政策，调动合作者的积极性；
（4）要不断总结经验，创造适合市场的促销办法。

活动8：树立形象广告牌

操作要点：

（1）形象标识、口号确定之后，树立形象广告牌十分必要；

（2）在京珠高速路出京路口处、安阳市京珠高速公路入口处各竖立起一个单臂柱，启用新的标识、口号；

（3）在北京西单文化广场、郑州合适的部位各做广告牌一块，以红旗渠或大峡谷风光为底，印上新的标识和口号。

活动9：邀请记者、作家写文出书

操作要点：

（1）邀请国内知名作家、散文家、摄影家、诗人和重要媒体记者采风，遴选优秀文章供报刊发表；

（2）在召开各种促销会时举办名文、名诗、名照、名画展览；

（3）在《中国旅游报》和省市报纸上举办"林州杯有奖征文活动"；

（4）与以往发表的优秀诗、文、画、照结集成书出版，作为宣传品、纪念品、收藏品、礼品出售和赠送。

活动10：创作《红旗渠》影视剧

操作要点：

（1）红旗渠的建设可歌可泣，编一部电视剧一定能感动观众，请一位作家编写《红旗渠》电视剧很有必要；

（2）江泽民、李长春同志多次提出发扬红旗渠精神，可否在加强社会主义文明建设方面申请经费，把红旗渠展览办到全国各大城市去；

（3）电视剧编成后争取在中央台黄金时间播出。

活动11：争取把一篇写红旗渠的优秀文章选进教科书

操作要点：

（1）写某地的诗文如被选进教科书，这个地方就会出名因而日后成为著名的旅游目的地，这样的事例不胜枚举；

（2）红旗渠精神代表的是民族精神，有东西可写，有资格成为教科书文章描写的对象；

（3）要在作家、记者、市民中广泛开展有奖征文活动，遴选最优秀的作品报送专门评委会；

（4）对选上进入教科书的作品给予重奖。

活动12：建立旅游网站

操作要点：

（1）建议取网站名为"人间天河网"；

（2）申请域名；

（3）决定网站运营方式，比如是托管还是虚拟空间；

（4）收集、编辑图文资料，依据市场和自己的产品特点组织专题、专栏，设计点击查阅便捷方式；

（5）为提高点击率，需要通过媒体对自己的网站进行宣传，或是在有关网站上进行友情链接；

（6）必须培养训练专门人才，网上的信息要不断更新，使"人间天河网"站成为林州旅游局的自有媒体。

活动13：适时开展反季节促销活动

操作要点：

（1）搞旅游最忌"半年忙活半年闲"，反季节营销十分重要；

（2）扩大效益有两个重要办法：一是延长单个旅游者逗留天数，这要靠产品的丰富性；二是尽量缩短淡旺季差别，这要靠产品的多样性；

（3）反季节旅游项目的开展，要把城市和乡村、林州与周边、红旗渠与大峡谷、目的地与客源地代理商捆绑发展,利益共享,达到双赢。

(4)林州夏季要卖清凉,"冰冰背"是个好资源,要与大峡谷优质生态一起打造避暑产品向城市卖;冬季要卖"赏桃花、看雪景、过大年、放鞭炮"等农家乐产品,打包出售;

(5)关键是设计好产品,并通过媒体和走出去促销以及选好代理商等办法,把产品卖出去。

以上13项活动,3年内不一定全实行,可以从中选择实行之。

下篇:林州近三年旅游营销广告投入规划

要使林州在三年内知名度有较大提高,总体形象在市场上得到确立(人们看到标识就会联想到林州),客源实现倍增,营销总投入不少于3000万元。具体分为三块:媒体广告投入不少于1000万元;印制宣传品、建立网站、大篷车、展销会、海外促销等1000万元;开展各项活动专项促销经费1000万元。平均每年投入1000万元。这笔费用不含产品建设费用。每年媒体广告投入的原则是:

1. 因为财力有限,主要市场的电视广告围绕黄金周前后各做两个月,共6个月;

2. 针对有车族的电台广告价位合理,要长年不断地做,这样效果才能好;

3. 随着宣传营销半径的扩大,省市媒体要逐渐增加;

4. 各媒体节目价码、档位要逐步提高,以增强营销的市场穿透力。

1000万元媒体广告营销费用分配如下:

林州旅游市场营销经费分配计划表（2003年）

单位：万元（人民币）

年份	时段 媒体	"十一" 黄金周	春节 黄金周	市里平面 媒体形象 促销	企业产品促销	总计
2003年	北京交通台	6（两个月）	6（两个月）		由红旗渠、太行大峡谷等企业在电视、电台或平面媒体上作产品专访节目、产品广告，资金自筹	
	北京经济台	4（两个月）	4（两个月）			
	北京卫视或中央台	15（一个月）	30—40（两个月）			
	天津交通台（电视台）	11.78（两个月）	11.78（两个月）			
	河北卫视	7.88（一个月）	7.88（一个月）			
	平面媒体：		10（大河报等郑州报刊）	邀请记者20人采访		
合计	五家媒体	44.66	79.66	4	2	130.32

（1. "十一"黄金周广告投入，是按45万元计划作的，五种媒体，都是选择最低价档，投放44.66万元；

2. 为巩固效果扩大战果，春节黄金周投入要增加。1月22日春节，把新年带上，做12月、1月两个月的广告投入，计划需"十一"黄金周一过即着手，而且要比前一个黄金周力度要大。预计83.66万元。）

林州旅游市场营销经费分配计划表（2004年）

单位：万元（人民币）

年份	时段 媒体	"五一" 黄金周	"十一" 黄金周	春节 黄金周	企业产品促销	全年
2004	北京交通台	10	10	10	企业自筹	
	北京经济台	10	10	10		
	北京卫视 中央电视台	30 30	50 40	30 30		
	天津交通台	5	5	5		
	天津电视台	15	15	15		
	河北交通台	5	5	5		

续表

年份	时段媒体	"五一"黄金周	"十一"黄金周	春节黄金周	企业产品促销	全年
2004	河北卫视	15	15	15	企业自筹	
	晋、鲁、豫交通台	15	15	15		
	京津晋冀鲁豫日报、晚报、《中国旅游报》《中国旅游》杂志	20	20	20		
合计	各家媒体	155	185	155		495

林州旅游市场营销经费分配计划表（2005年）

单位：万元（人民币）

年份	时段媒体	"五一"黄金周	"十一"黄金周	春节黄金周	企业产品促销	专项、主题活动	全年
2005	北京交通台	10	10	10	企业自筹	另作预算	
	北京经济台	10	10	10			
	北京卫视	30	40	30			
	中央电视台	30	50	30			
	天津交通台	5	5	5			
	天津电视台	15	15	15			
	河北交通台	5	5	5			
	河北卫视	15	15	15			
	晋鲁豫交通台	15	15	15			
	京津晋冀鲁豫日报、晚报，《中国旅游报》《中国旅游》杂志	20	20	20			
合计	各家媒体	155	185	155			495

林州旅游市场营销经费分配计划表（2006年）

单位：万元（人民币）

年份	时段 媒体	"五一" 黄金周	"十一" 黄金周	春节 黄金周	企业产品 促销	专项、主题 活动	全年
2006	北京交通台	10	10	10	自筹	应另有预算	
	北京经济台	10	10	10			
	北京卫视	30	40	30			
	中央电视台	30	50	30			
	天津交通台	5	5	5			
	天津电视台	15	15	15			
	河北交通台	5	5	5			
	河北卫视	15	15	15			
	晋鲁豫交通台	15	15	15			
	京津晋冀鲁豫日报、晚报，《中国旅游报》《中国旅游杂志》	20	20	20			
合计	各家媒体	155	185	155			495

关于预算的说明：

1. 上述四张表格所列预算仅为媒体营销预算，总计1615.32万元。时间上超过了三年，如到2006年"五一"黄金周后截止，预算为1285.32万元（此处如仍按1000万元预算，不足的部分由下一项印制宣传品费用中补齐）。这样，媒体营销预算平均每年430万元左右。这个费用不是平均使用的，第一年预算较少，以后年份平均每年495万元。

2. 三年中，营销还需要其他方面的费用，比如制作印刷、声像宣传品，建议补足。

3. 开展十大活动的营销费用也需要作1000万元预算，其中包括借奥运之机，加大对北京的路牌广告的专项宣传，从2006年开始，每年投入150万元。

以上价格都是执笔人向媒体咨询后做出的预算。望按计划执行，拖后了可能价格要调高，3000万元就不够了。

除了已经设计的专项活动促销费用外,还要加大海外促销力度,参加河南省、安阳市的海外促销团,还要在周边国家和地区增加营销投入,争取自主组团赴日、韩、东南亚和中国港澳台等国家、地区开展营销活动。从2004年开始,三年内预算100万元人民币,平均每年30万元海外营销费用。

4. 这样,三年营销总支出3000万元,平均每年1000万元。这笔费用包括媒体宣传费用、宣传品、网站、广告牌和开展重大活动的费用。

5. 为不误事,每年年初旅游局应报全年预算,一次批复,然后执行。如果一案一报,往往耽误时间,也不利于提前策划和运作。

附件:

一、活动2相关链接

链接1:时间不等我们 我们要追时间
——访达瓦孜第六代传人阿迪力

一个人,一根竿,一条索。这个从喀什走出来的新疆小伙子被1800万新疆人民视为"英雄",还有什么人比自己的英雄更能代表自己说话呢?于是,在第十届全国人民代表大会的会场,我们见到了阿迪力。

阿迪力·吾守尔:新疆维吾尔族人,达瓦孜绝技第六代传人,第九届、第十届全国人大代表,中国杂技家协会副主席,五项吉尼斯世界纪录保持者。

以前看见阿迪力都是仰视,人在高空,一身红衣。当他身着一件普通的黑色皮夹克出现在平稳的地面时,我发现了一个身材并不高大、眼神无比清澈的阿迪力,一个更为真实的阿迪力。

"只要鹰能飞过的地方,架上钢丝,我就能走过去",阿迪力是达瓦孜(高空走绳)绝技的第六代传人。达瓦孜在新疆已经有2000多年的历史,阿迪力的先辈——吾守尔家族一直以这项充满危险和挑战的技艺为生,曾经到北京给乾隆皇帝表演过,吾守尔家族的第二代还曾受到英国、法国的邀请出国表演。

1995年,当美籍加拿大人科克伦在三峡首创吉尼斯世界纪录后,阿迪力异常激动地宣布："我可以比他走得更好！"经过两年的筹备，阿迪力终于以 13 分钟跨过 640.75 米钢丝刷新了科克伦的纪录。这是他事业高峰的开始，从此一发而不可收，他屡屡向吉尼斯纪录、向生命极限发起冲击，所以才有了如今这个连创 5 项吉尼斯世界纪录的"高空王子"。他说："只要鹰能飞过的地方，架上钢丝，我就能走过去。"

"我事业的顶峰在 2008 年"，有一本描写阿迪力高空生存纪实的书——《惊心 22 天》，书的封面是阿迪力年轻的妻子抱着幼小的女儿抬头仰望远处高空中的丈夫。

当记者问阿迪力怎么看待危险时，他说：这个问题非常简单，我们每个人每天都会有危险，坐在家里都可能有危险。我在上海的时候，突然麻绳断了，半身骨折，医生告诉我说，不能再走了，我特别遗憾。但经过精心的治疗，我又站在了钢丝上。

我已经走了 20 多年的钢丝，我的目标是 2008 年达到我的事业的顶峰。之后还可能再走，我父亲走到了 72 岁，我至少要走到 50 岁吧。以后可能将达瓦孜活动发展到国外，这个想法变成事实要有一定的时间，时间不等我们，我们要追时间。

链接 2：阿迪力的两个人大提案

"我是 1998 年开始当选人大代表的，也是从那时起开始学汉语。"

他的汉语远比我们想象中的好许多，操着一口充满新疆味道的普通话，阿迪力一上来就围绕着正在举行的两会滔滔不绝地讲开了：

"我是代表 1800 万新疆人民到北京来开会，不是来吃饭的，不能让新疆人民说我到北京吃完饭就回去了……"

"在人大会上，我最关心教育问题，我们新疆很多家庭一年不吃不喝，也攒不够孩子上大学的钱。我希望国家在这方面多给新疆一些支持，让孩子们都有钱上学，我们新疆就有自己的人才了。到 2010 年，我们新疆就可以有现代化的城市了。"

第一个提案——旅游可以让地方经济活起来

当记者询问阿迪力给人大提交的是关于什么的提案时，阿迪力身上的幽默细胞又开始蠢蠢欲动："这是保密的，你事先知道了就不好办了，呵呵……"

随即他收敛了笑容，开始认真而略带激情地讲起他的提案：

"第一个提案是旅游方面的，在旅游方面国家应该加大投入。旅游能够非常显著地增加地方收入，我去泰国、马来西亚、日本……很多国家70%的收入来自旅游经济。中国的旅游资源非常丰富，尤其是民族旅游资源。"

阿迪力越说越兴奋。

"柯受良飞跃黄河，让世界上更多的人知道了中国有条黄河，就会有更多的人来黄河旅游。2002年我们在北京平谷金海湖国际桃花节，带来收入6540万元。我们在湖北一个县搞活动，自己县本来16万人，活动时又来了16万名游客。"

第二个提案——我要办民间文化基金会

"中国的民间文化在流失。"说到这里，阿迪力的眉头皱到了一块。中国民协发布了一个报告，报告显示，我们的民间文化相当一部分已经或正在流失。中国的民间文化，不只局限在汉族，而且是56个民族的民间文化，但是现在没有被保护起来，没有很好地被发扬。

"民族语言和民族文化是可以体现一个民族的最佳方式。"

"2003年的达瓦孜节，我要把表演得来的钱全都捐献出来，成立一个'民间文化基金'。"

"我要做一名文化艺人。"阿迪力把语调的重心放在后面，他没有过多地阐释"文化艺人"的内涵，在他心目中，"文化艺人"是一个很难到达的高度。

链接3：商业运作

"凡是我搞活动的地方，地方上都没有吃亏。"

新疆喀什达瓦孜节到2003年已经连续三届了。

"达瓦孜节是我的创意，以前没有。达瓦孜已经有2000多年的历史，但是达瓦孜节是从我才开始有的。"阿迪力露出孩子般的微笑，自豪已经在脸上表露无遗。

"按照我的经验，凡是我搞活动的地方，地方上都没有吃亏，我们喀什第一次搞达瓦孜节，当时不卖票，但整个喀什还是收入了3300多万元人民币。"

"第一次到成都搞活动，房地产开发商开发的楼盘卖不出去，公司老总请我去走钢丝，走过之后，当天就卖了300多套，整个楼盘不到三个月就销售一空。"

"我还曾到南疆县一个非常荒僻的村里搞过活动，他们要搞旅游开发，没人知道这个地方，我搞了三天活动，每天都来三四万人，当时带来的效益是1300多万元。2002年在平谷金海湖带来了6540万元人民币，现在邀请我的人特别多。"阿迪力说他2003年最重要的事情就是为民间文化基金会筹款，用活动表演赚的钱支持民间文化基金会。

"我现在有一个阿迪力公司，专门负责相关活动的组织安排。"谈到未来，阿迪力充满信心，因为达瓦孜已经打响了阿迪力自己的"品牌"，现在正是达瓦孜发展的最好时机。32岁的阿迪力还年轻。

阿迪力2003年活动计划

时间	主要活动
5月	奉节 天坑（666米高 622米长）
6月30日	第三届达瓦孜节
7月13日	慕田峪长城
8月	新疆天池（高空生存）冲击吉尼斯

阿迪力部分活动收益

活动	地点	收入（万元）	游客人数（万人次）
第一届达瓦孜节	喀什	3300	30
第二届达瓦孜节	喀什		20
	南疆县某村	1300	3.5万/日
国际桃花节	北京平谷金海湖	6540	65
	湖北某县		16

二、活动 3 相关链接

热气球可以由出资企业制作成广告型气球，这在国外已有先例，为使林州的企业向他们学习，附图如下：

直升机：国产的较便宜，北京科源公司 AD200，载一个大人一个小孩，连续飞行 1000 公里，25 万元左右一架；北京航天大学研制的蜜蜂系列，可乘 2 人，连续飞行 200 公里，单价在 20 万元左右。

这是一个高投入高收益的项目，请有实力的公司参股。靳市长多次提到，安阳有亚洲最大的国际跳伞滑翔基地和安阳航空运动学校，如果他们跳出少数专业人员和爱好者的狭窄圈子，参与"鸟瞰太行"项目开发，把国际国内、教学培训和开发旅游、专业人员与普通游客、择日表演与常年经营相结合，也许会闯出一条新路。至于飞机问题，可以由公司独家经营，当然，也可与厂家合作，用票款提成的办法来偿还。

注意事项：

说干就干，做出规模，培养专业人员，为游客上保险，加强营销力度等。

三、专家评议会结论

2003 年 11 月 16 日，专家组在林州市举行评议会，对邵春先生策划和执笔的《林州旅游市场营销策划方案》进行评议（所以称评议会，是因按规划通则要求，营销规划还不是必做的，评审会不是必经程序）。

专家组成人员：

林永匡（中国社会科学院教授、博导，四川、山西、陕西等省诸市经济和旅游顾问，美国耶鲁大学邀请访问学者）

杨乃济（北京旅游学院教授、旅游科学研究所名誉所长、享受国务院特殊津贴的专家）

李文珵（中国生态旅游专业委员会副理事长兼秘书长）；

苟自均（河南财经学院旅游系教授、河南省商品学会秘书长）；

张毅兵（河南省旅游局市场处处长）

韩永昌（安阳市旅游局局长）

甄浩、荣蓉（北京、天津两家旅行社总经理）

专家组听取方案汇报后，进行认真评议。指出：这是全国最早的县域旅游营销规划之一，由于没有先例参考，创新创意很多，专家们赞赏有加。我不愿意把这些旅游业大腕们夸奖的《纪要》原文登出，因为我到了"挂靴"的时候，不想为自己造势了。包括10多年前有人建议我出几本书，序言和文稿都准备好了，我还是压下来没出。目的就是不愿意为利益造势。本着这一原则，删节了过于褒奖的意见。

这次评议会结论如下：

《林州市旅游市场营销策划方案》
专家评议意见

2003年11月16日，在河南省林州市举行林州市政府主持召开的《林州市旅游市场营销策划方案》（以下简称"方案"）评议会。来自省内外的专家组成了评议专家组。安阳市旅游局、林州市委、市人大、市政府、市政协，以及林州市旅游局、市直有关部门和有关乡镇领导参加了会议。会议认真听取了方案主笔人邵春的汇报，对文本进行了认真评议。专家组经过合议一致通过方案，并形成如下意见：

1.方案设计系统全面，分析论述透彻，观点正确，策划方案紧密结合林州实际，具有独创性和可操作性。

2. 方案文本图文并茂，言简意赅，重点突出，特色鲜明。

3. 方案策划的项目新颖、大气，为大营销、大手笔的精品之作，实施后能够产生强大市场影响，符合大旅游、大产业、大发展的战略思想。

4. 方案项目安排科学有序，协调性强，能产生影响力放大效应。

5. 评议组认为该方案具有较高水平，是一项优秀旅游营销方案。

评议专家组组长（签字）

秘书长（签字）

四、后续的工作

规划评审完，我仍然在跟进。比如中篇13项活动，要一一联系落实。第11项活动是请作家写文章，争取有一篇能进入教科书。这件事我费了九牛二虎之力，未能完成。征文不满意，我决定自己操刀，写了一篇散文，题目是"林州如歌"。文章先后在《中国旅游报》和《人民日报》上发表。现转载如下。

林州如歌

桑耳庄——当哭之悲歌

太行东起辽海，环燕赵，界淇水，断漳河，自恒岳以达林州，史称林虑山。此山，纵长40公里巨嶂与东侧盆地形成千米高差，是太行最为奇绝雄险的一段。特殊的地理地貌使林州水贵如油，这里的人们世世代代熬着干渴的岁月。

桑耳庄，林州盆地上的一个普通小村。中华人民共和国成立前，有一年大年三十，桑林茂老汉到十几里外的黄崖泉挑水，早上出发，天黑返回，新过门的儿媳妇出门去迎接。由于天黑路滑，儿媳妇接过担子没走几步，就摔倒在地，把一担水撒了个精光。林州，是中国传统的"二十四孝故事"中"王祥卧冰"和"郭巨埋儿"的发生地，"孝为德之首"，是这里纯朴民风的重要内容。儿媳妇把全家人过年的水洒了，心中愧悔，于是，悬梁自尽。大年初一，桑林茂老汉葬了儿媳，带领全家逃水荒去了。

这个悲剧，不仅是桑老汉一家的遭遇，千百年来，在林州许多村庄，类似的悲剧不断上演。人们连吃的水都如此奇缺，还能有水浇田吗？十年九旱，赤地万顷，饿殍遍野。水，真的是老百姓的命脉。水不解决，悲歌难绝。

红旗渠——堪颂之壮歌

中华人民共和国成立了，为了不让桑耳庄悲歌重唱，刚刚医治了战争创伤的林州人民，又喊出了"流汗流血不流泪"的口号。从20世纪遭受严重自然灾害的60年代初开始，苦战10年，靠着锤、钎和双手，削平了1250座山头，凿通了211个隧道，架设了152座渡槽，硬是在山大沟深的太行山腹地，建成了总长达1500公里的人工天河——红旗渠，谱写了一曲惊天地、泣鬼神、气壮山河的创业凯歌。红旗渠的"英雄谱"彪炳千秋，永载史册。

最有名的英雄当数"二贵"。指的是当年县委第一书记杨贵、县长李贵，被誉为"二贵闹太行"。在当年的工地上，他们既是指挥员，又是战斗员，日夜与老百姓同呼吸，共命运。老书记杨贵要求水利部门对施工方案要精确设计，确保460多米高程的水渠蜿蜒曲折经多处隧道顺利流过分水岭。如果人民拼上性命修成的水渠不能合龙，成了"废渠"，他指着水利局长段毓波说："我俩就从这太行山上跳下去，以向人民谢罪！"这也许就是红旗渠能够修成的答案之一。

写到这里，我不由得被那个年代干部的身先士卒和崇高的责任心而感动得泪水涟涟。一个人做了好事，永远值得后世纪念。修建都江堰的"二李"（李冰父子），2000多年过去了，人们仍没忘记他们的恩泽。同样，修建红旗渠的"二贵"和众多英雄们，也永远值得人民的尊敬和怀念。

修建红旗渠，是扭转林州每一个人命运的一次决战，因而，这英雄的队伍是群众性的：妇女突击队、排险英雄班、掘进模范、执钎能手……一串串英名都在普通百姓中。那个年代，是国家最困难的时期，干那么重的活，只吃几两粮食，不足的靠"瓜菜代"，许多人身上浮肿。上级下令停工，民工就是不从，仍然坚持战斗。参观时，我无意间发现在渠堰石块上每隔一段就刻上"××村""××队"的字样。导游告诉我：这是当年人们自觉刻上的,以示"质量问题,永世负责"之意。这些从不把"诚信"挂在嘴上的农民,却把诚信的品格发扬到了极致。

在困难和敌人面前,林州人民有石头一样的坚硬性格。当年日寇铁蹄没有践踏到林州的土地,"因为全县没出过一个汉奸!"年轻的村民无比自豪地对记者诉说父辈的光荣,显然,他们的精神世界已经融化了这份遗产。

啊!我明白了,不仅仅是苦干,红旗渠精神是多种优秀品质的集合。她是历史的,也是时代的;她是传统的,也伸向未来。红旗渠的精神已被誉为"地球的蓝飘带""中华的水长城",凝固在太行山腰上。对这一精神的赞扬,已由李先念主席题写的"山碑"镌刻在"青年洞"的峭壁上。然而,要让她成为人民的"心碑",还必须牢记:"红旗渠是一个典范,它体现的'自力更生、艰苦创业、团结协作、无私奉献'的可贵精神,不仅是林州的、河南的精神财富,也是我们整个国家和民族的精神财富。现在物质条件好了,但红旗渠精神不能丢。"

石板岩——"这里的石头会唱歌"

太行山大峡谷的精华地段在石板岩乡。这里峡中套谷,谷中套峡,谷谷有水,峡峡有瀑。飞龙峡幽深险峻;桃花瀑高346米,号称亚洲第一高瀑;一线天、鲁班豁、仙台山、王相岩、双猴对弈、天狗吞日……大自然造化的石景看不够、赏不完。更让人拍案称绝的三处奇景是"猪叫石""冰冰背""桃花坡"。

峡谷中有块巨石,据称有"预报"功能:每当喜事临门或遭遇天灾人祸,这块石头就发出"哼哼"的猪叫声,白天哼哼有喜事,晚上哼哼出坏事;大事大哼哼,小事小哼哼,有时哼哼得石头直颤。市里的干部们说,这不是迷信,屡试不爽。香港回归、加入世贸、申奥成功的头一天,这块石头都"哼哼"过。北京的不名物研究协会也为此前往考察,其中奥妙至今未能破译。我姑枉听之,记下备忘。

第二奇景为"冰冰背"。我经亲自考察,此事不虚。在太极山景区,绿草树丛掩盖的石缝里,无不冒出飕飕冷气,侵入肌骨。凡是大一点的石隙、山洞里,都夹着冰块。整个山谷,是真正的"清凉世界"。夏季爬这样的山路,人们不会大汗淋漓,只要在石缝处站上一小会儿,就感到冷气袭人而赶快离开,继续爬山赏景。

第三奇景是"桃花坡"。在桃花谷景区的山坡上,生长着一片片山桃,名曰"胡桃",果不能食,但可入药。每当冬季,大雪满山,冰凝成瀑,桃花却顶凌开放。"三九赏桃花",是太行大峡谷的一项特色旅游节目。

其实,无论冬夏,这里的山情石趣都能打动你。笔者在一户农家小院门口的石板上,抄下了几句《石板岩民俗简介》:

"客人何处来?客自山外来;客来为何事?客来问山事。石街、石院、石板场、石地、石柱、石头墙、石碾、石磨、石谷囤、石梯、石楼、石板房、石桌、石凳、石锅台、石臼、石盆、石水缸、石磙、石槽、石头坑、石龛、石炉、石神像……欲解山中事,曲径入柴门。"

旅游业使农民在自家小院里做出了很有特色的石头文章。人们不禁感叹:"这里的石头会唱歌。"

时代变了,资源的价值也在变。20 世纪 50 年代,这太行大峡谷与世隔绝,水果和药材烂在山里运不出去,外边的日用品运不进来,因而有了全国闻名的"扁担精神"。这次,给我派的导游叫莫莉花,是位山外平原上长大的姑娘。小时候不听话时,妈妈就吓唬她:"再哭,长大了把你嫁到石板岩去!"于是,小莫莉花就敛住了哭声。在孩子们幼小的心灵里,这拦路的大石头与"大灰狼"是一回事。而现在,隧道公路修进了山,旅游业使农民发了家,许多山外姑娘愿意往山里嫁。在城里的旅行社当导游的莫莉花也三天两头带客人进山,只要有可能,她就在山上石屋里住一宿。这山里的石头成了宝贝,姑娘们也爱上了山区。

四部曲——路攀高放豪歌

总结林州的发展历程,曾在河南任省委书记的李长春概括说:60 年代,几十万百姓战太行,奋斗十年,修成了红旗渠;80 年代 10 万大军出太行,修渠锻炼出来的石匠、瓦匠们组成施工队,开赴北京、天津、郑州等大城市;90 年代外出的人返乡富太行,在外边发了财的林州人,回来大办乡镇企业,成了农民发家致富的带头人。于是,涌现了一大批如史家河、定角村这样的亿元村,林州农民纯收入和银行存款都连续多年居全省县级之首。2004 年,市委、市政府又作出了百万人民"美太行"的战略决策:"工业创强市,城建创精品，旅游创名牌，环境创一流。"

据我对林州人的了解，有理由相信，经过"美太行"战略的实施，林州必将建成优质的生存环境和一流的旅游环境。

一路攀高放豪歌。战太行—出太行—富太行—美太行，这"四部曲"是林州的里程碑，她标志着林州的光荣历史，也昭示着林州的美好未来。

林州如歌——悲歌、壮歌、豪歌，曲曲气壮山河，曲曲奋发昂扬。写《林州如歌》，是让世人倾听中华民族的"进行曲"，以歌言志，踏歌前行。

〔注：此文原载2004年10月8日《中国旅游报》，《人民日报》（2004年12月18日第八版）转载。我非常感谢《人民日报》的领导和编辑编发此文。但文章上课本的努力没能实现，原因是对红旗渠有不同评价，不说自明。姑且记之，留待历史评说吧。〕

我多次应邀去林州调研、采访。比如，2002年6月，红旗渠纪念馆建成，市委、市政府邀请我去参加开馆典礼。2016年9月，市委书记李军又邀请我去为林州的文化项目作策划，并陪同我们在林州干部学院学习考察后合影留念。

Part 4 例说篇

举案明理　举一反三

罗曼·罗兰说：创意是人类历史进化中永远有效的契机。

王夫之说：意犹帅也，无帅之兵，谓之乌合。

这两位思想家一中一洋，相差 200 多岁，但讲的是一个道：强调创意的重要性。

创意是创新之母，创新是创意之子，带有创意的策划才能发现创新的契机；没有创意的策划，就是豆腐账。拿到实践中，也不会产生创新的效果。

我从自己营销策划实践中选取 15 个案例，进行剖析，供旅游从业者和院校师生参考，已达举案明理、举一反三、抛砖引玉之效。

第十六章 口号提炼

——招资本找卖点：为象山口号创作和释义，4个月招商100亿元

营销口号的打造，关系区域形象的提炼，是规划的难点之一。好的形象设计，是政府发展旅游产业的"抓手"，是企业进行产品建设的"依据"，是市场营销的一面"旗帜"，也是招商引资的巨大吸引力。

应国家发改委马志福博士和象山旅游局局长陈方平之邀，2003年年初我来浙江象山县考察，对象山的形象定位进行了研究和探讨，写出了这个旅游形象策划文案。我设计的象山口号是：**东方不老岛，海山仙子国**。

方案做出以后，象山召开全县干部和投资商参加的大会，由我来讲解创作这句口号的依据。

我在调研中，曾经问陪同的县领导：你们认为什么最能代表象山的形象？他们告诉我，县城边上有座山，像一头大象，因而我们的县名叫象山，"大象"就是我县的形象。我以"象山"为关键词上网一查，竟然有20多个。概括形象，要提炼独特卖点，口号才有唯一性、排他性。哪里都可以用的口号，将来传播效果会打许多折扣。

"东方不老岛"，是说象山有丰富的养生资源：古代这里叫"丹城"，因为陶弘景在这里炼过仙丹；海里有许多岛屿，是秦皇汉武来此地寻长生不老药取的名字，这些说明象山有丰富的不老文化底蕴。自然资源也特别好：象山的男人多数吸烟，但没有得哮喘病的，医院里取消了哮喘科，这说明象山空气中负氧离子很高；象山的姑娘身材修长，平均小腿骨比别处的姑娘小腿骨长2厘米，说明海鲜钙质含量高；老年人长得年轻；我们请专业队伍测验，空气、海水、土地质量指标超过许多地方，百岁以上老人比例数等，达

到长寿之乡的标准。这里是地地道道的"不老岛"。

晚上,我看县志,有数百首古诗词赞扬象山,其中文天祥在抗元途中,船过象山涂茨镇乱礁洋海域时,据舟行所见,写了《过乱礁洋》这首诗:

海山仙子国,邂逅寄孤篷。万象画图里,千崖玉界中。

风摇春浪软,礁激暮潮雄。云气东南密,龙腾上碧空。

描景状物,抒发胸怀,危机中见壮阔远景。我择取第一句"海山仙子国",取其女子飘飘若仙,长袖善舞之意,与"东方不老岛"搭配,实虚相谐。这样美幻的象山,是个休闲养生的好地方。我又帮助设计了几类养生产品。杭州湾大桥修通后,上海到象山节省了2小时,产品正好应市。

讲课前,让旅游局挂一张世界地图,我用直尺从夏威夷到佛罗里达画一条直线,象山就在这条直线的延伸线上。地理知识告诉我们,纬度相同,气候、植被、矿产等就基本相同。我问大家:夏威夷、佛罗里达早已是世界知名的旅游度假区,象山成为这样的度假区为时还远吗?我看到企业家席位上骚动起来:"马上投资去!""去晚了,项目就拿不到了!"

我的方案交给了旅游局,在县里各部门配合下,不到4个月,100亿元投资到账。政府对外发出布告:今后改招商为选商,1亿元以下的投资不要了。

买方市场变成了卖方市场。解决了很多地方招商最头疼的问题:投资很碎,主体太多,素质不高,恶性竞争,政府没有主导权。

这个口号经过释义和初步宣传,首先得到了投资商的认同,顺利地完成招商引资任务后,为了大众市场认同,象山做了一系列口号形象推广工作。重要措施之一就是编歌传唱。2004年,推出著名歌唱家张也演唱的《海山仙子》,在象山山海岛滩渔港现场录制,后来在网上唱红。歌词抒情婉约、意境缠绵,摄人心魄,突出了营销口号中的"不老文化""海山仙子"元素:

天佑壮丽的波光,一梦五千年。水吻妩媚的海岸,蓝色依双肩。风中传递的渔火,灿烂无边。打捞幸福的人们,笑在山水间。山连海啰海连天,举目风景如画卷。一把明珠撒在东海边。人间仙子风情万千,人间仙子风情万千。

地捧不老的花朵,处处闻香甜。山偎柔软的沙滩,飘飘已成仙。阳光温暖的渔歌，情意不断。创造快乐的人们，海上生风帆。山连海啰海连天，渔家儿女最缠绵。一腔古朴永远不变。人间仙子风光无限，人间仙子风光无限。

山连海啰海连天，渔家儿女最缠绵，一腔古朴永远不变，人间仙子风光无限，人间仙子风光无限，风光无限，风光无限。

为了传播口号，他们还举行网评。2016 年，使用了 12 年的"东方不老岛，海山仙子国"仍被评为优秀旅游口号。

下面是我写的口号策划方案的主要内容。

东方不老岛　海山仙子国
——中国象山旅游形象专题策划文案

象山的形象定位应该是"东方不老岛，海山仙子国"。建设一个以旅游休闲、养老健身为主要内容的特色景区；建成中国传统孝道和现代文明相结合的社区样板；拉起一条以旅游休闲业、房地产业、生物制药业等强势产业相结合的、体现 21 世纪"健康长寿时代"为主题的产业链，进而使之成为拉动象山、宁波乃至浙江经济的引擎之一。

为使这一策划站得住脚并达预期，必须提炼出象山的独特"卖点"，回答好这样几个问题：以什么概念来概括象山旅游形象？符合这种形象的产品市场是否有需求？本地是否有条件？国内外是否有成功的典型可参照？打造什么样的品牌才不辜负象山山水？

一、象山的形象

1. 形象提炼的重要性

形象是资源配置的凝聚点，是产品制作的创意点，是市场营销的兴奋点，是主题阐述的出发点，是项目收拢的归宿点。

形象概括差之毫厘，项目建设偏以千里。好的形象提炼，应该是放得开，收得拢。撒出去，围绕主题千条线；收回来，凝聚起来一句话。我衡量一个形象主题的好坏，常常用反推法：如果没有形象提炼，所有的项目"收不拢"，就成了"无主题音乐"；如果形象概括外延很窄、很偏，将来的产品要么很单薄，要么与市场需求谬以千里，成了"白花钱、白费劲"项目；如果形象概括很玄、很空，话说得很大，操作起来不能细化，经过前期炒作，就成了"气泡"。而"气泡"破灭以后，后面的文章就无法做了。这种种后果，国内不乏先例，必须力戒之。

2. 形象的提炼方法

主题形象的提炼方法很多，常用的有领先定位法、比附定位法、逆向定位法。我提出的办法是本质优势提炼法。是否"比附"，是否"逆向"，这不重要，关键的是把代表自己的本质优势抓出来。要做到这一点，我提出的思路是"宏观采气""微观求义"。前者为策划客体"定位"，后者为客体"定性"，尔后在"定位""定性"的基础上，为客体"定向"。

3. 象山形象的提炼

听了几种说法：如东方威尼斯、南方北戴河；有的从半岛地形如大象出发，有的从文天祥诗句出发，拟用"海山仙子国"。各有千秋，自成一理。但前两个用比附定位表述的两个形象，自身的特性不鲜明，而且这类的比附太多，更使个性淹没而缺乏吸引力；地形特征即使十分逼真，"象山"作为地名可以，作为强势旅游吸引物仍显牵强；"海山仙子国"用了名人之诗，意境也美，但总觉得"虚幻"，缺乏现代意识，市场运作少接口。相比之下，我倾向于用"中国象山——东方不老岛，海山仙子国"的形象定位。

以"不老岛"概括形象可以把现有优势都综合起来。理由如下：

（1）从历史上看，象山"不老文化"底蕴深厚

据《象山县志》载：早在秦代，"方士徐福为秦始皇求长生不老之药，曾留居县城北蓬莱山"。此蓬莱是我国古代最早的三个仙岛（蓬莱、瀛洲、方丈）之一，历代文人骚客甚至帝王将相（如宋高宗赵构、宰相文天祥）均有歌咏这些古迹名胜的诗文传世。从秦汉到清代，帝王寻求长生不老，炼丹术是这种文化的一个产物，象山是我国最早的炼丹发源地之一。早在唐朝以前，南朝梁陶弘景在西山炼丹，县城雅称"丹城"。"象山县城，自立县（唐神龙二年，706年）迄今，除抗战沦陷与宁、象合治时外，均为丹城镇。"蓬莱仙岛的传说和炼丹术及其文化，是中国古人追求长生不老的美好愿望。这是"不老岛"的文化底蕴。

（2）青山绿水、特质泥沙等生态资源，是"不老岛"建设的物质基础和优势条件

由国家发改委旅游投资研究中心马志福博士组织专家，通过对当地地质、泥沙、植物和40年生态环境、气象资料的考察，这里的温度、湿度、降雨等生存环境比40年前更好，得益于以发展渔业为主，没有搞工业建设。这与全球、全国40年来环境普遍恶化的趋势形成了鲜明对比。这里的大气负氧离子达到了每立方厘米15000个的最高标准。泥沙中含氨基酸、钙、镁、钠等元素，微量元素中含有一定的氡，这样的泥沙质量做泥疗最好。通过考察，这里还有丰富的地热资源，开发温泉浴场对康体健身十分有利。

附1：关于象山适应性植物的考察结论

项目区位于北亚热带气候区，常绿阔叶林为其典型的地带性植被类型。乔木以壳斗科的各类常绿栎林为主；经济林以小果油茶、三年桐、柑橘为主。

结论：（1）世界典型的亚热带季风气候类型，及其丰富的水、热资源，为"东方不老岛"提供了世界多种亚热带植物的生长环境。

（2）通过查阅大量的植物资料，证明"东方不老岛"完全可以成为一个"四季有花，四季有果"、景观多样的半岛。

（3）充分发挥象山县境内所具有的中国特有科、属（忍冬科七子花属）的特点，突出"东方不老岛"的特色风格，和世界独一无二的"第一"优势。

附2：关于海岸泥样的考察结论

项目区各样本点综合评价值

样本区	综合评价值
红岩1号	4714.9
红岩2号	4562.9
涂茨镇	4565.9
新桥镇	3834.8
广东梅州汤湖	2263.6

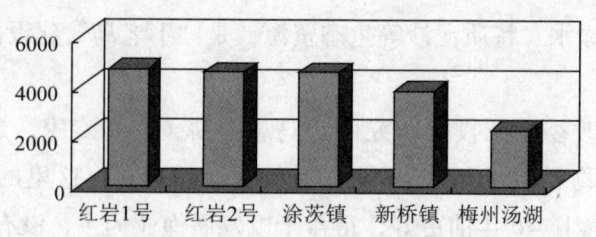

象山海泥与梅州汤湖泥综合评价对比

经过对"东方不老岛"海岸带典型海泥样本分析，可以得出以下几点结论：①样本点海泥中含有多种矿物质元素、有机质、腐殖质、氨基酸等物质，可以进一步开发利用。②对比项目区四个采样点的成分构成，发现红岩区海泥总体质量状况要好于其他地点。③将项目区海泥成分与目前国内已经开发成熟的广东省汤湖热矿泥进行对比，发现"东方不老岛"海泥在矿物元素组成上要好于汤湖泥，开发潜力很大。汤湖矿泥为陆泥，而"东方不老岛"为东海近海陆架区的海泥，它的组成物质除受基岩火山凝灰岩的影响以外，还要受到两方面的影响：一是海洋生物如藻类、贝类、鱼类等各类水产生物的影响；二是受到向南方向的长江沿岸流的影响，而带来大量的陆源生物。所以在组成上肯定要丰富得多。

附3：关于地质结构和地下水考察结论

（1）象山县境内的花岙岛、红岩景区，为典型、少见的中生代火山原始喷发所形成的构造地貌，具有极高的地质科研、教育和观赏价值。

（2）根据目前我们所掌握的资料，以火山岩的原始喷发相所形成的如此规模宏大并出露地表的火成岩石林景观，除北爱尔兰的"巨人堤"和河北省张北之外，在世界上比较少见。虽然在福建、浙江的衢江区等境内也存在，但都不及此地气势磅礴、景观丰富。

（3）独特、恢宏的地质构造，海陆交接的海岸带区位，成为"海山仙子国"一处重要的景观。

（4）"东方不老岛"境内存在的地下水类型为熔结凝灰岩形成的构造裂隙水，一般埋深为1000米以下，多分布在构造断裂带的交叉部位。地下热、矿水带位于我国东南沿海褶皱断裂带上，浙东火成岩山区地下水温一般在40~60℃。

（3）与世界最佳疗养胜地处于同一黄金气候生态带上，是四"点"统一的绝佳产品

近日，我分析地理，发现了一个规律。佛罗里达、墨西哥湾为什么成为美国银发族养老的胜地？张学良等世界名流为什么选中夏威夷去养老？有一定地理知识的人都知道，南北纬20°~40°为亚热带；而南北回归线到南北纬30°是亚热带中两条黄金气候生态带。佛罗里达、墨西哥湾、夏威夷和象山，四点一线，正好排列在北纬25°~30°线的黄金带上。往北嫌冷，往南嫌热；冷了不利休闲，热了不利长寿。这里有山有海，环境优美，气候宜人。只有这个气候带的个别风景"富矿区"，才是人们休闲养老的最佳去处。这样的地理位置和优势，是别人学不走、偷不去的，不可拷贝、复制、剪接、粘贴，这就叫作"核心竞争力"。这是象山的"卖点""买点""宣传点"（或称"炒作点"）和产品进入市场的"启动点"。这四"点"统一的产品世上罕见，是我们象山的不对称优势，即绝对优势。加之我们的特殊文化底蕴，就可打造成旅游绝品。

（4）象山是长寿之乡

与国内长寿之乡如皋相比，象山有四点优势：第一，象山的海上优势如皋没有；第二，象山有114岁的老人，人均预期寿命已达80岁，比全国人均预期寿命提前了半个世纪，也高于如皋目前人均预期寿命75.5岁的指标；第三，在"不老文化"底蕴方面，地名为"丹城"的全国只有象山县城一处；第四，从气候带上说，象山在黄金气候生态带上，且有山海承载，更适合休闲养老，市场竞争优势强化。有研究者称，北纬35度线是一条经济发达线，而黄金气候生态带距此线500~800公里，后者优越的生存条件为前者生意场中的疲惫人群提供了一个理想的后花园和休养地。象山的位置正好符合这样的条件。

"长寿之谜"具有巨大引力，其环境、饮食、生活方式等都具有重大开发价值，都是未来产品的"卖点"和市场的"兴奋点"（在公开宣传时，不要这样比较，要向如皋的优势学习）。

（5）这里的人们健康、年轻，是中国"不老岛"的实证

我们随便在街上就能看到，人们体形匀称，无过胖者；虽然80%的男人吸烟，但岛上无肺病患者，医院因此取消了哮喘科，这说明此处的绝佳空气质量；经调查，岛上无智障者，曾有一个还是外地来的；人们看上去年轻，看似40多岁的人，实际上已经60多岁了，等等。这是不老岛的环境造就的。其中隐藏着许多神秘，谜底就是吸引力。将来，我们在做媒体宣传的时候，就评选当地的形象大使，做猜年纪游戏，最能说服受众：要健康、年轻、漂亮吗？请到"东方不老岛"来。

（6）文天祥的诗句为不老岛形象添"魂"

在"东方不老岛"之后，加一句"海山仙子国"，既发挥了名人效应，便于市场准入，同时，采用这一美好意境，在产品建设上，把传统与现代、实景与意境相结合，一个极具吸引力、具有休闲度假、养老健身的"仙子国"便呼之欲出了。

综上所述，从文化底蕴、科考数据、地理位置、同类比较等各个角度考察，"东方不老岛，海山仙子国"作为象山的旅游形象，都是立得住、驳不倒的。

二、市场分析

休闲度假和养老健身是21世纪两个世界性课题，建设"东方不老岛"，是把这两大主题有机结合的一个杰作，因而具有广阔的市场发展前景。

1. 休闲度假被称为席卷全球的"第四次浪潮"

在西方，许多未来学家对21世纪发展前景做了不少描述，一个共同的特点就是强调休闲娱乐业。美国学者甘哈曼的《第四次浪潮》宣告：21世纪进入"第四次浪潮"，这次浪潮以休闲活动为中心。有的经济学家还断言，到2015年，美国的国民生产总值的50%出自休闲娱乐业。（我们采取不信不理的态度不行。20世纪80年代初，当托夫勒等宣布"第三次浪潮"到来的时候，我在任信息处长，如饥似渴地捧读刚刚翻译出版的托先生的名著《第三次浪潮》，并在各种场合鼓吹过"第三次浪潮""信息革命"的到来。但谁也没想到，短短的20年，信息产业发展得如此之快，以至于天下资源

可共享，网上聊天零距离。有了这个经历，我不能不对"第四次浪潮"有高度的敏感。几个"黄金周"来势之猛已让人对这个浪潮有所领教。）

甘哈曼在书中还列举了"第四次浪潮"的13种活动：仪式性和艺术性活动日益大众化；观光、游戏、竞技、仪式性行事、展览会、公演；美食主义者盛行；狩猎、钓鱼、郊游、露营、泛舟（远足、探险、极限运动——作者加注）受到欢迎；旨在改变情绪、扩大经验的度假成为生活中的有机组成部分。上述这些活动大量的是文化活动。从参与者角度来说，被称为"体验经济"；从经营者角度来说，被称为"服务经济"；从劳作的对立面角度来说，叫作"休闲经济"。这种经济再不是负面的，而是能够创造巨大效益的一种经济形式。

从旅游产品建设角度来看，休闲产品是目前产品的更新换代。这种产品除了文化特质外，生态条件也十分重要。这是新时代旅游业的一种"立基产品"。不老岛建设正好符合这个"立基产品"的要求。上海2010年举办世博会；省会杭州正在全力打造"休闲之都"形象，并于2006年举办世界休闲大会，这都是天赐良机。象山建设"休闲之岛"，这样一"会"一"城"一"岛"，一"市"一"湖"一"海"，正好优势互补、相得益彰。届时推出，可令世人一振，而从此行销大顺。

2. 21世纪另一个世界性主题就是康体养老问题

国际上许多学者认为，世界已经进入了"健康长寿时代"。国际上成立了各国政府间对人口问题进行咨询的最高组织机构——联合国人口委员会。"愿长寿者颐养天年"是联合国的老年人原则，"科学要为健康的老龄化服务"是现代健康文化的宗旨。"建立一个不分年龄、人人共享的社会"，是联合国确定的1999国际老年人年涵盖一切的主题。联合国《维也纳老龄问题国际行动计划》自1982年通过以来，老龄问题已正式提到各国政府的议事日程。许多国际性组织，如国际第三年龄大学协会（International Association of the Third Age University，IATAU）、国际第三年龄学习研究会（Third Age Learning International Studies，TALIS）、马耳他国际老龄研究所（International Institution of Ageing）、国际老年学学会（International Association of Gerontology）、老年教育协会（Association for Educational Gerontology）等先后成立和开展工作，推动了全球老龄问题的学术研究和许多实际问题的解决。例如，美国的《职业养老金计划》是美国养老保险体系的三根支柱之一；日本从"退职一次金"制度到"企业年金制度"使养老问题有了财政保障；中国颁布的《中华人民共和国老年人权益保障法》提出"老有所养，老有所医，老有所为，老有所学，老有所乐"，概括得明确、具体，且有法律效应。

尊老爱老已是检验社会文明的一把尺子，许多国家都有老人节。美国的"祖父祖母节"是每年9月劳动节过后的第一个星期日，法国的"祖母节"是每年3月的第一个星期日，日本"尊老日"为每年9月15日，加拿大"老龄日"（亦称"笑节"）是每年的6月21日，智利的"老人节"是每年10月15日，韩国的"敬老节"是每年5月8日，中非的"老人节"是每年5月20日，希腊的"老人节"也是在9月。这些"老人节"都是法定的，有的是"老人周"，连续多日举办各种庆祝活动，体现社会的祥和文明。

联合国确定，65岁以上老人占人口总数的7%，60岁以上老年人占人口总数10%就视为进入老龄社会。我国1999年，60岁以上老人就达到1.32亿，已达我国人口总数的11%，大大超过国际老龄社会的标准。2040年，我国人口将达到16亿拐点。2050年，中国60岁以上人口将达到4亿，老年人占当时全国人口的1/4。解决好老年人健康养老问题，是我们的国策之一，也是值得各级政府、各行各业为之尽力的光荣事业。

世界进入老龄社会，在发达国家，如日本老人、美国老人都有拿着退休金到风景优美、适宜养老的国度、地区养老的人群，如美国的退休老人到佛罗里达、夏威夷、墨西哥海滨购房常住，安度晚年。而据美国最近一次人口普查数字公布，在美华人——包括所有登记在册的美籍华人、有绿卡的华人及有工作签证和学生签证的华人共计240万。这些人中，许多人的父母在国内，他们很想找一处适于养老的地方安置老人；他们自己到了退休年龄，如果国内有具备条件的适合养老的地方，将会有相当一部分人怀着叶落归根的想法拿着退休金回国养老。

目前，我国已有一部分中产阶层先富起来，企业的老板们整天忙于工作，他们也很想找一处养老的地方安置父母。据统计，我国民企已达172.5

万家，这些企业老板的父母，其中许多人就是"不老岛"的潜在顾主。

丁克家庭（双收入、无子女——Double Income No Kids）的出现和兴起。这样的家庭不要孩子，为了追求高质量的生活，大都从35岁就开始积蓄养老金。这无疑也是未来老年市场的客源。

"长三角城市圈"是中国人口众多、经济最为发达的地区之一。特别是上海，城区寸土寸金，置房不易，而且人多嘈杂，不宜养老。杭州湾大桥建成后，上海到象山仅3小时车程。所以，象山不老岛实在是"长三角"的"后花园"。上海目前老年人口达264万，占总人口的18%。仅长江三角洲城市群老年人口就是一个巨大的可靠的目标市场，将为象山不老岛提供稳定的客源支持。

中国目前成熟的供中老年人养老健身、休闲度假的场所十分缺乏。全国1.32亿老年人，只有100万人生活在国有养老院中，大约2.4万人生活在1100个私人养老院中。两数之和还不足老年人总数的一个零头。那种成地区开发、大规模、高标准的健身养老中心还没浮出水面。如果先将不老岛建成，然后以分时度假为思路，在全国建设多处这样的场所，进行连锁经营，是很有市场前景的。象山有条件牵这个头，如果以"中国不老岛"作龙头，然后向全国乃至海外发展，这条产业链在时间上正当其时，在空间上也会越做越大。

这些是我们建设不老岛的宏观背景、市场现状、指导原则和政策基础。

3. 国内已有先行案例可资参考

目前，中国老年康体健身养老的产品已引起各地重视，个别产品已经上市。北京小汤山养老公寓，温泉入室，社区内有医院和健身场所，有酒店和会议中心，环境幽雅，有城市轻轨、公路直通市区。对这个名曰"太阳城"的地方，我专门去做了考察。"太阳城"提出"0~100岁全龄关照，以人为本"的理念，首创60岁以上老人免费独享9项33款社区医疗、生活贴心服务，与传统养老院相比，有四大创新：一是让市场机制与社会福利事业衔接；二是将社会化养老与家庭养老相融合；三是把中华孝道文化与当代文明相结合；四是素来独立的房地产业与老年人福利事业作为一种社会化公益产品延伸产业来构建。（近几年来，金融机构、电商企业进军健康养老产业，使设施规模、水平都有提升。）话说到这里，应该说不老岛已有雏形可鉴。这还告诉我们：市场前景有识之士都看到了。机不可失，事不宜迟，象山该是行动的时候了。

三、"不老岛"的形象如何实现？

明确了形象和市场问题，就要找准接口和抓手，调动各方力量，打造出一个具有独特竞争力的产品，把形象这个"灵魂"构建于产品这个"躯壳"之中。

1. 市场运作找接口

用市场细分理论分析，从客源市场—主要客源市场—目标市场—目标客源层的分析应层层剥离，只有找出客源层，市场分析才能到位。目前搞规划做市场分析的，以客源地为圆心，以一定距离为半径画几个同心圆，然后分出一级市场、二级市场和机会市场。我认为，这样做偏于简单。距离是客源的重要因素，但消费心理和消费水平也是重要因素。市场分析只有分析到客源层，才算到了位，才算使产品到市场有了接口。"不老岛"针对的客源层十分明确，那就是以关心健康和养老问题的所有中老年市场为主。

当然，旅游休闲与健身养老，不只是老年人的事，其他人群也应适度关注。

2. 产品建设有抓手

从不老岛这个主题出发，文章是做不尽的：

挖掘不老文化内涵，建设一批骨干景区。

把与丹城有关的人物、事件、掌故、遗存进行整理展示，如对丹炉、丹井、丹台等进行古迹复原；建成丹、丸、膏、散中药一条街，并延请名医坐诊，医治疑难杂症；出版历代名流咏颂、描绘象山风物的诗、画、美文；恢复"红木樨诗社"（建于清咸丰十年，1860年）、"乐群学会"（建于1925年，党领导学习、宣传革命理论的组织）并推动开展高雅、健康的大众文化活动；以诗、词、歌、赋、戏剧、影视等文艺形式活化历史，如无锡"三国城""水浒城"，开封"清明上河园"几分钟《劫囚车》活报剧的表演，让观众兴奋不已，甚至泪雨滂沱。这就是"活化历史"所发挥的巨大作用。

搜尽天下之奇，用与长生不老文化有关的植物、动物布景造景。比如，松柏常青，历来代表长寿，可广植松柏，并在路口栽迎客松，点缀环境；碧桃可资祝寿，丹桂月宫移来，赵构《题丹桂图》和俞士吉（明）《丹山十咏》称赞此地花树可供援引；兰菊梅竹代表君子之风，灵芝人参茶为长寿之草，成片栽种，正好可彰显"不老岛"主题。再对当地水资源和各类物产加以研究，选择对康体有益的矿物质、微生物、微量元素制造药品、饮品。至于与健康长寿有关的动物，就更多了。人们可以看到鹤翔低空、龟游深水、鹿鸣林囿，处处动静咸宜，天人合一。

设计大批主题岛：松兰山度假村，乱礁洋"海山仙子国""星宿岛"（类如悉尼鳄鱼岛）等。

开发东海泥疗项目和地热温泉疗养项目。

开展石浦渔文化与休闲、康健旅游，把与渔民"出海一日游""开渔节"等旅游项目办成金字招牌。

这就使不老岛成了"长寿之乡""诗话之国"和四季有花、四季有果的"生态之园"。

3. 拉起强势产业链

旅游休闲、生物制药和房地产业是当今发展势头强劲的三大产业，正好在健康长寿这个（主题）平台上，强强联手，优势互补，铸造出一条"不老产业链"。以旅游休闲为龙头，拉动相关行业全面发展，这才是市领导重视发展旅游业的初衷和本意。要做到这一点，抓住旅游业与其他行业的连接点搞好策划十分重要。

旅游休闲成为21世纪的"第四次浪潮"，发展趋势前面已经述及。生物制药是传统与当代高科技相结合的产业，有着非常广阔的发展前景。不老岛地域广阔，如辟出开发区搞生物制药、健康药品、饮品、美容化妆品和技术含量高的医疗器械生产，也是紧紧扣住了不老岛的主题。

不老岛实质上是一个限定主题的房地产开发项目。这里不能不对房地产的走势做一概略分析。我国的房地产业从1989年以后十几年时间，又经历了两个周期：第一个周期5年，第二个周期8年。目前正处于第二个周期的调整期，特点是：将以市场结构和价格结构的双向来展开和完成，将为提升这个行业在国民经济中的地位和繁荣打下坚实基础。其前景有三：第一，据估算，我国房地产业的触发系数为1.5~1.7，即每100元的商品房销售额将引起其他行业150~170元的消费。2001年，在我国7.3%的GDP增长当中，房地产业的直接、间接贡献率达1.9%~2.5%；2001年，房地产业在我国GDP中的比重达5.5%，经济发达的上海已接近10%；但美国是14%，与汽车、医药并列为三大支柱产业，加拿大为15.7%，日本为11%，韩国为9.5%。我国房地产业还有进一步提高的空间。第二，按计划，2005年我国人均住宅面积要达到22平方米，2010年要达到25平方米，今后5年，平均每年要新增5.4亿平方米，相当于2001年竣工面积的2.4倍，销售面积的2.9倍，每年的潜在空间都十分巨大。第三，从我国城市化进程看，未来10—20年，城市化进程从2001年的37%增加到50%，这意味着城市人口将增加2亿多，这自然要解决城市住房问题。以上三点，说明了房地产业发展潜力巨大。我们在象山搞的这个房地产，是与休闲和养老有机结合、客源明确、市场看好的项目，因而前景更佳。

值得注意的是，打造这条产业链，必须每一步都要用心做到位，才能成为拉动象山、宁波经济的引擎，以发挥旅游休闲产业是动力产业、新的经济增长点这一拉动功能。

以房地产为例，所谓"做到位"，就是要做出文化内涵。所有项目，应注重三度空间：第一度是建筑空间；第二度是人文空间；第三度是情感空间。老年人经一世的积累，这三度空间都有较高的要求，都需要得到照应。现在做地产的，前两度空间已开始重视，第三度空间还没来得及重视，这一点对老年人晚年生活来说，恰恰十分重要。情感空间的文章做足了，产品就有了磁石般的吸引力。

关于居住，已不是放张床、睡个觉的含义了。现在有人提出"文化哲居"的理念，北京还以此为题举办过房地产论坛。如果"居"指"家园"之意，应该有物质家园和精神家园之别。较好的是二者的统一；更好的是精神成分大大超过物质成分的家园。"文化哲居"四个字，有三个字纯粹是精神成分，"居"字也不单纯是钢筋水泥，也一定有许多精神成分加进去。我相信，这样的家园不仅给人以物质的享受和方便，更会给人以心灵的关怀和慰藉。

　　"不老岛"是以老人为主体的家园。这个"文化哲居"应以中华长生不老文化统之：炼丹文化、养生文化、买不老松、植松、放鹤养龟、种桃花、纪念品画、松竹梅岁寒三友、梅—莓—不老酒；陶弘景炼丹炉等，食品、饮品、纪念品以此主题开发出系列。在本地开展评选老寿星和形象大使活动等。联合国卫生组织认为，人类长寿之道要多饮茶、不吸烟，要搞好茶文化开发。

　　举办论坛、研讨会，各地都在搞，因为这是在占领观念的制高点。将来，不老岛应成为旅游休闲、健身养老和房地产业三个主题论坛的永久举办地，并努力办出一流品牌，比如，成为TALIS（国际第三年龄学习研究会，1995年9月曾在北京举行过论坛）的举办地，就会扩大国际影响。搞论坛，选好题、做到位最关键。题目要引人关注，论文要不胫而走，能去者挤破门，不去者手抄文，就达到目的了。有本书叫《少女之心》，读者是情窦初开的少女，由于抓住了少女之心，所以到处是手抄本。北京有个健康论坛，名称叫"健康快车"，从1995年起已经搞了8年，请北京安贞医院洪昭光教授演讲"心血管病防治"，首倡"一二三四五，红黄绿白黑"；请胡大一教授讲"高血压防治"、首推"有氧代谢运动"；请向红丁教授讲"糖尿病防治"。讲堂有时逾万人，听众如潮，200多场大课，场场爆满；讲稿成了全国白发族的手抄本，据不完全统计，这种手抄本达68种，风靡全国，风头正劲；近日北京出版社刊印正式版本，仅2002年8—10月，两个来月时间，连版8次，达53万册，仍然供不应求。图书市场如此自发的购书狂潮，如果不是仅见的，也绝对是少见的。这说明，健康这个主题抓住了老人之心。深化这个主题，把房地产业、旅游业和老人的需求结合起来，更是抓住了家庭之心、国家之心，必然市场强劲，前景远大。

　　4. 文明社区成样板

　　解决中国的老龄化问题是一个牵动社会各个层面的大事，也是关系到文明程度和社会安定的大事。孟子说："老吾老以及人之老，幼吾幼以及人之幼，天下可运于掌。"如果我们把当代文明和传统孝道、文化底蕴和现代科学相结合，通过市场化运作，以政府、社会和企业的合力建成一处老年人的乐园，真正解决好"老有所养，老有所医，老有所为，老有所学，老有所乐"的问题，就会在全国树立起一个小城镇和文明社区建设的样板。国家和国际的传媒力量就会使这里的知名度迅速提高，全球的眼球都会被吸引过来，"不老岛"的声誉就会不胫而走。这对于产品的市场占有率十分重要。这就是政治经济学，这就是无心功利而得功利的辩证法。

此策划方案交给象山后不到半年，即招商100亿元，这再一次证明形象策划的重要性。好的形象口号，是政府指导旅游业的抓手，是企业搞好产品建设的依据，是对外招商引资的旗帜，是吸引游客"靠岸"的灯塔。产品建设离不了它，市场营销更需要它。

（此文原载2004年1月7日《中国旅游报》）

第十七章 标志遴选

——萃取核心价值：中国旅游标志"马超龙雀"的诞生过程回顾和解析

"马超龙雀"是中国旅游标志，我是当年参与策划者之一，有责任把有关情况介绍一下。

近年来，贬者有之，改者有之，不知所以然硬装大瓣蒜者有之，我本该站出来说几句话。

这是时任国家旅游局局长李金早关心的问题，也是原凤凰网旅游频道主编孙小荣采访我时发表的谈话。2017年，中国国家旅游局要把近40年的旅游大事拍成旅游纪录片，摄制组专门把中国旅游标志作为专题，来我家采访录制，但愿早日在央视播放，以正视听。（本书出版时，此纪录片已于中央9套播出）

2017年1月15日，"小荣说"采访我。现将发表的文章转载于此。

"马超龙雀"：中国旅游标志的产生、演变和争议

中国旅游标志——"马超龙雀"的颁布使用已经34年了。这个标志的颁行是我国改革开放后新兴行业中较早使用的国家级行标，30多年来，已为全国旅游业界普遍认可，广泛使用，并取得了很好的效果。

一、中国旅游标志的产生过程

策划国家旅游标志是改革开放之初旅游宣传营销的重要举措之一。20世纪80年代初，

历史将中国旅游业推向改革开放的前沿。开展国际旅游，增进世界对中国的了解，完成创汇任务，是我国开展旅游业的目的和使命。

我们在对外开展宣传营销中，亟须策划、设计统一的图形符号，作为中国旅游标志，以便在各类展会、宣传品上使用。这也是世界各国的通用做法。于是，设计中国旅游标志的课题就这样紧迫地提出来了。

根据国家旅游总局领导的要求，1982年，国家旅游总局宣传司将这个问题列入研究课题，具体任务落实在出版处和信息综合处。我当时是信息综合处的负责人，与出版处的陈树青处长一起，进行筹备工作，我们处侧重调研比对，然后一起挑选，最后向司领导汇报，并报请总局批准颁行。

在收集资料和调查研究过程中，图案主体有多种提议和选择，比如，长城、长江、黄河、丝绸之路等都有提议。经过比较，认为：长城是中国古代伟大的工程，知名度高，但就其本质来说，长城是汉族政权抵御我国少数民族的军事设施，用途是保边守土，精神层面是内敛的，用它作中国旅游标志，与改革开放前沿的旅游业不甚贴切。况且，当时国际上有偏见的人认为中国的边界就是长城，如果使用长城做中国旅游标志，可能会引起不必要的争议。

长江、黄河是中华民族的母亲河，作平面图形还可，但作立体造型就难以表达。丝绸之路有三条：陆地丝绸之路、海上丝绸之路、草原丝绸之路（各自的历史作用都很重要。比如，大家不熟悉的草原丝绸之路，从辽国首都临潢府出发，到河西走廊与陆地丝绸之路交会。就是这段丝绸之路，使西方世界"不知有宋，只知有辽"，契丹的族名成为世界通用的中国的称谓）。三条丝绸之路如果都用在图案里，非常难以表达。

于是，我们形成了这样的看法：图形标志是一种公共信息图形符号，向广大公众传达某种信息，表达某一复杂事物的含义而不用文字说明。这可以说是一种世界性语言。一个图形符号可以包含很多很深的意思，不是一两句话能说清的（如国旗）。

从古代的图腾到今天的各种商标，图形符号已在各个领域日益广泛地使用，以至有些国际性组织专门研究世界通用的标准图形符号（如禁止吸烟的符号等）。图形符号成了沟通世界文明的一种工具。用作中国国家旅游标志的原型体量不能太宏大,代表的地区性不能过于狭隘,具象而又有明显积极象征意义的图形最好。

经过长期探索,多种方案的比较和研究,选定了以"铜奔马"作为中国旅游标志,这是根据1969年在甘肃武威出土的一件东汉时期的青铜艺术品为主图设计的。

据权威专家称,这件文物集我国当时绘画、雕刻、冶炼、铸造等各方面之大成,是名副其实的艺术瑰宝,是一件完美的稀世珍品。这匹马昂首扬尾,四蹄腾空,膘肥体壮,筋骨刚健,体态轻盈,疾驰如箭,栩栩如生,神形兼备。

最妙的地方是马足踏在一只神鸟的背上。神鸟紧收着翅膀,在明媚的阳光中疾飞。大家知道,用这种姿势飞行时,速度是极快的,像子弹一样在空中掠过。可是此马竟然踏到了它的背上,神鸟即刻回首,正在惊愕之际,马已超越向前。

这样构图富有诗意,显示出天马飞奔的神态,同时,又巧妙地把神鸟作为马的底座,使马的三条腿凌空而能稳当地保持平衡,解决了雕刻家经常碰到的棘手的支撑问题,构思巧妙,设计高超,匠心独运。通常给马加两个翅膀来表示马在天空中飞行,这匹马却与众不同,不落俗套,真是举世无双,诗意横溢,耐人寻味。

此外,只要稍加注意就不难发现,马的头上一个璎珞在迎风飘动,尾巴的末梢又打了一个结,装饰上也显示出浓郁的中国特色、中国风格。

这件古代艺术品是具象的,又富有积极的象征意义——天马行空,一马当先,前途广阔,正好象征和代表了蒸蒸日上、飞速发展的中国旅游业这一朝阳产业的发展态势。国务院〔2009〕41号文件中强调:要把旅游业培育成战略性支柱产业,"马超龙雀"的精神内涵,有助于

实现这一国家战略。

制作公共信息图形符号一般要遵循下列几点要求：①好看：形象、线条美，令人赏心悦目；②好懂：一目了然、一看就懂；③好记：能同所要传达的信息建立密切的联系，使人容易产生联想而达到记忆、辨认的目的；④好做：图案简洁、形象清晰、易于制作，用材简便；⑤富有特色：独树一帜，从而区别于其他的符号，给人以深刻的印象。无论从哪个方面看，"铜奔马"这个图形均符合这些要求，并具有鲜明的中国特色。

"天马"作为中国旅游标志被确定下来，国家旅游总局于 1983 年 10 月 25 日登报发布。嗣后，国家旅游总局宣传司又发出通知，对标志的制作和使用做了具体规定。下图是 1983 年启用"天马"作中国旅游图形标志时在报纸上发的通知。

关于标志的制作，一般情况下，主图用白色，天空为天蓝色。但有时因纸张底色的关系，为了美观，亦可改用其他颜色。标志图形一般不带边框，以示无边无际，特殊情况下，亦可加花边或"中国旅游 CHINA TOURISM"等文字说明。

各旅游部门及单位可用中国旅游标志装饰对外的办公地点及旅游交通工

具；在信封、信纸、便条、请柬、贴签、名片等办公用品上亦可印上中国旅游标志。

在旅游系统中（指旅行社、旅游饭店、餐厅、车队、游轮等），若本单位已有图形标志，继续使用，但同时也可结合使用中国旅游标志；若本单位尚无图形标志，可以根据本单位的工作特点，结合中国旅游标志，设计自己的图形标志。

各旅游局委托出版的宣传画、导游图、导游手册、旅游丛书、画册、明信片等旅游宣传品均可印上中国旅游标志。当旅游局举办国际旅游会议、展销会、拍摄旅游电影的片头、录像片头、幻灯或制作旅游纪念品等，均可使用中国旅游标志。

二、中国旅游标志称谓的演变

现在有几种不同的名称：马踏飞燕、铜奔马、天马、马踏龙雀、马超龙雀等。不同的名称来自不同的依据。使用统一的称谓很有必要。

关于"马踏飞燕"。这是个用得最早、传播最广，但是最不准确的称谓。这一称谓历史文献没有这个名称记载，也不是专家经过严格论证确定的名称。可能是受汉代另一具石雕"马踏匈奴"称谓的影响，1969年此文物出土时，工作人员随口一说、随便一写就以"马踏飞燕"为暂定名登记入库了。

关于"铜奔马"。我国的文化巨匠郭沫若先生在甘肃考察，看到了这个文物，认为是国之珍宝，由他推荐并向周总理汇报、由陈毅副总理安排，1971年该文物调京参加中国文物世界巡回展览。国家级文物专家看到该文物，认为起基座作用的鸟尾翼不分叉，因此，不是燕子，于是，否定了"马踏飞燕"的称谓，准确叫什么，出展日期临近，来不及确定，就暂称"铜奔马"，这不会有大谬。这是那次国际文物展览会上的暂定名称。

关于"天马"。国家旅游总局1983年10月25日报纸发的消息标题是《天马被确定为中国旅游图形标志》。"天马"是汉代对宝马的称谓，这一称谓，在当时具有崇高的政治象征意义，掀起过"马图腾"热潮，因而后世有"天马行空"的成语，这个成语恰与这个雕塑的意境相吻合，又避讳了关于"马踏的是什么鸟"的争论。

关于"马踏龙雀""马超龙雀"。"铜奔马"的称谓虽然保险，但没有说明马踏的是什么鸟，仍属憾事。其实，学者的研究早已找到答案。兰州大学历史系敦煌学研究室牛龙菲的意见是，早在张衡的《东京赋》中就有"龙雀蟠蜿，天马半汉"的说法，龙雀就是飞廉风神，这说明马蹄踏的不是飞燕，同时说明当时被称作"天马"的这匹马凌空超越于"风神"之上。《后汉书》中也有"明帝至长安，迎取飞廉并铜马"的记载，说明这一类铜艺术品在当时受到帝王的珍视程度。这些文献，可以佐证，此文物称"马踏龙雀"应是有依据的。

所以，1995年，国家旅游局出版的《中国旅游大事记》卷前图例说明称"中国旅游图形标志——马踏龙雀"。这一称谓，对这件古代艺术品应该是可以的。但马踏在龙雀身上，不是事实，也不生态，做一个工艺品的底座称"踏"可以，但对于空中飞翔的"天马"和"神鸟"，"踏"的含义已不存在，只有二者速度的对比，突出体现"天马"飞奔更快的雄姿和意境，更能体现中国旅游业飞速发展的象征意义。所以，"马超龙雀"的名称与中国旅游标志可能更贴切、更生态、更和谐。

三、中国旅游标志的争论

有人说"马超龙雀"这个标志不好，要改个别的图案来替代；标志不要搞文化味太强的，选个珍稀动物就行了。呼声较高的是用熊猫来代替。大家都是好意，都有发言权。

我以为，熊猫是国宝，憨态可掬，很可爱，作为自然保护区或特定区域的标识还不错。但它难以承担中国国家旅游形象之重。原因是积极的精神层面、历史文化层面的东西不多。超过其承载之重，负面效应立显：与原来的"马超龙雀"的优势相比，一个在天上，一个掉地下，朝气蓬勃变成了濒临灭绝，飞速发展变成了缓慢爬行，勤恳服务变成了懒惰笨拙，龙马精神变成了一副"熊"样。

喜欢动物，熊猫是动物，天马、龙雀也是动物，而且是文化动物。鉴于马是古今交通、旅游的重要工具，与旅游业有着天然的联系。用马来代表旅游业，与我们这样一个历史悠久的文明古国是相适应的。旅游资源由自然资源、历史资源、文化资源、科技和现代化建设成就等构成。特别是文化被称为国家的"软实力"。软实力和旅游业又具有特殊的关系。

世界软实力理论创立者约瑟夫·奈指出：旅游不仅是一个产业，而且是宣扬"软实力"的源泉。是这个领域把"软实力"的影响作为产品的吸引力，使游客建立起与这个国家的亲近感。旅游业的这种作用不可低估。

我们这样的文化古国，"软实力"是我们引以为自豪的优势。我们在设计中国旅游标志中怎么能轻易淡化文化这个要素呢？有的专家也表达了这样的观点，美国的"自由女神像"，法国的"埃菲尔铁塔"，不都是注重从文化上挖掘的吗？当然，我不反对用动物、植物来做标志的主元素，澳大利亚的"袋鼠"标志也不错。但要在比较中选择，才能确定最好的方案。

我们要珍惜品牌的积累效应。30多年来，"马超龙雀"不仅在国内，在国际上知名度也不低。1971年世界巡回展，美、英、法、日、意等西方大国对铜奔马好评如潮，称其为"绝世珍宝""天才中国马"。1986年，国家文物局确定其为国家一级文物，并规定包括"马超龙雀"在内的64件国家一级文物今后禁止出国展览。1997年中国旅游年纪念邮票和1996年联合国套票中都有一枚"马超龙雀"作为邮资主图。

2002年，美国总统布什来访，江泽民主席以原大镀金"马超龙雀"作为国礼赠送布什总统。

30多年来，"马超龙雀"中国旅游标志已在全行业扎根，得到普遍使用，在社会上也有广泛影响。比如，优秀旅游城市的城标在各地高高耸立，对提升旅游战略性支柱产业地位发挥着重大作用。国外旅游机构、旅行商和大众也已经熟悉这个标志,是 30 多年中国旅游品牌形成、建设的一个重要组成部分。也是中国产业、行业中公认度较高、使用率很大的国家级标志。人们看到它,就会想到蒸蒸日上的中国旅游业。

结论:我们应统一中国旅游标志的正确称谓,认识其深刻的文化象征意义,提升其使用价值。如果废弃另选,选不合适,损失可能更大。

注:2011 年 3 月 30 日,国务院常务会议通过决议:确定每年 5 月 19 日为"中国旅游日"。中国社会科学院旅游研究中心拟配合"旅游日",计划在《旅游研究与信息》刊物上出一个专辑,请旅游研究中心各位特约研究员撰写文章,其主题为"我与旅游结缘",约我写一篇专文,谈谈中国旅游标志的产生过程。

我就 2009 年以来,报章上关于中国旅游标志的争论谈了如下观点:汉明帝为什么青睐"铜奔马"?"铜奔马"如何成为中国旅游标志的?中国旅游标志应该叫什么?改换中国旅游标志的利弊分析;旅游标志选择和设计的原则等问题进行了分析。多数观点与上述文章类似,所以简略,不再重述。

附:中国最早的标识——阿勒泰鹿石族标

在阿勒泰市清河县东风乡三道海子,有一处大石堆墓,用 3 万立方米石头堆积而成。这个巨大石堆高 15 米(1965 年时高 22 米,后来社员用石料在旁边垒了一个牲畜圈,石堆变矮),底边直径 79 米,墓围周长 770 米。有鹿石 9 通。鹿石上短剑、权杖和族徽,族徽是斜着画的三道平行杠。

塞人族标——鹿石

世界上许多研究中亚文化的学者都到这座墓地考察过。俄罗斯科学院历史学与考古学研究所教授丘耶夫·尼古拉,俄国科学院院士博塔洛夫谢尔盖认为:在欧亚板块,类似遗存很多,但这是唯一一座没被发掘和破坏的世界上最大的石堆墓。日本考古学家大泽孝认为:没有争议,这是 3000 年前塞人的遗存。

塞人是什么民族？这要从阿勒泰地区的历史来考证。地处草原丝绸之路中心地段的阿勒泰市，是欧亚板块接合部，多民族融合地区。3000年前，斯基泰人和塞人是同一族属。希腊历史学家希罗多德划分为：中亚西部讲东伊朗语的叫斯基泰人，中亚东部讲东伊朗语的叫塞人（印度把塞人叫萨迦人）。这样分析，大石堆墓是3000年前塞人的遗存是有道理的，那么，鹿石上的徽标就是塞人某一部落的标志了。这是迄今为止，在中国发现的最早的标志之一。

第十八章　黄龙腾飞

——品牌营销插翅膀：活动策划和资本运营使黄龙洞在旅游市场上刮起旋风

本章主人公叶文智，在旅游初创时期，悄无声息，到了20世纪90年代后期，他的名字在国内如雷贯耳。我对他的评价：此人是奇人，奇人有奇才，尽做奇事。为了请教一件小事，开着飞机来见我，中国旅游业数十万计老板，没有第二位。我当时断定：此人绝非等闲之辈，非在旅游业闹出大动静来不可！

我和他的结识纯属偶然。刘晓庆主演的《芙蓉镇》热播，带动了湘西永顺县这座千年古镇旅游业的发展，大概是1997年，我在永顺县考察。一天，接到了一位陌生人的电话，自报名字：叶文智。他告诉我有事向我请教。我问他在哪里？他说在长沙。我说再有4小时就乘火车回京了。以90年代的交通条件，他无论如何也赶不到。他说，您等着，我租飞机去，一小时后，您在永顺县广场等我。

我去了广场，那里正在开公审大会。当叶文智驾机临空时，螺旋桨搅得地面树叶碎纸漫天飞舞，有的观众开玩笑说："劫法场的。"飞机停稳，跳下一位小个子，自报：叶文智。他向我请教的问题是：我有意投资旅游业，张家界黄龙洞要5亿元租赁给我，该做不该做？这黄龙洞我8年前去过，张家界大景区内有8条溶洞在经营，效益最好的黄龙洞年收入也不到1000万元，利润就更少了。我告诉他：如果就洞搞洞就算了，因为这点收入还不了贷款利息；但如果以溶洞作为根据地，打造的是整个张家界山水，此业务可谈。

叶文智登机飞走。回去签了合同，成了黄龙洞的新主人。

一年花2000万元搞一个大活动：第一年，为洞内一石柱"定海神针"

投保1亿元;1999年,世界特技飞行大赛——穿越天门;2003年,南长城中韩围棋赛;2006年,俄罗斯空军飞机表演;2007年,蜘蛛侠攀缘天门洞。每个活动搞完了,效益大大提升,然后用资本运营的办法收购一个著名景区。没有几年,黄龙洞就成为中国最大的旅游资源集团。他的经验,被我以下面这篇文章总结,于2003年9月12日刊登在《中国旅游报》上。

旅游业的脊梁
——用活动链、产品链和忠诚链打造的一家民营旅游企业品牌

编者按:企业,是一个国家经济的基础;企业强大,国家的经济实力才雄厚。2000年时,美国GDP是我国的10倍,人均GDP是我国的40倍,主要原因是美国的企业实力强。世界500强中美国企业占了绝大部分。以旅游业为例,我国8000多家旅行社,2000年总收入56亿美元,只相当于美国运通一家旅游公司总收入146亿美元的38%(这是当年的数据,现在距离已经大大缩短)。我们盼望祖国的日益强大,寄希望于有更多的旅游企业不断壮大规模和实力,成为旅游业的脊梁,从而撑起中国旅游的宏图大业。

今天,本报介绍的湖南民营企业家叶文智旗下的黄龙洞投资股份有限公司、凤凰古城旅游有限责任公司、夹山旅游开发有限公司就是这类成长迅速的企业。他们着力品牌经营、资本运营和企业家个人品质锤炼的经验做法,很有启迪,值得推介。

品牌经营:策划具有大震撼力的活动链把湘西推向世界

品牌,不是简单的产品,它是一个产品的集合:是由有形部分和无形部分、使用价值和附加值构成。品牌是经营出来的。资源的优化配置和整合,策划具有大震撼力的系列活动,是品牌经营的重要内容。在这方面,叶文智及他的企业有着突出的表现。

南长城上的中韩围棋大赛

"南长城下,古道边,鸳鸯双剑,战群雄!大地作盘分黑白,武童为子战乾坤!"一场围棋大战以其独特的运作方式,于2003年9月20日14时,在湖南凤凰县南方长城脚下举行。届时,中央电视台、凤凰卫视、旅游卫

视、湖南卫视和韩国电视等强势媒体同时向全球直播,将引起国内外亿万观众的瞩目。

由常昊、曹薰铉两位中、韩棋坛名将率群雄展开角逐,一决雌雄。以青石板和红石砂岩铺就1005平方米的世界上最大的永久性棋盘,361位武林童子作为棋子在这个超大棋盘上演绎出经典棋局。收官落子将把赢家手雕、棋局、碑文永久留在南方长城山体,与南方长城共存。届时,覆盖于棋盘上书写的324种字体的"和"字大幕一揭起,2003羽白鸽振翅飞翔,身着民族节日盛装的合唱队伫立于蜿蜒起伏的南方长城上引吭高歌,300名苗乡鼓手也将擂鼓助威。(**点评**:本来是静态的围棋,却变成动静结合的千古绝局。用围棋大战整合凤凰古城的各类资源,以多家强势媒体的宣传冲击波把凤凰推向全国,推向世界。所以,有专家评述曰:此局不仅是围棋,棋手也不仅仅是常昊、曹薰铉,叶文智自己就是一名棋手,他把凤凰古城、中国南方长城作为棋子摆在了世界和中国旅游业的大棋盘上。不仅要在世界围棋爱好者心中打造一个围棋圣地,还要把凤凰、湘西打造成中外闻名的一流旅游目的地。)

当有记者问他:与"穿越天门"活动相比,此次围棋大赛有何特点时。叶文智胸有成竹地说:"穿越天门"的收视人数超过了澳门回归,但围棋赛丰富的文化内涵是那次活动无法比拟的。围棋由娱乐益智工具渐衍为修身养性手段,迄今已有2000年历史。"棋行大地演至道,和启新局贯古今。"围棋的最高境界是"和"。海湾战争和"非典"对全球的影响,使人类需要和谐、和睦与和平环境,这次具有国际意义的中韩围棋大赛体现的就是"和文化"。同时,围棋文化与建筑文化、武术文化、绘画文化相交融,以展示中国文化的博大精深!

'99张家界世界特技飞行大奖赛

这次被称为"穿越天门"的创举,发生地在张家界天门山。天门洞海拔1261米,洞高127.37米,洞深279.42米,洞宽28.03~58米,且洞壁极不规则。经多方专家论证,一般飞机穿越天门难度较大,而只有航空运动型飞机可以尝试。

勇于挑战的叶文智在市、省及中央有关部委30多个单位之间艰辛奔波,最终感动各方,获得批准。继而,面对2000多万元活动资金的压力,叶文智激情满怀：以蓝天为背景，用青山作舞台，拿银燕和彩烟叩开沉寂千年的天门山，实现人类飞行史上驾机穿越自然山洞的伟大创举。这次活动的成功举办，让张家界这片神奇的山水通过"天门洞"这条时空隧道、通过中央电视台的卫星迅速飞遍中国、飞向世界，把张家界的旅游业直接推上高速公路，使这次活动成为中国旅游界大型促销活动的成功典范。著名诗人高洪波先生有感于此吟诗道：

"武陵欣逢叶文智，腹有奇谋胸有诗。但等天门洞开后，际会风云当此时。"

（**点评**：这次"穿越天门"，获得巨大效益：一是感动了领导。一位省里主要领导看到央视和法国电视在现场直播和录制节目，拍着叶文智的肩膀说，小叶，你这一下把张家界宣传到世界，感谢你！这是我的名片，以后工作有困难可以打这个电话找我。叶文智刚来张家界一年，见市里的领导也不容易。从此后，这个困难基本没有了。二是经济效益翻了5倍。穿越天门活动结束后，天门山、黄龙洞都火了。凡是来张家界的客人，都要去这两个景区，黄龙洞门票收入从1000万元上升到5000万元。叶文智有钱提升产品，也有钱做营销了，更重要的是可以去银行贷出更多的钱做资本运营，租赁下一个景区。第三是叶文智本人也火了：他去竞争凤凰古城经营权时，县里领导就是看中了他的策划能力、做事魄力、营销本事，在大会上一连说了4个排比句，最终凤凰古城选择了叶文智。）

为"定海神针"投保1亿元

1998年，他将黄龙洞内一根名为"定海神针"的石笋在中国平安保险公司投保1亿元，也创下了为世界自然遗产买保险的先河。此举被国内外近200家媒体连续报道，从而使"黄龙洞"成为知名旅游品牌。此外，叶文智选择今年金秋时节在石门县举行盛大的"橘子红了"为主题的"中国·石门2003柑橘狂欢节"活动，引起世人的广泛关注。通过举办一系列的具有巨大震撼力的活动进行品牌营销，是叶文智的拿手好戏。

资本运营：打造资本与资源、资源与市场对接的产品链是壮大企业实力的赢利模式

用委托、租赁、承包、经营权转让、参股和控股等多种方式，对旅游资

源的所有权和经营权实施有效分离，让资本与资源、资源与市场有效对接，探索出新的盈利模式，是这家民营企业资本经营的成功经验。黄龙洞的委托经营1997年年底始，用一年的时间，前后历经35轮谈判，以合同载明金额5.275亿元与张家界市武陵源区人民政府达成黄龙洞景区45年委托经营权转让。这种委托经营在当时具有非同一般的意义，不仅为当地带来了资金，也带来了人才，更重要的是带来了新的经营体制。公司支付的巨额委托经营费缓解了政府吃紧的财政状况，盘活了国有资产；所有权和经营权的成功剥离彻底改变了当地政府既是运动员又是裁判员的定位，使企业真正走向市场而具有自主经营能力，也使黄龙洞景点的保护与开发以及服务设施的建设有了可靠的资金保证。

五年多来，黄龙洞景区取得了可喜的业绩。1998—2002年五年内累计接待海内外游客310万人次，相当于委托经营前13年接待量总和的105%；实现经营收入1.8亿元，相当于委托经营前13年总收入的4倍；向地方政府缴纳税费（委托经营费、四费两金、税金等）11150万元，相当于委托经营前13年总收入的2.5倍。2002年，黄龙洞公司全年实现营业收入5600万元，其中缴纳税金955万元，比委托经营前的1997年，增长了15倍。各项经济指标位居中国旅游溶洞首列。在全国旅游界为景区所有权和经营权的归属问题仍争论不休的时候，张家界市和黄龙洞人已分享到委托经营成功的喜悦。

凤凰古城8个景点的经营权转让

2002年1月1日，黄龙洞投资股份有限公司以8.33亿元获得凤凰古城八大景区景点的50年经营权，实现了被业界称赞的"龙凤联姻"。

如果说经营黄龙洞是看中了张家界独一无二的自然旅游资源，那么投资凤凰景点看中的则是其文化底蕴，两者资源互补、优势互借、客源共享。龙凤联姻后，公司由经营景点又扩大到经营城市。为此，叶文智和他的公司不仅肩负着如何把自身做专做大做强的责任，也肩负着保护生态资源、抢救文化遗产、协助政府为37万人民全面建设小康社会的希望与重托。

（点评：凤凰与黄龙的结合，是一个互相选择的过程。黄龙相中了凤凰的端庄秀丽和文化潜质。凤凰相中了黄龙什么呢？请听湘西这位能干的女县委书记滕万翠的一番表白。在一次旅游推介会上，她动情地对省内外旅行商和众多媒体说："我们之所以选择叶文智，是因为这个企业有很好的经营理念；我们之所以选择叶文智，是因为这个企业有成熟的品牌和优秀的人才；我们之所以选择叶文智，是因为这个企业拥有超前的胆略和气魄；我们之所以选择叶文智，是因为看中了他独有的人格魅力！"听听！一口气四个排比，龙凤能不呈祥吗？）

2002年3月，凤凰县政府又将一把特制的刻有"凤凰之友"字样的金钥匙赠送给叶文智，希望他用这把金钥匙打开湘西旅游业的大门。凤凰县人民政府主管旅游的副县长朱一瑾一席话，让人感到湘西旅游业的门真的被打开了。他有理有据地说：凤凰县把所属八大景区景点所有权和经营权有效分离出来，正是为了通过民间资本的投入，把景区的资源优势，把政府业已创造的区位优势，把外来的资金、人才、管理优势，通过市场和利益这双魔手整合起来，使国家增税、企业增效、投资者增利，从而使整个资源增值。凤凰县在2001年旅游业还是一种政府接待式经营，年门票收入不足100万元，年接待费用却花去近200万元。为此，在省州领导的支持下，县委、县政府对旅游业转制经营进行了主动出击，黄龙洞公司最终成为首选的对象。2002年，到凤凰旅游的中外游客达90万人次，实现旅游总收入1.1亿元，旅游接待量、旅游收入分别比2001年增长了5倍。同时，也拉动了相关产业：2002年内先后到凤凰投资旅游业的客商16家，投资额达到7.6亿元；宾馆酒店从年初的11家发展到年底的218家；为当地创造劳动力就业再就业机会6000余个。而从经营者手中拿到的经营权转让费及建设资金，更是让凤凰县政府改善旅游基础设施、加大文物古迹保护力度、提高经营管理水平做到得心应手。从朱副县长的口气和神态看，记者感受到凤凰在产业结构和产品结构调整中找到了出路，凤凰真正涅槃了。

石门县夹山的经营权转让

2003年1月1日，凤凰古城旅游有限责任公司再次以总价48000009元的价格获得了湖南夹山国家森林公园所属景点的50年经营权，成功实现了品牌扩张。夹山国家森林公园，旅游资源十分丰富，因公园拥有"佛教、历史、茶禅"于一体的"三绝文化"而享誉海内外。而且具有区位优势、交通优势。焦柳线穿县而过，常张高速公路开通后，从张家界、长沙方向进入夹山均只需要两小时车程。该地位于张家界和省会长沙的连接带上，有良好的客源依托。如果把石门的夹山与壶瓶山、蒙泉湖一起打造成全国著名的休闲观光目的地，与凤凰古城、张家界的黄龙洞连成一线，就会在湘西北组成一个由世界自然遗产景观、历史文化名城和人文佛教文化景观相结合的有竞争力的产品链。

个人品牌经营：以人格魅力和科学管理铸就的忠诚链是市场经济追求的最高境界

品牌经营和资本经营的整合，是经济界、企业界乃至理论界的热门话题。

品牌，可以是产品，是企业，也可以是个人。一般地讲，成功的企业都有一个成功的掌门人，他有资格成为个人品牌。国际著名品牌管理学者华德士曾说："21世纪工作生存法则就是建立个人品牌，它能让你把名字变成钱。"

叶文智正在以自己的努力成为中国旅游业界的个人品牌。他具备的优良品质和个人魅力正在逐渐展示和释放。

敏锐聪慧的头脑

个人和企业品牌是业界的脊梁，不应该是四肢发达、头脑简单的形象。叶文智精短的身材、精明的头脑，才思敏捷、创意频出。比如，一次保险公司来谈保险，办公室主任说："该上的保险我们全上了，除了洞里的石头。"在一旁看文件的叶文智听到此话一愣，于是做出了为黄龙洞"定海神针"投保1亿元的惊人之举。

还有一次，公司租用的直升机驾驶员开了句玩笑："叶总，等哪一天我开飞机穿一下天门山。"叶文智一下动了念头，于是有了"'99张家界世界特技飞行大奖赛"的决定。叶文智是一个善于学习的人，一个善于听取意见的人，也是一个善于从别人不经意的言谈中获得灵感的人。

宏大的气度和胆略

"敢为常人不敢为者往往能成大事"，此言在叶文智身上得到了应验。

为了征求专家的一个意见，他竟然租用飞机前往。这不是脑子有毛病吗？全国成千上万个旅游企业老板，没有人这样做，但这样做的叶文智获得了极大成功。他向我咨询后，一系列组合拳打出去，立刻让市场目瞪口呆。

1997年年底，合同载明金额5.275亿元买下黄龙洞45年委托经营权。干这件事，是要有胸襟和远见的。天下溶洞是同质性资源，而且全国卖票经营的溶洞有500个以上，仅在湖南就有40多处，不到1万平方公里的张家界市就有8处，竞争形势吓人。叶文智的信心在于他看中了大环境，张家界峰林地貌世上绝品。通过委托经营可以在张家界这个绝品中找到立足点和根据地。实践证明这是个有远见的思路。

（**点评**：穿越天门，不仅国际飞行器入境办手续的难度大，危险性大，而且没有先例。一旦失败，后果不堪设想。30多岁的叶文智，为此头发都急白了，可见难度之大。当初，有人劝叶文智："天门山不在你的景区，即使穿越成功，与你有啥关系？"叶文智搞的是大旅游，如果只看到自己眼皮底下一点点，永远不能跨越时空整合资源。此举成功，张家界飞向世界，黄龙洞企业品牌价值大升：在此前门票收入一年只有1000多万元，活动搞过后，门票收入超5000万元；在争夺湘西景点经营权大战中，凤凰人宁肯低于别的竞争对手10%以上的报价而选择叶文智的公司。）

高超的思辨能力

关于买和卖。凤凰古城8个景点50年经营权转让合同签订后，有人认为"把祖宗留下的东西卖给了商人"。叶文智说：凤凰山水我搬不走，它永远是凤凰人民的。不是我买了凤凰，而是把我个人的前途、公司的命运卖给了凤凰。这不是简单的生意，涉及250万湘西百姓脱贫大计，这是我们的社会责任，是公司的经营理念。针对开发与保护关系方面的种种议论，叶文智说，50年经营权不可能竭泽而渔，我们要像保护自然生态一样保护人文生态。

关于快和慢。叶文智常说：当今商场上不是大鱼吃小鱼，而是快鱼吃慢鱼。瞅准机会要快干，快了可打时间差，可以实现资源的迅速整合以形成生产力和资本迅速增长；慢了就丧失机遇，丧失了主动权。高效，是他制定的公司八字宗旨之一。员工们说，我们叶总有三件宝：汽车、飞机和电脑。这些，标志着他的工作效率。

关于大和小。强调快，不一定只抓小事。他说，人类自有战争以来，使用的炮弹数以亿计，但让人难忘的是落在长崎、广岛的那两颗原子弹。我们公司介入旅游业，不允许打常规战，我们的"核武器"是"创新世界行销"。

中国的制造业有海尔，IT业有联想，再经过5年奋斗，我们要建成中国最大的资源性旅游企业。这个抱负不谓不大。

关于缩身和扩张。在公司发展战略上，叶文智保持着清醒的头脑，他关注天下事，但绝不涉足自己不熟悉的领域，不提倡搞多元化经营，而是强调企业的核心竞争力就是一个字："专"。专就是扬长避短，就是他的"四个一"方针：只介入一个行业（旅游业），只整合一类资源，建立一套制度，培养一支队伍，使企业真正做到市场专业化，人才专业化。

关于造实与造名。叶文智在一次论坛上说：造名是企业家永远的冲动。企业家要防止掉入造名陷阱，但也不是不要造名。在造名与造实的关系上，应把握以下准则：既要造实，也要造名；造实先于造名；造实重于造名；造名不能急于求成。并结合一些著名企业只注重造名而覆亡的教训，对企业"青春期错觉"进行概括和评论。

打造诚信链从自身做起

健康、有序、运行正常的市场经济环境呼唤诚信。诚信是一个企业内聚力之本，外引力之源。

诚信的培养要从掌门人自己做起

采访中，田洪辉、夏新恒和一些职工向记者陈述他们的体会：如果领导把员工当人看，员工会像牛一样为企业干；如果领导把员工当牛看，员工就会把自己当人看。

叶文智身体力行地坚持制度管理和人情管理相结合，把企业建成有人情味的充满生气与活力的民营企业。这是行为科学的中国化。细节是最感人的。公司行政部员工小邓1998年到公司前曾是武陵源区的临时工，见到黄龙洞公司招聘广告，有意应聘。当他两次给叶文智打电话时，叶为了给对方省电话费都让他挂掉，然后主动打过去。这种处处为他人着想的作风，时时激励着小邓努力工作，招聘后年年被评为优秀员工，两次被评为劳动模范——公司最高荣誉。有的公司高薪挖他，小邓不为所动。

1999年2月，公司人事部经理戴成桂母亲去世，叶文智驱车6小时赶到戴成桂老家慈利，第一件事就是到戴母灵前磕了三个响头。戴成桂这位湘西汉子被感动得泪水涟涟，他暗下决心：父母都不在了，他此生此世要把对父母的那份情交给公司，交给叶总。从此工作拼命，不知有节假日，现在已经是凤凰公司的总经理。

田洪辉、夏新恒等都有类似的经历。一批批骨干茁壮成长，成了挑大梁的人物。他们远离妻儿老小，一个景区刚建完，又被抽调到新的地方去开拓，随后一个个奇迹从他们的手中被创造出来。

由于叶文智对张家界旅游业做出突出贡献，市府奖励他30万元人民币。他认为，企业家应为国家分忧，于是，除了给母亲1万元和完税以外，全部捐给了教育基金会。

叶文智用诚信感染骨干，骨干们又把诚信传给员工。员工们说了一件小事，公司每月20日发薪，如遇周末就提前一天发，从不拖欠。宗旨和理念教育，使大家为了一个共同的目标走在了一起。每个员工都坚信：公司美好的预期就是他们的前途，把自己与公司命运捆在一起，同舟共济，永不言难。

2001年5月，凤凰南方长城山体滑坡。为抢救光缆，沱江游船公司40名员工接到通知赶去救险。因为邹立新、陈敬松、包茂才、龙金桥等员工年龄比较大，公司没有通知他们。但这几位员工了解到险情之后，连夜打车赶往现场参加战斗。

2002年2月底，沱江水浅难行船，需要修建一道调节水坝，工程承包出去预算18万元。沱江河员工们要求自己干。春寒料峭，水冷刺骨，夏新恒、杨长春等率职工跳入水中施工，船工邹立新发烧打吊针，一手托着药瓶，在岸上往河里传料。大家协力奋斗20天，只花了两万元材料费就把水坝修成了，为公司节约了16万元。

2002年"五一"黄金周，由于"非典"影响，凤凰公司只收入4万元，远不够成本。黄丝桥古城景区的女员工张树江向领导打报告主动提出：公司有困难，我不要工资，而且工作更用心，受了伤也不愿花公司的钱。刘燕、邹丽、吴凤芳等员工也支持她的意见，誓与公司共度危难。在骨干会上，大家一致要求减薪50%。叶文智接到报告，只批准减薪20%，并说："无论如何困难，再亏也不能亏职工。"

领导者的智慧是重要的，但职工对企业的忠诚更重要。美国作家哈伯德说："一盎司的忠诚抵得上一磅智慧。"凤凰旅游公司的实践验证了这条真理。

这个忠诚度从企业延伸到市场,延伸到顾客的心中,靠的是企业细致入微的服务。1997年9月,北京游客赵文忠、邓桂荷夫妇来张家界旅游,由于旅行社的疏忽,使客人没能参观到原定的景点黄龙洞。这件事的责任与黄龙洞公司无关,但叶文智看到报道后,打听到这对夫妇的地址,把机票送到他们手中,邀请他们再次游览黄龙洞,并亲自接站,组织欢迎仪式。此事经多家媒体报道,黄龙洞把顾客当上帝的超值服务形象在市场上鲜明地树立起来。于是游客盈门,仅门票收入从1000万元连年翻番,2001年已经超过5000万元大关。

美国学者雷奇汉和赛塞的研究结果表明:顾客忠诚度提高5%,企业的利润就能增长25%~85%。这是忠诚对忠诚的回报。

(**点评**:知名度、满意度、美誉度,是品牌必须具备的素质,而忠诚度是市场经济追求的最高境界。没有企业领导者对骨干、员工的诚信,就不会有员工对企业的忠诚;没有员工对企业的忠诚,也不会换来顾客对品牌的忠诚。

叶文智用心来打造这个忠诚链,已经成为企业之魂,也是叶文智的人格魅力之所在。品牌建设对中国企业而言,还是一个新课题,需要经过多方面的、长期的、细腻的努力。特别是在整体形象的打造上,叶文智及他的公司还有相当长的路要走。在本文结束时,我们祝愿他和所有旅游企业,通过奋斗,铸就自己光辉灿烂的品牌。)

(原载 2003 年 9 月 12 日《中国旅游报》)

2001年,我所工作的中国旅游报社评选中国旅游风云人物,叶文智当选。这是报纸发的消息:

2001年度中国旅游风云人物即将出炉

本报讯(记者 杨慧敏)1月23日,由本报主办的"中国旅游报·2001年度中国旅游风云人物"评选活动出现第一个高潮。经过评委会认真评议,反复推敲,20名候选人从众多的参选人中脱颖而出。为更好地宣传中国旅游业,尤其是加大对业内精英人物的宣传力度,本报从2001年起,将每年评选"中国旅游报·年度中国旅游风云人物"。

首届"中国旅游报·年度中国旅游风云人物"评选活动于2001年12月28日正式启动以来,受到了业内外的广泛关注。报名热线开通以后,组委会办公室不断接到旅游单位和个人的咨询、报名电话。截至1月22日，共有近80人被推荐或自荐参选。在此基础上，评委会办公室根据评选规则及条件，初选出43名参选人交评委会评议。他们当中有各级政府及旅游主管部门的领导、有深入研究行业重大课题的专家学者，也有引领市场先锋、真抓实干的企业家，还有立足岗位、默默奉献的优秀员工。1月23日，由旅游界知名专家学者、中央各大新闻单位资深人士组成的评委会，对初选合格的参选人进行了评议，最终确定候选人20名，其中包括政府部门6名、企业界13名、学者1名。评委会将于1月28日投票选出10名"2001年度中国旅游风云人物"，另外10名候选人将荣获"2001年度中国旅游风云人物提名"奖。

"2001年度中国旅游风云人物"颁奖典礼将于2月6日在北京国际饭店隆重举行。

1月28日，评委会采取无记名投票方式，产生了10名"2001年度中国旅游风云人物提名奖"。

2月6日，"中国旅游报·2001年度中国旅游风云人物"颁奖典礼在北京国际饭店隆重举行。马元祝、王永忠、叶文智等十大旅游风云人物（按姓氏笔画排序）闪亮登场，并先后做了精彩的即席演讲。首都各大新闻单位的负责人、记者以及100余名旅游界人士出席了颁奖典礼。

中华全国新闻工作者协会书记处书记肖东升、中央五大媒体总编辑和中国旅游报社领导为获"中国旅游风云人物"颁奖。图为本书作者为叶文智颁奖

案例剖白说营销

2004年7月6日,作者与叶文智交流

第十九章　宁波经验

——城市营销变形象：宁波市成为景点景区营销
向城市营销转变的引领者

宁波市市长张蔚文在担任浙江省电力工业局局长的时候，是我在中央党校1991届地厅级干部进修甲班17期的同学。他到宁波担任市长后，正好我被聘为宁波市旅游总体规划顾问，后来多次去宁波调研。张市长欢迎《中国旅游报》在宁波设记者站，记者站揭牌那天，张市长亲自写信祝贺。自此，我和宁波结下了不解之缘。

从1983年起，宁波就是计划单列的副省级城市，主业致力于港口和商贸、服装的发展，旅游业起步很晚。但90年代后期，宁波对产业进行整合，发展旅游成为战略选择，率先从景点、景区旅游向城市旅游迈进，力度是相当大的。

2004年，宁波市旅游局局长朱至珍请我去调研，策划了7篇宁波城市营销的系列报道、一本书和一篇研究报告。由我带领《中国旅游报》记者张洎涛和宁波干部苏小玲、叶兴法、银河、邱明亮、张燕、陈旭钦等组成的报道组，完成7篇报道。

崛起的东方商埠　时尚水都
——宁波旅游发展报道之一

印象中的宁波是与水联系在一起的，整个市中心就处在余姚江、甬江、奉化江三江的交汇口。有水的宁波是充满灵气的，与水相连的宁波人是充满智慧的。智慧的宁波人自豪地说，我们的旅游精品大多和水分不开。溪口、中国渔村、宁海温泉这些让世人刮目相看的宁波著名的景点都因水而兴。然而在首批"创优"时,谈起宁波的旅游业,宁波人自己都觉得很惭愧。

宁波市旅游局局长朱至珍讲过这样一件事情:7年前他刚上任时曾参加过一次15个旅游城市的局长会议,那次他是提前从会场上溜出来的,因为宁波的旅游产品太少了,几乎没有人知道宁波有什么可旅游的,他觉得很难为情。7年后的今天,这样的情形再也不会出现了。2003年,尽管受"非典"影响,宁波旅游业仍全面实现正增长,接待海内外游客1742万人次,旅游总收入164亿元。2004年上半年国内游客同比增长36.5%,境外游客增长71.5%。宁波旅游业的飞速发展,让所有宁波人都引以为豪。

政府主导大办旅游

以前一提起宁波,游客的印象总是"四个头",即"蒋光头、和尚头、芋艿头、北仑码头"。宁波不能总是留给游客这样旧的印象,宁波的旅游要有新东西、有精品,宁波的旅游业要赶上其他同类城市的步伐。经过努力,1998年宁波成为第一批中国优秀旅游城市,但是宁波人却并不就此满足。随即,宁波市政府提出"二次创优",宁波要做成旅游大市。

2000年,宁波市政府下发了2号文件,其中明确了旅游产业的定位和对旅游业的扶持举措,并提出以资源开发、推进建设为首要突破口,打造精品。旅游重点项目享受市重点工程的待遇,并予以重点扶持;对新组建的旅游大企业、大集团予以重点扶持。同时,市委、市政府更是把旅游项目开发、形成新的旅游热点作为市和各县(市)区的一项硬任务来抓,并纳入年度目标管理考核范围。

这样干旅游的劲头是少见的。宁波全市11个县(市)区普遍举行了党委中心小组旅游经济专题学习会,将旅游业列为区域经济发展的支柱产业,相继出台了相应的扶持旅游业发展的政策意见,并随着形势的发展及时地补充。市旅游局从事业局转为市政府直属的行政局,下面的县市原来设有旅游局的强化了职能,没设旅游局的都相继成立了旅游局。象山县还建立了旅游公安派出所,专门管理景点和饭店。

做旅游除了有政策,更需要有资金。宁波人对此毫不吝啬。宁波人是聪明的,知道只有大投入才会有大产出。据了解,宁波的11个县(市)区就有600万~2000万元的旅游发展专项经费，而宁波市则有1000万元。到2005年宁波市的旅游专项发展资金有望上升至4000万元，用于旅游总体规划的修编和深化、旅游重大项目的策划和招商、城市旅游形象的宣传促销、旅游信息化建设的实施、城市旅游功能的完善、旅游人才的培养、旅游商品开发及培育新的旅游业态等方面。这样大的旅游专项资金让周边城市羡慕不已。同时，宁波还出台了《宁波市旅游项目建设补助、奖励办法》《宁波市旅游区（点）建设奖励暂行办法》。宁波市委、市政府的苦心没有白费，自2001年以来，宁波累计推出旅游招商项目130多个，总投资额超过13.9亿美元，累计签约外资项目15个，合同利用外资达2.7亿美元。仅给出的招商奖励资金就有70万元，而旅游区（点）建设奖励资金则达到165万元。各县（市）区的招商引资积极性逐年上升。据说，一般人根本无缘见到宁波象山的旅游局长，因为他总是在外面跑招商引资的事情，从最早的几千万元，到现在的20亿元的单体项目，原来一个默默无闻的半岛县目前已开发成为外地人向往的旅游胜地。

如今的宁波旅游不再是那"四个头"了，可看可玩的地方不胜枚举。目前就有中国渔村、宁海温泉、五龙潭、野生动物园、九峰山等60多个旅游区点，其中3A级以上旅游区点达10多处，而溪口国家级风景名胜区、滕头生态旅游区、天一阁博物馆、松兰山海滨度假区相继被评为4A级旅游景区。各县市区也都有了自己的发展方向。象山以海洋旅游开发为主线着力推进百里黄金海岸旅游带的建设；宁海整合生态旅游资源，打响真山真水的徐霞客旅游品牌；奉化以溪口为龙头，挖掘民国文化和佛教资源；余姚积极利用自然特色，打造四明山休闲度假基地；慈溪多方打造杭州湾南岸休闲旅游区。

宁波的旅游业出现了从未有过的蓬勃发展势头。2004年，宁波在建旅游项目43个，总投资额为114.63亿元。

推销城市提升旅游

宁波地处长三角，挨着上海与杭州。这样的地理位置让宁波的旅游有种被"湮没"的感觉。"宁波有山，但却比不上相邻的黄山；宁波有水，但却没有杭州西湖那样有名；宁波有佛教文化，但普陀山的名气实在是太大了。宁波的旅游资源丰富，但相对来说其单体资源的分量就远远不够了。"宁波人太知道自己的弱势在哪里了。

怎么办？宁波人意识到首先要提高宁波城市的知名度。在经过一系列的策划和包装、形象广告语的征集后，最终宁波将自己的形象定位成"东方商埠、时尚水都"。宁波人希望能够整体推销宁波这座城市，以此来推销宁波的旅游。

于是，这样定位功能的城市几乎所有的建设与开发都与旅游分不开了。2002年"十一"正式开业的天一广场如今已成为宁波市民和外地旅游者最喜爱的地方了。这座位于市中心，占地20万平方米的广场，原本只是一个简单的城建项目，但由于融入了旅游的概念，它不仅是一个融娱乐、美食、购物、休闲为一体的大型商业区，更加入了旅游的配套功能。在广场里面建有亚洲第一的音乐喷泉、亚洲第一的水幕电影以及亚洲第一的水街。如果累了，还可以花一元钱坐观光车游览。在由宁波市旅游局、市委宣传部、城建局及规划局主办的宁波市区十大新景评选中，天一广场荣登榜首。

宁波就连建一座大桥也要有旅游的功能。2003年开始动工的宁波杭州湾跨海大桥全长36公里，是当时世界上最长的跨海大桥。设计时，旅游局的同志就建议把这座世界级的大桥打造成为世界级的旅游吸引物。经过市领导的高度重视，大桥建设单位的支持，宁波办到了。如今这座跨海大桥是按景观的概念来设计的，叫"长虹卧波"，借用了苏堤、白堤的基本理念；在大桥宁波段的一端专门配套了一个观光塔，并设计了一个观景平台，平台下面再建一个游艇码头。宁波还想同时开发一个"见证大桥建设游"的项目，并构建杭州湾主题公园和跨海大桥旅游产业带。在宁波，像这样的景观桥就有十几座。

这样的理念在宁波各县（市）区也得以充分体现。宁海的白溪水库只是5年前政府决定要建设的一个大型国家水利枢纽工程。然而旅游与水利系统认识默契，整个水库按照景区的概念来打造。在建设之初就策划将大坝内的老百姓全都迁了出来，并与景区签订协议，老百姓有义务协助景区做到在库区禁伐、禁猎及防火、封山育林、水土保持和环境保护，而作为回报景区则将门票的30%收入给他们。于是，2002年景区建成后，就是一处以自然山水为依托，以道教文化为内涵的特色景区。水库建成当年就拿到了"国家级水利景区"以及"国家级森林公园"两块牌子,这也成了宁海旅游的拳头产品。

奉化的滕头村则用了全球500佳的品牌来发展农业旅游和生态旅游,让它成为中国农业旅游、生态旅游的典范。去过滕头村的人都知道,那里有从10多个国家和地区引进的126种、全长1000米的柑橘观赏林,足足花了5年时间才培育成活,而这样的规模却不是一两天就能被抄袭的。

宁波人的精明不仅仅体现在这方面。中国开游节的成功举办让人们不得不佩服宁波抢占了旅游先机。原本是江苏江阴人的徐霞客就因在《徐霞客游记》的开篇写到"5月19日自宁海出西门",就被宁波人作为"天下旅游,宁海开游"的口号,并为此在每年的5月19日举办中国开游节,而且越办越火,让别人无法再利用徐霞客来办类似的节了。一位江苏江阴的记者毫不客气地称宁波办旅游节是抢的。朱至珍说,他们更是倡议将5月19日作为中国的旅游日。

宁波靠海,但在旅游最旺季的5月中旬至9月中旬东海却是休渔期,而一到可以捕鱼的季节海边也变得没有看头了。聪明的宁波人提出在休渔期结束能够开始捕鱼时,在海上搞个开渔的仪式,海上设一只大型的指挥船,把每家每户老人、妻女为渔民壮行的场面上升到由政府为渔民兄弟壮行,1500艘渔船整队出发,同时再做祭海仪式、节庆晚会。这就是后来一直每年都持续举办的中国开渔节。目前已举办了7届,并跻身全国十大民俗节庆和国家旅游局的年度系列节庆活动行列。2004年的开渔节更是以弘扬渔文化主题,做透海洋环保文章,在节庆的特色性、群众性、国际性和实效性上取得进展,体现出这一中国著名民间节日的生命力和影响力。

区域联合发展旅游

城市的品牌打响后,接下来就是要让人们了解宁波,吸引游客到宁波来。促销是旅游最基本的手段。

宁波城市建设得这样美好,作为宁波人当然愿意为自己的城市做宣传了。在市旅游局的组织下,1000位宁波市民自己出钱进北京为宁波旅游促销。而每位宁波市民的帽子和T恤上都写着"请您去宁波""浪漫宁波欢迎您"的字样。每人手中拿的50份旅游宣传资料也都分发给北京的市民了。

在北京，这1000位宁波市民既当了游客，又成了义务的促销员。这样的努力没有白费，据说现在宁波的国内游客除了65%是江浙沪的游客外，排在第二位的就是北京游客了。

旅游要做大仅凭一家是不可能的，必须走联合的道路，宁波人清楚地看到这点。

首先是区内的联合。在宁海县有个十里红妆博物馆，里面展示的都是民间艺术家何晓道数十年来收集的明清至民国时期的婚床、家具、门窗等，特别是当年大户人家嫁女儿的嫁妆、用具可以浩浩荡荡绵延十里长，因此被称为十里红妆。而在离十里红妆博物馆20公里的地方有座亟待开发的古镇前童。宁海县旅游局唐海伦局长说，他们准备将十里红妆的东西放到前童来，这样整合开发，其味道定与长三角地区其他的古镇大不相同。

同时宁海也准备同相邻的象山联手打造"（宁）海誓（象）山盟"爱情新干线的旅游新产品，把宁海与象山的经典景区连成一体，推荐给游客。这样既延长了游客在这两个地方的停留时间，同时也让游客看到最精华的产品。象山县旅游局的邵道良兴奋地告诉我，等到2008年象山到台州的三门湾大桥竣工后，象山就不再是旅游的终点了。

此外，宁波还主动与其他城市联手。2004年7月，宁波与福建泉州以"海上丝绸之路"的名义，整合两地历史文化名城的旅游资源共同加入申报世界文化遗产的热流。据说泉州与宁波一样，都是我国古代"海上丝绸之路"的起航地之一，其海外交通史源远流长。泉州市旅游局严局长说，宁波和泉州将"海上丝绸之路"作为共同的旅游品牌，加强全方位的旅游区域合作，寻觅更多的旅游商机。两地也已经签订合作协议，将互送客源，适当时对开旅游包机专列，先期在东南亚市场共同促销"海上丝路"之旅这条特色旅游线路。

2004年9月9日，宁波与温州、台州、舟山四市共同宣布成立甬台温舟区域旅游合作联合体，并将打造"活力浙东南"中国黄金旅游线旅游品牌。朱至珍说，宁波、温州、台州、舟山这四个城市地域相近，人缘相亲。近些年来这四市的旅游基础设施日益完善，交通便利，甬台温高速公路已全线贯通，宁波至舟山的跨海大桥正在建设，相隔都不过一小时路程。同时四市的旅游资源丰富,有不少旅游资源都具国际性影响,如天下奇秀雁荡山、"海天佛国"普陀山、蒋氏故里溪口、天台山和江南长城等。这些旅游产品的互补性强,以这些著名景点为核心串联成精品旅游线路,再通过加强区域合作,就一定能够实现优势互补并且共同发展的目标。以杭州、宁波为重点的新江南旅游 B 线已被港台地区客人所青睐,上海、宁波、杭州的沪甬杭旅游"金三角"亦在积极运作。目前,四省六市联手的"梁祝之路"旅游联合体已在宁波成立。

当年宁波提出要做旅游大市的目标已经实现,然而宁波人并不满足,提出了要建旅游强市,浙江省委常委、宁波市委书记巴音朝鲁在最近市委中心组学习会上明确提出,要积极利用历史文化名城和国际港口城市的优势,充分发掘人文、山水、海洋、港桥等特色资源,继续推进重点突破,把旅游业打造成服务业的先导产业,培育成国民经济的支柱产业。宁波市政府代市长毛光烈希望宁波旅游业的发展能为推进国内外贸易、服务于先进制造业、推进城乡一体化和提高人民生活质量提供平台。主管旅游的何剑敏副市长更是潜心研究旅游业的发展,他十分看好宁波旅游业灿烂前景,表示下一步将加大工作力度在旅游经济发展的组织保障体系、规划编制和精品项目建设、城市旅游功能配套、城市旅游推广等重点领域进一步开拓创新。宁波正朝着长三角地区重要的旅游目的地和全国最佳商务会展旅游城市的目标大步迈进。为此,宁波人为自己设定了这样一个目标:力争到 2010 年,实现旅游总收入 400 亿元。

这样的目标是远大的,相信有着这样重视和热爱旅游业的宁波人,经过他们努力与奋斗,目标一定会实现。

(原载 2004 年 10 月 15 日《中国旅游报》)

推销城市促旅游
——宁波旅游发展报道之二

很多人知道宁波是一个历史悠久、工商业发达的港口城市,改革开放以来宁波经济迅速发展、充满活力,临港大工业、民营企业和开放型经济在全国有较大的影响力。目前正在实施的"新世纪工程"投资额在百亿以上的工业、交通、基础设施等重大项目就有十多个。宁波旅游起步相对较晚，但近年来发展迅速，大有后来居上之势，作为工业经济高度发达的沿海开放城市的宁波旅游，能在夹缝中得以迅速发展，走出了一条自己的路子，而且旅游为提高城市品位和知名度做出重要贡献。一个值得关注的"宁波现象"的重要一招就是推销城市。国家旅游局曾举办主题报告会，邀请宁波市旅游局作专题介绍，称宁波是全国推销城市旅游的典范。

创新理念整体推销城市

宁波旅游的发展和许多著名旅游城市一样，也不是一蹴而就的。要提高知名度、吸引游客，按照常规的旅游发展模式难有大的起色，于是宁波的旅游管理部门想到了宁波城市的知名度，开始尝试进行城市旅游形象的策划包装、形象设计和推广工程，通过整体推销宁波城市，使人们对宁波城市的历史、现实与未来产生一种关注和认同，进而激发去宁波看一看的欲望，从而提升宁波旅游的知名度，促进全市旅游的快速发展。于是，一个理念形成了：推销城市促进旅游、提升旅游。要做宁波城市的"买卖"，实施城市"买卖"战略。

1997年，以城市旅游形象的新定位和新包装作为突破口，发挥市场促销的"牛鼻子"效应。宁波市旅游局组织专家到宁波实地考察策划，向市民征集意见，第一个旅游形象广告语——五句话："东方大港、河姆文化、名人故居、儒商摇篮、佛教圣地"闪亮登场。同时组合推出了东方大港览胜、河姆文化探秘、名人故居寻踪、儒商名品领略、东南佛国朝拜五大系列产品。

1999年，借荣获首批中国优秀旅游城市的东风，按大社会、大旅游的理念整合资源，宁波推出了新的旅游形象——四张名片："宁波港、宁波帮、宁波景、宁波装"。上至市委书记、市长，下到市民、百姓，对外介绍宁波的时候都习惯"发"四张城市名片。从大旅游角度看，宁波旅游的特色资源全都作为城市名片推出，促成了全社会打造、推销城市名片的共识和合力。

进入21世纪后，宁波经济发展、旅游开发、城市建设迎来了最好的发展时期，完善新一轮宁波城市旅游形象显得迫在眉睫。2003年，宁波市旅游局委托研究机构专门研究城市旅游形象的完善深化，邀请全国著名专家来宁波采风、研讨，经过报纸和网站广泛评选，体现"水、商、文"宁波特色文化内涵的新一轮宁波城市旅游形象"东方商埠、时尚水都"便应势而生，并与欢快、跃动的人形和 NB 字母演绎的流动山水图案构成的宁波旅游标识配套使用，较好地展示了宁波的过去、现在和未来。目前，宁波城市旅游形象口号和标识符号正在向国家工商总局注册之中。

多元宣传扩大宁波旅游影响

动态地策划包装城市旅游形象，主要是解决旅游形象的诉求点问题，目的是吸引眼球。为了更好地推广城市旅游，还需要调动各种手段、多元媒体，进行广泛的宣传，以迅速扩大宁波旅游的影响。

1998 年，以一台湾老兵回宁波老家探亲扫墓情节为背景、融宁波风景在内的 45 分钟电视文艺片《清风明月时》，清明期间在台湾、上海、宁波三地同时播出，勾起许多人对家乡的思念和关注。同年，宁波市旅游局在全国范围内组织《游客眼中的宁波》征文大赛，汇编出版了获奖作品集《情醉宁波》，其中著名作家叶辛先生的《宁波的水》成为 2001 年世界旅游日中国主会场庆典活动的主打节目（配乐散文）。他们还精心组织了《摄影家镜头中的宁波》摄影大赛，获奖作品展出一个月，出版的摄影集被浙江省委宣传部评为最佳外宣品。

1999 年，宁波市旅游局邀请中央电视台摄制《请您去宁波》专题，节目播出后，中央电视台收到了海内外观众来信 4000 余封，据说创下了当时该栏目的最高纪录。后来，这 4000 名观众中又产生了 6 位幸运观众，来宁波作了一趟"幸运之旅"，中央电视台作了跟踪报道，又给宁波炒了一把。此后，在央视的新闻、《旅游指南》《旅游风向标》等栏目中，宁波旅游节目频频亮相。

2002 年开始，宁波市旅游局尝试以电视连续剧为载体来推介宁波旅游，多次与合作伙伴邀请编剧来宁波考察体验生活，策划做大项目。经努力，以宁波迷人景色时尚都市为主背景的 23 集电视连续剧《我的淘气天使》在宁波拍摄完成，已在国内主要城市播放。

中央新闻媒体、主要客源地的媒体更是宁波的常客。在杭开展的省级媒体"宁波印象"活动和在沪开展的宁波籍记者的"回老家看看"活动，大大地拉近了宁波与新闻媒体及游客的距离。

因此，在宁波人们常讲：在旅游业发展和旅游宣传推介上，旅游管理部门、旅行社、新闻媒体是"三位一体"。

大规模促销全方位展示旅游发展

宁波旅游促销的经典之作是，每年由市四套班子领导率领赴重点旅游市场进行一次大规模的整体城市旅游宣传促销。

1998年3月，宁波市四套班子领导率领300余人进军上海，开展了上海宁波旅游宣传周活动。先后举行了"宁波旅游印象——上海新闻记者旅游行家恳谈会""共绘家乡美景——在沪甬籍知名人士座谈会"、徐家汇广场宁波旅游形象展示、上海媒体宁波旅游宣传周及'98上海宁波美食周等活动。这次活动，宁波是对"人缘相亲、地缘相邻"的上海进行全方位、立体化地推销宁波的尝试。结果，上海媒体、市民评价为"上海刮起了宁波旋风"，旅游界同行则称宁波市创造了旅游促销的"吉尼斯"。就连在上海开餐馆的宁波企业主们在年底还打电话感谢宁波市旅游局，说年初到上海推销宁波使他们全年的生意非常之好，宁波菜开始风靡上海滩。

2000年，宁波市开始进军二级目标市场，开发长线游客。经过精心设计方案，首选北京。在北京市旅游局的支持下，宁波由副市长亲自率领，组织了1000余名宁波市民包了旅游专列进京。每个市民都穿一件印有"浪漫宁波"的T恤、一顶"欢迎您去宁波"的帽子。抵京后，北京市旅游局在北京火车站组织了盛大的欢迎仪式。15辆标有宁波旅游促销团车号的旅游大巴，在北京街头行驶了5天。在北京火车站、八达岭开展了宁波旅游形象展示、咨询服务，发放16万份旅游资料。宁波市民既是游客，又是旅游推销员，使促销活动收到了理想的效果。此后北京相继开通了至宁波的旅游包机和旅游专列，北京客源市场实现了重大突破。

此后，宁波市认真研究各地开拓客源市场的经验和教训，确定每年的旅游促销计划。政府宏观宣传和企业市场运作相结合，由市政府领导先后率大型促销团赴上海、武汉、南京、香港、福州等地，采取现场推介、媒体炒作、形象展示、同行业务洽谈、市场推广月等多种营销手段，不断开拓客源市场。尤以2002年9月中旬香港的宁波旅游形象宣传周更为行业内外称道。

宣传周由宁波景的魅力、宁波菜的诱惑、宁波人的热情三个部分组成，推出"时尚水都，佛教圣地、美食天堂"三大系列特色线路。邀请香港无线电视台拍摄专题节目，由宁波旅游形象亲善大使曹众小姐担纲做现场主持，请著名艺人沈殿霞现场亲手烹饪宁波传统名菜雪菜大汤黄鱼、香港旅游业议会主席与宁波旅游局领导一起制作象征两地旅游结缘的宁波汤团。香港无线台、有线台专门制作在港推销的专题节目，并在宣传周期间每晚黄金时间段推出宁波特色节目。香港著名旅游专家马志民先生事后高兴地给宁波市旅游局领导打电话说，活动有声有色，香港市民印象深刻，业内人士高度评价。2003年10月在香港举办的宁波城市旅游形象展活动，还被香港评为该年度最高等级（A级）的活动，反响十分强烈。

2004年3月，宁波市在天津主办了历年以来规格最高、规模最大、活动内容最多的城市旅游形象推广活动，集近年市场促销之大成。宁波市委副书记、常务副市长、市人大常委会主任、市政协副主席四套班子领导和县区分管领导、旅游局，以及旅游企业、航空公司、新闻媒体等共150余人参加。大气磅礴的"东方商埠、时尚水都"宁波旅游推介会暨两地旅游交流月启动仪式、精彩纷呈的"魅力宁波"招待晚会以及在广场举办的宁波城市旅游形象展等系列活动，引起了强烈反响和广泛关注，达到了展示旅游形象、开拓客源市场、实质性推动两地旅游合作的目的，也让领导、旅游界的同人进一步了解到旅游管理部门在做城市"买卖"中的独特作用，赢得了理解和支持。

统计报表显示，2004年上半年与2002年同期相比，旅行社接待国内游客增长最快的多是进行过宣传促销的城市和地区，天津328.72%、江苏196.23%、福建188.11%、湖北132.25%、上海88.83%。香港入境人数增幅达77%。

做大特色节庆开拓旅游发展空间

节庆活动是宁波特色旅游产品之一，更是宁波发展旅游的一个法宝。宁波国际服装节、中国开渔节、中国梁祝婚俗节和中国开游节等节庆，有效地开拓了宁波旅游的发展空间。

从中国服装的生产历史、当今宁波服装在国内外的生产规模和影响力看,"宁波装"是宁波的一张名副其实的名片。宁波已成功举办七届国际服装节,服装彩车、中外模特大巡游、时装发布、海鲜美食展示等活动展现了宁波的时尚魅力,每年的服装节是万商云集,热了宁波的商务旅游,火了餐馆,满了饭店。

宁波市的象山渔民在全中国率先倡议实行东海休渔期。宁波市旅游局帮助策划、多方游说,得到地方党委政府的重视,加之有深厚的群众基础,创新的旅游促销理念和可持续发展的战略思想,中国开渔节每年一届,办得一届比一届好。千家万户挂渔灯、规模宏大的祭海仪式和千舟竞发的开船仪式等风味十足的活动成为社会关注的焦点。开渔节的成功举办打响了宁波海洋旅游的品牌,激励了象山大办旅游的积极性,近年来象山旅游经济年年翻番。著名笑星姜昆参加完第七届中国开渔节后感慨万分:"我参加全国各类节庆活动无数次,这次开渔节使我终生难忘。"

梁山伯祝英台爱情故事起源地有多处之说。宁波人不参加争吵谁是谁非,而是在2000年率先举办了首届中国梁祝婚俗节,99对新人乘100余辆彩车沿市区主要道路大巡游,在梁祝文化公园举办了玫瑰婚典,使历史文化名城的宁波蒙上了时尚浪漫的色彩。2002年的第二届中国梁祝婚俗节,邀请了56个民族56对新人来宁波结婚,场面异常热烈,创造了我国婚俗活动新的纪录,受到了国家民委的表彰。中国梁祝婚俗节的举办,引发了人们对文化遗产的重视,进而促进了梁祝文化旅游产品的开发。2004年6月,宁波市、杭州市、上虞市、江苏省宜兴市、山东省济宁市和河南省驻马店市四省六地,已达成了"梁祝申遗共识",联合研究开发"梁祝"文化。9月,由旅游部门共同策划包装的一条跨区域的旅游线路——"梁祝之路"正式启动。

中国开游节是宁海县利用《徐霞客游记》开篇的第一句话"5月19日自宁海出西门"就成功地举办了旅游节庆。这一节庆引起了人们对宁海的注意,宁海人打出了一个很好的口号,叫"天下旅游,宁海开游"。并向全国人大提出将5月19日作为"中国旅游日"的倡议,因为一代游圣徐霞客开游就是5月19日。同时,节庆带动了宁海的旅游开发和生态县的建设。

2004年9月,一年一度的甬港经济合作论坛在宁波举行。宁波市旅游局经过精心策划,组织了系列旅游推广活动:宁波城市旅游推广高级顾问、全国著名表演艺术家姜昆先生和宁波旅游亲善大使、香港知名艺人曹众小姐亲临宁波，宁波旅游推介暨甬港旅游合作恳谈会，香港旅行商宁波特色产品踩线，香港媒体跟踪宣传报道等系列活动，向香港嘉宾展示了宁波"东方商埠、时尚水都"的独特魅力、感受最具宁波特色的渔文化、佛教文化、美食文化。一个甬港两地的合作活动，又成了推销城市、提升旅游品牌的一次活动。

宁波的节庆贯穿的是创意的理念，挖掘的是地方文化，推介的是旅游形象，销售的是特色旅游文化产品，带动的是一方的社会文化和经济。尤其是这些节庆活动都具有很深厚的群众基础，具有旺盛的生命力。

（原载 2004 年 10 月 22 日《中国旅游报》）

从"零旅游"到长三角旅游品牌的飞跃
——宁波旅游发展报道之三

正在拍摄的央视版《神雕侠侣》，有 60% 以上的镜头将在宁波象山拍摄。"是象山旖旎的海滨自然风光，以及深厚的海洋旅游文化吸引了我。"谈及《神雕侠侣》落户象山的原因，著名导演张纪中如是说。可谁能想到象山这个半岛县 7 年前还是"零旅游"，而如今却显示出了强劲勃发之势，目前，象山滨海旅游已成为长三角南翼重要的旅游胜地，被评为浙江省最佳休闲度假胜地和上海市民最喜爱的浙江十佳景区之一。全县旅游总收入和游客总人数以每年 60% 的速度递增，今年 1—9 月接待游客数达到了 162.2 万人次，旅游经济收入达 8.9 亿元，旅游总收入相当于 GDP 比重的 8%。

象山县的旅游发展，政府从一开始就有了一个很好的定位，1998 年，象山做出了开发松兰山滨海度假区的决策，由此拉开了象山县开发旅游业的序幕。2000 年，象山县第一次旅游工作会议把旅游业作为全县第三产业的龙头和全县经济增长点来培育。2003 年 10 月，象山县委、县政府提出把"旅游富民"作为全县经济社会跨越发展的四大战略之一，把旅游经济作为全县经济的支柱产业，并把象山城市发展定位为"现代化生态型滨海旅游城市"。

由于政府定位准，主导力度大，这几年，象山旅游业实现了旅游产品形态由原来单一的海滨观光向海滨度假、商务会议、渔家乐等综合性开发转型；旅游项目建设由原来粗放型的初级开发向主题性、文化性的精品开发转型；投资主体由原来的政府为主向政府引导、市场化运作转型；客源市场也由原来依托周边拓展到整个长三角市场。

塑造一个品牌——"东方不老岛，海山仙子国"

"天佑壮丽的波光，一梦五千年，水吻妩媚的海岸；地捧不老的花朵，处处闻香甜，山偎柔嫩的沙滩。"这是著名歌唱家张也所唱的旅游主题歌《海山仙子》。由本书作者策划创意的象山旅游主题口号"东方不老岛，海山仙子国"得到强有力的传播。

象山地处浙江中部沿海，三面环海，陆域面积1175平方公里，海域面积5335平方公里，海岸线长800公里，岛礁608个。秀丽的象山半岛，海域辽阔，海产富饶，海洋旅游资源极为丰富，可供开发的资源点达300余处，是宁波市唯一拥有山、海、岛、崖、滩等特点的滨海资源地区。

从历史上看，象山"不老文化"底蕴深厚。早在秦代，"方士徐福为秦始皇求长生不老之药，曾留居县城北蓬莱山"。从秦汉到清代，帝王遍寻长生不老药，从而衍生炼丹术，而象山就是我国最早的炼丹发源地之一。相传早在唐朝以前，陶弘景在西山炼丹，故象山县城雅称"丹城"。从地质环境看，象山是名副其实的生态富矿区，与佛罗里达、墨西哥湾、夏威夷这世界三大疗养胜地同处在全球气候生态线上，空气负氧离子高达每立方厘米15000个。大量滩涂资源中含有丰富的氨基酸和对人体有益的微量元素。为打造旅游品牌，象山将海洋旅游融入全省旅游规划和宁波"一圈四带"旅游规划中，按照错位发展的思路，依托丰富的资源优势和文化优势，提炼形成了"东方不老岛，海山仙子国"旅游主题形象，该主题融象山资源优势与人文底蕴为一体，且具备强烈的市场冲击力。为配合主题旅游形象，打出了"呼吸新鲜空气到象山、滨海度假到象山、品尝海鲜到象山"，相继推出了海滨度假之旅、浪漫渔村之旅、海岛狩猎之旅、渔港游船之旅、海鲜王国之旅等线路。他们还充分发挥象山是我国最早的炼丹发源地的优势，提炼和充实"不老"文化内涵，形成比较优势。加快发展"不老"产业链，实现以文化为基础、以项目为支撑、以宣传为动力的格局，逐渐发展休闲度假、康疗养生、保健运动为功能的旅游产品,尽快形成规模优势。

办好一个节庆——"中国开渔节"

"这就是象山渔夫对大海感谢的方式吗?太神奇了。我要把这个祭海仪式介绍给更多的香港朋友,介绍给全世界。"宁波市旅游亲善大使、香港知名演员曹众女士在观看了一年一度的"中国开渔节"祭海仪式后激动地说。

祭海仪式,是象山"中国开渔节"最具特色的活动之一,不仅有祈求平安丰收的内容,而且包含着保护海洋、人海共荣的宏大主题,更成为全中国各地渔家人文化的大展示。在几十名渔家汉子的号声中,一面高达8米的祭海祈福大旗在"中国渔村号"船上缓缓升起,皇城沙滩上又开始了场面宏大的祭海仪式。祭海仪式上,主祭人庄严地面对大海宣读祭文,数百名渔民鞠躬行礼,在向大海敬献了祭品之后,还郑重地把误捕的大海龟以及大黄鱼、蟹、虾等水产幼苗放归大海,以感谢大海对他们的恩泽,祈求平安丰收,倡导生态保护和可持续发展的理念。来自新西兰、澳大利亚、日本等地的客人在观看祭海仪式后感慨道:"中国的渔文化真了不起。中国普通渔民对海洋的热爱和保护太令人感动了。"这是第七届"中国开渔节"上的一组镜头。

千百年来,象山人民临海而居、与海相依,创造了独具特色的海洋民俗文化。在发展旅游业中,象山县注重挖掘深厚的海洋文化底蕴,成立了渔文化研究会,加大了对塔山史前文化、传统民风渔俗文化和海疆海防文化等开发和保护工作的力度。象山县以"中国渔村"和石浦渔港古镇开发建设为契机,深层次挖掘沿海各地渔民的饮食习俗、居住习俗、渔家服饰和渔民生产劳作等传统文化内涵。以"渔文化民俗游"为主线,建造渔文化民俗游村、海洋博物馆、渔文化演示区、渔区民俗一条街等景观;以"渔民上岸、游客下海"为基本思路,推出"当一天渔民、住一天渔村、游一回海岛"渔区民俗风情游。特别是围绕海洋环保主题,将东海休渔政策与渔家传统的出海、祭海、典礼等仪式结合推出的"中国开渔节",成为宁波市三大节庆活动之一,自1998年首创至今,已成功举办了7届,并跻身全国十大民俗节庆和国家旅游局一年一度的系列节庆活动行列。"中国开渔节"每年都吸引10余万中外游客,产生了较好的经济效益和社会效益,仅在2004年举办的第七届"中国开渔节"上,象山县就与中外合作方签下40个投资项目,总投资额超过21亿元。开渔节已成为象山对外形象的一张精美名片，成为象山旅游的一块金字招牌。

如何把这张"名片"做精做细做出大文章来，象山县分管旅游的副县长白国璋一连给我们道出了几个"要"。今后我们要采取地方性与国际性互动、文化展示与经贸洽谈融合、政府引导与市场化运作结合的方式，继续办好"中国开渔节"大型节庆活动。通过挖掘渔文化内涵，与国内外媒体合作策划包装成国际性品牌，形成具有地方特色的大型旅游品牌，以节庆品牌的国际化来吸引国外游客。要充分利用丰厚文化积淀和开放城市的优势条件，多层次、多渠道地开展对外旅游交流活动，把具有浓厚地方特色的文化精品推向全国，推向世界。要紧扣现代化生态型滨海城市建设的目标，进一步增强大众传媒和文化活动的开放度，积极创造条件举办国际性的文化体育活动，吸引更多的国内外文化名人和文化团体来象山交流、演出、比赛，提高象山的对外知名度。

描绘一幅蓝图——"现代化生态型滨海旅游城市"

近年来，象山县按照把旅游业培育成为第三产业的主导产业和国民经济的重要增长点的目标，提出了"旅游富民"的战略，大力营造全社会共同支持发展旅游业的良好氛围，实现旅游业经济效益、社会效益、环境效益的有机统一。明确了把旅游业培育成为全县经济支柱之一的发展方向，先后投入旅游建设资金超10亿元，大力建设具有浓郁"海味"特色旅游项目，相继建成了松兰山度假区、中国渔村一期、花岙石林、金沙湾度假村、北黄金海岸度假村等一批旅游景区，完成了黄金海岸大酒店、海景大酒店等一批旅游项目，建成了海滨观光大道、夜景灯光工程等一批旅游设施。借举办开渔节、象山海鲜美食周、"三月三踏沙滩"、渔文化研讨等文化活动，象山县对海洋文化进行了演绎、提炼并赋予新的内涵。象山滨海旅游因而更具文化魅力，"东方不老岛、海山仙子国"旅游主题形象更趋丰满。

目前，象山有40亿元的旅游开发资金正在运作中。由宁波城投公司投资20亿元的半边山旅游区项目着手政策处理和规划设计；投资2亿元的心海度假村正在建设中；由杭州宋城集团总投资5亿元的中国渔村，一期已对外开放，二期正在规划设计中；投资4130万欧元的白沙湾威尼斯度假村进入规划设计阶段；石浦渔港古城开发稳步推进，老街可望在 2005 年年初对外正式接待游客；由松兰山风情园与上海市旅游协会合作建设松兰山金棕榈酒店项目现已动工。

《象山县旅游发展总体规划》把打造"现代化生态型滨海旅游城市"作为今后一个阶段象山旅游业发展的总体目标。象山县委书记肖培生对象山旅游业发展的蓝图是这样阐述的：我们要充分发挥丰富的海洋旅游资源优势，从把象山旅游融入长三角一体化的高度加以规划，紧紧抓住浙江沿海大通道建设的有利时机，加强象山与周边区域的旅游大联合，实现空间、规划、资源的整合优势互补，建设以百里黄金海岸旅游带为核心的海洋旅游区，使之成为长三角地区首选的海洋旅游目的地。要按照"打造精品、突出特色"的思路，从统筹城乡发展的要求出发，合理配置全县旅游资源，统筹规划各要素协调发展，从发展旅游大产业的角度出发，充分发挥旅游业的关联带动作用，协调发展"吃、住、行、游、购、娱"各相关行业，形成比较完善的旅游综合产业服务体系。要统筹规划监控管理，在制订县域规划、城建规划、文化规划、生态规划等各种规划时，都要注重围绕建设滨海旅游城市的要求，注重有利于旅游经济的发展和旅游环境的营造。同时要注重对旅游规划的管理和资源的保护工作，形成比较完备的滨海规划实施和调控体系。力争到 2007 年，计划完成旅游开发资金投入 50 亿元，接待游客达 250 万人次，使旅游业真正成为象山国民经济的支柱产业。

（原载 2004 年 10 月 29 日《中国旅游报》）

滕头村："种出来"的 4A 级旅游景区
——宁波旅游发展报道之四

说起宁波奉化的滕头村，去过的人都会交口称赞：从一个被江泽民同志称赞为"了不起的村庄"的富裕新农村，发展为如今的全国首批 4A 级旅游景区和国家首批农业旅游示范区，滕头村走出了一条新路。

一个"化腐朽为神奇的村庄"

滕头村很小，村民不足 800 人，土地不到千亩，过去也仅仅是一个生产发展、生活富裕、生态良好的新农村而已。然而,滕头人却敏锐地把握住了时代发展脉搏,谱写了一曲中国社会主义新农村的动人乐章。滕头村先后荣获了联合国"全球生态500佳""全国创建文明村镇先进村""全国先进基层党组织""国家级农业示范园区""全国生态示范区"等20多项荣誉称号。而如今的滕头之所以为世人所关注,关键在于近几年来它发展旅游的思路,"种"出了自己亮丽的风景。

开发旅游3年来,这里已形成了以江南风情园、将军林、盆景园、绿色长廊等10多处景点组成的生态旅游区,以植物组培观赏园、花卉苗木观赏区、蔬果种子种苗基地、时令瓜果采摘等组成的观赏农业区,以纺纱织布、阡陌、车水、舂米参与项目和憨牛猛斗、温羊角力、笨猪赛跑、凤鸡争雄等动物表演组成别开生面的农俗风情游乐区这三大旅游区域,三年累计接待了来自海内外的近200万人次游客,旅游总收入超过4000万元。从"弹丸之地"的小村庄,到一个富裕的新农村,再到首批4A级旅游景区和首批国家农业旅游示范区,难怪有人会称赞滕头"真是一个化腐朽为神奇的村庄!"

一幅人与自然和谐共处的图画

滕头的生态农业旅游开发一开始就把整个村庄当作旅游景区来规划、管理和经营,游客进入滕头后看到的是一幅当地农民与自然环境共存共荣、和谐发展的美景图。

"花香日丽四季香,碧水涟漪胜桃园",有作家曾以此来形容滕头。游客来到滕头村可以看到鸟语花香的田园风光,观看花卉苗木、蔬菜果树,参与时令水果采摘等观光农业项目,村里还放养了许多孔雀、白鸽等。一羽羽洁白的鸽子或在树林里安然栖息或在空中飞舞,当游客步入迎宾广场时,成群的鸽子便在游人周围嬉戏。滕头村还有一个很有名的"鸭司令"。环村河里成群的野水鸭、灰天鹅,平时自由地拍翅戏水、觅食游弋。但是,只要"鸭司令"在远处吹起哨子一声令下,数百只鸭、鹅便成群结队而来,"鸭司令"还可以用哨声指挥它们腾飞、游弋,并在河里做不同的队形排列。

一个农业旅游开发的典范

滕头村的农业观赏园里,种植了各色蔬菜瓜果,硕大的橘红色南瓜和北瓜刻着各种吉祥话,与其他瓜果红绿相间,在长长的走道上形成一幅江南丰收图,成为每个游客驻足留影之处。草莓、葡萄、黄花梨、西红柿等四时瓜果,既是村民的农作物,游客也可以采摘品尝。滕头有一条道路的两侧种着一排排大樟树,美其名曰"将军林"。附近一个县城在旧城改造时本打算把这些樟树砍倒,滕头闻讯后花钱买来,并请宁波驻军的将军们种植。如今,几乎每一位到宁波视察的中央领导都要到滕头去看看,而且都要种上一棵树。2002年4月16日,原中共中央政治局委员、中宣部部长丁关根考察滕头村,被滕头村的农村美景所吸引,他说:"我现在的感觉不是在看村庄,而是在看花园美景。"

人与自然和谐共处,是人类社会发展的目标,也是生态农业旅游的核心所在。滕头的旅游业开发,和谐地处理了经济发展与环境保护的关系。

联合国副秘书长伊丽莎白·多德斯韦尔在20世纪90年代初到滕头考察后曾感叹:"我到过世界上许多国家,很少见到像滕头这样美丽、整洁的村庄。"

全国人大代表、滕头村党委书记傅企平表示,滕头搞农业旅游,要做就做成全国最好的。

如今的滕头除了有美景可看,还有可玩、可吃、可住的。

玩的项目,滕头可谓独具匠心。小猪赛跑、斗牛、斗羊、动物跳水比赛是日常的表演活动。"红红火火过大年"迎新年活动是滕头的经典项目。每年春节,滕头旅游景区都要举办大型农俗巡游活动,有万众一心同挂手绢、滚铁环、走书、越剧、摘草莓、喝大碗茶、品农家菜、绣楼招亲、情景剧、大力士掰手腕、自行车慢骑、三口之家称重等,各种各样新颖有趣的活动无不体现了浓浓的农家之乐。2004年"十一"黄金周期间,滕头推出的农家女招亲、巾帼英雄神力蹬大缸、杂技表演、魔术表演等精彩节目以及人牛拔河、车水赛、徒手捉泥鳅等具有农村特色的项目,引来游客5万人次。

滕头吃的是"农家菜":吃奉化芋艿、阿婆鸡、竹筒饭、红膏咸蟹、烤毛豆、万年清汤等当地菜肴,喝农家自酿的米酒,吃自己亲手打出的年糕,尝自己亲手做的宁波汤团。此外,游客还可以自助野外烧烤,美美地吃上一顿用炭火烤出来的鸡翅、羊肉及各种野味,可以去农家大棚亲手摘上一篮红嘟嘟的草莓满载而归。2002年春节,老外滕头过大年的活动中央电视台做了专题报道。

滕头利用全国青少年科技教育基地、全国"我能行"体验基地的优势,开展学生社会实践活动。这里开设了花卉园艺、植物上盘、造型、手工制作、编草鞋、组装自行车、洗衣等课程,学生可以在滕头村住上十天半月,体验生活。如今每月都有数百名来自各地的中小学生到滕头来参加社会实践活动。

滕头,一个"种出来"的4A级旅游景区,一处值得欣赏的风景。

(原载2004年11月5日《中国旅游报》)

城市建设与旅游功能的完美结合
——宁波旅游发展报道之五

随着城市限电的解除,近日来,夜宁波又焕发出迷人的光彩,而其中最引人注目的是流光溢彩的天一广场。只要是第一次来宁波的游客,导游或朋友都会推荐他去天一广场看看,看了以后,没有人不感叹这座城市建筑带来的美好感觉。天一广场,作为一个集购物、休闲、娱乐、餐饮、文化、旅游等于一身的多功能超大规模园林式休闲广场,体现的却是宁波城市建设与旅游功能的完美结合。而如火如荼建设中的宁波杭州湾跨海大桥,也正是导入了城建、旅游功能和谐统一的理念,将给宁波带来的是城市即旅游的新景象。

融入景点的建筑风格

不管是天一广场还是建设中的杭州湾跨海大桥,仅从建筑本身来说,聪明的宁波人就已融入了景点和景观理念,这是其成功的重要因素。

天一广场被宁波人誉为城市的客厅,难能可贵的是,这个"客厅"传承了这座城市的历史文化,并开发了一批具有现代特色的景观。建设单位不仅原地保留了清康熙年间的药皇殿、18棵古树名木以及1702年法国传教士购买的天主教堂等,同时还创新设计了亚洲规模最大的音乐喷泉和水幕电影。这一水景系统总长200多米,其中音乐喷泉共有喷嘴2000只,主喷泉长95米,喷高最高达40多米。所有喷嘴全部由电脑控制,并能随音乐变换出数百种不同的花样。广场上有三个音乐喷泉的操作台,供游人操作变换喷泉的花样。水幕电影屏幕高达 20 米,宽 60 米。它是通过高压水泵和特制水幕发生器将水自下而上高速喷出,雾化后形成扇形"银幕",由专用放映机将特制的录影带投射在"银幕"上而成。亚洲最大规模的水晶街,两边异国情调的休闲吧林立,水面雾气飘逸,夜间流光溢彩,成了海内外游客驻足留影、旅游休闲的绝好去处。为了方便游客参观,广场专门配备了观光电瓶车,使其旅游功能更加完备。

在建的宁波杭州湾大桥则本身就是大海上一道漂亮的风景:它是当今世界最长、工程量最大、景色最美的跨海大桥,大桥为双向 6 车道,全长 36 公里,其中桥梁长 35.673 公里,引线长 327 米,光桥孔就达 643 个;规模将超过美国的切皮克海湾桥和巴林道堤桥等世界名桥。桥型为主跨 318 米的钢箱梁主塔结构,那结构新颖的 A 形索塔将在全桥起到画龙点睛的作用。虽然大桥还未完全建成,但在飞机上俯瞰大桥,似神龙出没,气势浩大。宁波市的领导和旅游交通等相关部门从一开始就明确,要把杭州湾跨海大桥打造成世界级的旅游吸引物。大桥景观设计师们借助西湖苏堤"长桥卧波"的美学理念,兼顾杭州湾复杂的水文环境等特点,确定了大桥的总体布局方案。整座大桥的平面为 S 形曲线,线形优美、生动活泼,并在南北航道的通航处各呈一拱形,使大桥具有跌宕起伏的立面形状。这样不仅使桥的形体更美,而且更加符合了司机和乘客的生理特点,减少建桥对水流的影响,保证船舶的安全通行。试想,如果有朋自远方来,谁会拒绝去看一看世界上最长的跨海大桥呢?

复合型功能的城市建筑

2002 年国庆节,总面积 20 万平方米的天一广场盛装"出阁",这个集商贸、休闲、文化、旅游等功能于一身的宁波中心商业广场,在使宁波商业格局发生新变化的同时,也成为外地游客的必到之地,这与它的新型复合型消费定位密不可分。天一广场有 11 个商业区,分别是:超市区、数码区、儿童区、男装区、女装区、综合区、酒店区、餐饮区、百货区、娱乐区和精品区。这些商业区汇集了一批世界著名品牌,具备了"吃、住、行、游、购、娱"旅游的众多要素,使天一广场成了这个城市最具活力、最时尚的公共空间。如精品区内有奔驰、卡地亚、杰尼亚、BOSS等品牌的专卖厅，娱乐区设有8400平方米的丽池大浴场和5560平方米的新彩虹坊夜总会。这一新型的商贸中心必将带给人们新的生活方式。也许我们现在还无法想象一家人远道而来，在广场酒店住上两三天尽情逛商城这样的休闲方式，但据报载，美国规模最大的购物娱乐中心"美国商城"就改变了美国西北部地区人们的购物习惯，成了当地有名的"旅游景点"，每年吸引来的游客人数要比迪士尼、大峡谷和猫王故居三地的总和还要多，其中就有许多全家人远道前来度假的。那里除了商店、餐馆、夜总会，还有电影院和"史努比营"主题游乐园，许多人常常带孩子来玩，在玩的过程中，顺便买上一两件中意的商品。所以对这些人来说，逛商城更多的是一种体验，而不只是购物。事实上对于多次来宁波的外地客人来说，逛天一广场也成为一种体验，在这里体验一站式的吃、住、行、游、购、娱，在这里体验全新的都市旅游方式。

也许常人很难想象，一座以交通为目的的桥梁，如何实现旅游功能？宁波杭州湾跨海大桥的设计师引入了独有的"海中平台"，堪称国内首创。大桥南航道再往南1.7公里，就在离南岸大约14公里处，有一个面积达1万平方米的海中平台，足有两个足球场那么大。该平台在施工期间将作为施工平台，是海中施工的据点。大桥建成后，这一海中平台则成了海中交通服务的救援平台，同时更是一个绝佳的旅游观光台。平台上有一高高的观光塔，既可俯瞰波涛汹涌的大海，饱览海上风光，也可以一览大桥雄姿。观光平台还配套建设游艇码头。整个海中平台以匝道桥连通大桥，距离大桥约有150米。设计师对海中平台的旅游功能极其重视，据说已经考虑了游客下车后照相的"最佳取景点"了。

旅游效应日益凸显

正是融入景点的建筑风格、复合型功能的定位，使宁波天一广场和杭州湾跨海大桥这两项城市标志性建筑日渐凸显其旅游功能。

天一广场开业当天，游览客人就达到40万人次。据2004年"十一"黄金周抽样调查，在天一广场游览的宁波本市以外的游客达34.5万人次。平时只要一到双休日或夜晚，天一广场就成了外地游客观景第一站，宁波人家门口的观光处。而杭州湾跨海大桥虽还在建设中，但几乎天天都可以迎来不同身份的游客：有旅行社带来的"见证大桥建设游"客人，有政府部门带去的"投资考察游"客人，也有一些自己开着车去"先睹为快"的周边城市游客。同时，跨海大桥所在的宁波慈溪北部已开始规划建设新城区。新城区将充分利用滨海环境发展滨海旅游业，开发以滨海为主题的综合性旅游项目和运动型主题公园、休闲型园艺博览园等，创造生态型新区，成为生活居住、工业创业的乐园。

此外，杭州湾大桥建成后，将加速旅游业的发展，使宁波成为上海等城市的"后花园"。大桥建成后，形成了长江三角洲南北向的旅游主通道，延伸了旅游线路，宁波将被覆盖在华东旅游网络热线主通道以内，成为旅游线路中的重要一员。这就使长江三角洲地区的各旅游城市和旅游景点间增加了连续性。宁波将沟通上海、杭州成为长三角地区的旅游"金三角"。周边城市的老百姓会利用休息机会，游览一番跨海大桥，亲眼看看世界第一跨海大桥的雄姿，感受一下在大海长龙上疾驰的体验，领略一下具有浙东特色的宁波湖光山色，品尝一下宁波的山珍海味。也有的会开展商贸洽谈，或开展文化创作、著书立说等活动。可以预见，旅游热将随大桥建成而蓬勃兴起。

"旅游是一个具有全面带动性的活力产业，天一广场和杭州湾跨海大桥在建设和运营中将旅游理念的引入，无疑会促进它们功能的延伸。城市建设融入旅游概念，将使重点城市和城市旅游更加具有个性和人性，更加多姿多彩。"宁波市旅游局局长朱至珍如此认为。

（原载 2004 年 11 月 12 日《中国旅游报》）

民间资本激荡宁波旅游活力
——宁波旅游发展报道之六

以一句"天下旅游、宁海开游"口号打响大江南北的浙江宁海，温泉、天河、野鹤湫、前童等几个由民间资本开发的景区，为当地旅游业推波助澜。

几年前还是"零旅游"的浙江象山，如今海洋旅游却成了个"聚宝盆"，游客如潮。预计 2004 年接待量可达到 200 万人次，旅游总收入将达 10 多亿元。

在5亿元民间资本激活旅游业的浙江余姚,游客更是源源不断涌向天下玉苑、丹山赤水、四明湖等景区。

今日宁海、象山、余姚旅游业的蓬勃兴旺,只是全宁波市旅游业的一个缩影。据不完全统计,自1999年宁波大规模引入民间资本开发旅游业以来,到宁波投资旅游业的民营企业(个人)已超过20家,仅2004年宁波市在建的43个旅游项目,总投资114.63亿元中,民间资本投入就达43.3亿元。让我们来看看,这短短的几年间,民间资本进军旅游业是怎样实现奇迹般的飞跃的。

观念创新驶入"快车道"

宁波人素有经商传统,从"义利并重"的文化熏陶,再到"宁波帮"的四海经商谋生,逐步形成了开明、精明而又务实的群体属性。濒临东海、背靠四明山,多样性的地理环境,使宁波人既有海边人心胸开阔、敢于冒险的胆识,又有山里人吃苦耐劳、顽强拼搏的硬气、韧劲。

正是这种多元文化的风雷激荡,塑造出今日宁波人在旅游开发方面的创新意识和开放心态;也正是这种激荡,使许多优秀的民营企业家更加注重旅游产业。

近几年,该市相继出台了进一步促进旅游经济发展的政策,坚持"谁投资、谁开发、谁管理、谁受益"的原则,通过放宽市场准入、放开经营范围、简化审批登记手续等一系列措施,鼓励企业、个人共同投资兴建旅游项目。

如今,各县(市、区)本着"不求所有,但求所在""不分性质、不分区域""不求所留、但求所流"的观念发展旅游经济,不仅从观念、服务上进行创新,而且渗透到更多层面的每一个"细胞"中去。这种看似无为却有为的创新精神,是宁波旅游业得以飞跃的一个关键内涵。

采访中,听得最多的一句话是:"不论成分论发展。"正是这种观念,才使敢冒敢闯的宁波人冲破重重难关,率先用民间资本发展旅游产业,从而走上了"快车道"。

集聚民间资本创大业

在鼓励民间资本投入旅游业政策鼓舞下,各县(市、区)纷纷利用自身资源,吸引各方资本发展旅游业。象山在民间资本开发海洋旅游上可谓独树一帜。红岩景区、金沙湾度假村、羊屿山海岛狩猎场、海上风情园、花岙岛石林景区、黄金海岸大酒店等都是与民间资本合股开发的。在松兰山旦门岛上，动物园、百鸟园、生物科教馆等民营企业独资开发的项目比比皆是。

宋城集团开发的国内最大综合性海洋文化旅游项目——中国渔村，总投资为5亿元。目前，中国渔村一期主题园工程已经竣工，并将开发石浦老街、海上垂钓、海岛狩猎等休闲旅游项目。由雅戈尔集团投资5.4亿元兴建的雅戈尔野生动物园一期带来了良好的收益，仅2004年"十一"黄金周就接待游客10万余人次，二期即将上马；投资12亿元的波特曼中心正在拔地而起，投资8亿元的明州花园酒店已破土动工。宁海在开发温泉、天河、野鹤湫、前童古镇等景点时，把目光投向了民间资本，集聚民资创业。温泉一期项目需要资金1.2亿元，向社会公开集纳股金。结果，国有股占总投资额的11%，其余的全是社会资金，其中双林集团以49%的股份成为最大股东。温泉二期项目开发还吸引了包括国内外众多投资商的关注。目前，南苑集团已在温泉二期景区内兴建一处超五星级别墅群。又如野鹤湫景区，总投入将达1500万元，是民间资本投资开发的。据统计，从2000年到2004年10月，宁海旅游业总投资达2.4亿元，国有股所占比例不到二成。即将开发的强蛟群岛综合旅游项目所需资金3亿多元正在进一步洽谈中。

而由民间资本投入的余姚天下玉苑景区已经开业，该景区占地3500亩，总投资6.5亿元，这是迄今为止国内最大玉文化主题公园；随后上海某贸易公司以80%控股，在该市总投资1800万元建设丹山赤水景区，也对外营业。

奉化溪口风景区、镇海香山文化旅游区也采取多种经济成分共同开发旅游项目。据统计，溪口景区目前已引进民间资本约1.5亿元，占景区开发建设资金总投入的1/3，开发了银凤旅游度假村、蝴蝶世界艺术馆等。

三江碧水流光溢彩，十里灯海气吞银河。最近由宁波日出水上观光有限公司和天马旅游用品公司等开发的夜游三江项目，每晚有"天一号""三江号"等游轮从奉化江码头出发，沿江经兴宁桥、琴桥、江厦桥、甬江大桥，再至解放桥，迂回串联而成一条长10多公里的"水晶项链"。

民资开发旅游促就业

目前，在宁波都市观光旅游圈、姚江历史文化旅游带、奉化名人山水旅游带、南部温泉古镇旅游带、象山滨海特色旅游带的"一圈四带"旅游业中,大部分旅游项目资金来源于民间资本。

如今在象山的海边,一批批皮肤黝黑的渔民弃船上岸,开始尝试着用"阳光、沙滩、海水"来挣钱。象山旅游局局长陈方平说,当地先后开发了"当一回渔民""海上人家"等一些新项目,构成了一条看海景、游海水、捕海鱼、买海货、尝海鲜的"海洋渔文化"旅游黄金线,并大力发展海鲜餐饮业,把它作为促进当地劳动力就业的重要手段。

民间资本开发旅游业,具有眼光活、效率高、收益快等特点。旅游旺了,岗位也多了。2004年以来,宁波市旅游新景区直接吸纳就业人数超过1000人,其中景区所在地劳动力占一半以上;因旅游业发展带动的餐饮、住宿、购物、交通、娱乐等相关行业,所提供的就业岗位约5000个。

建在宁海强蛟群岛上的海乐门休闲渔业区经理尤建法乐呵呵地对记者说:"每天游客有上百人,双休日得提前预订,忙啊。"这个个人投资的休闲旅游渔业区,每天收入在2000元以上,并带动了十多人就业。

立足浙东大步"走出去"

民间资本是动力。在景区开发时,突破区域界限,民间资本进入旅游业的速度明显加快。立足浙东、面向全国,这是今日的宁波人在跨区域旅游合作开发中的壮志。继成功开发桐庐垂云通天河、临安柳溪江"浙西第一漂"、舟山桃花岛等景区后,又向各地进发了。

宁波中旅集团与衢州市旅游局合资,三年内投资1.5亿元,将开发衢州烂柯山、孔氏南宗家庙、九龙湖、龙门峡谷、药王山、关公山六大景区。合资后第一年投入6000万元开发。将在烂柯山景区开发建设新景点,并新建一家可提供230间标准房、同时满足500人用餐规模的度假村。

无独有偶,最近宁波华东物资城将与当地合作开发蚂蚁岛景区,首期开发渔家乐、环岛森林和"人民公社"旧址等项目。此前,南苑集团和华东物资城成功开发了桃花岛景区。

把民间资本播撒在旅游"宝地"上,拆除区域旅游经济的篱笆墙,敞开海纳百川的胸怀,这是今日宁波旅游业新的活力之源。

六篇连续报道完成后,我发表了一篇总结性的编后,并打包取名为"宁波经验"，与"焦作现象""栾川模式""岚皋特色"等成为驰名全国的城市营销典型。下面是《中国旅游报》刊登的这篇"编后"。

（原载 2004 年 11 月 22 日《中国旅游报》）

宁波经验解读
——关于宁波系列报道编后

本报近日连续刊登了六篇关于宁波更新观念拉动旅游，政府主导大办旅游，推销城市提升旅游，区域联合发展旅游，民间资本投入旅游，打造品牌做强旅游等方面的经验和做法，加之以往的报道，相信给读者留下了较深的印象。

宁波的经验是多方面的。

党委、政府营造合力兴旅的氛围，积极进取打造"东方商埠，时尚水都"城市整体旅游形象的举措，"资源、制度、资本、智慧"的结合积极有效开发旅游资源的动作，城市建设与旅游功能融合打造独特卖点的尝试等，其创意和观念在全国是领先的。

"推销旅游就是推销城市。"中国旅游业发展 25 年来，景点、景区是旅游诸要素中最基础的游览"客体"。从宣传景点、景区到营销城市，是少数旅游业发达城市景点群体量的增加、旅游产值在国民经济总产值中的比重增加、旅游业的作用和地位提升的体现。也是中国旅游业从起步、成长到逐渐走向成熟的信号。宁波在下大力营销城市的过程中，放眼更大的范围。前不久，与温州、台州、舟山组成了 4 市旅游联合体，集中筹集经费，统一对外营销。从景点、景区、城市营销再到针对中远程客源市场的目的地营销，从着眼本地营销到注重区域性联合，从松散型联合到紧密型、有一定实体意义的联合，不断进行阶段性跨越和质地性提升，这在全国又是领先的。

达到"推销旅游就是推销城市"的水平，旅游形象已不仅是狭义的行业形象而上升为城市形象。宁波的旅游形象"东方商埠，时尚水都"就是城市形象。到了这个阶段，营销口号已不仅是旅游行业建设产品的依据，而是政府产业政策的抓手，是各行业一致认可的共同主题，是城市对外吸引力的集中表现。

说到城市形象的提升，这里不能不指出，"创建优秀旅游城市"工作极大地促进了"营销城市"的步伐，提高了城市的核心竞争力和市场知名度，旅游工作的重要性也随之得到领导层和广大人民群众的认可。宁波以"创优"为契机，真抓实干，高分达标。在国家旅游局召开的创优现场会上，宁波市长一口气说了10个"抓"，响亮地提出："要牌子更要机制"，主动抓好颁牌后的"第二次创优"。4年过去了，宁波成为长三角城市群的亮点，在全国副省级城市中脱颖而出。这在全国也是领先的。

宁波的做法，为旅游业发展提供了许多可供借鉴的经验。中组部及国家旅游局举办的培训班、国内许多高等院校、不少省市都邀请宁波的同志传授体会，也有不少地方的领导带队前往宁波取经。山东省人民政府省长助理孙光远率领山东省各分管旅游的市长去宁波考察时，不无感慨地说："宁波的经验去掉最高分和最低分，就是100分！我们要向国家旅游局领导建议，全国旅游学宁波。"

提纲挈领，点穴气通，成事在天，谋事在人。宁波根本的经验有两条：领导高度重视，行业抓得得力。城市是书记、市长的物化；书记、市长是城市的人格化。换言之，有什么样的城市就有什么样的书记、市长；有什么样的书记、市长就有什么样的城市。因此，我们强调发展旅游是"一把手工程"，要坚持政府主导型。同时，必须看到，执行层面与决策层的关系和影响是互动的。旅游主管部门和旅游企业只要更新观念，认准目标，百折不挠，激情不减，总会以实际行动"感动上帝"。因此，我们也强调不等不靠，无怨无悔，事在人为。宁波的成功就是这两者结合的榜样。

刚刚，消息又从宁波传来，为了更好地落实中央五个统筹和浙江省旅游发展大会精神，市委、市政府提出实施六大联动。在全市服务业发展大会上，浙江省委常委、宁波市委书记巴音朝鲁进一步提出：要把旅游经济培养成国民经济的支柱产业，使旅游产业乘势再上新台阶，扎实推进旅游大市向旅游强市的迈进。宁波市代市长毛光烈、副市长何剑敏专门召集旅游部门开会，提出在新的一年要继续大力推进旅游发展，实现旅游产业领导和管理体制、重大旅游项目建设、城市旅游营销、城市旅游功能进一步完善四个新突破。目前，上下一心，齐抓共管，宁波旅游业呈现出更好的发展态势。我们有理由相信：宁波今朝更好看，宁波明天更看好。

(原载 2004 年 11 月 22 日《中国旅游报》)

　　此七篇文章发表后，我着手研究城市营销的理论，写成了《关于城市营销的思考——以宁波为例探讨目的地营销中的一个关键问题》论文，并由宁波市旅游局集纳成《城市营销》一书。2005 年 5 月 11 日《中国旅游报》以一个版的篇幅发表了这篇研究成果，中国城市经济学会主办的《中国城市经济》杂志 2006 年第三期全文转载。此文见本书第十一章"城市营销"。2009 年 4 月 24 日，中国市长协会举办中国优秀旅游城市市长高峰论坛，陶斯亮副会长约我在会上发言，我讲的题目是：高峰城市营销的旗帜。讲话文稿也在本书第十一章中。

第二十章　焦作现象

——结构调整成典型：营销推景区，旅游带产业，焦作成为城市转型成功者

先下点毛毛雨，阐述一下"焦作现象"的成因。

历史进入了21世纪，2000年，中国旅游业经过22年的发展，初创阶段已经过去。旅游业的功能、地位开始显现。觉醒较早的一批省市领导，开始把旅业当作先导产业来抓，特别是资源枯竭类城市，要寻找新的发展方向，有作为的省市领导，要带领人民突围，不能按传统思路继续下去。焦作，历史上是一个煤炭城市，现在资源没有了，今后怎么办？在这种情况下，我去焦作采访，与市领导交谈中，建议他们抓旅游业：竹林七贤和陈家沟太极拳是两大文化王牌，太行山水是资源景观王牌。市委、市政府完全同意我的分析，决定把旅游业作为焦作的突破口和主打产业。于是，集中财力，修路、做规划、建景区。没有几年，焦作的旅游业就发生了翻天覆地的变化。2002年"五一"黄金周，焦作的游客人数和门票收入已超过郑、汴、洛，成为全省第一。"十一"黄金周，焦作旅游阶段性规模超过了桂林等著名的旅游城市。于是，新闻界把这种现象叫作"焦作现象"。

焦作是近几年亮起来的一颗城市明星，是政府主导型抓旅游的一个成功典型。2001年，我写了焦作领导抓旅游业的通讯，发表在《中国旅游报》头版头条；开展中国旅游风云人物评选活动——焦作领导当选；报道焦作积极打造品牌，申报世界地质公园。

焦作最成功的做法有两点：一是在产业结构调整中给旅游业以突出的重要地位，使"煤城"变成了"美城"，工业城市变成了旅游城市。许多资源型城市由于资源的枯竭必须转型，寻求新的生存和发展之路。据国家权威

部门统计，全国有 128 个资源型城市，其中 47 个煤炭型城市，有 12 个已经成功地实现了转型，焦作是转型最好的城市，一篇文章《从"黑色印象"到"绿色主题"》被教育部列入中学地理教科书。标志着结构调整到位，城市转型成功。

他们第二个成功做法是加大旅游营销的力度，几年来，市政府从财政上每年拿出 500 万元作为市场营销专款，主要景点云台山每年拿出 1000 万元做市场营销，1500 万元打开了市场，每年换回的旅游综合收入超过 30 亿元，市委、市政府就是不扣小钱算大账，以小钱换大钱。因而，在国家旅游局黄金周主要景点客源统计中，焦作这样一个地域偏僻、基础较差的城市，客流量超过了郑州、开封、洛阳，进而超过了桂林和张家界，在旅游业界和新闻界被称为"焦作现象"而引起关注和讨论。"焦作现象"如同"谜"一样吸引着全国旅游业的同行纷至沓来，取经寻宝。仅 2005 年年初至 11 月，前往焦作取经的就有 310 个团组。

为了总结焦作现象的经验，《中国旅游报》发起召开"焦作现象国际研讨会"。研讨会决定在人民大会堂召开，河南省政府和国家旅游局主办，副省长贾连朝和国家旅游局副局长孙钢光临讲话，焦作市市长毛超峰介绍发展旅游的情况，邀请国际专家美国夏威夷旅游学院院长朱卓任、日本专家今防人点评。邀请的国内专家从不同角度剖析焦作现象的内涵和推广价值。

中外专家在人民大会堂举行"焦作现象"国际研讨会现场

中外专家聚集北京研讨"焦作现象"

孙钢、贾连朝出席研讨会并讲话

本报讯（记者金启宁） 由中国旅游报社和河南省旅游局共同主办的"焦作现象"国际研讨会暨焦作市人民政府外国旅游专家顾问聘任仪式于2004年9月12日在北京人民大会堂隆重举行。国家旅游局副局长孙钢、河南省副省长贾连朝出席了研讨会。

孙钢副局长在会上发表了重要讲话。他说，一个面积不到5000平方公里的地级市，一个靠开采煤矿起家、目前煤炭储量已大大减少的资源枯竭型城市，一个以前在海内外旅游市场上还寂寂无闻的地方，通过最近四五年间的开拓奋斗，竟然成了河南省旅游业发展速度最快、管理服务水平最高、游客接待规模最大的城市之一，成了在中原大地上腾空跃起的一座旅游明星城市，其创造出来的奇迹竟然被称为"一种现象"，学术界还专门召开国际研讨会予以研究，这些都充分说明了焦作这个城市的确不简单，焦作在发展旅游业方面所闯出的路子和所探索出来的经验的确不同凡响。

孙钢说，"焦作现象"的出现并不是偶然的，它是我国旅游业发展到21世纪的必然产物；"焦作经验"在全国各地区都具有推广意义，特别是对于旅游业一直发展缓慢和旅游业起步较晚或刚起步的地区，更具有普遍性的指导意义。严格来说，"焦作经验"是一个旅游后起地区发挥"后发优势"、实现"后来居上"的典型经验。"焦作现象"看起来有点神秘，但"焦作经验"每一条都是实实在在、可以学习的。打破"神秘感"，认真学"真经"，全国就一定能涌现出更多的大大小小的"焦作"，各地旅游业发展就能开创出一个全新的局面。"焦作经验"中最可宝贵的经验就是"1号工程"，即"党政一把手亲自动手抓旅游"的经验，这是对国家旅游局多年来一直倡导的"政府主导型"发展旅游业的工作要求的创新和升华，是使社会主义制度能集中力量办大事这个优越性在发展旅游业这个新兴综合型产业方面能得到全面发挥的组织保障。学习"焦作经验"，首先要把这条经验真正学到手。

孙钢最后指出，党的十六大提出了全面建设小康社会的发展目标，旅游业作为经济、社会、文化发展的接合部，作为国内发展与对外开放的接合部，作为实践"三个代表"重要思想和"五个统筹"科学发展观的一个重要领域，正展现出越来越广阔的发展前景。在这个时候应运而生的"焦作现象"和"焦作经验"，对于促进各级政府和各有关方面提高对发展旅游业重要意义的认识具有重要的推动作用；对于促进我国各地旅游业的发展，也具有重要的指导意义。

研讨会上，河南省副省长贾连朝就如何认识"焦作现象"、推广"焦作经验"发表了重要讲话；河南省旅游局局长杨盛道、焦作市市长毛超峰详细介绍了焦作市旅游业在最近四五年间腾飞崛起的情况和主要经验；中国旅游报社和复旦大学旅游学系共同组成的"焦作现象"课题研究组就"焦作现象"的表现、内涵、成因和趋势等发表了研究成果。本报代总编辑邵春，国际知名旅游专家朱卓任（美国）、今防人（日本）做了精彩的专题演讲；有关业内人士对"焦作现象"进行了热烈的研讨。会上，焦作市人民政府还向美国夏威夷大学旅游管理学院名誉院长朱卓任先生和日本旅游学会副会长今防人先生颁发聘请他们为该市旅游顾问的聘书。

（原载 2004 年 9 月 15 日《中国旅游报》）

笔者在人民大会堂演讲的图片

焦作，是一颗冉冉升起的新星

几年前，与全国一些著名旅游城市相比，与河南的洛阳、开封、郑州相比，焦作还是一个区位和产品都不占优势的城市。交通不够便捷，且旅游业发展得晚，基础薄弱的焦作何以三四年内异军突起，成为全国知名的旅游城市，被业界和媒体称为"焦作现象"加以研究？

我认为，焦作成功的原因是多方面的。最重要的有五条。

一、在产业结构调整中，把旅游业摆在重要位置上

焦作是著名的煤城，在煤炭资源即将枯竭的情况下，在产业结构调整中，什么产业最有可能成为替代产业、龙头产业？市委、市政府对焦作资源进行比较分析，果断选择旅游业作为龙头产业进行培育。通过结构调整，实行"旅游带动战略"，在产品建设方面，把景区、公路、服务和知名度四件东西打成一包，作为优秀旅游城市的重要内容扭住不放，一抓到底。哪里有问题，主要领导就深入到哪里；哪里有障碍，就给哪里的领导出黄牌。于是，"煤城"变成了"美城"。三年大变样，是凭新观念、大战略、多投入、拼命干夺来的。

《中国旅游报》一直关注着焦作的发展。早在焦作旅游业起步之初，于2001年，我到焦作采访，曾采写了一篇长篇通讯刊登在《中国旅游报》头版头条，推广了他们的经验，较详细地介绍了焦作产业结构调整中的思路和若干做法。

正确地实行产业结构调整，必须高端发力，党政主要领导同志真正重视。所以，凡涉及产业结构调整和政策倾斜问题，都是摆正战略地位才能获得解决。焦作的经验，是党委抓大事、政府主导型战略成功的典范，是旅游业实现跨越式发展的典范，是从营销景点到成功地营销城市的典范。正确地实行产业结构调整，领导干部必须树立无产阶级政绩观。为了保险，有的人容易形成思维定式，不敢打破传统羁绊。一个地区，上百个行业，就那么一点经费，撒芝麻盐解决不了大问题。只有在要害上撕开口子，才有可能在全局上突破。整个经济拉动起来并形成良性循环，自然政绩就表现出来。否则，平铺直叙、平均使用力量，三五年不会有大作为。焦作的经验值得学习，值得推广。如果各地也有这样的决心和得力的措施，也一定会实现跨越式发展。

二、加大对旅游营销的投入，以举办有影响力的活动拓展市场

4年多来，焦作由市里财政拿出2300万元（2000年300万元，2001—2004年每年500万元），专门用于媒体宣传。通过大力度投入，支撑8个有影响力的促销活动，使知名度大大提高。开展了大篷车赴9省20多座城市宣传，中国焦作第一、第二届国际太极拳年会，第一、第二届焦作山水国际旅游节，第一届焦作山水国际摄影节，第一届焦作红叶节，河南省太极拳、剑、推手锦标赛，"云台山杯"全国武术散打擂台赛，"U—17"国际乒乓球擂台赛。以上投入还不算景点的营销投入。2004年评审云台山规划时，我问他们景区的每年营销投入多少钱？他们告诉我：1000万元。与强势媒体相结合的宣传营销活动，大大提高了焦作的知名度。

如此大的投入是否划算呢？焦作旅游局提供的材料显示：以2003年为例，旅游带来的综合收入是30亿元。焦作的经验再一次证明，旅游业的拉动功能很强，1000万元的营销换来30亿元的综合收入，是值得的，地方政府对旅游业的投入要算大账。同时也证明，敢不敢向旅游业倾斜和作较大投入，并且使投入获得更大效益，是口头重视还是行动重视，是真重视还是假重视的试金石和分水岭。

三、强烈的品牌意识，是焦作山水打响的重要原因

19世纪30年代，美国宝洁公司提出品牌管理理论，50年代，广告大师大卫·奥格威提出品牌形象论。80年来，在这些品牌建设和管理的理论指导下，美国的企业越做越大，以至包揽了世界500强的多数名次。品牌确实是一个法宝。品牌建设，既是物质的，又是精神的；既要求质量，又要求规模；既融入了品牌所有者的智慧和汗水，又必须体现市场的普遍认可和消费者的客观评价。

附加值和市场份额是企业经营的目标，知名品牌才能获取附加值，强势品牌才能占领更大的市场份额。我们每一个企业要做大做强，做精做细，中国旅游业要实现由亚洲旅游大国向世界旅游强国的历史性跨越，都必须重视品牌培育和建设。

就全国而言，品牌建设的趋势令人振奋，标准化的推行有利于产品质量的提高，个性化的培养有利于打造独特卖点，区域化的联合有利于产业规模的扩大，体制的改革，科学发展观的贯彻，中国旅游业在世界上的知名度、美誉度、忠诚度等指标的提升，都是关乎品牌建设的重要内容。在这方面，与旅游发达国家相比，我们还有相当的差距，还必须做出艰苦的努力。

焦作就是一个重视品牌策划、品牌建设和品牌培育的城市。策划出品牌、出经验、出人才，已经形成共识。

国际著名的管理学者华德士说："21世纪工作生存法则就是建立个人品牌，它能让你把名字变成钱。"焦作旅游品牌的形成带来了巨大的社会效益和经济效益，也锤炼了一些个人品牌和一个能干的人才群体。

许多与品牌相关的活动，焦作都积极参加。他们支持中国旅游报社开展2002年度"中国旅游风云人物"的评比。

他们积极参加世界地质公园的申报并成为中国首批世界地质公园。

他们积极参与国家4A级景区评定并有3个景区申报成功。

他们对主要景区国家级品牌称号努力争取，势在必得。如：云台山就有7块金字招牌：国家级风景名胜区、国家4A级景区、国家森林公园、国家水利风景区、太行山国家级猕猴自然保护区、国家地质公园、世界地质公园。青天河：国家4A级景区、国家水利风景区、太行山国家级猕猴自然保护区。神农山：国家4A级景区、太行山国家级猕猴自然保护区、世界自然基金组织A级优先保护区。峰林峡：国家2A级景区、国家水利风景区、世界自然基金组织A级优先保护区。还有国家级文物保护单位6家。

以云台山为龙头的焦作山水品牌在全国叫响。随着"焦作现象"及其影响的扩大，焦作山水的品牌必将驰名中外而获得更大品牌效应。在全国许多地方，资源产品的基础很好，由于缺乏品牌意识，旅游业多少年处于不温不火、不死不活的局面，这更显得焦作争创品牌积极性的可贵。

四、市场运作

在政府主导、加大投入、市场培育并启动以后，要想使旅游业得到健康、持久和不竭的财力和智力支持，必须坚持市场运作的发展之路。在这方面，焦作正在做着有益的尝试。

总之，焦作的高端发力，加大投入，策划品牌，市场运作，炮炮打响的经验是值得学习和推广的。

五、不断创新

人民大会堂的研讨会刚一结束，焦作市委、市政府就起草了《关于加快旅游产业化发展的意见》，并且给我寄来文件初稿，征求我的意见。下面是我阅过文件后提出的修改意见。

对文件修改的意见

焦作市各位领导：

旅游局许局长把市委、市政府《关于加快旅游产业化发展的意见》初稿寄给我，征求意见，这种做法本身反映了市领导的谦虚精神和确实要把《意见》写得更好的意图，令人感佩。

文件已经写得很不错。如果要提点参考性意见的话，主要概括以下几点：

一、要站在全市产业大格局上看问题，跳出旅游业写旅游业。钻到旅游业里边写旅游业，眼界受到局限，旅游业的带动、关联作用就不能充分发挥。

二、要在更高基础上总结"焦作现象"的经验，吸收旅游业研究方面的新成果，避免观念的老化。

三、基于以上两点，我以为，焦作旅游业的大发展要在以下五种结构调整中寻找更高的起点：

1. 在全市产业结构调整中，旅游业的产业地位要进一步确立和强化，并形成上下共识。

2. 在旅游产业自身六要素结构调整中，要强化薄弱环节，补齐"短板"，把产业链做粗、做长、做精，并在与其他产业的关节点上搞好延伸。

3. 在旅游产品结构调整中，既要加强观光产品建设，更要加强休闲产品建设。在这方面，焦作大有文章可做。

4. 在产品设计结构调整中，既要重视制定产品规划，更要重视制定营销规划。要从产品营销、行业营销发展到城市营销阶段，从而站在全市的高度整合资源和资金，以形成更大合力。

5. 在国家板块发展战略结构调整中，不失时机地抓住机遇。比如在国家"中原崛起"发展战略中，旅游业可以承担动力产业的作用，焦作可以承担领头羊的角色。

以上意见仅供参考。

祝中秋愉快！

邵春
2004年9月16日

焦作虚心学习的案例

"栾川模式"在报纸上介绍后，焦作市领导立即组团去学习，并给本报发来学习的体会。我在刊登他们的文章时，写了如下评议：

有感焦作学栾川

"宁波经验""焦作现象""栾川模式"经本报介绍推广后，在全国旅游业界已经形成品牌效应，各地纷纷到上述三地取经，三地之间也在互相学习。这种局面可喜可贺。

这里值得一提的是，因"焦作现象"而闻名的焦作市，从市领导到旅游局，没有陶醉在以往的成就中，而是放下架子，虚心向一个县所创造的经验学习，从而找出差距，明确努力方向。这一点更是可喜可贺。这说明：栾川确有经验可供学习，"栾川模式"确有推广的价值；焦作在旅游业中是真典型，不是假典型，有这种学习精神，"焦作现象"的内涵和价值必将不断得到提升。

学然后知不足。自我感觉良好，几乎是国人的通病。医治这个通病的良方就是学习。要创造学习型社会，当好学习型领导，这是单位和个人进步的必要前提。我赞扬焦作的做法，也祝愿互相学习成为业界的风气。

第二十一章　栾川模式

——"16 字诀"成真经：栾川通过旅游业发展甩掉国家级贫困县帽子

一、栾川旅游的基本状况

栾川，是河南省洛阳市管辖的一个县，32万人口，农村人口占 78.1%，是国家级贫困县，GDP 排名在全省 118 个县市中列第 91 位。在困境中，县委县政府选择了旅游业作为突破口。

第一条就是借智突围，请专家讲课，从转变观念开始。从 2000 年开始，我前后去给干部们讲了 6 次课，还有两次电视访谈；第二条，成立强有力的领导机构，出台 100 多条支持旅游业发展的政策；第三条，提出了"全党动手，部门联动，分片包干，督查到位"的 16 字方针。县五大班子领导出席，与各部委局签订责任状：以县城为圆心，600 公里为半径，画了一个大圆；所涉及的 9 省 22 市以及河南本省的 18 个地市共计 40 座城市。每个部委局办包干一个地市，当年推介会搞了 100 多次，共有 50 多个县直单位参加。第四条，感动了市场，第一次促销就意外招商 10 亿元，用这

个钱建起景区、酒店13项工程。第五条，敢于在营销上投入，是栾川市场影响力扩大的重要原因；县委、县政府委托我找专业团队做营销规划，召开引资大会。旅游者中有一些人后来成为投资者，使栾川的矿产开发突飞猛进，成为"中国钼都"，旅游业带来百业兴。

到2005年，仅仅4年，GDP列全省第五位，人均GDP全省第一。2007年，财政收入在全省排第四位，增幅第一。彻底摘掉了"国家级贫困县"的帽子，实现了旅游强县、旅游富县的目标。

在栾川招商大会上，我向投资商介绍了栾川的资源，投资商与栾川政府签订合作意向书金额达10亿元。在2004年10月22日《中国旅游报》上发布消息时，我配发了这篇评论：《当好资源与资本对接的红娘》。

二、"栾川模式"的基本经验得到肯定和推广

栾川模式的名称是我命名的，最早是我写的文章《"栾川模式"考》，原文如下：

在北京人民大会堂召开的"焦作现象"研讨会刚刚结束，"栾川模式"横空出世。这对中国旅游业、特别是县一级如何发展旅游，提供了发人深省和值得借鉴的经验。

栾川是豫西的一个国家级贫困县，32万人口中有25万农村人口。如何脱贫致富，历届县领导班子一直在苦苦寻求突破口。他们经过多次资源比

对、请专家指点、进行艰难抉择，最后在发展旅游业问题上取得了共识。

地处伏牛山山区的栾川，是亚热带向暖温带的过渡地带，夏无酷暑，冬无严寒，南北方植物兼生，水源充沛，景色雄浑。按国家旅游资源分类标准，在8大类31个亚类155种基本类型中，栾川有8大类26个亚类84种，有两个国家4A级景区。千百年来，这些资源一直闲置着。如果今后仍然让这些资源闲置，仍然用传统的办法抓农业，农村很难致富。但若利用好山区资源搞旅游，把农民变成"景民"，用不了两三年，农民就会脱贫。对一个以农民为主体的贫困县的领导来说，要为官一任，造福一方，必须树立无产阶级的政绩观，那就是奉行"三个代表"思想，把解决农民致富奔小康作为县里工作的出发点和落脚点。而抓好旅游业是解决好这个问题的捷径。

县委、县政府认识到这个问题后，是采取非常手段来抓旅游业的。

栾川旅游经历了接待型—事业型—产业型的历史跨越。2000年8月，县委八届三次会议作出《关于加快旅游业发展的决定》，成立了以县委副书记为组长、5名县级领导为副组长、25个部委局长为成员的栾川县旅游工作领导小组。实质上是书记、县长全部参加的一个强有力的工作班子，他们确定的方针是："**全党动员，部门联动，分区包干，督察到位。**"并出台了60条支持旅游业发展的政策措施，为旅游业发展办实事150多项。他们特殊的工作方法是：由县五大班子领导出席，与各部委局签订责任状：以县城为圆心，600公里为半径，画了一个大圆，所涉及的9省22市以及河南本省的18个地市，一一分到县属各部委局，今后这些地方的旅游对外宣传，就由部门包干，分头营销。到年底，哪个方向的客源市场没打开，就拿哪个部门的领导是问。于是，无论省内还是省外营销，几十个部门的领导，都肩挎绶带，带上所属人员摆摊设点，散发资料，向公众介绍栾川旅游产品，浩浩荡荡成了一大风景。三年来，这样的旅游推介会搞了100多次，共有50多个县直单位、企业的300多名干部职工参加，走出去营销的城市达50多个。他们还组织了2300多家省内外旅行社来栾川踩线，组织了50多家新闻媒体前来采访。

与此同时，加强了接待设施建设，扩建宾馆饭店28家，其中星级饭店4家，发展家庭宾馆506家，新增床位9800张，可同时接待21000人次。

由于大抓营销和基础设施建设，栾川旅游取得了可喜的阶段性成果。2003年，尽管受"非典"的影响，全县仍接待游客109万人次，门票收入1870万元，旅游总收入1.5亿元。2004年前9个月，全县接待游客219万人次，门票收入3729万元，旅游总收入5.45亿元。仅2004年"十一"黄金周，全县接待游客达98.7万人次，门票收入1687万元，旅游总收入2.35亿元，各项指标大幅度超过历届黄金周。

一业兴带来百业兴，旅游的拉动作用、扶贫作用及扩大就业的功能日益显现。2003年，全县GDP达18.2亿元，综合经济排序列全省118个县（市）的第36位；截至2004年9月份，全县GDP达20亿元，经济呈现出快速、良性的发展态势。

这个成绩的取得，更加坚定了县委、县政府大抓旅游业的决心，也进一步统一了全县人民和各行各业的认识。

为了把栾川旅游做大做强，他们坚持走市场运作的路子，把招商引资作为突破口。2003年，引进1.5亿元建设了伏牛山滑雪旅游度假区；酒店和景点等13项工程也纷纷在栾川落户，合同利用资金近10亿元。最近，应栾川县之邀，我带领20家投资商经考察洽谈，达成协议金额9.8亿元的招商引资成果。二十几个新项目的建设即将开始。届时，栾川旅游业的规模和质量将会跨上一个大的台阶。

"栾川模式"，是一个高端发力的典型，是一个政府主导型发展经济的典型，是部门协力、群众参与的典型，同时也是一个市场运作、按经济规律办事的典型。正因为如此，栾川不仅旅游上得快，也搞活了整个县域经济。"栾川模式"不是吹出来的，而是脚踏实地干出来的，因而"栾川模式"好，"栾川模式"值得提倡。

（原载2004年10月29日《中国旅游报》）

不久，河南省委政研室写了《"休闲栾川"在崛起》一文，刊登在《河南日报》和《中国旅游报》上，向省和全国推荐栾川抓旅游甩掉贫困帽子的经验。

三、北京钓鱼台国宾馆召开的"栾川模式"研讨会

"栾川模式"研讨会在京举行

本报讯（记者王晓宁）"栾川模式"研讨会于2005年3月19日下午在北京钓鱼台国宾馆举行。研讨会由河南省委政研室、河南省旅游局、洛阳市人民政府和本报联合主办。河南省人民政府副省长贾连朝，中国旅游协会常务副会长、国家旅游局规划发展与财务司司长林山，河南省旅游局局长杨盛道等领导出席研讨会，并分别发表了热情洋溢的讲话。河南省委政研室副主任刘本在宣读了"栾川模式"课题调研报告。

参加此次研讨会的有：中国旅游报社代理总编辑邵春、中国旅游管理干部学院原副院长王洪滨、国务院发展研究中心发展战略与区域经济研究部副研究员刘锋、首旅集团研究院首席研究员李庚、日本国际观光学者德村志成等国内外知名旅游专家。专家们就河南栾川落实科学发展观，依托资源优势实施"旅游强县"战略的成功经验进行了研讨。此次研讨会还吸引了首都及河南、洛阳的新闻媒体记者和中国环境国际旅行社、港中旅国际旅行社、国旅集团天马国际旅行社、中旅现代旅行社等30多家知名旅行社慕名参加。

河南省栾川县位于豫西山区，是国家扶贫开发工作重点县，县境内旅游资源丰富。境内已有两个国家4A级景区———鸡冠洞风景区和龙峪湾国家森林公园，有道教圣地老君山、北国水乡重渡沟、奇山秀水倒回沟等50余处各具特色的景点。全县森林覆盖率83.3%，居河南省第一。据中南林学院检测，栾川空气中负离子量最高达6万个/立方厘米，平均在3万个/立方厘米，属于空气最清洁的地方之一。

栾川县委、县政府科学分析研究，立足县域优势谋发展，提出了"旅游强县"的发展战略，并把旅游业作为调整产业结构，优化资源配置，培育新的经济增长点的主导产业优先发展，把旅游业作为加快县域经济发展的龙头来抓。采取党政主导、部门联动、外引内联、市场运作、全民参与、产业化发展等措施，在短短5年间旅游业异军突起，打造出一个包括山水游、农家

游、溶洞游、森林游、温泉游、滑雪游在内的休闲旅游品牌,实现了由资源大县向旅游强县的跨越。如今,栾川已成为较有名气的旅游度假目的地。

中国旅游报社代理总编辑邵春在两度考察栾川旅游后(以后又多次去过),于2004年10月29日撰文《"栾川模式"考》,指出"栾川旅游经历了接待型—事业型—产业型的历史跨越"。"'栾川模式'是一个政府主导型发展经济的典型,是部门协力、群众参与办旅游的典型,同时也是一个市场运作、按经济规律办事的典型。"

与会领导和专家们对《中国旅游报》与地方政府合作,协力打造推广"栾川模式"的做法给予很高评价,并就"栾川模式"的典型意义展开了热烈研讨。最后,主办方领导热情接受记者的采访,会议在一片祥和的气氛中结束。

(原载2005年3月23日《中国旅游报》)

下面是我在北京钓鱼台国宾馆召开的"栾川模式"研讨会上的图片和讲稿。

"栾川模式"——一个值得学习推广的典型

河南省栾川县,经过5年的努力,成为大抓旅游业,促进县域经济的典型。今天,在北京钓鱼台国宾馆召开"栾川模式"研讨会,我想通过个人体会来解析一下栾川对中国旅游业,特别是县一级如何发展旅游所提供的发人深省、值得借鉴的经验。

我曾两次去过栾川。第一次,是在2002年,应栾川旅游工作委员会邀请前往授课。我当时讲课的题目是"打造旅游品牌,发展县域经济"。2004年10月,为栾川招商引资事,我再次前往考察、讲学和主持招商洽谈会。两次调研使我对栾川经验及其在全局上的指导、参考作用,有了明确认识,因此,赶写了《"栾川模式"考》和《当好资源与资本对接的"红娘"》两篇评论,在《中国旅游报》上发表。这是"栾川模式"的第一次概括和在媒体上的第一次向公众推荐。

这两篇报道引起了各级政府和全行业的重视，我和报社编辑部陆续收到许多咨询电话和信件。

这里值得强调的是，河南省领导对此事高度重视。分管旅游工作的副省长贾连朝看到报纸后于11月10日作出如下批示："今年以来，全省各地按照省政府的部署，把招商引资作为旅游业'三个突破'的重中之重，强力推进，取得了丰硕成果，全年招商引资突破60亿元。实践证明，招商引资是打破旅游发展瓶颈、提升旅游产业化水平的有效措施，望各地在巩固成果的基础上，借鉴'焦作现象''栾川模式'的成功经验，采取走出去，请进来相结合的办法，在招商引资上不断探索新形式，创造新经验，形成新成果，推动旅游招商引资向纵深发展，为我省旅游业当好'先行部队'做出更大贡献。"

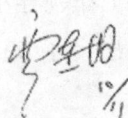

贾省长的批示对在河南推广"栾川模式"具有重大意义。但我体会到，"栾川模式"的示范作用完全适于全国各地，应在京召开高层研讨会并在全国重要媒体上推广"栾川模式"。

河南省社科院和省旅游局遵照贾省长的批示，进行了深入调查，完成了《休闲栾川崛起之路——关于"栾川模式"的报告》课题研究。我们又与河南省委政研室、省旅游局、洛阳市人民政府共同策划在北京召开"栾川模式"研讨会。本次会议能于今日在京顺利召开，是我们共同努力的结果，这是继北京"焦作现象国际研讨会"成功召开之后又一个打造品牌、推广品牌的高规格的研讨会。本报将以两个版面的篇幅来报道这次会议。

栾川的经验是丰富的，不是片面的；是干出来的，不是吹出来的。我想举五组数字对栾川的经验加以阐述。

第一组数字——艰难的选择，战略的眼光

一方面，栾川是豫西的一个国家级贫困县，32万人口，25万农村人口。如何脱贫致富，历届县领导班子一直在苦苦寻求突破口。另一方面，栾川旅游资源丰富。按国家旅游资源分类标准，在8大类31个亚类155种基本类型中，栾川有8大类26个亚类84种，有两个国家4A级景区。千百年来，这些资源一直闲置着。如果今后仍然让这些资源闲置，仍然用传统的办法抓农业，农村很难致富。但若利用好山区资源搞旅游，把农民变成"景民"，用不了三两年，农民就会脱贫。县委、县政府经过多次资源比对，请专家指点，进行艰难抉择，最后在发展旅游业，带领全县人民奔小康问题上取得了共识。解决"三农"问题，是全党工作的重中之重，抓好旅游是解决"三农"问题和"中原崛起"的突破口，这样的选择无疑具有战略意义。

第二组数字——得力的机制，到位的政策

2000年8月，县委八届三次会议作出《关于加快旅游业发展的决定》，成立了以县委副书记为组长、5名县级领导为副组长、25个部委办领导为成员的栾川县旅游工作领导小组。实质上是书记、县长全部参加的一个强有力的工作班子。并出台了60条支持旅游业发展的政策措施，为旅游业发展办实事150多项。

第三组数字——签订责任状，破常规搞促销

为了实现旅游业的跨越式发展，他们决定从2000年开始，5年内实现"接待型—事业型—产业型"的历史性跨越。为达此目的，他们确定的方针是："全党动员，部门联动，分区包干，督察到位。"采取的特殊、非常规的工作方法是：由县五大班子领导出席，与各部委局签订责任状：以县城为圆心，600公里为半径，画了一个大圆，所涉及的9省22市以及河南本省的18个地市，一一分到县属各部委局，今后这些地方的旅游对外宣传就由部门包干，分头营销。到年底，哪个方向的客源市场没打开，就拿哪个部门的领导是问。于是，无论省内还是省外营销，几十个部门的领导，都肩挎绶带，带上所属人员摆摊设点，散发资料，向公众介绍栾川旅游产品，浩浩荡荡成了一大风景。三年来，这样的旅游推介会搞了 100 多次，共有 50 多个县直单位、企业的 300 多名干部职工参加，走出去营销的城市达 50 多个。他们还组织了 2300 多家省内外旅行社来栾川踩线，组织了 50 多家新闻媒体前来采访。

第四组数字——招商引资，市场运作

为了把栾川旅游做大做强，他们坚持走市场运作的路子，把招商引资作为突破口。2003 年，引进 1.5 亿元建设了伏牛山滑雪旅游度假区；酒店和景点等 13 项工程也纷纷在栾川落户，合同利用资金近 10 亿元。2000—2004 年，栾川共吸引县外资金 27.1 亿元。这样，大大加强了接待设施建设，扩建宾馆饭店 28 家，其中星级饭店 4 家，发展家庭宾馆 506 家 17000 张床位，可同时接待 21000 人次。正如贾省长指出的："实践证明，招商引资是打破旅游发展瓶颈、提升旅游产业化水平的有效措施。"

这样抓的效果如何？请看

第五组数字——经济效益明显，社会效益突出

经过几年的努力，栾川旅游业的产业规模和质量跨上了一个大的台阶。2003 年，尽管受"非典"的影响，全县仍接待游客 109 万人次，门票收入 1870 万元，旅游总收入 1.5 亿元。全县 GDP 达 18.2 亿元，综合经济排序列全省 118 个县（市）的第 36 位。2004 年，全县接待游客 249 万人次，比 2000 年翻了 3 番，旅游总收入 6.45 亿元，是 2000 年的 13 倍。旅游业的贡献占全县生产总值比重由 2000 年的 2% 提高到 2004 年的 26%。一业带来百业兴，旅游的拉动作用、扶贫作用及扩大就业的功能日益显现，全县经济呈现出快速、良性的发展态势。县委、县政府正带领全县人民在奔小康的路上迅跑。

总之，总结栾川的经验，关键的是有一个好的领导班子，正确的战略决策和与之配套的政策、机制和行动方案。

栾川以自己的实际行动塑造了品牌。在 2004 年年底召开的"河南省旅游发展战略研讨会"上，我曾说：随着"中部崛起"战略的提出，中央必将有若干倾斜性政策和反哺措施，河南应该抓住这个战略发展机遇期。推广品牌是重要措施之一。要让焦作、栾川的经验在全省开花结果。17个地级市，100多个县市，旅游业都上去，河南旅游整体规模、贡献就大了。这是实现"中部崛起"战略的一场关键性的硬仗。

"栾川模式"，是一个政府主导型发展县域经济的典型，是部门协力、群众参与发展旅游业，使全县脱贫致富的典型，同时也是一个市场运作、按经济规律办事的典型。"栾川模式"值得提倡。有的专家概括为"省级学四川，县级学栾川"，看来此言不虚。

栾川有5条基本经验：

1. 经济落后地区也是能搞旅游的

有的地方领导同志认为，旅游属于第三产业，等到第一、第二产业发展了，旅游才能搞。这种认识是错误的。栾川就是一个经济落后地区通过搞旅游，使经济打了翻身仗的典型。

栾川32万人口，农业人口25万。2000年前农业落后，基本没有什么工业，更没有旅游业。区位劣势突出，是河南南部的一个山区县，交通处于盲肠地位，从洛阳到栾川没有像样的公路，汽车要走3~4小时，从郑州去要走5~6小时。在这种落后状况下，栾川搞旅游的精神感动了省长，拨专款修了从洛阳到栾川的公路，一下子车程缩短了2小时。景点景区建设突飞猛进，5年建设了15个具有一定规模的景区，其中国家4A级景区就有3个。招商建设了纬度最低的天然滑雪场。由于景区多数在山区乡村，如重度沟、龙峪沟、老君山、鸡冠洞等，可以说开发一个点，富了一个村；开发一条沟，富了一个乡。栾川有很生动的案例，说明旅游是富民政策的抓手。旅游业和农业的融合，使农民变成了接待户，农产品有了销路，农民增加了收入，旅游业改变了农业的传统业态，使农业从一产直接升为三产。由于旅游业改善了交通，引来了人流、资金流、信息流，昨天的游人，就是今天的商人、明天的投资者。原来栾川的矿产资源钼，多年得不到大规模地开发，后来，旅游业引来了投资者，建成了"中国钼都"。旅游业直接带动和推动了工业的发展。这是三产拉动二产的典型案例。所以，旅游是产业升级的催化剂，是城市转型的孵化器，是落后地区改变面貌的突破口。经济落后地区不仅能搞旅游，而且这些地区往往生态和资源条件较好，搞旅游业就有更好的基础。

2. 旅游业是能迅速改变地方落后面貌的

栾川由于搞旅游，5年大变样：2001年，GDP在全省118个县市从第97位上升到2005年第5位，人均GDP和年增幅全省双第一，以每年超过20多个县市的速度前进，这在你追我赶的年代是个奇迹。创造这个奇迹的突破口是旅游业。旅游业的贡献占全县生产总值的比重，从2000年的2%上升到2004年的25%，2006年旅游税收达6700万元，相当于2003年全县财政收入的总和，占2006年全县财政收入的21.6%；2007年财政收入在全省118个县市中排第4位，彻底甩掉了"国家级贫困县"的帽子，从穷县变成了富县。很多地方领导说，搞工业可以富财政但富不了民，只有搞旅游，第一富民，第二也能富财政。没有哪一个行业有旅游业这样迅速改变地方落后面貌的作用的。

3. 在发展问题上，做好战略选择十分重要

栾川有个理念超前的领导班子。他们不在贫困面前徘徊不定，而是破釜沉舟，果断地选择旅游业作为脱贫致富的突破口，采取非常规手段，"全党动手，部门联动，分片包干，督查到位"，一下子造出了声势，引来了人流、信息流、资金流，突破了"没有钱不能发展，越不发展越没有钱"的"二元悖论"和两难境地，带领全县人民胜利突围。

栾川的做法遭到了不少非难，认为这是党委、政府越位、错位，违背市场经济规律，没有让看不见的手背后起作用，而是政府直接跳到了前台。我们是市场经济的初级阶段，培育市场经济的条件是政府的责任。栾川用的是政府资源，这个资源不用，就白白浪费掉了，用了，就改变了落后面貌。这个资源没用到官员腐败上，而是用到了百姓致富上，有什么值得责难的呢？

4. 借智突围，是栾川一以贯之的做法

借智，学习理论和经验，就是请专家讲课，改变自己的陈旧观念。我前后应邀为栾川讲课、策划、招商，后来又去过多次。可贵的是，栾川的决策

者不是作秀的,而是从善如流,总能采纳正确的意见,在观念思路上,在产品开发主题选择上,在编制规划、加大营销力度上,在品牌建设、队伍培养等方面,都能虚心听取专家意见。因此,总是保持观念领先,决断准确,落实迅速,改变面貌效果明显。

5. 敢于和舍得在营销上投入

市场靠什么打开？一是靠品牌开拓的,二是靠钱砸开的。把营销投入打入成本,这是企业起码的运作规矩,但很多地方不愿意在营销上花钱,所以,有好产品也打不开市场。2009年,栾川营销的费用3000万元,其中,县财政支出700万元,400万元用于媒体,300万元开展活动；多家旅游企业营销费共2300万元。这个数字超过许多中等城市的营销费用。能拿出这笔钱来做营销,本身就不是一件简单的事情,决策者没有对市场经济的深刻认识,没有对市场营销重要性的认识,是万难做到的。认识到位了,没有钱,可以挤出钱；收入不足,可以赊账营销。打开了市场,就砸开了钱场；有了客源,就有了财源。这些观念,是栾川决策层从专家那里学来的,并把它牢牢扎根在心里,落实在行动上,因而三五年时间就改变了落后面貌。

当然,"栾川模式"需要不断地完善和提升,从产品建设、旅游服务和市场营销等各方面做深做细的基础上把品牌做强做大,还需要花大力气；从经验总结方面,进一步挖掘和深化,使其更有针对性和指导性。(讲话文稿摘要发表于2005年3月25日《中国旅游报》)

附：河南电视网："声名鹊起的"栾川模式"

（2005年4月16日）

【主持人】观众朋友,大家好！欢迎您收看今天的《中原焦点》节目。近年来,河南省栾川县依托丰富的旅游资源,大力发展旅游业,把资源优势转化为产业优势,带动全县经济快速增长,由一个名不见经传的国家级贫困县迅速发展成为远近闻名的旅游强县,实现了跨越式的发展。栾川,也因此赢得了"休闲栾川"的美名,而他们所走出的以旅游业为龙头带动县域经济发展的成功之路,更是被业界誉为"栾川模式"。

《中国旅游报》在头版显要位置刊发了国内旅游界资深专家邵春的署名

例 说 篇

文章——《"栾川模式"考》,首次将栾川旅游业迅速崛起的成功经验总结为"栾川模式"。前不久,由河南省副省长贾连朝作出了批示;在北京举行了关于"栾川模式"的研讨会。业内人士认为,栾川模式是在科学发展观的指导下,遵循市场规律,以旅游业为突破口,发展县域经济而闯出的一条特色之路。

下面,我们请省内外专家来讨论"栾川模式"。

(为节省篇幅,河南电视网本次录播的节目较长,连同作者的发言一起略去,将来在《补遗》篇中刊出。)

第二十二章 岚皋特色

——党政齐抓"十围绕":岚皋找到经济发展突破口,成为陕西省县域经济发展典型

岚皋,是陕西省安康市的下辖县。我曾参与过在西安召开的"岚皋特色"研讨会和他们在国内客源城市召开的推介会,与县委书记鲁琦保持着经常性的联系。所以,对岚皋的经验比较熟悉。

坚持"十个围绕",打造岚皋特色:

一是一产围绕旅游调结构。大力实施农业结构调整,发展观光农业和乡村旅游。现已建成一村一品专业村30个,农业旅游示范村30个,农家宾馆50户,农家乐650户,紧靠南宫山、神河源景区的宏大村、头桥村被评为全国农业旅游示范点。全年农家乐综合收入过亿元,占农民年均收入的17%以上。

二是二产围绕旅游出产品。精心策划开发了以"南宫山富锌富硒"为主打品牌的"十大旅游商品"。2008年,全县新增企业47户,其中32户从事南宫山雪魔芋系列产品、富锌富硒茶叶、冰皋石砚等旅游商品开发,大大激活了旅游市场,加快了产业化、工业化进程。

三是三产围绕旅游搞服务。定期组织魔芋宴、土菜宴、特色风味小吃烹饪培训和烹饪大赛,重点推出民风民俗特色服务和十大特色风味小吃。全县共有旅游服务公司和旅行社5家,星级宾馆饭店10家,旅游商品超市近100家,娱乐服务场所20余处,旅游从业服务人员达2.3万余人,占全县农业总人口的20%。

四是交通围绕旅游上档次。坚持"路随景开",近三年来集中捆绑项目资金5.2亿元,相继建成以县城为中心,连通乡镇、村组和景区的旅游环线

公路网络，全县公路总里程达到 1600 余公里，安全、舒适、便捷的交通环境基本形成，景区的可进入性显著提升。

五是城建围绕旅游树形象。以创建国家卫生县城和省级文明县城为抓手，每年捆绑资金和项目 5000 万元以上，做精做亮了县城一河两岸精品休闲区、小吃娱乐购物三条特色街和四条旅游大道风景线，初步建成了具有陕南特色的山水园林生态旅游城镇。2008 年岚皋县城在陕西电视台"空中看陕西"活动中被评为最美丽的县城。

六是林业围绕旅游出景点。大力开展退耕还林、封山育林和天然林保护，组织实施百里特色林果园、百里竹林护岚河和百里绿色家园等精品工程，全县森林植被覆盖率达 85% 以上，基本形成了山水相依、风光秀丽、处处是景的生态旅游整体形象。

七是文化围绕旅游出特色。定期开展歌手唱岚皋、画家画岚皋、作家写岚皋和摄影家拍岚皋活动，编辑出版了系列旅游文化丛书和光盘，编排推出了大型地方特色文化旅游盛宴"南宫山之夜"演唱会，传唱民歌民舞，打造欢乐城乡，着力提升旅游文化内涵。

八是宣传围绕旅游造声势。全县宣传、文化、广播、电视等部门围绕旅游产品营销编排栏目、撰写文章，分专题集中造势，使全县干部、百姓了解岚皋的资源、产品现状和发展旅游业的政策。加强对主要客源市场、目标客源市场的营销，依靠媒体、旅行社等各种渠道，请进来，走出去，策划好营销活动。重点活动县里主要领导亲自带队，务求取得实效。

九是公安围绕旅游保平安。把保障景区平安和游客安全作为首要责任，健全完善应急处置预案，不断完善景区安保设施建设，强化景区景点警力配置，加强社会治安和旅游行业服务管理，确保每一位游客不在岚皋受委屈。

十是各行各业围绕旅游聚合力。建立了全局抓旅游的目标管理责任制，把旅游发展的目标任务细化分解到各级各部门和各行各业，实行严格的通报排名和考核奖惩制度，做到人人肩上有担子、个个身上有压力，全民抓旅游的强大合力加快形成。

岚皋成了省委、省政府抓的典型，我曾应邀参加岚皋特色研讨会，推广岚皋经验。经贸部召开的经验交流会,县委书记鲁琦在北京领奖。

下面是8年前县委书记鲁琦传给我的文件,可以看出他们全域旅游的思想是超前的。这种认识高度就是在8年以后的今天,许多县市也还是有不小的差距。搞得好不好,一比就知道。这里特将岚皋的这份文件编发,供有兴趣的读者对照。

岚皋县旅游产业发展的后续配套政策

中共岚皋县委办公室

(2010年3月5日)

2006年,岚皋县委、县政府决定把生态旅游作为富民强县的"一号工程",并在2008年进一步把生态旅游提升到"首选产业"和"一号工程"的战略高度,探索形成了以"十个围绕"为核心,以"七大工程"为抓手,政府主导、市场运作、全民参与、整体联动、全面推进的旅游发展新模式。为真正把旅游产业做大做强,早日建成"中国旅游强县",从组织力量、干部配备、政策配套、资金捆绑等多个方面予以倾斜,有力地促进了县域旅游产业健康快速发展。

一是实行组织力量向旅游集中。在组织机构方面,实行领导力量向旅游产业倾斜,成立了县政府县长任组长,县委副书记、专职常委、宣传部长、分管副县长、工会主席任副组长,涉旅部门主要负责人为成员的旅游产业发展工作领导小组,确保涉及旅游产业发展的问题优先得到协调解决。在组织落实方面,实行工作责任优先向干部夯实,先后印发了《关于加快旅游支柱产业发展建设旅游经济强县的决定》《乡镇、部门"十个围绕"抓旅游实施意见》等文件,并建立了县级干部旅游宣传促销工作责任制,确保旅游产业发展工作有人抓、有人管。在工作部署方面,将旅游产业摆在优先发展的位置,实行城镇规划建设与旅游产业发展相配套,新农村建设与旅游产业发展相适应,产业培育与旅游产业发展相结合,招商引资向旅游产业聚集,宣传推介以生态旅游为主题,目标责任考核以旅游产业为重点,确保各方力量优先支持旅游产业发展。

二是实行优秀人才向旅游聚集。在人才培养方面,优先保障旅游人才队伍建设，先后实施了乡镇、部门分管负责人、涉旅业务干部、涉旅村干部、企事业单位负责人、个体工商户、景区景点负责人、旅行社负责人、餐饮服务业业主在内的"旅游宣传千人培训"工程，以及旅游接待暨服务礼仪培训、产业建设和劳动技能培训等专题培训活动，培养形成一支庞大的专兼职旅游从业服务人才队伍。在人才选拔方面，优先考虑涉旅行业干部，组织开展了"百名岚皋才艺女子""百名业余女导游""十名岚皋旅游形象大使""十名女科技领导干部"为主要内容的"双百双十"女性人才培养选拔工程，公开选拔和调整106名干部进入涉旅部门乡镇工作，有效调动了干部从事旅游产业发展的积极性。在干部任用方面，坚持围绕旅游产业发展用干部，建立了凭实绩用干部工作机制，对涉旅行业工作成绩突出的优秀年轻干部优先列为后备干部，对涉旅工作岗位业绩突出的后备干部优先提拔任用，对涉旅工作岗位业绩突出但超过干部提拔年龄的优秀干部优先给予非领导职务待遇，使干部抓旅游的积极性得到了充分释放。

三是实行各项政策向旅游配套。每年县财政预算专项经费100万元用于旅游产业发展，落实120万元专门用于招商引资和自主创业奖励，投入200万元用作项目建设管理，为各涉旅企业、农家乐、农家宾馆等涉旅行业投入扶持建设资金8000余万元，投入5000万元用于旅游商品开发、宣传推介及人才培养，使旅游产业发展得到了充分的财力物力支持。

四是实行项目资金向旅游倾斜。近3年来，全县累计捆绑投入旅游基础设施建设资金1亿多元，捆绑投入新农村建设资金8950余万元；投入各类帮扶资金800余万元，扶持发展农家乐、农家宾馆830户；投入旅游商品开发和品牌建设资金达到1亿元以上；争取政府投资4555万元，招商引资2.5亿元，建成旅游重大项目10个。

作者对岚皋富硒茶生态旅游石家庄推介活动的点评

经常应邀参加岚皋的研讨会、座谈会，这次有幸参加岚皋生态旅游石家庄推介活动，我为你们点赞！这次推介活动的特点是"三全""五好"。

首先说三全：坚持全社会参与、全区域整合、全产业链融合发展，岚皋站在旅游业发展的潮头，成为全域旅游和供给侧结构性改革的一面旗帜！

1. 概括为"十围绕"的"岚皋特色"，是陕西乃至全国旅游业发展的一种成功模式

旅游业进入 21 世纪后，全国涌现出一批典型：宁波经验、焦作现象、栾川模式、岚皋特色等。岚皋是这些典型中的一个。我曾经被鲁琦书记邀请参与过在西安举行的"岚皋特色"研讨会。上述那几个典型也是我参与总结推介的。在人民大会堂和钓鱼台国宾馆的研讨会上，以及在全国 600 多场研讨会和 1000 多个规划策划会上，我介绍过上述典型的经验。这几个市县是政府主导、市场运作、全党动员，全社会参与的典型。是符合中国经济发展的现状和发展规律的，因而得到了广泛认可。岚皋发展的业绩：年接待游客人数以 2006 年的 14 万人次增长到 2013 年的 240 万人次，增长 17 倍，综合收入由 4200 万元增长到 11.28 亿元，增长 26 倍。旅游占 GDP 比重从 2006 年的不足 2% 上升到 18%，旅游直接或间接从业人员达 2 万人，旅游产业已成为岚皋名副其实的"支柱产业"。没有"十围绕"、没有连续 10 年抓"一

号工程"，就没有岚皋今天的成就。说明县委、县政府的决策是正确的。

2. 全域旅游是党委、政府推动区域经济社会发展的重要抓手

全域旅游就是把一个区域整体作为功能完备的旅游目的地来建设、来经营的指导理念和运作过程，是旅游产业供给侧结构改革的总抓手。国家旅游局就全域旅游理念、规划、实施已作了部署。岚皋依据自己的优质生态资源，重点布局，旅游产业规模、数量、质量都有较大提高，为全域旅游奠定了基础。例如，岚皋南宫山景区、神河源岚河漂流、千层河，农旅融合都是好项目。

3. 全产业融合发展，是做大做强区域旅游的唯一途径

岚皋旅游业建设了不少景点景区和配套设施，取得了不小成绩。但要谋求旅游业的更大发展，必须从传统的发展思路中跳出来。解决我们的景点太小太碎、业态单一问题，路径就是跨界，产业融合。旅游业要与农业、与生态、与水利、与工业、与文化等资源融合，建设三区合一的旅游综合体：旅游景区＋产业园区＋生活社区，是未来几十年旅游产品的领跑者。这几年全国旅游业成为投资热点：2013下半年到2014上半年，投资100亿元以上的旅游项目达151个，总量2万亿元。大多数是100亿元以下的项目，旅游业成为投资热土，是不容置疑的。资源驱动是初级阶段，资本驱动、市场驱动、创新驱动是今后努力的重点。

要树立新的资源观和产品观。比如生态旅游，富硒茶就是农旅融合的好产品。科学调查，缺硒的地区癌症患者比例大。所以，陈云的夫人、著名营养学家于若木说：物以硒为贵。硒是一个宝贝。要做大做强做出规模和品牌。

生态旅游大有可为，全面实现小康，全民重视健康，实现"两康"社会是国家战略。安康，是全国城市名字中唯一体现"两康社会"内涵的城市；岚皋，山中雾霭、水滨之地，真山真水，生态极佳，健康之城。真碰巧了，县委书记名字叫周康成。祝愿在周书记率领下，建设岚皋健康之城的任务早日大获成功！

案例一：贵州凤冈锌硒有机茶，通过欧盟600多个苛刻检验指标，成为欧盟免检产品。请我策划讲课，农旅结合扩大为10个行业，凤冈县聘我为

旅游业发展总导师。

案例二：江西南丰，70万亩蜜橘，在我的策划规划下，成为全国首批全域旅游示范创建单位。祝宏根书记在会上发表主持词，肯定我8年前给南丰做的全域旅游规划的前瞻性。

4. 重点抓好旅游业两件大事：产品建设和市场营销

产品建设：产品是个供给问题，也是个需求问题。习近平总书记指出："在适度扩大总需求的同时，着力加强供给侧结构性改革，着力提高供给体系质量和效率。"旅游产品建设，抓好供给侧结构性改革，就要克服粗放型经营模式，树立人性化、精细化发展模式。加勒比海尤卡坦半岛的经验，每个旅游经营主体50亿元以上收入怎么达到的？供给侧改革的核心和灵魂是抓住消费者的需求建设产品。

市场营销：要制定营销规划，保证营销费用，塑造品牌形象，选准传媒中介，开展营销活动。

5. 我为你们今天的活动叫五个好

旅游客源地和目的地分置，决定了走出去推广做得好！京津冀一体化是最大的客源发生地，石家庄地点选得好！营销主题突出了南水北调和富硒有机茶，这个健康饮品"接口"找得好！书记县长亲自带队，活动组织得好！可以预测：未来市场效果好！

最后寄语：品牌最范特首，产品人性精细，营销合纵连横，形象通天接地。（2016年7月15日，于石家庄太行国宾馆）

第二十三章　高端策划

——写文章送"两会"：一篇来自沙尘暴风源的报道引起全国两会代表、委员强烈关注

这是一家在内蒙古库布齐沙漠治沙做出贡献的企业，叫亿利集团。治沙也要搞旅游，总裁王文彪邀请北京规划团队为他们编制旅游规划。

在规划评审前，规划单位把成果送给我，并说有几位院士要出席评审会，希望我在形象和口号提炼方面给予指导。我仔细阅读了文本，提出了意见：原稿中提出的口号是"让你一次玩儿个够！"意思可以理解，但有点"用力过猛"，效果不佳：这样的口号没有唯一性、排他性，放在许多娱乐场所似乎都可以；最好的旅游产品，是能够吸引回头客的产品，"让你一次玩儿个够"，下次不会再来了，这是"绝后产品"。这样的口号有反作用，希望重新提炼。

编制单位接受了我的意见，安排周末就去现场考察。到了库布齐，我问当地的领导："库布齐"是什么意思？回答说：库布齐是蒙古语，意思是"弓弦"，黄河在鄂尔多斯拐了一个弯，一道沙漠横亘在拐弯处，像一根黄色的弓弦。我们不能不佩服古人的视野如此恢宏！就在这条沙漠不远处，就是成吉思汗陵。"弓弦"和"成陵"这两个词到我脑子里一碰撞，立刻想到了毛泽东《沁园春·雪》："一代天骄，成吉思汗，只识弯弓射大雕。"于是，我提炼了两个口号："库布齐——您身边的大漠！"为京、津、冀、晋、陕、内蒙古等地城市人打造的，周末来玩儿一整天，坐夜车回去不耽误上班。另一句："到库布齐——可识弯弓射大雕！"来一次成陵和弓弦都看到，并了解了这里的地理和人文知识。用两位历史巨人抬一个景区，这是借名扬名的力道。

在这个基础上,我草绘了标识:一把蒙古弓,绿色为底,代表草原;蓝色为弓,代表黄河;黄色为弦,代表库布齐沙漠。

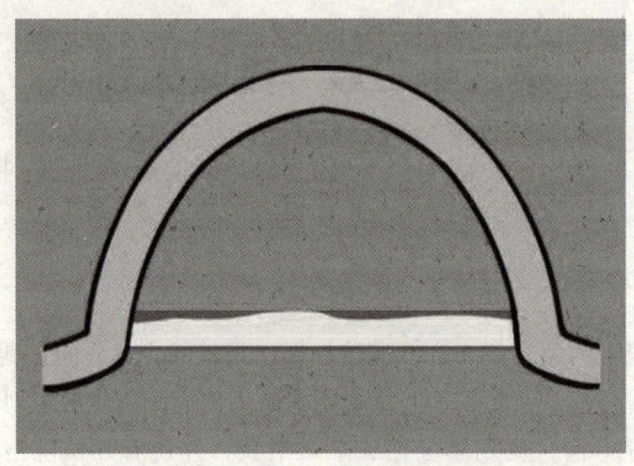

这个标识具有唯一性、排他性,可以成为景区和宣传片上的 logo。

在库布齐旅游总体规划评审会上,我策划的口号和标识得到吴传钧院士等专家们的好评。

按一般道理讲,规划通过评审,课题组任务就完成了,更何况我是临时请去帮忙的呢?

但 2001 年春天,沙尘暴肆虐,北京被刮得昏天黑地。这让我又想到了库布齐。2 月中旬,春节刚过,春寒料峭,利用周末,我穿上棉衣,赶往库布齐调研亿利集团治沙的情况。我为他们的精神所感动,一口气写了近万字长篇通讯《大漠奇迹》,标题是内蒙古自治区党委书记刘明祖题字。文章分了六段,每一段都加了点评。为了表彰治沙者,为了使北京空气清新一些,为了引起中央领导的重视,我排好了版,等着最好的时机——在两会的召开那天,《中国旅游报》刊登了这篇长文。

这是《中国旅游报》2001年3月5日发表我写的《大漠奇迹》一文的版式，正是全国两会召开的日子。

大漠奇迹
——采自沙尘暴风源的报告

篇首语：沙尘暴成了当今每个中国人的一块心病。记者近日去沙尘暴风源之一的内蒙古库布齐沙漠采访，发现那里有一家企业率先向大漠宣战，战绩辉煌，令人感奋。在人类生存环境受到严重威胁的情况下，其他许多问题都显得次要或微不足道。为类似这样的事去努力，去奉献，才是上层次，才算高境界。国际奥委会成员来华期间，有一两天气候不佳，可吸入颗粒物指标偏高，着实让国人捏了一把汗；中央电视台从3月1日起发布沙尘暴预告，如同战报一样昭告天下；近日，全国人大常委会又审议了《防沙治沙法》。这些信息如同阵阵催征的鼓点，号召人们为保护生态而战。本报今天推出《大漠奇迹》一文，是想以一个企业的示范作用来说明一个道理：公害还需公众治，绿色之梦大家圆。

记者使命：沙尘暴后探风源

2000年以来，几次沙尘暴，牵动了国人的心。笔者曾数次去西北五省区和内蒙古探风源，深感形势十分严酷。在那里，我亲耳听到过沙进人退，农民丧失家园的无奈诉说，亲眼见到沙漠侵及村庄、淹没良田，逼向黄河与塔里木河的现状。各地治沙虽有一定成效，但力度还不够。中国的主要沙漠分布在西北陕、甘、宁、青、新五省区和内蒙古，包括塔克拉玛干沙漠（面积33.76万平方公里）、古尔班通古特沙漠（4.88万平方公里）、巴丹吉林沙漠（4.43万平方公里）、毛乌素沙漠（3.21万平方公里）、库布齐沙漠（1.89万平方公里）等，全国沙漠总面积达71.29万平方公里，这是近年来沙尘暴的主要风源。再加上全国56.95万平方公里的戈壁，生态条件恶劣的沙漠戈壁面积达128.24万平方公里，占全国国土面积的13.36%。而且，沙化的趋势还在扩大，我们的生存条件受到了严重的威胁。

位于内蒙古鄂尔多斯高原的库布齐沙漠，西与乌兰布和沙漠接壤，东与毛乌素沙漠毗邻，长400公里，宽50公里，是中国第6、世界第9大沙漠。因为在诸多沙漠中，它距北京最近，仅有550公里，所以对京城有着更严重的威胁。每年春冬两季，这里刮起180天大风，飞沙走石，黄沙漫天。当地人的顺口溜是："黄沙滚滚不见天，到处沙漠压良田"，"朝为庄园夕为沙，不知何处是我家"。这既是无奈和忧愁，也反映了父老乡亲们渴望山清水秀的急切心情。

2000年，我去鄂尔多斯，听说库布齐沙漠深处有个恩格贝，已经是环境优美的塞外江南。是恩格贝人与日本鸟取大学名誉教授、日本沙漠绿化协会会长、世界著名治沙专家远山正瑛先生一起，用汗水浇灌出来的一朵沙漠奇茬。我当时就想,一个外国人治理别国的环境能下这份辛苦,为什么国人没能做出如此的奇迹呢?

最近,利用周末,我又去了一趟库布齐,心存一年的谜团解开了。在当地,有一家企业——亿利集团,勇敢地向沙漠挑战,做出了惊天伟业:他们和当地政府合力修通了一条穿沙公路,在公路两旁种树种草,建起了一条百公里的绿色长廊。

当我采访亿利公司总裁王文彪,问及作为一家工业企业,为什么要花这么大本钱治沙时,这位善谈的汉子一口气说出了三条理由:江主席发出了"再造一个山川秀美的大西北"的号召,吹响了西部大开发的号角,我们共产党的干部理当响应。第二,中国有16亿亩沙漠,解决贫困问题就在这16亿亩上,我作为沙漠中长大的人,应把治沙视为己任。第三,从企业生存来说,我们的工厂在沙漠腹地,每批产品运上火车要绕行300公里,修通穿沙公路,仅运费一年就省下2000多万元,所以我们才敢把1.3亿元投资到穿沙公路建设上;路通了,企业实力也壮大了;五年跨了三大步,总资产从不足5000万元增长到近20亿元,上缴利税超亿元,占当地财政的40%,带动了一个地区的经济,也使沿路的农牧民得到了实惠。王总裁深有感触地说:实践证明,我们的路修对了。自治区书记刘明祖的题词"大漠奇迹"被镌刻在筑路纪念碑上,也镌刻在了我们集团全体员工和全旗13万农牧民的心头,鼓舞着我们去夺取新的胜利。

(**点评:面对沙魔敢摊牌**。多年来,人们渴望碧水蓝天,但面对沙魔肆虐、沙进人退的局面多少有些无奈,有时甚至到了谈沙色变的程度。库布齐深处的老乡说:修一条穿沙公路,过去想都不敢想。不敢想的事,王文彪想了;过去不敢干的事,王文彪带着他的员工们干了,有史以来库布齐第一条穿沙公路修通了!看来,敢字当头,可以创造人间奇迹。是沙进人退还是人进沙退?人沙之战,狭路相逢勇者胜。在这场保卫家园的决战中,我们已无退路。面对沙漠敢摊牌,是我们应该发扬的精神。)

治沙诀窍:苦干加巧干

在沙漠中修路是一场恶战,保路也是一场恶战。陪同刘果清经理告诉我,三年来,亿利和当地政府、群众一起,把秸秆插在路两边沙丘上,做成格形沙障，然后种植沙蒿、沙柳。王总和他的员工有时吃住在沙丘里，一干就是几个月。杭锦旗13万人，工作不论职业，年纪不分长幼，每人每年义务上缴一斤草籽，交不了草籽就交钱。收上了草籽用飞机播种。三年来，亿利集团在公路两侧栽植沙障和优质牧草30万亩，植杨、柳树2万亩，围封补播野生甘草10万亩，生态移民1000户。仅生态投资一项，公司投资累计达1000多万元。

路修通了，如果防沙固沙措施不到位，沙丘很快就把路面掩埋。这次采访，我亲眼看到沙漠腹地胶泥路面已被大段大段地淹没，我们坐在前后加力的越野车里，来了个"沙漠冲浪"，有时要下来挖沙、推车，30公里走了近2小时。所以，人与沙经常展开"拉锯战"。刘经理告诉记者，春天一到，他们的队伍就拉上来，计划在雨季前把这30公里铺上油面，路两侧固沙措施到位。

沙漠绿化很难，彻底解决问题要靠高科技。亿利的高科技战略先从人才抓起。他们引进了化工专家刘丕训、冯佩言，生物农肥专家杨青山，基因制药专家、留美博士后刘凤鸣。在这些专家、学者的带动下，一大批有识之士加盟；2000年一次就招聘100多名大学生。其次是成立了企业技术中心，已经被认证为国家级技术中心，在中关村注册成立了亿利北京生物工程技术研究中心。这两个中心目前已完成了20多个项目，成为新成果、新技术的孵化器。

为了治沙和市场的需要，他们把高科技的重点放在生物工程制药和生物绿色农肥的开发上。最近，亿利集团又从美国引进了干水项目。这种高技术节水产品于2001年3月植树节前投入市场，可以大大提高树木的成活率。

（**点评：治沙要打科技牌**。凡是长期难以解决的问题，或是世界范围内的难题，靠高科技突破往往是一条出路。沙漠绿化关键是缺水，树木难以成活。亿利公司从美国引进的干水项目较好地解决了这个问题。干水状若胶体，一市斤重的干水埋在树根下，可以根据湿度自动控制水分的释放，从而保证树木扎根成活。据试验，干水可以使造林成活率达到70%，比不用干水提高30%~50%，这一技术可以从总体上加快沙漠绿化，减少成本，对整个中西部生态恢复有着重要意义。因而，亿利集团治沙的诀窍：奉献加效益，苦干加科技的做法值得弘扬。)

生态旅游：企业生存的依托

穿沙公路修通了，他们发现了库布齐沙漠深处的七个湖泊和大片响沙。于是在公司业务结构中又增加了生态旅游，与原有的化工、制药形成了三足鼎立之势。王总裁在概括三业关系时说，化工是基础，是企业的小康线，政策是继续巩固提高；生物制药是龙头，是企业的富余线，政策是靠高科技重点突破；生态旅游是依托，是企业的保障线，政策是稳扎稳打，长期建设。

亿利集团为了把旅游这个蛋糕做大，除了调整内部产业结构外，还内引外联，与首都旅游集团、西安旅游集团、神华集团和内蒙古大学合作，组成成陵国际旅游股份有限公司，联合建设成吉思汗陵园旅游开发特区，目前诸多合作事宜正在商谈中，整体开发规划方案已经进入评审阶段。

2004年1月25日，出席《库布齐沙漠生态旅游区》规划报告评审会，并与我国著名地理学家、中国科学院资深院士吴传钧先生、规划专家郭来喜合影。我在库布齐规划中所创意的口号、标识等意见，受到吴传钧等院士的点赞。

点沙成金：打造西部旅游著名品牌

对旅游而言，荒凉也是资源。近年来，大都市人群向往大漠风光便是佐证。亿利集团看准了这个趋势，正在投巨资开发沙漠生态旅游。副总裁尹成国信心十足地告诉记者，与其他沙漠相比，库布齐距北京最近，飞机只50分钟，火车一夜轻松到达，公路纵横，即将动工的大型机场距成陵仅30公里，交通方便。在旅游项目方面，他们除了开展传统的骑驼、滑沙、沙浴、沙雕、沙滩足球、沙湖观鸟等项目外，还引进美国仙人掌，拟建世界沙漠植物园等，让客人玩得好、留得住。点沙成金，将给公司带来巨大效益。

"一代天骄"成吉思汗陵园是中国著名景区，但由于景区建设多年没大变化，突出文化内涵不够，再加之比较孤立，没能编入主线，所以长期以来不冷不热。

在产品完善上，亿利集团将采取"画龙点睛"之术，突出成陵龙头建设，三年内投资8.3亿元，在鄂尔多斯高原上形成小环线：成陵—响沙—大漠沙湖；再与北京、西安联手，推出"中华大帝游"，把北京十三陵、西安秦陵、陕北黄帝陵和伊盟成陵串联成一线，整体包装，推向市场。

（点评：**竞争取胜靠品牌**。亿利的上述做法有创新。新就新在问题找得准。一个旅游点再有名气，它在产品中也只是一个"零件"，孤立起来也很难有所作为；完整的产品是由若干个点连起来的路线。新就新在这条路线的编织有新意。"中华大帝游"串起了中国最著名的皇陵，再加之沿途的文化古迹、风土人情和自然风光，将是一个相当不错的产品组合，有望成为著名品牌，进而成为中国旅游业的名牌。我们预祝这一品牌在竞争中取胜。）

殷切期待：绿色之梦众人圆

就防沙治沙而言，亿利人的战绩是卓绝的，但今后的任务更是艰巨的；他们为自己描绘的前景是宏伟的，但浩瀚的沙海绝不是靠一两个企业的力量能征服的。他们向记者介绍了"锁边林带"工程计划，有"堵住沙漠南进之路，还给北京一片明媚天空"的豪言；他们也有引黄入沙、引洪入沙的计划，并已实施了与当地农牧民相结合，搞好种子供应、技术指导、产品回收服务，采取企业+基地、公司+农户的办法种树、种草、种药，取得了一定成效。4月，王文彪总裁为筹集"阳光工程"基金将赴美国华尔街演讲。基金会成立以后，还将发动国内的明星、名流和各界人士参与，为优化生态而努力。

（点评：**旅业面临重新洗牌**。近年来，一些国有、民营实力企业参与旅游业的投资建设蔚然成风，一批批跨行业、跨地区、跨所有制的旅游企业不断出现。化工企业亿利集团联合数省市成立跨省公司就是一例。社会生产力要素的积极整合，资金和智力流向新的经济增长点，这是市场经济的规律使然。这些实力公司以强大经济后盾为旅游产品开发提供了有力支撑，也必将带来旅游业在21世纪不断深化改革,带来传统的经营管理规模、模式的改变,产业结构的重组呼唤新的政策、法规出台。有的报章称之为旅游业面临重新洗牌。如果从旅游业产业规模不断壮大的趋势上看,从完善优化游戏规则上来说,也并非没有一定道理。我国将加入WTO,旅游业竞争形势严峻,一些企业为了不被淘汰出局而多家联合,以增强竞争能力,因此,这种变化是一种好兆头。)

跋:感天动地胡杨魂

这篇报告结束了,但防沙治沙是一个远没结束的话题。

听亿利人的诉说,他们有业绩,也有困难,有豪情,也有期待。

这使我想起了胡杨土地彻底沙化的最后一道屏障,一种让人类肃然起敬的植物。在新疆塔克拉玛干的边缘见到它们时,再刚强的汉子也不能不为之动容。那完全是惨烈的战场:靠沙漠稍远一点的胡杨,叶子已被风沙抽得焦黄;靠沙漠近一点的胡杨,如同硝烟中依然挺立的衣衫褴褛的战士;而在最前沿阵地上,胡杨倒地相枕,"白骨"嶙嶙。

据说,胡杨有不屈的性格:活着一千年不死,死了一千年不倒,倒了一千年不朽!

据说,有胡杨的地方必有红柳,红柳是胡杨的情侣。

但是,库布齐沙漠早已没有了胡杨,偶见几株红柳如同寡女一样无精打采。大自然给予的最后一道屏障早就崩溃了!

但是,王文彪所带领的亿利人和鄂尔多斯人民,正是胡杨和红柳的化身。战斗是需要后援的,胡杨和红柳们的期待,应该得到回应。我不愿再看到胡杨倒地的惨烈景象!

文章结束了,我还要重复篇首那句话:公害还需公众治,绿色之梦大家圆。

《中国旅游报》是经批准送全国两会的报纸,记者是经过批准采访全国两会的记者。全国两会期间,1000份报纸送到人民大会堂。说来也凑巧,代表、委员们会间休息时读到这篇文章,窗外沙尘肆虐,文字感染了他们;复会时正好讨论《中华人民共和国防沙治沙法》,这一下,文章中写的主人公王文彪成了热点人物。公司和他本人的品牌价值迅速提升。

案例剖白说营销

全国两会代表、委员阅读《中国旅游报》《大漠奇迹》一文，结合亿利集团治沙经验审议《防沙治沙法》，亿利事迹在全国两会上引起热议和轰动。

2001年4月3日，两会刚过，朱镕基总理、温家宝副总理为《大漠奇迹》表扬的企业家王文彪授奖牌。不久，王文彪当选全国工商联副主席。于是，一个品牌人物和品牌景区诞生了。这当然是人家成就突出的结果，但与营销策划、两会报道，特别是时机把握不无关系。

我在这里特意说明：有人问过我：你给企业做了这样大的贡献，你拿了多少钱？借本书出版之际，特别强调几句，物质刺激的动力对一些人是有用的，对一些人是无用的。我所做过的案例，如《无锡旅情》、"中日樱友谊林活动"、《林州规划》、库布齐两会报道、德天瀑布央视营销、宁波经验、焦作现象、栾川模式、枣庄路径、额尔古纳中俄国际象棋对抗赛等若干案例，都是出自社会责任和记者良心，没有收过报酬。其间困难重重，只有责任心才会战胜这些困难。如果斤斤计较，不可能做出100多个案例，写出近3000篇作品。比如，在日本创意歌曲《无锡旅情》和"中日樱友谊林活动"，自己不懂日语，没有现成关系，也没有资金，领导又不支持搞这些东西。我认定了，就千方百计想办法，当时想到的成语就是"艰难困苦，玉汝于成"。因为精诚所至，得到使馆、办事处、日本友人、随团翻译和无锡同志的帮助和配合，这两个创意真的做成了，国际、国内都产生了巨大社会和经济效益。国家为此受益，我也享受到成功的喜悦。人生苦短，做事不易；有此足矣，夫复何求？

第二十四章　形象再造

——挽颓势于既倒："天尽头"更名"好运角"，使祖国东极旅游业迎来新生

更名缘由：威海荣成是秦汉时期秦皇汉武多次访问活动地方，他们前往的目的，一是去泰山封禅，二是去东海寻求仙丹。"天尽头"是秦始皇的宰相李斯题字命名的，此地是中国东极。改革开放后，这是山东最早对游人开放的景点之一。但后来出现许多负面舆论：认为"天尽头"就是"天子尽头"，于是官员不去了，企业家不去了，好好一个景观被冷落了。我不相信这些宿命论的东西，但没有办法纠正这些观念。

机会终于来了。2008年3月2日，在荣成博霞山庄举办的《西霞口国际滨海休闲旅游度假区总体提升规划》评审会，我被指定为评审委员会主任。规划方提出把荣成市改成"天尽头市"。我针对"天尽头"三个字现有的负面市场效应，提出应以新的概念覆盖，这个新概念应叫"好运角"，并粗略地述说了理由。这一建议得到省旅游部门和市领导的支持。

稍后，受山东旅游局和荣成市政府委托，请我组织队伍编写《荣成市旅游营销规划》，并提出"中国好运角"概念策划。

任务完成后，我写出以下论文，在《中国旅游报》上发表。

"中国好运角"概念的提出和旅游度假区品级提升
——海洋景观和文化资源整合的案例解剖

今年是国家旅游局确定的"2013海洋旅游年"。借"主题年"开展之际，进一步加强海洋旅游产品的建设、开发十分必要。海洋旅游产品强调"阳

光、海水、沙滩"，要素相同，很容易同质化。所以，重视文化内涵挖掘，研究市场需求，了解游客消费心理，打造独特卖点，就显得十分重要。

这里，解剖一下威海荣成市成山头"好运角"概念的提出和"好运角旅游度假区"如何成为国家战略的重要组成部分的案例，对各地开发海洋旅游产品可能有参考作用。

一、"好运角"概念的缘起

我从事旅游工作30多年，多次去过威海荣成市成山头，成山头有一处景点叫"天尽头"。西霞口村开展旅游后，这里是一处曾经客人不少的海洋旅游景点，但不久游客下滑。坊间传说，这与"天尽头"三个字有关：秦始皇来了，归途中驾崩；有的领导人来了，回去后下台。于是，官员、企业家不愿意再光顾这里，大众市场也开始萎缩。西霞口是威海婚庆活动的重要场所，求的是"天长地久"，这"天尽头"如同压在新人们心中的石头。为了挽回市场，西霞口曾经在成山头立了一块碑，上写"天无尽头"，本意是想淡化"天尽头"的负面市场效应。但没有达到目的。

我不太相信坊间的某些宿命论的说法，但趋利避害、讨彩头是普遍的消费心理。老概念一旦产生负面效应，就要在有利于挖掘文化内涵的前提下，创造新概念加以覆盖。

2008年3月2日，在荣成博霞山庄举办的《西霞口国际滨海休闲旅游度假区总体提升规划》评审会上，我针对"天尽头"三个字负面市场效应，提出应以新的概念覆盖，这个新概念应叫"好运角"，并粗略地述说了理由。

参加评审会的山东省旅游局局长于冲、荣成市的领导和多名专家表示赞同。

二、"好运角"概念的内涵

2009年年底到2010年上半年，在省旅游局的协调下，由荣成市政府委托，由我执笔编制了《荣成市旅游市场营销规划》，其中对"好运角"概念做了8条阐释。

1. 新概念必须具有的特质

产品经济卖产品，市场经济卖概念。特别是旅游这种商品，需要游客先认可概念后才会购买产品；概念要有特质，是地脉、文脉等区域优势的浓缩；概念要扬长避短，需要弱化和覆盖不利于正面形象的市场传播因素；新概念要出之有据，传之有体，落地有声，不能牵强附会。出之有据，即指新概念的提炼，要有地脉、文脉基因，要有市场需求；传之有体，即新概念要和产品紧密结合，成为产品的灵魂和肉体，这样的产品一经面世才能够有巨大的吸引力；落地有声，即新概念要新颖，有震撼力，易于引起市场回应，能在广阔的客源群体中找到接口，激起共鸣，引发购买欲望，进而将欲望变为购买行动。"好运角"的概念具有这样的特质。

2. 新概念的作用

新概念要具有"讨彩头"的作用。"讨彩头"是目的地文化的感召力、吸引力，它不是迷信，而是客观存在的消费心理，是增加产品知名度、美誉度、忠诚度的重要由头。

中国"好运角"的概念，就是为了"讨彩头"。这在国际上有成功的案例可借鉴。我曾去过南非的好望角，是非洲西南端的岬角，北距开普敦52公里，正好处于印度洋与大西洋的交汇处。强劲的西风急流掀起的惊涛骇浪有"杀人浪"之称。这种海浪波高有15~20米，加上极地风引起的旋转浪和很强的沿岸流，整个海面如同开锅似地翻滚，成为世界上最危险的航海地段。

为了避开海盗频繁出没的地中海，欧洲早期的航海家绕过非洲，开发新的航道前往印度，与亚洲进行商贸活动。1488年，葡萄牙航海家迪亚士到达这里，为此地取名"风暴角"。葡萄牙国王若奥二世认为这个名称不吉利，将"风暴角"改名为"好望角"。并于1497年7月8日，再次派达伽马探索通往印度的航道，这一次成功驶过"好望角"，次年抵达印度。葡萄牙完成了世界航海史上的一个壮举，"好望角"的名字从此逐渐传遍了世界各地。

通过以上成功案例的分析，我们可以看到："讨彩头"的确是一种不可忽视的消费心理，它赋予某一区域独特的文化吸引力。新概念的打造使一个有负面影响的地方获得了新生。如今，"好望角"连同角城开普敦一起，成了南非著名的旅游胜地。

3. 新概念与极地区位相一致，而且有利于更好地张扬极地优势

打造品牌，往往在"最"字上做文章，挖掘"最大、最长、最高、最远、最低、最小"等资源，选择与市场的最佳结合点进行策划，使其形成绝对优势和比较优势。

"角"是地理方位上的"最"，是陆地突出部位，成为"极地"，就有了独特卖点，就有希望被人们记住、热议、追捧，喜欢前往探奇，这就有了"必去的理由"。"极"也是多层面的概念，例如，世界屋脊是地球空间的极，百慕大是水深的极，吐鲁番是陆地海拔最低的极，南极和北极是方位的极。成山头是中国陆地伸向海洋最东边的极，比台湾岛东缘还要向东68分，是名副其实的中国海岸线的东极。南非好望角附近的城市叫开普敦，"开普（Cape）"的意思即为"角"，"开普敦"即为"角城"。荣成的地貌极为奇特，湾多、角多，是名副其实的角城，所以，"东方好运角，中国开普敦"便成为荣成的新形象、新卖点之一。

4. 新概念与人们祈福、祈寿的心理相一致

自秦始皇到荣成成山头祈求长生不老、国泰民安后，很多帝王都来过这里。若改为"好运角"，则"好运"与长寿主题相结合，既符合历史本来就有的文化底蕴，又有利于寄托现代人祈福、祈寿的美好愿望。

5. 新概念与在西霞口即将建设的婚庆基地理念相一致

依据规划，西霞口将建设婚庆基地，而婚姻追求"天长地久"。将"天尽头"改为"好运角"后，便可克服新人们的心理障碍，将婚庆基地的众多活动与好运概念相结合。

6. 与威海市建设"千里幸福海岸线"整体构想相一致

用"幸福指数"代替GDP，是威海市委、市政府确定的执政理念。新概念使荣成市规划与威海市规划相衔接，使"好运角"成为"千里幸福海岸线"的明珠和龙头。

7. "好运文化"符合全世界人民对美好愿景的共同追求

"好运"是人类共同的愿景追求，西方的《圣经》、东方的四书五经甚至马克思主义的理论对于运气、好运、命运都有许多精彩的论述。西方人见面、写信普遍使用的问候语便是"Good Luck"。世界各国家、各种族体现共同的文化心理、一点即通的词汇是不多的,"好运"当数其一。所以,使用"好运角"这个概念,是沟通东西、南北方文化的最好接口。荣成有"好运角",是荣成之幸。

8. 新概念与中国改革开放的基本国策相一致

在葡萄牙国王派出迪亚士开辟新航道之前,中国的郑和已经到过印度西海岸重镇,将之命名为"古里"。65年后,葡萄牙人绕过好望角再次到达该港口时,将古里更名为"卡利库特",并一直沿用至今。

德国哲学家黑格尔总结这段历史时说:这成为"中国人的永远之痛"。他接着解释道:中国人从郑和以后就转过身去背对大海,将主要精力放在农耕文明上。农耕文化,是一种封闭的文化,它不同于海洋文化、商贸文化所具有的开放性,从此,中国落后了。"天尽头"就是"转过身去背对大海"的观念的形象概括和固化。郑和的航海壮举曾打破过这个固化,但这种开放政策没有继续下去。中华人民共和国成立以后,特别是改革开放后,重新面向海洋,重视海洋资源的开发和对外贸易,中国开始获得新的发展,也给荣成带来了"好运"。总结历史,让我们清醒地看到:郑和下西洋是我们中华民族的骄傲;葡萄牙国王为"好望角"的改名,使葡萄牙在世界航海史上占据了重要位置;达·伽马对"古里"的更名让我们记住了"中国的永远之痛";黑格尔一言中的的分析,让我们重新觉醒,转过身来面对大海,更坚定地执行改革开放的基本国策不动摇。

所以,山东省接受了我的建议将"天尽头"更名为"好运角",有以上8条理由作支撑,讨了一个"好彩头",为"好运角国际旅游区"的建立和荣成城市营销奠定了基础。

现在,"好运角"的巨大石碑已经立在了成山头,游客纷纷在"好运角"碑前照相留影。

三、独特卖点与营销口号

在此基础上,综合各方意见,初步提出了"极地圣境,好运荣成"口号。荣成是中国陆地最早见到"第一缕阳光"的地方,"卖朝阳""卖曙光",就成为荣成的独特卖点之一。

荣成的"荣"字,就是摄太阳之精华,繁茂之生长的意思。荣成这座新兴城市,朝气蓬勃,正好像早晨八九点钟的太阳,百业繁荣,百姓融和,光荣之城,成功之城,好运之城。

口号进一步可以浓缩为:"好运荣成",英文"good luck rongcheng"。至此,口号浓缩为4个字。"好运荣成"纳入了"好客山东"首创和引领的简明口号系列,既突出了地方特色,体现了独特卖点,浓缩了地脉、文脉精髓,又好记,易懂,便于传播。这一口号经过营销,必然形成市场共识,覆盖了原先"天尽头"带来的消极意向。从而商人求财运,士人求官运,学人求试运,新人求福运,人人求好运,荣成祈福旅游目的地形象树立起来,游客将蜂拥而至。

四、将口号化为产品的灵魂和血肉

这个景区范围很大,资源丰富,在产品布局和功能区分方面,强化主题。比如,西霞口、成山头是好运文化展示区。现在,围绕"好运文化"的十道大运——福运、禄运、寿运、喜运、财运、时运、势运、子运、学运、国运的旅游产品正在设计完善中。马山,靠近成山头,可考虑专门打造太阳主题餐厅、主题酒店、主题景区。寻山可以打造乡村度假项目。"虎寺神湖逍遥山,黄海桑湾引翠峦。冷泉极茶品海味,宾主草舍合家欢。"我写的这首小诗是用寻山的地名、商品商号名串联而成的。按这种意境设计城市边上具有乡间特色的休闲养生产品,为市民和旅游者提供一处放松心情的所在。石岛度假区、好当家海岛温泉、槎山、赤山等景区结合该板块独有资源做足"养生康体"文章。赤山风景区可从宗教的角度,打造养心之旅、参禅之旅。"一山日月全,一岭中日韩;遍访千丘岳,无一类赤山。"我概括的这几句反映了赤山的独特价值。现在开发了十大景区,36个景点。面对中、日、韩三国市场,主祭大明神,开展宗教旅游、民俗旅游,以张保皋、圆仁法师事迹为接口对韩、日开展国际旅游。

五、"好运角旅游度假区"品牌价值的提升——上升为国家战略

值得高兴的是,在山东省和国家旅游局的努力下,"好运角旅游度假区"被列入《山东半岛蓝色经济区发展规划》,上升为国家战略。2011年1月4日经国务院正式批复这一规划,荣成市是列入山东"蓝区"规划项目最多的县级市。规划中的"好运角国际旅游度假区"西起天鹅湖省级旅游度假区,东至成山头,东南北三面环海,可实施封闭管理。面积扩大,品级、品位、品质提升,旅游区内规划休闲度假区、文化展示区和民间贸易区三大功能区,分别建设高端休闲养生项目、中韩文化交流项目和区域性旅游商贸物流基地。

两年来,好运角旅游度假区牢牢把握"规划引领、生态优先、科学发展"的主基调,以打造国际高端休闲旅游度假区为目标,稳步推进基础设施建设、经济转型发展和城市化工作,新区开发建设稳扎稳打。

下图是国务院批复实行的《山东半岛蓝色经济区发展规划》中,好运角度假区的规划图,全域扩展到280平方公里,规划为三大产业板块和四大功能区。

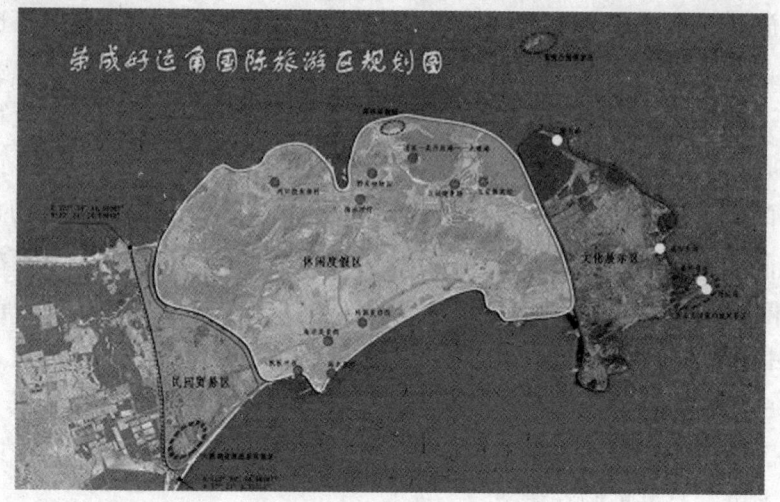

六、荣成城市形象的提升

城市形象需要用高度凝练的概念来概括。

荣成将"天尽头"更名为"好运角",强调了"好运"。有第二个问题中讲到8条理由作支撑,这个概念立得住,同时讨了一个"好彩头"。过去,也有人称"天尽头"是中国的"好望角",但通过资源、市场和消费心理的对比分析,得出的结论是:复制不如覆盖,一个全新的概念,可以刷新原来概念的消极影响。"好运角"不仅仅是一个旅游地的概念,而且是一个城市形象的概括;不仅仅是旅游行业的一个营销策略,而且是城市整体营销的一个关键词;不仅仅中国人喜欢好运文化,海外市场也易于接受,营销中节省了概念转换所消耗的人力、资金和时间成本。一举多得的事情,何乐而不为?

七、独特卖点与营销口号的提升

"好运角"概念提出后,逐渐得到领导和业内人士的认同。现在,"中国好运角"的巨大石碑已经立在了成山头,游客为了讨彩头,纷纷在"好运角"碑前照相留影。在作规划研讨的过程中,有一些很好的关于荣成营销口号的提法,如"好运荣成,养生天堂","中国好运角,海水理疗城"等。前一口号,较为概括和精练,但丢了"角"的概念,也就丢了极地的概念;同时，养生的概念各地用得较多，极易复制，缺少独特卖点。后一个口号，提法较为新颖，但"理疗城"不能完全概括荣城的特色，也较容易被别的地方复制。"中国角城，山东荣成"，好处是押韵，但"好运"概念丢失了。

口号是独特卖点的凝聚，那么荣成的独特卖点到底是什么呢？例如，海南卖的是椰风海韵，黑龙江卖冰雪，坝上卖绿色，宁夏卖荒凉。那么荣成卖什么？这是我们首先需要思考的问题，荣成的山、海、温泉都不能成为独特且独具竞争力的资源。但荣成的海边极地区位是无法复制且在中国具有唯一性的。核心竞争力是从别人抢不走、偷不去又不可复制的资源中整合出来的产品。因而，荣成是中国陆地最早见到"第一缕阳光"的地方，"卖朝阳""卖曙光"，就成为荣成的独特卖点。"卖曙光"不能狭隘地理解为"看日出"，而应与"朝阳产业""朝阳城市"相衔接、相融合。如果把"角"代表的极地概念和"卖朝阳""卖曙光"融为一体，打造荣成口号，既抓住了独特卖点，产品的建设也有了差异性，营销也有了"抓手"。因而，可以概括为：

"中国好运角，东方曙光城——山东荣成"。

这既是荣成城市形象的概括，也是荣成的营销口号。

世界的太阳城有许多座，山东德州正在打造"中国太阳城"。"朝阳""曙光""旭日"是太阳系列概念中最富想象力、最有感召力的概念。荣成这个口号以"好运""朝阳""曙光"作为独特卖点，求好运、卖曙光便是荣成最大的卖点。而且，朝阳最能体现荣成的形象，最能概括其积极的方面，荣成的"荣"字，就是摄太阳之精华，繁茂之生长的意思。荣成这座新兴城市，朝气蓬勃，正好像早晨八九点钟的太阳，百业繁荣，百姓融和，光荣之城，成功之城，好运之城——中国荣成。

荣成繁荣成功之本是早晨的太阳，是中国第一缕曙光。

从这个意念出发，设计荣成标识。这里用到的本地的文化元素是：

东极——好运角。

海洋——与日韩隔海相望。

曙光——中国陆地最早见到的一轮朝阳。

太阳神——大明神。这是中国典籍中载明的中国太阳神之一，亦称"太阳星君",台湾称"太阳帝君",赤山供奉的大明神已深入人心,连日韩两国公众也崇拜。

太阳鸟——荣成的太阳鸟就是天鹅,这是候鸟的代表种群,以气候变化而迁徙,实质是逐日而飞,追随太阳而居的灵性之鸟。

可以设计成如下图案:

太阳神——赤山大明神坐在车上,车轮是中国遗产的标志"四鸟绕日"金饰图,面向喷薄欲出的朝阳,天空中有太阳鸟天鹅飞翔,下面是荣成和好运角。周边环绕荣成形象口号:"中国好运角,东方曙光城——山东荣成"或者"好运之城——山东荣成"。

2010—2011年,使用"中国好运角,东方曙光城——山东荣成"口号;

2012—2013年,使用"好运之城——山东荣成"口号;

2013—2015年,使用"好运之都——中国荣成"口号。

至此,口号浓缩到位,"好运之都"被牢牢抓住,荣成就成为中国乃至世界"好运"主题的品牌城市。

如果一下就叫"好运之都",没有过渡,没有联想,没有比兴,市场就不会形成共识,就成了一厢情愿,牵强附会,强加于人,就是出之无据,传之无体,落地无声,增加营销成本而获得较差效益。

为节省篇幅,荣成营销规划略。

第二十五章 作歌传情

——擢无名为大牌：《无锡旅情》使无锡名满东瀛，成为国际著名的营销案例

这是本人牵头策划的通过一首歌曲《无锡旅情》在日本唱红，使无锡名满东瀛的案例。

一、创意的产生

1984年，我国的旅游业处于起步的关键时候，主要客源国的分布和确认还不明朗，对外宣传促销的主攻方向有时还犹豫不定；在内部建设上，导游私收小费、景点强行兜售商品现象已露端倪。我曾写过几篇文章，提出解决这些问题的见解，同时，向原国家旅游局领导建议：征集编写两首歌，一首是行业之歌，评选发表后，要求全行业人人会唱，以增强整个旅游队伍的凝聚力、荣誉感；另一首歌是对外宣传的歌曲，选一个城市，把城市景点写进歌词，把这首歌在一个主要客源国家（比如日本）发表、推广，以使这个城市成为旅游热点。但由于旅游业起步不久，需要解决的事情很多，此事未能得到批准。

这一年，为落实'85筑波世界博览会参展城市，我去无锡调研。无锡当时是全国旅游服务的先进城市，有着强烈的宣传意识。市旅游局局长冯惠群说："上有天堂，下有苏杭"，我们无锡是"天堂"边上一块被遗忘的角落，但这里有大运河、太湖、陶都、紫砂壶和惠山泥人，我们很想冲出国门。

这种愿望打动了我。我向他说，不能永远在"天堂"阴影之下过日子，要脱颖而出，得加强对外促销。冯惠群对此事极感兴趣。于是我说，现在机会来了，1985年日本筑波举办全世界规模最大的博览会，会期半年，观众

2000万人。你们如愿意报名参展,可以在世博会上设法把无锡宣传出去。

二、抽样调查坚定了信心

1985年春节前,由我带队,中国旅游展团飞往日本筑波,第一次参加世界最大规模的博览会,无锡作为参展城市之一,派曾在日本侨居多年的国旅支社经理许吉荣同志参加,老许除了负责自己展台的工作外,同时担任我的翻译。

与许吉荣同志在筑波世博会

面对2000万观众,我决定将展览、调研和促销结合起来,印发了7000份征询意见表,搞了几十次抽样调查,摸清了日本市场的客源层和目标市场。有一天,一群日本学生来到中国旅游展台,缠着我给他们讲三国故事。我讲了"三顾茅庐"。

之后,他们不肯离去。我们送给孩子们一些"小熊猫"纪念品后,请他们填写《征询意见表》,得知他们大都知道姑苏而不知道无锡,并会背诵张继的《枫桥夜泊》:"月落乌啼霜满天,江枫渔火对愁眠。姑苏城外寒山寺,夜半钟声到客船。"一首诗可以使一个城市出名,而且影响跨越千年,超出国界。我们一定要请人编一首歌把无锡唱出去。我和许吉荣同志统一了看法,第二天就去找日本朋友帮忙想办法。

三、物色词曲作家

这一工作应该说是艰难的。因为我要求的条件很高。借名扬名，作曲家必须是全日本第一流的，最好是头把交椅，一点不能将就，这样才影响大。按这个设想，我找了日本交通公社和近畿旅行社的朋友，他们都因不熟悉音乐界的人而感到无能为力。后来，我和老许找到日本阪急交通社中国课课长村上利三郎，讲明来意和要求，托他代为物色词曲作家和歌星。村上利三郎先生又通过本社的奥田真司，委托日本ABC音乐出版公司社长山田广作，找到了日本著名词曲作家中山大三郎。这两位都是日本音乐界泰斗式人物。我们答应回国即做准备，邀请他们赴华采风。

四、歌曲创作的三条指导思想

筑波世博会结束之后，我和无锡方面就邀请日本人员交换了意见。1986年5月，村上利三郎、山田广作和中山大三郎应邀来无锡采风。我因准备带团参加第一届香港国际旅游博览会未能会面，由冯惠群同志陪同。编歌曲的指导思想我和冯局长统一了三条意见，作为创作原则：歌曲的对象是唱给日本人听的，也是由日本人演唱的，因此，歌词曲调应该是日本人喜闻乐见的，只有这样才能流传起来；歌词的内容，主要是宣传无锡，要写明交通上如何到无锡，景点在歌词中不能少于3处；三是新歌发表前，要经过双方的商量和确认。

中山大三郎不要报酬，到无锡采风，把这几条要求贯穿在自己的作品中，达到了殚精竭虑的程度。《无锡旅情》写得那样感人，与中山大三郎的忘我工作分不开。

五、《无锡旅情》柔情似水，动人心弦

中山先生通过采风，将无锡山水风情烂熟于胸之后，又仔细分析中日曲调方面的异同，他把中国江南水乡的民歌名曲磁带听了一遍又一遍，发现中国曲调很少用"4""7"半音，于是按日本人的习惯一挥而就，创作了《无锡旅情》这首歌。

委婉动听的曲调配上一个爱情故事，使这首歌珠联璧合。歌词描写一个男青年和妻子闹了矛盾而独自出国旅游。浩瀚的太湖使他心胸开阔，积郁顿消，决心回国与恋人和好如初。这就是无锡山水的魅力，这就是为什么这首歌能够流行、成群结队的日本人唱着这首歌涌向无锡、涌向中国的重要原因。

三段歌词如下：

在那陌生的异国他乡，想起你啊，忍不住流泪。
请忘掉我吧，去追求幸福。我已迈上了中国的旅程，
从上海坐火车过苏州，驰向太湖畔水乡无锡。

小船悠悠漂，航行运河上。愚蠢的分别，真让我后悔。
那样的爱恋，那样的觉悟，用生命发誓我们永相爱。
满面的泪痕啊，依稀闪现，文化古城隐约在眼前。

古老的帆船，行驶在水面上，这里的小岛，美丽
的三山。从鹿顶山俯瞰太湖景，我心中感到无限宽广。
原谅我，让我们重新开始，这一回啊，再不离开你。

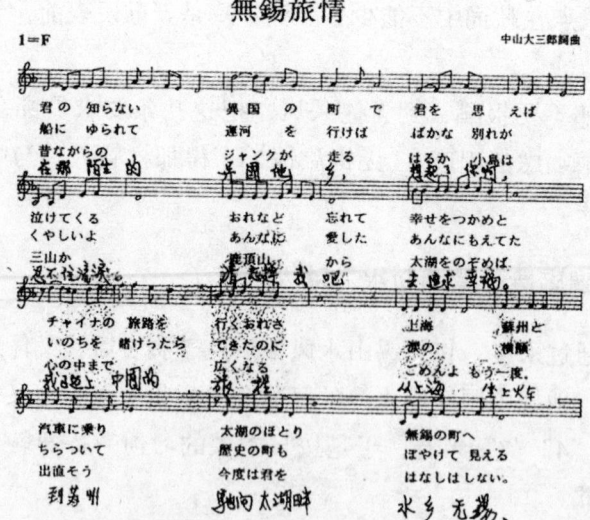

这首如泣如诉、婉约动人的歌曲不是一般的山水诗和旅游歌，歌曲营造了一种独特氛围，有情节，有人物，有景观，有场景移动，有思绪变化，似乎让人欣赏了几幕"音乐短剧"，很有美感。

其实，在创作过程中，还是有不同意见的。无锡有的领导坚持，歌曲是对外宣传用的，形式和内容应该统一，唱中国的景就必须用中国的曲，既宣传中国旅游，也宣传中国文化，主张用吴侬软语、江南小调。我还是重申原来的意见，认为，如果我们自己派演出团体去日本，可演我们自己的传统节目。但要请日本人来作歌，照搬中国的传统节目，这不符合日本人的口味，在日本流行不起来，什么效果也收不到。歌曲发行必须一炮打响，不能炒夹生饭。策划的目标不能多元化，主题越集中、越明确越容易实现，要突出一个最主要目标，多元化了就会炒夹生饭。其余的附属效应是"拔起萝卜带起泥"。否则并列的目标一多，互相牵扯，互相抵消，难成合力，主要的目标也达不到了。

在双方各持己见的情况下，由市领导做主，请中山大三郎先生同时创作了另外一首歌，名曰《清名桥》，是以在运河上一座明代石桥命名的，歌曲采用的是我国江南曲调。《清名桥》和《无锡旅情》两首歌在日本同时发表。果然不出我们所料，由于旋律不合日本人的口味，《清名桥》没能在日本流行起来。此事为我国对外宣传提供了经验教训。

六、三年推广，一鸣惊人

《无锡旅情》的推广工作是一个音乐产品的销售过程，它要靠经过策划的、一系列行之有效的活动来实现。

为了达到人人开口唱无锡的目的，日本 ABC 音乐出版公司和无锡旅游局合作，推广活动搞了三年。

1986 年 7 月 2 日，在东京召开了《无锡旅情》歌曲发表会，《读卖新闻》《日本体育》《三经周刊》《世界周刊》《读卖新闻晚报》《读卖周刊》《歌迷月刊》等媒体派记者采访，发了消息和照片。阪急交通社借势搭车，散发了沿着歌曲所唱路线旅游的专题宣传品。

从 1986 年 8 月到 1987 年 4 月，日本东京六大电视台每天在黄金时间播放《无锡旅情》和《清名桥》,《朝日新闻》对这两首歌做了评介。

1986年9月21日,日本ABC音乐出版公司将这两首歌制作成唱片、磁带正式发行,第一天就销售了1万张,创造了日本音乐作品首日发行的最高纪录,《无锡旅情》上了日本名歌榜。

同年9月,又在无锡的友好城市相模原市、明石市召开了两首歌曲演唱会。

10月1日,应无锡市旅游局之邀,山田广作、中山大三郎和日本著名青年歌星尾形大作率歌曲发表团一行80多人来无锡举办了两首歌曲发表纪念演唱会。

在歌曲发表一周年之际,在东京举行了纪念演出。这一年中,《无锡旅情》唱片、磁带发行量达100万张。据日本官方统计,这是全日本销量最大的歌片,连偏远山区村镇俱乐部都有这个歌片;卡拉OK中《无锡旅情》的点歌频率一年高达4350万次,创所有歌曲点频最高纪录,因而也使音乐出版公司和卡拉OK厅收入大增。

1989年元旦晚会"红白歌赛"使《无锡旅情》的宣传推广活动达到了高潮,所谓"红白歌赛",即如我国的春节晚会,在日本一年一度的新年除夕晚上举行,电视现场直播。参赛的两个队一队着红,一队着白,每队各由11名男女队员共22人组成,每个队员均为知名的歌手,包括偶像派、实力派歌星。1988年12月31日晚,"红白歌赛"两队对唱,《无锡旅情》不仅被选为参赛歌曲而且获得大赛金奖。日本6家著名电视台:NHK、日本电视台、TBS电视台、富士电视台、朝日电视台、东京电视台做了现场直播,其影响之大,使《无锡旅情》在日本达到了"无人不知,无人不晓"的程度,使唱这首歌成为时尚。

1989年6月,在日本东京全日空饭店,举行了盛大的歌曲发表三周年成功纪念演出,现场热烈,观演同唱,说明《无锡旅情》已深入人心。

七、一首歌使无锡名满东瀛

三年的推广,使《无锡旅情》在日本家喻户晓,十余年流行不衰,唱片发行量逾数百万之巨,30多年过去了,日本人访华还经常唱这首歌曲。歌曲的成功，宣扬了无锡，也宣传了中国。改革开放初来访的日本人多为侵华老兵，从这首歌发行成功开始，各阶层特别是年轻人涌向中国，很快日本成为中国第一客源国。实现了策划创意目标。

我对这首歌曲的影响做了多方面的调查。

日本 ABC 音乐出版公司社长山田广作和著名词曲作家中山大三郎说，这首歌在日本流行歌曲排名占第一位。喜欢这首歌是全民性的。歌词收尾的两句是"这一回啊，再不离开你"，寓含着中日友好永不分离的意思，因此，政界、知识界和年长者喜欢并愿意唱；因为是爱情歌曲，中青年人喜欢这首歌，老少咸宜，才能流行得起来；而一旦流行，势不可当。福冈西日本新闻社文化事业部部长吉原弘先生说："《无锡旅情》在日本很有名，我没去过无锡，却早已从歌词中知道去无锡的路线和无锡的主要名胜。"日本最大的旅行社——交通公社每一个职员都会唱这首歌。当他们知道我参与了这首歌的创意和策划时，几个交通公社的职员召集在一起为我演唱了一遍。他们对我说，无锡过去在日本没几个人知道，现在日本国民是唱着《无锡旅情》涌向中国、涌向无锡的，可见这首歌的作用多么巨大！

江苏省旅游局原副局长刘家骧和无锡市旅游局副局长张新六说，从大都市东京、大阪到偏远的北海道农村，人们都知道《无锡旅情》这首歌。1993年，他们在名古屋进行一次民意测验，收回调查表 1134 张。其结果显示，通过歌曲知道无锡这个城市的占 76%，想到无锡去旅游的占 43%。如果说这组数字有一定代表意义的话，日本对无锡来说，将蕴藏着一个多么巨大的客源市场！

从客源输入的实际情况来看，1987—1992 年（除 1989 年外），来无锡的日本游客每年均以两位数递增，外汇收入每 5 年翻一番。直到今天，日本游客仍占来无锡的海外游客的第一位。《无锡旅情》使无锡名满东瀛，而知名度的提高，又给无锡乃至全国，带来了实实在在的经济效益。

纷纷从日本涌来无锡的游客，与当地企业合作，成立了 1000 家以上合资公司，日资达 37 亿美元，所以，无锡在国内被称为"日资高地"。小平同志给全国旅游业下达的任务是，20 年即到 1998 年为国家赚取外汇 100 亿美元，经过全国努力，这个任务提前 4 年完成了。没想到一首歌、一个活动竟然也收到如此意外的效果,这是策划之初没有预料的。日本游客还把无锡愿意去日本留学的孩子们带走,自己做担保,培养了一批又一批中日友好的使者。

日本文化和旅游业界称,《无锡旅情》是中日文化交流和旅游宣传的杰作;中国驻日大使馆在多次推广活动中给予了高度评价;我国外宣办和国家旅游局领导称:《无锡旅情》是我国对外宣传的一个创举;国内有的知名专家著书称:《无锡旅情》是创造性思维在旅游业运用的一个典范。

八、《无锡旅情》策划所提供的经验

详细地叙述了《无锡旅情》策划案从创意到实施的过程,是为了便于分析、总结和借鉴此次策划的经验。

1."三根筋"拧成了一股绳

往往成功的策划都是集体力量的结晶,是一伙具有"一根筋"精神的人共同努力的结果。我是《无锡旅情》歌曲的创意者。创意者、策划者的作用是重要的,但如果没有理解策划的人去执行,再好的策划也只能束之高阁。所以,策划和策划的实施如同接力赛跑,每一"棒"都很重要。我在过去的宣传中,从不愿意宣传我个人创意的作用,而是着力宣传无锡同志们的功劳,就是因为我思想深处确实认为《无锡旅情》策划的成功,是大家共同努力的结果。

所谓"一根筋"精神,就是认准了的事,千难万难也要做到底。我是一个有"一根筋"精神的人,当初的创意被否决后,国内做不成,我要到国外去做,而且是亲自跑关系,寻找词曲作家。许吉荣、冯惠群同志也是具有"一根筋"精神的人,细化实施方案,主动出击,一抓数年,毫不放松。日方的合作者山田广作和中山大三郎等朋友也是"一根筋",从写歌的执着到三年推广活动的周细,几乎到了殚精竭虑的程度。这样,三个"一根筋"拧成了一股绳,再加之争取到两国政府和外交、旅游、文化部门的支持,才使这个没有政府投资的活动大获成功。

2. 机不可失,失不再来

现在回想起来,如果没有日本筑波博览会,如果我和无锡的同志们没能参加这次博览会,如果在博览会上我们不主动地开展调研活动,就不会激发请人编歌的灵感。即使有了好的创意也很难有跨国实现的机会。那么，也就不可能有《无锡旅情》的诞生。

搞调研、发咨询表本来不是领导所规定的中国旅游展团的任务，因而没有预算，操作起来困难重重。如果采取"多一事不如少一事"的态度，就什么战机也捕捉不到了。比如，要印 7000 份问卷，国内批不下经费，我们就请日本一家旅行社帮办。开始，这个旅行社社长不干，我就说，调查表特意设了一栏："您希望到中国哪个城市旅游？"并请填写者留下电话号码。我们对问卷分析结束后全部交给你们旅行社，你们按填表人所留电话去组织客源。这家旅行社高兴地承担了问卷印制任务，彩色印刷，十分精美，第三天就从东京运到筑波交到我手里。我们用这批问卷了解到日本各阶层对中国不同旅游城市、景点、风情的不同兴趣和爱好，摸清了日本市场的客源层和目标市场，为制定对日宣传促销总体战略和计划提供了重要依据。同时，这家旅行社也发了财，在博览会还未结束时，已从这批问卷提供的线索中，组织了 1280 人到无锡旅游。仅这些人的花费，就给我国带来数百万美元的收入，这在 80 年代是笔不小的数字。

再比如，最初在展台上请参观者填"征询意见表"时，大家没积极性，一天也收不回几张。我就打电话请国旅、中旅分别提供一个免费旅游名额，用抽奖的办法奖励填表的人。告示一贴出，展台前就排起了长龙。这样只用了 10 多天，7000 张咨询表全部收齐。我们没花一分钱，就完成了如此规模的调研任务。这个例子再一次证明：没有钱也能办事，点子就是金钱，策划就是效益。只要想干事，并做到千方百计，就没有过不了的"火焰山"。

要调查客源情况，就得开一系列座谈会，有的领导提醒我：日本人不时兴开座谈会，你不要把国内那一套搬到国外来。可是，想想，领导说得也在理，国外谈事一般是开茶话会，没有预算经费，请人不方便，但工作也得做啊。于是，我就出好题目，交给我国驻东京旅游办事处，他们组织好了人，我从筑波赶去参加，茶话会上该问的问题都问了，效果非常好。

机遇千载难逢，任何策划的成功，都是对机遇适时的把握。

3. 借名扬名

市场经济中，人们的消费心理和行动往往受多种因素的影响，"从众""从名"即是重要因素。"扎堆""随大流""抢购风"是"从众"因素的影响;崇拜、"追星"是"从名"心理的驱使。正是这个原因,人们在商品促销中格外重视名人效应。《无锡旅情》的成功正是名人效应的结果。

三个名人捧了一首歌,才使《无锡旅情》一鸣惊人;有了这首歌,才使去无锡旅游的日本人蜂拥而至。《无锡旅情》的出版发行人山田广作,是ABC音乐出版公司的老板。日本有个很有名气的推销唱片的组织——后醍醐小组,因制作《西游记》主题曲唱片一举成名。山田先生是这个组织的唱片制作人,他本人音乐造诣很深,在音乐出版界有较高声望,又是许多著名词曲作家和歌星的经纪人。同时,他不惜工本,在歌曲推广之初,花巨资做了许多广告宣传。

另一位名人是词曲作家中山大三郎。他从事音乐40年,创作了近3000首歌曲,在日本早已是最著名的词曲作家。重要的还在于,中山先生是日本最大电视台——NHK电视台"女性豪歌"专栏的节目主持人。他创作了《无锡旅情》以后,每次主持节目时,都向观众介绍这首歌,边唱边讲,使《无锡旅情》得到了迅速推广和普及。

这首歌曲的演唱者尾形大作是日本当红歌星、青春派偶像。在此前日本歌谣大赛中,曾以一曲《新宿旅鸦》获奖,随之《我的路》风靡全国,征服了数以千百万计歌迷的心。他以全新包装演唱《无锡旅情》,缠绵的爱情情节为日本国民播下了"爱情种子",加之众多强势媒体炒作,使名人效应得以最大限度地发挥。

4. 余音绕梁,三十年不绝

人们称赞一首好歌,常说:"余音绕梁,三日不绝。"《无锡旅情》却做到了余音绕梁,三十年不绝,可见此歌绝非凡响。从发表到现在,几十年过去了,《无锡旅情》还在传唱。这主要原因是:歌曲内容不是一个时尚话题,流行几天就过去了;语言形式上不是口号堆砌,而是以一个婉约缠绵的爱情故事为主线,有情节,便于不同年龄的人寄情抒怀,这个"永恒主题"不随岁月而老,今后还会作为优秀歌曲传唱。另外一个原因是,日本的词曲作家趁热打铁,又编写了一首《无锡旅情续歌》,即紧接着原歌的情节往下编:年轻的妻子追赶离家出走的丈夫到无锡,此时丈夫已经去了南京。妻子告别了雨中的太湖，寻夫到南京的梧桐树下，两人发誓永不分离。此歌发表后，据说也很有感染力，使《无锡旅情》这个音乐剧式的歌曲又有了姊妹篇。

这段"余音绕梁，三十年不绝"的佳话给人以启发，我们搞市场促销，不能是"狗熊掰棒子，掰一个丢一个"，而应该不断挖掘、深化主题，做好纵深文章。在第一个品牌策划成功，占有市场以后，要依托这一品牌，策划系列产品，楔形跟进。这就是产品集约化，结构集团化。

5. 拒绝克隆，努力创新

《无锡旅情》的成功其影响不仅在日本，20世纪80年代后期，也在中国旅游业界掀起了一股"克隆"风。无锡靠一首歌打出了名气，使很多省市一哄而起，争相模仿。大连、哈尔滨、苏州、天津、上海、成都、桂林等城市先后请日本词曲作家和演员创作演唱的《从大连来》《哈尔滨的蓝天》《苏州姑娘》等10首歌曲，磁带、唱片也在日本上市，可能对宣传这些地方起到一定作用，但就影响而言，没有一首歌曲像《无锡旅情》那样引起震动、发行广泛、影响深远。

这件事似乎在告诫人们：学习借鉴是可以的，但在学习的基础上必须创新。策划拒绝克隆，再好的法宝，用多了也就不灵了。我在同中山大三郎交换意见时，他说《无锡旅情》刚发表时，赶上了机遇。日本人对开放不久的中国感兴趣。而现在日本的年轻人更喜欢西方爵士乐，如果现在推出《无锡旅情》，流行的难度就增大了。再说，一个作家的灵感的产生是不容易的。我为中国其他城市创作的歌曲再没有像创作《无锡旅情》时的激情。所以，那十首歌被录在一个带子里，发行量远远赶不上《无锡旅情》。

在歌曲大获成功后的一次会面中，中山先生诚恳而幽默地对我说："一个日本人要写一首关于中国的歌，唱给日本人听，而且要日本人喜欢听、喜欢唱，这在创作题材、形式、表达上都是一件难事，我从未尝试过。"我也按他的套路答了一句："一个中国人突发奇想，请日本人写一首关于中国的歌，要让日本人喜欢唱，把中国的一个城市在日本宣传出去，这也是一件难事，也是我从未尝试过的。让我们共同努力，精诚合作，把这个创意变为现实。"

我和中山大三郎先生、发行人山田广作先生在卡拉OK相拥合影,留作纪念。中山大三郎先生打着V形手势,祝贺经过我们共同努力,《无锡旅情》大获成功

6.《无锡旅情》在国际上带来的巨大宣传波

一首歌成就了无锡,也解决了中国的日本市场后继无人的问题,同时也成就了中山大三郎和山田广作。许多国家纷纷邀请中山大三郎和山田广作为他们编写歌曲。

1989年,中山和山田又先后应阿拉伯各国之邀创作了《骆驼——梦的沙漠》;1991年,应朝鲜之邀创作了《壮丽的金刚山》;1996年,应韩国之邀创作了《珍岛物语》,在这首歌中,不仅歌颂了珍岛的美丽风光,还通过韩国的民间传说,表达了朝鲜半岛渴望实现南北统一的心声。

《无锡旅情》成为国际上旅游营销的典型范例,日本学者德村志成和著名的美国科特勒营销集团将《无锡旅情》在授课时作为典型案例进行点评,他们因而认识了我并为我的新书主动写来序言和评介文章。

(原载1994年1月29日《中国旅游报》,新华社《对外宣传参考》1994年第九期、《参考消息》转载)

权威人士和著名学者对《无锡旅情》的评价

1.中宣部副部长刘云山因为《无锡旅情》的成功给我的第一本书写了卷首语,中央外宣领导小组办公室主任田丹同志也给我写了序言。

2. 中日友好 21 世纪委员会中方首席委员、前中华人民共和国驻日本大使杨振亚给我的信中说：

《无锡旅情》是一首深受中日两国、特别是深受日本人民欢迎的好歌曲。《无锡旅情》以优美的抒情旋律，热情赞颂无锡的江南迷人风光和纯朴的民风，吸引大批日本友人前来观光旅游，促进双方民间交流，加深两国人民的传统友谊，营造出浓郁的中日友好气氛。我认为，用一首民歌形式推动旅游，促进中日友好是一个创举；在纪念中日邦交 30 周年之际，总结推广《无锡旅情》的成功经验，也是一件很有意义的事情。

杨振亚大使

借此机会，我愿对日本著名词曲作家中山大三郎、青年歌唱家尾形大作为创作和演唱《无锡旅情》所带来的独特艺术效果表示感谢，并祝中日两国的友好合作和文化交流日益发展。

中日友好 21 世纪委员会中方首席委员
前中华人民共和国驻日本大使杨振亚
2003 年 4 月 18 日

3. 世界旅游组织原秘书长弗朗加利在为我的丛书写的序言中说：

在邵春先生的丛书中，作者亲历的许多案例（包括无锡旅情），创意新颖，效果奇佳；由此阐发的道理丰富了旅游应用理论的宝库。

4. 世界休闲组织主席德雷克·卡塞说：

你的《无锡旅情》很有名，创意好，效果也好。

5. 联合国世界旅游组织执行主任、原中国国家旅游局副局长祝善忠和中国著名传播专家贾云峰合作写的《营销中国》中评价：

《无锡旅情》——中国旅游营销的里程碑。

6. 北京第二外国语学院原副院长、著名旅游专家钱炜在《创造性思维与旅游业》一书，收集和点评旅游业的著名案例 66 个，其中国内的案例 32 个。他重点评价道：

《无锡旅情》是创造性思维在中国旅游业运用的一个范例。

7. 日本著名词曲作家、NHK 电视台音乐节目主持人中山大三郎说：

《无锡旅情》这首歌在日本流行多年不衰，这是从未见过的盛事。以前，无锡在日本鲜为人知，但从这首歌发表到流行，使无锡一举成名。

8. 日本学者、著名旅游专家德村志成，2003 年专门给我写了一篇体会文章：

《无锡旅情》策划的成功是个奇迹

我在学生时代，就知道日本风行的一首歌，叫作《无锡旅情》。

在一次中国举办的学术会议上，我听到邵春先生谈到，他曾经牵头策划了一首歌曲运用到旅游营销上，并获得成功的案例，当时我就非常注意他的发言。当我了解到邵春先生就是《无锡旅情》的主要策划者时，激动的心情难以言表。因为作为一名旅游研究者，在策划上我也曾想到过使用这种做法。不过没想到邵先生早在 18 年前不但想到而且做到并获得了巨大成功。听完了他的介绍后，我当即向他表示，要写一篇文章谈一下我的感受。

回想《无锡旅情》在日本的风行，我深深体会到：这首歌曲对人的影响及魅力。在日本的音乐界，每年都会出现几首歌曲，但并不完全能够流行起来，更不用说流行多年了。经过 3 年推广，特别是 1989 的红白歌唱大赛，使《无锡旅情》在日本真正成为一首脍炙人口的歌曲；这首歌至今仍然广受欢迎，10 多年流行不衰，在音乐史、旅游营销史上可以说是一个奇迹，是天时、地利、人和的产物。

这首歌之所以能够成功，我认为：其一，是因为有一个独特的策划。我对邵春先生的构思感到钦佩，因为他所设想的策划是高难度的、跨国的，先不说是否成功，就以当时的情形来看，有这种创意已经是相当难能可贵了。因此这首歌曲能够成功，邵先生的策划是功不可没的。

其二，是策划者与词曲作者之间的密切配合。他们突破了歌曲创作者以往所惯用的独自创作之惯例。从策划者的角度来看，事实上他的压力并不亚于歌曲创作者，因为要使这一突发奇想在异国他乡实现，必须先要说动对方，否则是无法合作的，两者之间毕竟处于不同的领域，本身存在一些问题是可以理解的。因此，参与策划的人与执行策划的各方尽心尽力的合作，是歌曲成功的另一重要原因。

其三，这首歌曲的艺术感染力强。人们听完这首歌后，其旋律和词意容易打动人心，深入人心，让人有悲喜交加的感觉。它似乎道出所有人的一种特殊经历和心声，唱出了你和我之间感情的波澜，却又在一次旅途中忆起往事的甜蜜，再次确认了彼此的爱，拾回失去的爱。因而，这首歌曲成功的关键在于它的普遍性，几乎所有的日本人都能接受这首歌曲，它的美是包含词曲和旋律及节奏的综合性美，它已经融入了所有日本国民的心中，不像有一些歌曲不但流行时间短，唱的人也不多。

其四，歌曲最大的成就，在于它是旅游策划中的一个结晶，它成功地运用了"认知学"的技巧，使人对它产生认知后，又产生了一种跟着唱和追寻歌曲意境的冲动；进而把向往变成行动，使成千上万的日本人唱着《无锡旅情》涌向中国，完全达到了策划者当初所设定的目的。

这次欣闻邵先生将把当时的整个过程公之于世，本人感到特别欣慰。尽管创意是难以克隆的，不过他的构思是值得学习的，特别是邵先生对事业的执着和热爱旅游事业的心情，是作为旅游研究者和从业者应该效法的。对于他在开拓日本客源市场上所付出的心血及贡献，我表示最崇高的敬意。

预祝邵先生出版成功！

第二十六章 以花为媒

——化干戈为玉帛："中日樱友谊林活动"增进中日两国民间友好功不可没

原外交部副部长、中国驻日本大使徐敦信写给我的信
以花为媒　增进友谊

邵春同志：

　　1997年中日邦交正常化25周年之际，坂本敬四郎先生来使馆谈及，他获悉中国出土的1000多年前的莲籽种植成功，深为古莲生命力所感动，很想引进中国莲种植于日本。坂本先生是中国的老朋友，热心日中友好，积极倡导"日中樱花友谊林"活动，成果卓著。引进中国莲，自然是想继植樱活动之后，以花为媒，进一步增进日中友好。

　　我家乡扬州盛产莲花（又称荷花）。我喜爱莲花，既欣赏其亭亭净植，更赞赏其出污泥而不染。古城扬州历史上曾是中日交往必经之地，是著名中日友好使者、唐代高僧鉴真大师的故里，又是江泽民主席的故乡。促成扬州莲花东渡，岂不又是一件增进中日友好的盛事！

　　此议很快得到扬州市大力支持。在坂本先生和其他日本人士的努力下，东渡莲子顺利种植成功，且年年开花，岁岁结果，深得日本人民喜爱。光阴荏苒，中日邦交正常化已届而立之年，今年又将迎来中日和平友好条约缔结

25周年。愿中日友好之花繁荣茂盛,越开越好。

借此机会,也对曾参与策划"日中樱花友谊林"活动的邵春同志将这一活动总结成文,结集发表致以祝贺。

原中国驻日本大使　徐敦信
2003年4月20日

徐敦信大使信中提到的我策划的"日中樱友谊林活动",缘起是这样的。1985年,我带队参加日本筑波世博会,时值樱花盛开。在与群马县日中友好协会会长坂本敬四郎先生交流时,谈到周恩来总理与田中角荣首相在北京玉渊潭公园,种下的樱花树正在开放,成为中日友好的象征。我提出,坂本先生如果组织日本友人去中国各个城市种樱花,这不仅仅是成批量的特色旅游活动,而且成为更广泛、更深入的中日两国民间友好活动,意义重大,前景可观。

坂本先生记住了这个建议,立即策划,着手准备,从发动亲朋故旧到争取日本政要支持和民众参与,几十年来年年来中国种樱花,此事竟成了他和成千上万日本朋友坚持不懈的活动。在中日友好的历史上,写下了浓重的一笔。

2002年6月7日,《中国旅游报》以两个版面的篇幅,刊载了我采写的长篇通讯《中日友好花为媒——"中日樱友谊林活动"纪实》,总结了这一活动的开展情况。

中日友好花为媒
——"中日樱花友谊林活动"纪实

笔者告白

▲在中日邦交正常化30周年的时候,有一件事情特别值得总结,值得宣扬,这就是坚持了15年之久的"中日樱花友谊林活动"。

▲这一活动从1985年开始发动,1988年开始成行。以后年年坚持,从未间断:近万名日本朋友专门来中国植樱;影响了数十万计亲友来华旅游;植樱队伍从群马县逐渐扩大至全日本,目的地从无锡市扩大到全中国18个城市;已有15万日本友人为此项活动捐款,捐款和声援者从普通百姓到日本政要;这一活动促成了许多中日合资企业的建立和人才的互访、学习和交流,其主题和内容还在不断深化、扩延。

▲近几年,鉴真和尚故乡扬州的莲花又被引种到日本,成为"樱花友谊林活动"的续篇,被谱写得有声有色。樱花友谊林活动既是很有特色的绿色之旅,又是有深远影响的中日民间友好活动。在概括"樱花友谊林"重大意义时,这一活动的组织者坂本敬四郎先生说:"政府是不断更换变化的,而人民是决定历史的真正主宰者。只要让日中友好之花根植在两国人民心中,就能从根本上避免战争悲剧的重演。"这深邃的历史意义已超过了现实的经济效益和社会效益。这正是坂本先生和成千上万日本朋友倾其财力和一生的努力,为其不疲奋斗的根本动因……

《花为媒》是新凤霞、赵丽蓉表演的一出脍炙人口的传统爱情评剧。在今天时代大舞台上,一群具有中日友好情结的人们演绎了一场数十万人参与的当代《花为媒》。其间有友情,有爱情;有艰辛,有壮美;有被人误解的苦恼,也有事业成功的欣慰。让我选取这一故事的几个片段奉献给读者诸君。

创意发于偶然间

樱花,是日本的国花。

1972年,中日邦交正常化,日本首相田中角荣来中国访问时,同周恩来总理在北京玉渊潭公园种下了樱花,表达了两国政府和两国人民世代友好的决心。樱花为媒架起了沟通中日两国人民心灵的桥梁。

1985年,中国国家旅游局派出旅游展团,参加了在日本筑波召开的全世界规模最大、展期最长的一届世博会。这是中国第一次组团对日本进行的长达6个月的旅游宣传促销活动。我作为展团负责人和无锡国旅的许吉荣应邀拜访了坂本敬四郎的家乡群马县桐生市。时值樱花盛开,藕荷色的樱花如烟如霞。坂本先生连续几天带我们与当地政要和企业界会面、座谈,宾主自然谈到周总理和田中首相在北京种植樱花的事,于是产生了如果组织更多的日本友人到中国栽种樱花,将是非常有意义的创意。有着中国情结的坂本敬四郎先生到中国访问过100多次,是一个志愿的也是终身以促进日中友好为己任的长者。

他把到中国植樱的事牢记在心,并于1986年联系一大批"同志同道"者成立了"日中樱花友谊林全国实行委员会",进行了大量深入的发动、组织工作。委员会决定以群马县为最早出发地,以无锡市为首选目的地,逐步把樱花友谊林活动推广到全日本、全中国,并为此目标的实现制订了行动计划。我们当年在桐生市会见的各界人士基本上都成了植樱团的骨干。20世纪80年代,无锡是全国旅游服务做得最好的城市之一,再加之由我和许吉荣牵头策划的歌曲《无锡旅情》在日本唱红,无锡的知名度在日本市场上如日中天。所以,首选无锡市为植樱的目的地也就成了顺理成章的事。15年来,无锡历届政府、外办、旅游局、友协都为此做了许多工作。

宣传热情火样燃

以坂本敬四郎为会长的樱花友谊林建设全国实行委员会,会员几乎包括了社会各阶层,有国会议员、县市知事、日中友好协会会员和地方自治体、工商界人士、普通市民1万多人。坂本先生一家都投入这一工作中,他用自己办的"东西物产株式会社"所赚的钱资助宣传,他出版了杂志《中国医报》,政府要员、参众两院议员人手一册,植樱的宣传是该杂志的重要内容。植樱宣传在日本得到了积极广泛的反响,许多日本人纷纷支持友谊林的建设。他们当中有教授、学者、工人、农民以及家庭主妇,最小的只有4岁,年长的超过90岁。

委员会干部发挥了带头作用,许多人从开始就加入了组织工作至今仍然是这个组织的骨干，如常任委员岩下春子发动日本群众叠千羽鹤，然后收集到本部在访华团访华时带到中国发给各地的小朋友。至今整个日本参与叠纸鹤活动的人达到了上百万人次，仅在琦玉县一个地方参与活动的人超过几十万人，收集的纸鹤堆积如山。岐阜县今年已经80多岁的草薙二三子负责宣传工作。10多年来，她把岐阜和中部地区有关友谊林活动的新闻都摘录下来，复印了5万份，发给朋友和她所有认识的人。2000年，由于丈夫重病住院，她没能参加访华团，但是她将征集到的纸鹤和岐阜市长的支持信随访华团带到了中国。尽管身体不好，又失去了丈夫，但她仍然坚持为樱花林的建设出力。

他们创作了《日中友谊之樱》《日中友好花音头》《千羽鹤 连着中日两国人民的心》《日中友好千羽鹤》《日中和平友好大使莲》等歌曲，召开盛大演唱会，请日中著名歌手演唱，请新闻界广为宣传。为了中日友好能够走向正轨，会员们做出了巨大的贡献。正如坂本所说："团员们激情满怀，热情如火。没有他们的努力，植樱事业就不可能如火如荼地开展起来。"

捐款牵动万人心

植樱活动是一项公益事业，不仅没钱可赚，而且要自掏腰包。因购买树苗、印制宣传品、聘请演艺人员、为中国小朋友买礼物、支持中国公益事业等都需要较大开支；团队人数多，有时上千人，团务方面的花销也不少。坂本先生和一些骨干把自办企业的盈利投于其中，也只是杯水车薪。要把这一事业坚持到底，就只能发动社会捐助。其间，许多事例令人感动。岐阜县草薙二三子女士个人捐款超过150万日元。一直为樱花友谊林捐款而奔忙的日本温灸疗法协会副会长梅田喜久雄去世后，其夫人遵照他的遗嘱把节省的葬礼费用捐献出来。樱花友谊林常务委员加藤一乘是羽岛市莲行寺住持，他到全国各地奔走，为植樱活动"化缘"。一次，他在外出募捐时，自己的寺庙失火遭毁，他都没能返回照料。15年来，这样的事例数也数不清。

为了增强号召力，对他们举办的活动，福田赳夫、中曾根康弘、小渊惠三、二阶俊博等要员及许多县市知事亲发祝词、祝电，表示支持。为樱花友谊林建设捐款的人遍及全国，从国家政要、两院议员、县市长官到普通市民，从实业界、新闻界、教育界到社团组织，不分官民僧俗，年长年幼，据不完全统计，至少有 15 万人，捐款额超过 5 亿日元。

在日本友人这种精神的感染下，洛阳市的企业和市民也曾为植樱发起过捐款活动。坂本先生说，将来要建设日中友好会馆，要更广泛地发动日本国民捐款，也希望有更多的中国人参与。他不在乎中国人能捐多少钱，只希望参加的人多。因为人多力量大，这是两国和平友谊的基础。

勒石永纪樱花情

万事开头难。开头总是值得纪念的。

1988 年 3 月初，坂本敬四郎组织了 420 人的第一次植樱团对无锡进行了三天的访问，并参加了友谊林的开工典礼。他们用在日本募捐的钱购买了 1500 株樱花树苗，种在鼋头渚公园的鹿顶山山脚下。同时还在太湖乐园和京杭大运河无锡段的西岸种植了 1500 株。按照规划，他们用 3 年的时间完成了友谊林的建设。

1990 年，无锡友谊林工程正式竣工。为了让更多的日本友人参加竣工仪式，无锡市人民对外友好协会按照日本提供的 1.7 万人的地址，寄去了附有纽扣和樱花图案的 10 万枚美丽的纪念邮票的欢迎信和贺卡。有位老人在收到信前去世了，他的女儿继承父亲的遗愿，亲自到友谊林种植樱花。访问团成员中，全家为友谊林出力的事迹不胜枚举。

樱花友谊林工程竣工后，无锡市政府在友谊林旁立碑刻石，上写"中日樱花友谊林"，让今人后辈对这段佳话永世不忘。

经风历雨志弥坚

"樱花"是中日两国人民友好情谊的寄托，这种樱花情是经过风雨考验的。1989 年，西方国家对中国实行制裁，日本政府也告知国民不要到中国旅游。一时间，我国旅游业陷入了危机。为了表达日本国民对中国的友好感情，坂本和他领导的"日中樱花友谊林建设全国实行委员会"进行广泛的宣传发动工作，组织了 1200 人参加的访华团，于 1990 年 4 月访问无锡等城市。这是当年来华访问的最大的外国团，成员中年龄最大的超过 90 岁。

面对近些年来日本发生的修改教科书和参拜靖国神社的事件，许多日本朋友都坚持了记取历史教训，反省侵略责任的立场。坂本先生每次带团来华，都在杭州等地的"中日永不再战碑"前开展纪念活动。

1995年,是抗日战争胜利50周年。5月12日,坂本先生带领150名日本各界友好人士,在北京八达岭长城居庸关植了20棵樱花树。在植树仪式上,坂本先生声泪俱下地说:"我们游览中国美丽山河的时候,常常想到近百年来日中关系的历史。为了不让战争悲剧重演,加强日中友好是永久和平的基石。樱花是素洁之花,我们来中国万里长城植樱树,就是要寄托日本人民和平友好的心愿,今天下雨,有利于樱树成活,这是个吉兆。"植完树,他们把团长、分团长的名牌挂在树上,130名日本朋友在樱树前合影留念,并将鲤鱼旗赠给居庸关村,以期像"鲤鱼跳龙门"一样,克服困难,把中日友好事业推向高潮。

樱花为媒日中缘

植樱不仅是一项有特色的国际绿色之旅,同时以樱花为媒开创了许多中日广泛合作的机遇。15年来,成千上万的日本政治家、企业家和民间友好人士随植樱团访问中国,也就促成了近1000家中日合资企业成立,网上文章称:无锡引进日资折合37亿美元,因此无锡被称为"日资高地"。改革开放之初,小平同志给旅游业下达的任务是到2000年,为国家创汇100亿美元。这个任务在全国旅游业共同努力下,提前4年完成,因此,国家旅游局受到国务院的通报表扬。但谁都未曾想到,就是《无锡旅情》和"中日樱友谊林活动"却在3年内引外资37亿美元,这是意料之外的收获。

日本朋友十分关注中国的文化、教育等公益事业。

2001年,他们为湖南桑植县空壳树乡捐款61万元人民币,建立了一座可接纳820名学生就读的中日友好学校,坂本先生于2001年4月率团亲自参加教学楼落成典礼,以表示对中国"希望工程"的支持。近5年来,参加樱花友谊林活动的队伍、人数比过去扩大了,每年有3个团访华。除了坂本先生率领的"樱花友谊林建设全国实行委员会"外,还有长谷川清巳先生率领的"樱花友谊林保存协会"和小林充先生率领的"樱友之会",每年都组团来华植樱,并捐资建设樱花友谊林活动中心和向残联捐赠残疾人用车,资助中国的公益事业。

每年日本朋友来植树时,无锡市都组织青少年欢迎队伍,日本朋友与这些孩子结成"对子",互赠礼物,互留地址、电话,归国后互相通信。这些孩子长大了，如果有人愿意去日本留学，友谊"对子"就成为经济担保人，为他们联系学校，办理手续，提供帮助。1991年，无锡育红小学的女生胡薇薇同市少年宫的伙伴一起参加欢迎日本访华团的活动，活泼可爱的胡薇薇给访华团成员佃井庸八留下了深刻的印象。他们经常保持书信联系，以后每次到无锡都会见面，他鼓励胡薇薇努力学习，将来到日本留学。2000年4月，高中毕业的胡薇薇在佃井庸八的担保下赴日留学，受到了佃井一家无微不至的关怀。2001年她如愿以偿考上了日本著名的明治大学金融系。庸八每次到无锡都要与胡薇薇的父母见面，双方就像亲戚一样亲热。记者在采访胡薇薇的父亲胡盘生时，他激动地说，如果不是友谊林的活动，他女儿也不会有这样的机会。

中日友好事业正在两国人民、特别是青少年心中扎根。2002年4月，第15届日中樱花友谊林访华团收到了杭州、无锡少年儿童的数百件书画作品，其中有一件作品耐人寻味，是一位杭州8岁儿童为"中日永不再战"而作，童心童趣，主题重大，读罢让人心灵震撼。

扬州红荷"大使莲"

日本的樱花种在了中国18个城市，中国扬州的荷花又被引种到日本好几座城市，花的双向交流又传佳话。

1997年，中日邦交正常化25周年的时候，坂本先生接受了当时中国驻日大使徐敦信赠送的125粒荷花种子。花种采自江泽民主席的故乡扬州，同时，扬州也是鉴真和尚出家的地方，在日本知名度很高。荷花在日本称为莲花。由于是徐大使所赠，也因为这荷花象征着中日友好的使者，故取名为"大使莲"。花种被种在埼玉、本庄和松井田等城市。从东京开往新潟的新干线从本庄市通过，铁路旁竖起的15米高的"大使莲"广告牌，每年有数百万旅客看到这幅广告。现在，这样的广告牌在日本已经立起了上百个。《朝日新闻》《读卖新闻》和NHK等媒体对此进行过报道。"大使莲"第一年开花时，举行了盛大的仪式，不仅中国大使馆派公使参加了典礼，日本的总理大臣以及各州道府县知事、友好协会会长和主要议员也都发来了贺电。

为了让"大使莲"能够在日本更多的地方盛开，栃木县的大泽茂雄租水田建起莲花池，当地政府还投资在水池边修建了赏花的道路。当地电视和报纸对此进行了报道后，吸引了周边地区的群众前来参观，他们在宣传中日友好的说明牌前拍照留念。在埼玉县每年观赏莲花的市民达 100 万人以上。坂本先生说他曾多次到种植莲花的地方考察，每次都会发现身背书包的小学生站在记载着中日友好内容的大牌子前阅读着莲花的故事。

在加腾一乘先生的努力下，莲花的种植活动已经扩展到关西地区。关东地区的铃木先生也正在培育着"大使莲"。坂本说："虽然培育莲花的费用很高，为了中日友好能够子子孙孙传下去，我们不仅要把樱花种到全中国，还要多种莲花，把日本全国变成日中和平友好的花的海洋。"

后继有人儿孙俦

花开花落 15 春，坂本先生已霜染双鬓，有时候工作得十分疲惫。但这一次会面，却让我感到惊喜：坂本和他的樱花事业已后继有人。

1985 年访日时，我与坂本一家合影的纪念照片上有一位 10 岁的少年。坂本指着他身边的一位帅小伙说："这个孩子就是当年照片上的那个娃娃，叫坂本东，现在 27 岁。为了方便中日交流，已在中国留学回国，担任访问团的秘书。"坂本东一边给我们做翻译，一边摄影，记录，张罗团务，工作勤奋而干练。

正座谈间，一个 7 岁的娃娃向我献了一朵鲜花，送了一块巧克力，并在我身边坐下，用他熟练的汉语当起了翻译。我问他："你是不是叫坂本太郎？"孩子点头称是。我想起来了：也是樱花为媒，坂本先生在无锡娶了一位夫人。在小太郎两岁生日的时候，坂本曾给我寄来了千羽鹤，署名上写着"坂本太郎"。老年得子，不胜欢喜。坂本先生就是用这种方式来向老朋友报告喜讯的。

聪明、活泼、漂亮、双语皆通的小太郎，一面翻着我 17 年前在他家做客的照片，一面告诉我许多他的见闻，那亲昵劲儿似乎像是老朋友。我心里称赞道："这孩子是中日友好的结晶，是个做友谊工作的好材料！"新生的一代，已加入了老一辈的行列，中日友好事业后继有人了。

一条领带忆当年

2002 年 4 月 20 日，风和日丽，无锡太湖之滨鼋头渚公园。一大片茁壮成长的樱花林，又迎来了日本友好使者——"第 15 次樱花友谊林访华团"。

团长坂本敬四郎先生带领他的团员在市政府领导陪同下，为樱花培土、浇水。与往年不同，让客人们异常兴奋的是，鹿顶山下、友谊林旁增添了一处新景观，一座兼有中日两国风格的建筑"赏樱楼"拔地而起。登楼俯瞰，樱花林如一块碧玉嵌在太湖边，为鼋头渚景区增添了无限魅力。

友谊林是中日两国人民友好的象征。据访华团团长坂本敬四郎介绍，从1988年至今，来中国栽种樱花的日本朋友人数已超过8500人次，种植的樱花树超过5000株。除无锡外，访华团还在北京、上海、南京、杭州、苏州、西安、洛阳、桂林、大连、烟台、广州、曲阜、济南、扬州、张家界、江阴等18个城市种了樱树。日本各地为樱花林捐款的人数超过15万人，声援这一活动的民众达千百万人之多。为了友谊林的建设，无锡市园林局职工把每年工资的1/10捐献出来，4000名职工为管理友谊林付出了辛勤劳动。

我为了采访樱花友谊林活动，特意赶来无锡。当欢迎仪式结束以后，坂本先生带领一位年届六旬、颇具风度的女士来见我。这位女士一眼看出了我佩的领带，说这是她送给我的。我一下回忆起17年前的往事：她的名字叫岩下春子。1985年我访问桐生市时，她是一位当地颇有影响力的社会活动家，写得一手好书法。记得那次在我访日的欢迎晚宴上，岩下春子主持完宴会，送了这条领带给我。以后连续15年来中国植树，每次她都参加，成为促进日中友好的积极分子。这一次桐生市知事给无锡市长的亲笔信就是托她转递的。岩下说："日本人用送领带的方式来表达友谊。"在英文里 Tie 这个词既有"领带"的意思，又有（友好）关系的含意。"17年了，你与老朋友会面时还不忘佩戴这条领带，说明你对日中人民之间的友谊是多么珍视。"

一张条幅寄深情

我和坂本先生的交往，已有17年的历史。其间书信往还，资料互递，迎来送往，友情弥笃。我存有的坂本及"樱花团"成员寄来的书信资料已有几箱子，内容有磋商如何解决树苗、捐款、宣传、联系留学生就读、通报访华日程观感、征集《中国医报》题词和文稿等，内容广泛。这些交往虽然都是义务的、公益的，也不是领导交办的，但因为事关国际绿色环保之举和促进中日民间友好事业，双方都感到光荣而崇高，虽辛苦而欣慰。

1995年5月，坂本先生邀我去北京居庸关栽种樱花。适值抗日战争胜利

50周年，日本朋友此举意义深远。那一天蒙蒙细雨，我和坂本先生等植樱团的日本朋友一起为樱花培土浇水，一起回忆樱花友谊林活动的发展情况，畅谈中日友好的不平凡历程，其情其景沉重而庄严，并表示，异国异族，同志同道在中日友好大旗下集聚起来的这一群人，不管遇到什么困难，都要充满着必胜的信心。尔后，坂本先生以其漂亮的书法赠我条幅一张，上写"日中友好子子孙孙祈念万里长城居庸关　同志同道日中共植樱花情　为尊敬的邵春先生写"。2002年，第15届樱花友谊林访华团回国后，坂本先生给我的一封信中总结道："邵先生1985年访问日本，1986年我们成立日中樱花友谊林全国实行委员会，至今已17年了。过去的许多事情犹然在目。今生有您这位好朋友，给予我们许多很好的合作，不胜感激……"

当然，我们不是为互相感激而做事而生存的一群。我是奔60岁的人（写此文章时），坂本已是奔70岁的人。人生短暂，能做成一两件事不容易。樱花友谊林活动已坚持了17年，植树团已连续来华15届，其间有许多老团员已经作古，新生的一代也已成长起来，樱花还将一年一年种下去。中日友好是这一活动的动因和目的，是这一群人的"志""道"所在。因此，坂本先生给我的题词"同志同道日中共植樱花情"，实质是对这一活动宗旨的概括。

在结束本文的时候，我将文内小标题集纳为诗：

创意萌生偶然间，花落花开十五年。

此间甘苦多故事,樱花为媒中日缘。

后继有人儿孙俦,扬州红荷"大使莲"。

两国民心同"志道",任凭风起好观澜。

仅以小诗作为给坂本先生题词的一个答谢,也为纪念樱花友谊林活动15周年表达一点心愿。(坂本先生曾经以巨幅宣纸抄写了这首诗,但退休时搬家失落了,可惜可惜!)

笔者与日本朋友和无锡市领导一起种樱花

附:中日樱花友谊林活动轨迹

1. 1985年邵春赴日本参加世博会期间与坂本敬四郎先生开始策划。

2. 1986年"日中樱花友谊林全国实行委员会"成立。

3. 1987年进行宣传、发动和拟订行动计划工作。

4. 1988年3月,中日樱花友谊林开始建设,420人赴无锡参加第一期工程竣工典礼。

5. 1989年4月,400余人参加无锡樱花友谊林第二期工程竣工典礼,同时到北京、南京、上海访问。

6. 1990年4月,访华团1200多人到无锡参加第三期樱花友谊林建设典礼。

7. 1991年4月,无锡中日樱花友谊林竣工一周年典礼,510名日本朋友参加。同时访问杭州和上海两个城市。

8. 1992年4月，为纪念友谊林竣工两周年和中日邦交正常化20周年，访华团1140人在无锡、北京、宜兴、南京、上海访问9天。

9. 1993年4月，访华团800多人到上海、南京、苏州、无锡、华西村访问并在上海动物园、苏州寒山寺、无锡市内学校和民俗历史资料馆以及华西村种植了樱花。

10. 1994年4月，访华团470人到上海、西安、无锡访问。在无锡举行友谊林竣工四周年典礼，在西安秦始皇兵马俑博物馆前种植了樱花。

11. 1995年5月，访华团150多人到北京、南京、无锡、上海访问，在北京居庸关长城脚下、无锡的友谊林和上海襄阳公园种植樱花。

12. 1996年4月，访华团140多人访问无锡、洛阳和上海，在洛阳龙门石窟和上海复旦大学种植樱花同时开展交流活动。

13. 1997年4月，访华团200人到无锡、大连、旅顺和北京访问，在无锡举行日本樱花友谊林访华10周年典礼，在无锡、大连劳动公园种植樱花，在北京人民大会堂参加纪念晚会。

14. 1998年4月，访华团120人访问桂林、广州、无锡，在桂林西山公园和广州越秀公园种植樱花。举行中日和平友好条约缔结20周年100万人签名活动。

15. 1999年4月，访问青岛、烟台、济南、曲阜、无锡和上海。在烟台和济南千佛山公园种植樱花，在无锡举行樱花友谊林竣工9周年典礼。

16. 2000年4月，访问南京、扬州、无锡和上海，在扬州瘦西湖和烟雨桥种植樱花，在无锡举行樱花友谊林竣工10周年典礼。

17. 2001年4月，访问北京、张家界和无锡，在张家界参加捐助的中日友好学校竣工仪式并种植樱花。

18. 2002年4月，为纪念中日邦交正常化30周年，访问上海、杭州、无锡和苏州，在无锡举行友谊林竣工12周年典礼，在杭州、苏州种植樱花。

（原载2002年6月7日《中国旅游报》，所以后边继续的植樱活动未记录整理）

注：《无锡旅情》和"中日樱友谊林活动"收到的效益是巨大的：在中

日两国友好交往的历史上传为佳话,影响深远;为中国国际性营销活动提供了重要经验;这两项活动开展的头两年,大量日本游客涌入,带走了愿意去日本留学的学生,他们做担保,提供方便,培养了成千上万的友好使者;同时,他们还带来了资金,在无锡、苏州等地建立了数以千计的中日合资企业,投资额折合37亿美元。这在改革开放之初,是相当大的一笔招商引资,因此,无锡当时被称为"日资高地"。在2018年十一期间,央视9套在黄金时间,连续7天播放了《旅游中华》纪录片,我在采访中引用网上资料说:小平同志要求中国旅游业到2000年的22年完成100亿美元的任务(提前4年完成,用了18年时间),如上的两项活动,2年内吸引日资折合37亿美元。许多同志希望我加以总结,认为取得这样的成效有资格成为范例进行推广。

第二十七章　借船出海

——引盛会到边陲：中俄国际象棋对抗赛让北疆边陲小城额尔古纳一举成名

一、赛场选址的策划

这是我在北京大学讲旅游策划课时的一个意外成果

2006年4月12日，北京大学"旅游精英实践讲坛"请我讲旅游策划课。晚7：00开讲，6：50，英杰中心座无虚席。两小时讲完，学生们仍兴趣盎然，提了许多问题让我回答，一直到10：00还不愿离开，这使我改变了"这代人学习不刻苦"的印象。北大国际象棋协会秘书长王祥给我提了一个问题："今年中俄第三届国际象棋对抗赛8月在中国举行，但是会址至今没有选中，争办的地方不少，国际棋联均不甚满意。邵总编策划了那么多著名案例，能否也为这次赛事策划一下？"

第二天，中国棋联秘书长叶江川和我联系，进一步说明意图和要求。我意识到，这个策划，意义很大，难点突出，不下苦功，绝无胜算。绝不是个搭桥这么简单。

说其意义重大，旅游搭乘盛会，是很好的营销方式。国际象棋比赛是一种高级智力竞技活动，中俄国际象棋对抗赛是这类活动的顶级赛事，被转播的范围和力度更大，营销作用更明显。

说其难度突出，是因为申办此赛事的城市间竞争激烈，国际棋联不太倾向于选择大城市；非城市地区交通和转播信号受限制；而且离赛期仅3个多月，筹备时间太短；偏远地区财力困难，建设场馆资金难筹；选址和招商要让各方面都满意，很困难。

这个问题我思考了好几天，排查我去过的中国绝大多数地方，突然想到了边城额尔古纳。我刚刚去这里旅游考察过，市里的领导托我为他们招商引资，创造发展旅游的机会。这里是中俄边界，小城山水极佳，而且有一个乡——恩和，这里是蒙古黄金家族成吉思汗的故里，同时又是俄罗斯乡。十月革命推翻了沙皇统治，一群白俄罗斯贵族涌向这里，100多年过去了，这些人保持着本民族的语言和风俗习惯。如果在这里举行大赛，开场欢迎仪式有白俄罗斯人出席，一定会引起俄方关注。

2001年，由25个亚洲国家和澳大利亚发起的"博鳌论坛"，成为重要的国际论坛。东北亚是个不安宁的地方，相关国家也需要有一个磋商的地方。额尔古纳赛场建设好了，有了召开国际会议的条件，一个东北亚的"论坛"会址就呼之欲出了，其意义远远超过赛事本身。

想到这里，我拨通了额尔古纳市委书记钱瑞霞的手机，把上述想法做了说明。她听了喜出望外，爽快地答应，并代表全市人民感谢我。但是，她诚恳地提出，建赛场，给地皮，但财政困难，政府没有钱投入，请我帮忙找赞助商。

果不其然，最大的问题让我言中了。没有钱，再好的项目策划也白搭。还有3个月就要开赛，时间紧迫，钱到哪里去找？不能迟疑。于是，我经多方联系，最终找到了北京兴泰公司董事长凡学兵。他是江苏泰州人，我在做泰州项目时结识的一位有头脑的企业家。我把创意和他一说，就沟通了。于是，我完善策划思路，请钱书记与凡董事长、中国棋院领导在京见面，互相谈了诉求。我又陪同兴泰公司去额尔古纳考察现场，根据比赛场地需求，确定场馆建设规模，包括赛场、酒店、道路、转播信号的建设方案等，兴泰公司决定投资300万元建设场馆。

5月17日，中国棋协和兴泰投资公司合作的签字仪式举行。从我知道这件事情后，经多次磋商、现场考察、方案敲定，正式签署合作协议，仅仅1个月时间。

二、赛场建设合作签字仪式

中俄国际象棋对抗赛签字仪式

中国国际象棋协会与兴泰投资有限公司合作签约仪式在中国棋院举行

华奥星空讯　第三届中俄国际象棋对抗赛将于2006年8月中旬在中俄边界的内蒙古额尔古纳市举行，5月17日上午，中国国际象棋协会与兴泰投资有限公司就举办第三届中俄国际象棋对抗赛的签约仪式在中国棋院举行。中国国际象棋协会秘书长叶江川及兴泰投资有限公司总裁王新立分别在协议书上签字。

中俄国际象棋对抗赛是两国间最高水平的国际象棋较量，首届对抗赛于2001年在上海举办，中国女队获胜而中国男队和青年队以及团体总分则负于对手。2004年，第二届中俄对抗赛在莫斯科进行，中国队成绩有较大突破，最终以37.5∶34.5的总成绩力克国际象棋王国俄罗斯队，报了首届对抗总分失利的一箭之仇。

根据中国国际象棋协会与兴泰投资有限公司的协议，第三届中俄对抗赛将于2006年8月10—21日在内蒙古额尔古纳市举行。

与前两届的出场形式不同，本次比赛主客队将各有5名男棋手和5名女棋手出场进行团体对抗。中国队非常重视，将派出2006年奥赛的全部队员参赛。与往届一样，俄罗斯队这次来华的阵容也很强大，其中包括多名历次奥赛冠军队员，足以代表俄罗斯的最高水准。

值得一提的是，本次对抗赛的赞助方兴泰投资有限公司将在额尔古纳市建设专用的中俄国际象棋对抗赛场地以及其他配套设施，为中俄国际象棋对抗赛创造最为适宜的环境和条件，也为额尔古纳美丽的草原风光增添特殊的人文景观。

额尔古纳草原是中国最后的一片净土，是中国自然环境的后花园，兴泰投资有限公司总裁王新立表示，中俄对抗赛之后，将把这一场所打造成为传统的国际象棋比赛和活动的专用之地，将每年举办国内外国际象棋比赛，并为当地的旅游和文化体育产业增光添彩。

中国棋院院长王汝南、副院长范广升和北京棋院院长谢军也参加了签约仪式。签约仪式上，将参加第三届中俄对抗赛的中国男女队员们在座。

三、赛场顺利建成

签字仪式结束后，北京兴泰投资公司进驻额尔古纳，加班加点，突击施工，2个月建成了103座蒙古包组成的综合功能的比赛场地，给所有光临比赛现场的选手和嘉宾带来了极大的震撼。弘吉剌部坐落在距离额尔古纳市35公里的草原上，大营面对风景秀丽的额尔古纳湿地，在蓝天白云下，草原上的白色蒙古包群显得美丽而壮观，重现了几百年前强大的游牧部落——弘吉剌部的昔日辉煌景象。据悉，弘吉剌部蒙古大营现在是内蒙古自治区境内占地面积最大、拥有蒙古包数量最多的蒙古包建筑群。

在蒙古大营的中轴线上是组委会专门为赛事建造的纪念性建筑——棋盘广场，在广场的衬托之下蒙古大营显得更加宏伟壮观。盛大的开幕仪式以及文艺演出就在这个棋盘广场上举行。赛事开始之后将会在广场上设置大盘讲棋，届时来自全国各地的国际象棋爱好者就可以在这里现场观看国际象棋特级大师们的巅峰对弈过程，并且将会有来自中国棋院资深讲解员的精彩讲解。棋盘广场正前方是同样为了本赛事专门修建的"黄金氏族"超大型蒙古包，这个直径为23米的大型建筑将会用作比赛场地，届时所有的比赛将会在这个大型蒙古包内进行。两旁设有两个直径为12米的大型蒙古包用于选手休息以及新闻媒体采访。

赛事组委会在弘吉剌部蒙古大营建设了完备的后勤服务体系，营区共设有住宿蒙古包64个，包括首长专用包2个，包内卫生舒适、布置合理、设备设施齐全，可同时接待160名客人。包内精心设计的各种蒙古族器具独具特色，并设有餐饮、洗浴专用蒙古包，完全能够满足中国和俄罗斯代表队以及嘉宾的生活需要。为了符合两国选手的饮食习惯，蒙古大营内除了提供内蒙古当地的特色饮食以外还专门从北京请来了特级厨师为选手和嘉宾烹制中式和西式菜肴。赛事组委会希望两国选手都能很快地适应当地的饮食和环境，从而在比赛的时候发挥出最佳水平。

弘吉剌部有很多别出心裁的布置，由于蒙古部与弘吉剌部世代有婚姻关系，成吉思汗母亲、妻子都来自弘吉剌部。元代皇后多出于此，因而弘吉剌部也被称为国舅部落。蒙古大营内的主要蒙古包都被冠名为蒙元时期的皇后、公主之名，由具有蒙古特色的木质标牌标明。比如世界棋后，本届对抗赛裁判长谢军所住的蒙古包是以成吉思汗的女儿命名的"秃满伦公主"包。

赛事举办地内蒙古额尔古纳弘吉剌部相对来说比较偏远，缺乏生活配套设施，这就给赛事的组织工作造成了极大的困难。承办方兴泰投资有限公司在额尔古纳市政府的协助下对场地、电力、网络通信等问题一一进行了解决，让原本无人居住的草原地区不仅开通了有线电视，并实现了宽带无线上网，打造了一个数字化的营地，使硬件设施达到了比赛和新闻媒体发布的要求。在人员组织上赛事动用了来自兴泰投资有限公司以及额尔古纳鹰象旅游开发有限公司的策划和执行人员,并对蒙古大营内的服务人员和工作人员进行了专业化的培训,令这次的对抗赛拥有一个训练有素的执行团队。此外,赛事组委会还通过当地团委招募了数百名青年志愿者,协助赛事工作。承办方相关负责人介绍,这次的赛事幕后工作难度空前,对于今后的国内同类赛事活动将会是一个成功的案例。政府、企业、棋联、策划人通力合作,创造了国际赛事从来没有过的额尔古纳速度。

国际棋联主席、俄罗斯卡尔梅克共和国总统伊纽姆日诺夫先生一到现场,非常兴奋地说:以往比赛都是在大城市,这次赛场建在大草原、大湿地、大界河、大森林环绕的地方,生态好,负氧离子多,要求棋手们赛出好水平。

四、第三届中俄国际象棋对抗赛落子额尔古纳

2006年8月9日,第三届中俄国际象棋对抗赛在内蒙古额尔古纳市弘吉剌部正式拉开了帷幕。盛大的开幕仪式在组委会专门为赛事建造的蒙古大营"棋盘广场"上举行,国际棋联主席俄罗斯卡尔梅克共和国总统伊纽姆日诺夫先生以及国家体育总局局长助理晓敏女士参加了开幕仪式并发表了讲话。数千额尔古纳人民用自己的庆典方式迎接远道而来的贵宾,通过中央电视台《星光大道》节目和《青年歌手大奖赛》节目而被全国观众熟悉的"额尔古纳乐队"和200位演员一起为现场的嘉宾和选手献上了精彩纷呈的节目。

第三届中俄国际象棋对抗赛是由中国国际象棋协会、额尔古纳市政府主办,北京兴泰投资有限公司承办。为追求"人类最高智力竞赛与全生态、原生态的宁静草原相结合"的竞赛境界,大赛筹委会将本次比赛安排在中国最美的全生态城市额尔古纳,并在草原深处建设了弘吉剌部蒙古大营作为中俄国际象棋对抗赛的场地。从8月10日正式开始,总共历时12天,将进行男队和女队各5人对5人的舍维宁根制双循环团体赛。

参赛阵容强大,激烈程度更胜往届。俄罗斯方面对这次的中俄对抗赛非常重视,派出了最强大的参赛阵容,参赛棋手中包括享誉国际棋坛的科辛采娃姐妹以及兹维亚金采夫、雅克文科、马拉霍夫等国际象棋特级大师。

中国棋手出场名单:男队:卜祥志、张鹏翔、倪华、章钟、王玥;女队:赵雪、沈阳、王瑜、侯逸凡、黄茜。与俄罗斯队的阵容相比中国队的选

手阵容则比较年轻，平均年龄在俄罗斯队之下，然而中国队近年来在国际大赛中屡屡取得骄人的成绩，尤其是近期在奥赛和世界团体冠军赛中获得的亚军证明了中国的男队员日益成熟，有能力向国际象棋大国进行挑战。而女队曾经在奥赛上夺得四连冠，是一支比较成熟的队伍，如今由赵雪执掌帅印，她们刚刚在奥赛中获得了女子团体季军。

弘吉剌部将会举办 8 月 10—15 日的第一阶段比赛，8 月 16 日以后所有的选手和嘉宾将会移师海拉尔进行余下的比赛。

五、对策划的总结

为期 10 天的第三届中俄国际象棋对抗赛，8 月 10 日在额尔古纳弘吉剌部蒙古大营开局。国际棋联主席、俄罗斯卡尔梅克共和国总统伊纽姆日诺夫、中国国家体育总局局长助理晓敏出席开幕式并讲话。为什么这届比赛引起两国政府的高度重视？为什么这样重要的赛事在边城小镇举行？为什么政府、棋协、地产物业和旅游企业都以极大的热情参与了这场棋赛？体育活动与旅游业结合产生了怎样的效果？值得评说。笔者作为策划人，在现场见证了这场国际赛事的成功及对额尔古纳城市形象的提升、旅游业的推进发挥的巨大作用。

1. 中俄战略合作伙伴关系是这场赛事成功举办的大背景

这次活动的主办方是额尔古纳市政府和中国国际象棋协会，承办方是北京兴泰投资集团和鹰象旅游公司。中俄是战略合作伙伴，2006 年两国间开展了各项主题活动，本届棋赛是两国间有影响的系列活动的亮点之一。站在中俄两国战略合作伙伴关系的高度来策划这次体育赛事，是主办者和承办者达成的共识，也是我策划要达到的理念高度。

以往，这样规模的国际赛事都是在大城市，这次为什么在边城小镇来举办？额尔古纳河是中俄两国的界河，边城额尔古纳与俄国赤塔州隔岸相对；境内的室韦小镇是成吉思汗的发祥地，2005 年被央视评为十大魅力乡镇之一；恩和是中国境内唯一的俄罗斯乡，是中俄两国人民寄托许多情愫的地方。将中俄国际象棋对抗赛放在额尔古纳这个特殊地点举行，可进一步引起中俄政府和民间的关注。在中俄战略合作伙伴关系的基础上，额尔古纳将打造成为许多有影响的论坛和活动的平台；旅游业借这个平台造势，就会使营销产生轰动效应，城市和企业品牌价值就会得到迅速提升。

2. 政府与企业结合是此次赛事成功举办的支撑点

兴泰投资集团是北京一家有实力的公司，近年来该集团及其下属单位鹰象旅游公司投资额尔古纳旅游业。就举办棋赛的事宜，他们与额尔古纳市领导作了沟通，一拍即合，政府和企业通力合作，决定主办和承办中俄国际象棋对抗赛，赛场和营销活动的投资由额市和兴泰分担；赛事组织由中国国际象棋协会负责；5月17日举行签字仪式，7月18日开记者招待会，我国外交部、国家体育总局和俄国大使馆公使出席，公布双方参赛阵容。

开幕之前，大赛组委会、双方代表团成员70多人赶往额尔古纳，美丽的景观令所有人眼前一亮：额尔古纳上上下下全力以赴，市容被彩旗和气球、标语装饰一新；赛场建在根河湿地旁绿草如茵的草原上，名曰"弘吉剌部蒙古大营"，103座蒙古包式的标准客房和数座大帐，可以同时接待300多人，满足了赛事的需要；这片从来无人居住的处女地开通了有线电视，实现了宽带上网，打造了一个数字化的营地；巨大的棋盘广场是为大盘讲棋、方便现场观摩而修建的；设备用品多数都是从北京购置运去的；当地团委招募了数百个青年志愿者参与工作，接待服务人员都进行了培训。人们惊叹：上述这些工程建设和筹备工作仅花了40天时间就突击完成，没有政府和企业的通力合作是不可能的。大赛的主办者和承办者创造了额尔古纳速度和兴泰速度，为今后大型活动的举办提供了成功模式。中俄两国选手赞叹大草原的美丽，赞叹工程的神速。国际棋联主席伊纽姆日诺夫见景生情，用"亲如一家"来形容他的感受。大赛总裁判长谢军说：参加过世界许多比赛，这样的场地还是第一次见到。

3. 旅游业与体育的结合是此次赛事成功举办的闪光点

吴仪副总理在全国旅游工作会议上强调指出："旅游业综合性强，关联度高，成长性好。"这一论断符合我国国民经济发展的总体趋势，也是世界各个国家公认的。旅游业与体育结缘就是其"综合性强，关联度高，成长性好"的体现之一。

这方面的成功案例比比皆是。比如，现在争夺奥运会主办权无异于一场

"世界大战",牵动着争办国政府和老百姓的心。岂不知,当年奥运会曾经是没人敢接的"烫手的热山芋"。提到奥运会如何从"热山芋变成香饽饽"?人们不会忘记策划大师尤伯罗斯。

长期以来,奥运会一直是巨额亏损的。1976年,加拿大蒙特利尔第21届奥运会亏损10亿美元;1980年,苏联莫斯科第22届奥运会亏损9亿美元;1984年,美国洛杉矶第23届奥运会面临巨额亏损局面时,洛杉矶曾提出拒绝主办,要把这个烫手的热山芋扔出去,全世界竟无人敢接。这使国际奥委会做了难,于是紧急决定:放弃政府投资,改为商业运作。这个运作高手,就是第一旅游公司的老板尤伯罗斯。尤氏力挽狂澜的第一招就是把奥运会电视转播权作为专利拍卖,获巨资2.8亿美元。第二招是采取"饥饿法",征集广告赞助单位,集资3.85亿美元。第三招是圣火商业化传递,集资3000万美元。第四招是发行"赞助计划票",又集资数千万美元。结果,这届奥运会闭幕盘点,竟盈利1.5亿美元。奥运会长期亏损局面宣告结束,其功劳属于尤伯罗斯成功的商业运作。从此,奥运会从"热山芋"变成了"香饽饽"。

2004年悉尼奥运会,由于旅游业在其中发挥了巨大作用,澳大利亚旅游局长被萨马兰奇请到国际奥委会,表彰澳大利亚的做法是"今后奥运会举办国的角色模式"。

2003年9月,在湖南凤凰县南长城脚下举行的中韩围棋大赛,常昊与曹薰铉对弈,通过强势媒体全球直播,把凤凰古城推向世界。

搭载这样的赛事,意义有三重:国际象棋比赛作为人类最高智力竞赛与额尔古纳"全生态、原生态"宁静草原相统一的意境,是历届比赛中独特而美妙的境界。一对"伙伴"、两个"结合",是这届赛事成功举办的三个原因和获得的三大成果。从宏观上说,与中俄战略合作伙伴关系结缘,其意义远远超过了一项体育赛事本身。从中观和微观上讲,政府与企业、旅游业与体育结缘,既使体育赛事的市场化运作获得了一次新的尝试,又使城市、企业的品牌建设得到提升,使城市营销和旅游营销找到了最合适的载体。这次赛事,使额尔古纳城市建设、道路交通条件、通信水平、旅游接待能力大大地向前推进了一大步;从来没有做过城市营销的边疆小城,一下子出了名。这一成功的尝试,也再一次证明了旅游业"综合性强,关联度高,成长性好"的论断的正确性；遵照这一论断搞好旅游产业建设和市场营销，我们有许多文章可做。

这次赛事对于边城人民的传统观念是一个很大冲击。这里地处边疆，偏僻闭塞，以往人们的观念比较保守，缺乏现代发展理念。人们亲眼见到，办一次大型国际赛事，仅仅两三个月带来的变化超过以往几十年；人们头脑开窍了，城市时尚了，年轻人的服饰洋气了，街谈巷议的话题改变了。

旅游业的开发加快了步伐。"中俄国际象棋对抗赛"成为额尔古纳旅游引爆点。这里的生态条件非常好，但过去白白浪费了，没有人认为大草原、大森林、大湿地是个大金碗，相反把边远、路遥、客少、缺钱负面因素看得过重。通过这次国际象棋对抗赛，比赛场馆弘吉剌部蒙古大营成为重要的旅游景点和游客接待、住宿中心；外地客人通过媒体报道知道了这座美丽的边塞小镇，陆陆续续地前来旅游；地方政府和投资者也随之市场需求加强了规划编制和产品开发。近年来，额尔古纳市紧紧围绕"打造独具北疆特色的高端观光、休闲、度假旅游基地"的目标，利用额尔古纳市独有的蒙源、俄俗、界河、湿地等旅游资源，积极创建国家全域旅游示范区。相继建设了蒙古之源·室韦蒙元文化旅游景区、湿地景区、湿地冰泉小镇、白桦林景区、国家湿地公园、乌兰山生态文化旅游区等一批优质景区，湿地景区争创国家5A级景区，全市A级以上景区11家，其中4A级景区3家。旅游项目和旅游产品更具特色，成功举办额尔古纳湿地文化旅游节、俄罗斯民族文化节、室韦蒙元文化节、恩和油画小镇名家写生等活动。冬季旅游向市场化运作迈进，与深中旅合作举办了"亚洲北纬度假圈——额尔古纳冰雪娱乐季"系列活动。莫尔道嘎入选首批全国特色小镇，5个镇入选全国特色景观名镇，6个村被评为中国传统村落，室韦村入选"全国生态文化村"。2018年上半年，额尔古纳市旅游人数达到106.3万人次，实现旅游收入9.23亿元，同比分别增长3.1%和7.83%，旅游产业呈现出强劲的发展势头。看着额尔古纳的变化，心情格外兴奋，十分庆幸的是，我当初的策划目的达到了。祝愿边疆小城——额尔古纳的未来更美好！

（原载2006年8月13日《中国旅游报》，编书时增添了少量内容）

第二十八章　寻觅时机

——借名人以扬名："总统之旅"策划让桂林在欧美市场走红

1998年,《中国旅游报》与桂林市政府共同举办龙舟赛。在市政府召开的龙舟赛总结会上,我发表了总结意见后,向市政府提出搞"总统之旅"的建议。为了有说服力,我讲了几条理由:

1. 有"桂林山水甲天下"之誉的桂林,是我国旅游业最早对外开放的地方,有一定知名度。但这个知名度不可估计过高。1997年,有56家美国旅行社访问北京,仅有2人知道桂林。这说明所谓"甲天下"的"天下"是指中国,而不是指世界。连旅行社的老板绝大多数都不知道中国有个桂林,更何况普通美国人民呢?我们就是要通过一次又一次的宣传把桂林的知名度搞得更大。现在机会来了,美国总统克林顿访华,拟定路线中有桂林。借总统之名扬桂林之名,正是我们宣传桂林的一个机遇。

2. "从众""从名"是人类共同的消费心理。在美国南达科他州拉什莫尔山(MT. Rushmore)上,雕刻着华盛顿、杰弗逊、罗斯福及林肯四位总统的巨型头像,成为举世闻名的旅游景点。欧美人无论老幼,追星族不少。总统游览过的地方,自己也想走一遍。所以,"总统之旅""女皇路线"在旅游市场上很好卖。这就是名人效应。

3. 把政治接待变成促进旅游的良机。过去,卡特、尼克松、撒切尔都曾来过桂林,为什么这条路线在欧美知名度不高?原因是我们只把总统来访作为上级交给的重大政治任务接待了,只要保证安全,客人满意,就完成任务了。谁也没有想到把政治任务转化为经济行为,把接待外国元首当作促进本地经济发展的难得契机。结果99%的力气都花了,就是最后一分力没尽到,这个契机就没抓住。这最后一点工作就是：随总统来访团队拍一部纪录片，然后精心剪辑成"总统之旅"短片，拿到美国市场或西柏林旅游交易会上去宣传，就可以把欧美人引进来。

我在同时任广西壮族自治区副主席袁凤兰和时任桂林市市长蔡永伦交流上述观点时，他们表示赞许。但蔡市长说，克林顿来访，安全措施很严格，市里能随团的也就是一两位市领导，派人录像没有可能。袁主席爽朗地说："邵总编说的这件事是好事，好事就要想办法干好。这事我来想办法，自治区的电视台如果跟团采访有困难，我与外交部或中央电视台商量解决。"

克林顿访桂林时，在袁主席和李市长的主导下，并与克林顿访华时去过的北京、西安、上海一起合作，制作了"总统访华之旅"短片，拿到美国和西柏林播放，促销效果不错，"总统之旅"路线迅速成为好卖的产品。

李金早担任国家旅游局局长后，我们一起回忆起

"总统之旅"的策划过程，他握着我的手，深情地说："总统之旅的策划都20年了，弹指一挥间，有许多事要干，时不我待啊！"我已70岁开外，他也快60岁了，看他工作的拼命劲儿，真让人高兴。

这个案例可以说明：策划并不神秘，当你选准了创意之后，干起来不过是捅破一层窗户纸。这个创意就是借克林顿之名扬桂林之名；这个"窗户纸"，就是把政治接待任务转化为促进经济发展的契机；捅"窗户纸"的工具，就是一部"总统访华路线"短片；这个策划实施的"关节点"或称"接口"，就是落实一位记者拍好这个短片，既作为新闻联播时用，又为旅游短片提供素材。

附：1998年桂林漓江龙舟邀请赛活动速记，就是在这次活动总结会议上，我提出的"总统之旅"策划案。

奋力划入新时代
——'98桂林国际龙舟邀请赛暨经贸洽谈会速记

连日细雨，6月3日，天空突然放晴，桂林山水显得格外清秀。宏伟的解放大桥悬挂着巨大横幅"'98桂林国际龙舟邀请赛暨经贸洽谈招商会"，漓江两岸彩旗飘舞，笑语飞扬。由桂林市人民政府、《中国旅游报》和《中国体育报》联合主办的国际龙舟邀请赛在这里举行。

扒龙船、赛龙舟是一种具有2000多年历史的传统民俗活动，也是一项风格独异的旅游产品。桂林有五年一小划，十年一大划的惯例，今年正逢大划之年，宾朋满座、客商云集，岸边万民伞下发出的助威呐喊声震得山摇地动。国内和澳大利亚、法国、马来西亚以及中国香港和中国澳门地区共116支代表队参赛。这是桂林50年以来规模最大的赛事，充分展示了桂林人民团结一心、力争上游的精神。

国家体育总局副局长张发强，广西壮族自治区领导洪普洲、袁凤兰、张文学，及国内外友好城市的嘉宾到会表示祝贺，并与桂林市四大班子一起观看了扣人心弦的龙舟赛。桂林市市长蔡永伦在开幕式上致辞说：桂林作为著名的风景游览城市和历史文化名城，经过多年的改革开放，两个文明建设都取得了可喜的成绩，举办本届龙舟赛对于进一步树立桂林旅游业的整体形象，促进桂林与海内外的交流合作与经贸往来，推动经济社会的全面发展具有重要的意义。邵春副总编发表了热情洋溢的贺词，他说，站在青山碧水之间，与海内外朋友和桂林市人民一起欢度国际龙舟赛，心情格外激动，我们为桂林市旅游业的蓬勃发展感到由衷的欣喜和骄傲。《中国旅游报》参与主办桂林山水节和龙舟邀请赛，是新闻媒介面向市场，与企业和地方相结合，谋求积极发展之路的一次尝试。为了加大桂林乃至广西旅游业的宣传力度，我们将于下半年创办《中国旅游报》广西版。在总结会上，邵副总编提出了借克林顿总统即将访问桂林之名，拍摄《总统之旅》纪录片的建议。

桂林市委书记姜兴和宣布'98桂林国际龙舟赛开始，随着礼炮轰鸣，1998只鸽子飞上了蓝天。群龙聚首、各显英姿，桂林四大班子和大型企事业单位的风采船在礼炮声中从主席台前开过。在漓江边一字儿摆开的数十艘观赏船中，有一只大船上悬挂两只大红气球，长长的条幅迎风招展，格外引人注目。

船歌悠悠，战鼓咚咚，800米赛程逆流而上，头扎红巾的选手们奋力举桨，劈波斩浪，冲向解放桥下胜利的终点。经过一番激烈的角逐，桂林雁山区龙门三队夺得了冠军，摘取了"桂林绿园"杯，大河东窑村队夺得女子冠军，捧走了"熊猫电子"杯，胜利者得意扬扬地扛走了48公斤的巨型粽子和整只烧猪。颁奖时，国际组第一名的澳大利亚皇家海军队，情绪激昂，高举奖杯，唱起了"Team song"（队歌），领队表示来年再来观赏秀丽的桂林山水和参加下届龙舟竞赛。

太阳照着清澈美丽的漓江，桨声犹在岸边回荡，滔滔江水满载欢歌笑语奔腾不息地流向远方。

据桂林市副市长汤杰女士在总结会上说，此次活动赛事圆满成功，传统的龙舟赛与现代精神的结合产生了强大的吸引力和凝聚力，为今后举办更大规模的宣传促销活动积累了经验，更增强了全市人民争创优秀旅游城市的信心。

龙舟搭台，经贸唱戏，是这次活动的另一特点。与此同时还举办了'98桂林经贸洽谈招商会和旅游商品展销会。两天的经贸洽谈硕果累累，头一天签订的合同意向总金额达3.5亿美元，其中外资达3.1亿美元，涉及的国家有泰国、日本、荷兰、澳大利亚、多米尼加、马来西亚及中国香港和中国台湾地区。

世纪之交，国际龙舟竞赛使桂林划入了新时代。

（原文载1998年6月8日《中国旅游报》）

第二十九章　媒体选择

——变错位为对称：策划央视《夕阳红》连续报道
使德天瀑布养生度假地一床难求

广西德天瀑布景区的总经理吴跃伟，是一位能干的企业家，租赁经营德天瀑布后，南方市场开发得不错，但北方的市场迟迟打不开。大约在2002年，他找到我，让我给他出主意。我说，北方市场地域太大，关键是启动北京，由北京带华北、带东北。于是，帮助他策划了几个活动：一是新闻发布会，召集百家媒体记者听他讲"德天"；二是产品说明会，请北京100家旅行社来听他说产品；三是物色10家旅行社做德天的客源代理。几件事做完后的几个月，到了2003年初夏的一个周末，吴跃伟赶到我家，拿出为我买的机票，对我说：您得亲自到德天去一趟，帮我把把脉。我惊呆了：你怎么知道我没出差？怎么知道我的身份证号码？他说，要想做成一件事，办法总是有的。我也被他的精神所感动，决定立即收拾行囊，随他启程。

到了德天，已经过了半夜，一觉醒来，日上三竿。我打开窗帘，被"德天瀑布"的景色所吸引：青山绿水，瀑布漫山而下，数级相叠，深潭下有人戏水，两岸田园风光，农人劳作，霞光射在瀑布腾起的水雾上，处处飞虹，煞是诱人。推开窗户，暖风习习，亚热带气候宜人。

早饭时，我和吴总探讨如何把这美景宣传出去。我说：要打时间差，夏天，你这里游客不缺，冬天这里的气候对北方人有吸引力。特别是北方的老年人，一般都有气管炎，天一冷往往转成肺炎，弄不好，就要送命。来这里过冬，你酒店里要有中医坐诊，专看老年病，来了就看一个疗程，这样客源稳定，效益也好。

信息不对称，客人不会来，就要选择好媒体。老年人爱看的节目是央视

《夕阳红》，在上面做宣传效果一定好。吴总说，正合我意。我们和《夕阳红》节目组联系，明天就到。我抓紧时间去踩点，熟悉资料。《夕阳红》摄制组来后，我做嘉宾，在两处景观"德天瀑布"和"明仕田园"做了现场录制。

下面是录制节目前备好的提纲：

山水画廊两景观
——2003年7月4日央视《夕阳红》栏目采访播出

一、人间大美在德天

主持人： 老年朋友们，你们好！《潇洒走四方》节目将带您走进广西大新县的德天瀑布景区一游。许多老年朋友可能对这里还比较陌生，所以，我给大家请来了中国旅游报社副总编辑邵春先生为大家作介绍。邵总，您好！请您先说一下德天的地理方位。

邵春： 从广西南宁西南行140公里，经大新县到中越界河——归春河，德天大瀑布就在这片峰地的河谷上。这条路线是广西新开发的一条特色独具的旅游路线，被称为"山水画廊"。我现在手中有一本画册，是德天旅游公司董事长毕志彰的摄影作品集，封面上印着"山水画廊""跨国之旅"。在这条"山水画廊"中，40多个景点密布，其中最具代表性的是"德天瀑布"和"明仕田园"。

主持人： 那就请邵先生先给大家介绍一下德天瀑布的特点。

邵春： 正好2003年春季我去过这里。德天瀑布可以用八个字来描述："气势雄浑，美不胜收。"说它"气势雄浑"，是因为瀑布体量宏大：瀑布上下三叠，高达70米；纵深60米；与越南的板约瀑布相连，宽达200多米，是亚洲第一跨国大瀑布。

主持人： 为什么说它"美不胜收"呢？

邵春： 说它"美不胜收"，是因为它独特的地理位置决定的有多种审美角度。一般瀑布生于陡峭对峙的峡谷，观赏角度受到限制。而德天瀑布从山坡上漫泻而下，再无遮拦，可以上下左右前后多面观赏。从正面看，景观开阔，万条飞练注入深潭，潭中可以荡舟，潭水下泻归春河，河水湍急，可供漂流；瀑后密生各种植物，苔藓为衬底，花木为盆景，点缀其间，煞是好看。瀑布的一面山坡，就是一座巨大的水公园，你可以从园中小路走进瀑布深处去亲近自然；你可以在归春河岸边田埂上散步，眼前是飞瀑蒙蒙，身边有水牛耕田、渔翁垂钓；雨后初霁，你可以站在旅馆的晾台上拍摄跨国瀑布呈现出的美丽彩虹；如果你游累了，可以躺在酒店的床铺上倾听，让瀑布的涛声伴您进入梦乡……

主持人：除了瀑布，还可看到什么？

邵春：这里地处边境，越南姑娘在路边摆有货摊，用珍贵木材红木、紫檀、乌木雕制的工艺品和越法合资厂生产的法国香水，随处有卖，物美价廉。如果你有兴趣，还可以把游程延伸，中越跨国游是很有特色的。去河内只需10多元车票，这里距越南著名景点下龙湾海上桂林也不远，德天旅游公司就可为您办理旅游手续，去体验一下中越友谊、边关情趣。

主持人：听邵先生这么一说，真是诗情画意，我们都很想去德天一游了。您看什么季节去最好？

邵春：德天瀑布，天水常流，没有枯期，而且气候温和，四季可游。对于北方人，我倒有个建议，当绿色凋零的冬季，不妨携伴去广西德天，欣赏一下反差较大的南国风光，不失为老年人休闲越冬的一种选择。

主持人：听了邵先生的介绍，再让我们欣赏一下记者拍回来的德天大瀑布的实景。（放片子）。好了，看过了德天大瀑布，又到了猜题抽奖的时间。下面请邵先生为观众朋友出题。

邵春：

1. 德天在壮语中的含义是什么？（答案：石头发光的地方）
2. 与德天相连位于越南境内的瀑布名字叫什么？（答案：板约瀑布）
3. 德天附近最大的集市在哪里？（答案：硕龙镇）

主持人：谢谢邵先生的光临，老年朋友，我们下期再见！

（注：本期2003年7月4日在央视一套、二套、四套陆续播出。）

二、明仕田园壮歌飞

主持人：老年朋友，你们好。《潇洒走四方》节目又和大家见面了。今天的嘉宾是我们的老朋友——中国旅游报社副总编辑邵春先生。邵先生，您好。今天的节目是广西"明仕田园壮歌飞"。先请邵先生谈一下对明仕田园的感受。

邵春：明仕田园是广西西南山水画廊的一处精华景点。我对这处景点的感受是"四美"：传说美、名字美、风光美、民俗美。

主持人：请略说其详。

邵春：先说"传说美"。那一日，我们乘竹筏顺黑水河进入明仕田园，被那里的风光震惊了。主人解疑释惑，为我们讲了一段美丽的传说：南海有一条妖龙，想偷一段天下胜景带回去独享。一日，它偷了一段桂林山水藏于怀中，被玉帝察觉，派雷公劈死妖龙，那段山水就半道落入大新，因而，明仕有"小桂林"之称。不过，凭常识而论，盗贼总是偷最值钱的，明仕山水的宁静秀美即使在桂林也难以寻觅。因而有人称赞此处"不是桂林，胜似桂林"。

主持人：那么，何谓"名字美"呢？

邵春：明仕，不是壮语，而是汉语。这里地处边关，蛮荒之地，壮族又是主体民族，何以有"明仕"这样的雅称呢？与一些文人探讨，大家倾向于这样的说法：清兵入关，推翻大明取而代之，许多明朝遗老、文人墨客不愿入仕做官，遁入空山者比比皆是。孔尚任笔下的《桃花扇》就描写了有这种情结的一群人。明朝晚年，著名的地理学家和旅行家徐霞客曾来大新一游，并将这里的山水之胜写入他的游记：称这一带百姓"只知有莫彝，而不知有中国矣"。这和陶渊明笔下"不知有汉"的世外桃源的意境何其相似啊？当时，明末一些文人很可能见到徐霞客这种描述，按图索骥，来到大新，并将此地命名为"明仕田园"。

主持人：看来，"明仕田园"这个美丽的名字还代表了一段历史。那就再请您介绍一下"风光美"吧。

邵春：这里属于峰地平原，山水确实很美。远近的山峰各有造型，似人似兽似螺，错落有致；平原开阔，水田如格；黑水河澄清墨绿，绕群山回转、穿平原流过，村女荡着竹排，一群群游客在这如诗如画的风光中如醉如痴。这里是许多画家采风的地方。1925年，与徐悲鸿齐名的画家陈红来此采风摔死在山崖，至今，老百姓还维护、善待着他的坟茔。

再说一下"民俗美"。这里保存了壮族古老的民俗原版。土司制度相沿1000多年，大新一度有八个土州，清代实行"改土归流"，但一直到民国，土司制度在这里才全部废除。中华人民共和国成立后，这里交通不便，后来又是军事前沿，处于封闭状态，当地民风得以保留。人们养土鸡，穿土布，居木楼（称干栏房），唱古老的高腔山歌。沐浴这样的山水文化，可以让人体会那种日出而作，日落而息，与世无争，宁静淡泊的人生韵味。在宏观景色中，现代的东西踪影皆无，连一根电线杆都见不到。因而，方便摄影。香港的古装戏《牛郎织女》《极地皇陵》《酒是故乡醇》选定明仕田园为外景地。明仕田园与世隔绝的面纱将被徐徐揭开。

主持人： 听您这么一说，明仕田园对年轻人也有吸引力，同时勾起了老年人对童年的回忆。

邵春： 对，在现代文明中，真正古朴的东西越来越难寻找。这就越发说明明仕田园这块民俗原版的可珍可贵。

主持人： 那就让我们带大家走进明仕田园，一探究竟。（放片子，船边走边由嘉宾和主持人点评。）

主持人： 下面请邵先生出题，大家可以把答案寄给我们。

1. 哪一条河从明仕田园流过？（答案：黑水河。）
2. 新壮家唱的是哪种山歌？（答案：高腔山歌。）
3. 新壮家住的是什么房？（答案：干栏房。）

主持人： 谢谢邵先生光临，老年朋友，再见！（注：第二部分于11月20日播出。）

中央电视台《夕阳红》两期德天瀑布节目播出后，北京的老人纷纷找北京旅行社协会，打听"为什么不组团"。旅行社协会组织60家旅行社老总去德天踩线，回来就列入各家的组团计划。自此，德天瀑布北方市场打开，到了一床难求的地步。2016年，在北京召开的一次研讨会上，我说到德天的案例，国旅集团的老总说，德天火了是真的，连我们订床位都得头一年报计划。

2003年7月4日央视《夕阳红》采访画面

第三十章　营销预算

——欲取之先与之：《WTO 报告》让空手套白狼的人脸红自省

营销预算不落实，所有的理念、经验统统白搭。所以，我最后这章要说营销费用。焦作借钱营销，把云台山的收入从几百万元 3 年内搞到 4 亿元；黄龙洞一年花 2000 万元做活动，把年收入从不到 1000 万元搞到 5000 万元；武隆县一年投入 1 亿元做营销，年收入从几千万跃升为 78 亿元。案例比比皆是。要振兴地方经济，需要引起地方长官的理念革命。

这是我 20 年前写的一篇报道，所强调的问题今天仍然有现实意义。

世界旅游组织（WTO）最近公布
《各国国家旅游局预算研究》报告

面对竞争越来越激烈的客源市场，促销经费捉襟见肘，吁请大多数国家增加投资，加大宣传促销力度，是世界旅游组织公布这个研究报告的本意。据 WTO 公布的《各国国家旅游局预算研究》显示，1995 年由政府提供的旅游促销经费，全球达 12 亿美元，比上年增加 7%。

WTO 统计及市场调研部主任 Enzo Paci 透露：1996 年全球旅游入境人数及旅游收入，分别比上年增加 4.5% 和 7.6%，均创历史最好纪录。显而易见，这一佳绩的取得和 1995 年旅游促销经费的增加密不可分。尽管如此，全球促销经费的总量仍少得可怜。对于大多数国家来说，当他们不得不面对越来越激烈的竞争时，本来就羞涩的钱包越发显得紧。澳大利亚是大款中的大款，花在促销上的费用高达 8800 万美元；紧接其后为英国，7900 万美元；

法国和新加坡分别为 7300 万美元和 5400 万美元。

促销经费的收益各国相差很大,如法国每 1 美元的促销经费,能挣回 375 美元。西班牙能挣回 319 美元。而澳大利亚没那么幸运,只能挣 78 美元。

据 WTO 调查显示,促销费用占各个国家旅游局预算的 56%。总预算最高的当数以色列 2.03 亿美元,随后是西班牙 1.35 亿美元,泰国 9200 万美元。在被调查的国家中,有 18 个国家的预算达到 4000 万美元或者更多,8 个国家预算达到 7000 万美元。最受欢迎的目的地法国,其预算为 8400 万美元,居全球第五位。独占世界旅游收入霸主地位的美国,1995 年预算仅为 1500 万美元。

美国和别的许多国家一样,目前正积极寻求非政府途径的旅游促销资金,但世界旅游促销费预算大户如西班牙、泰国及新加坡,仍旧由政府支付营销费用。

上边的研究报告和营销预算排名是 WTO1997 的数据,下面的评论也是《中国旅游报》发表这个报告和排名时,我配发的言论。

突出重点　加强力度
——国际旅游业营销热点点评

最近,WTO 公布的《各国国家旅游局预算研究》报告,使我们认识到必须突出解决重点问题,加大宣传促销力度。

在旅游业各项工作中,要突出解决好对市场开发重要性的认识问题。旅游工作千头万绪,国家旅游局在确定工作方针时,曾概括为"国内抓建设,海外抓促销"。但在实际工作中,有的时候,有的地方宣传促销仍是"短手""弱手"。据 WTO 的统计，促销费用平均占各国旅游局预算的 56%，我们的这一比例肯定达不到这个水平。客源就是财源，等客上门的时代已经结束。在竞争如此激烈的客源市场上，没有强大的宣传攻势，原有的市场难以巩固，新的市场无力开拓，客源的大幅增长是不可能的。因而提高对宣传促销重要性的认识就显得尤为重要。

在宣传促销各项工作中，要突出抓好经费的落实问题。人才、经费和宣传手段等都很重要，本文重点强调经费问题。我们这么大的国家，旅游资源如此丰富，但宣传促销经费与一些小国相比相差悬殊。1995 年，以色列国家旅游部门宣传促销费预算为 2.03 亿美元，西班牙为 1.35 亿美元，泰国近 1 亿美元，而我国连驻外旅游机构宣传费都算上，1995 年为 501.3 万美元，1996 年将近 600 万美元，而且筹集这些资金，已经做了很大努力。但无论如何这同我们旅游资源大国的地位、旅游业的发展要求和客源市场激烈竞争的态势是不相适应的。我们应力求尽快解决经费的稳定来源，同时也不忽视多层次、多渠道的集资办法，使经费问题得到落实，并力争数量逐年增加。

在衡量宣传促销各项指标中，突出强调宣传换取的最佳效益。统计宣传促销工作有许多指标：展销次数、参观人数、派遣促销团数、邀请记者人数、宣传品印数等，这些都是必要的工作。但归根结底，要以较低的成本取得最佳的效益。世界各国吸引客源宣传成本是不同的，WTO 的这份报告说，法国每花 1 美元促销费，能挣回 375 美元，西班牙能挣 319 美元，爱尔兰能挣 48 美元。就招徕一个游客的费用而言，法国花 1.2 美元，而澳大利亚要花 23.32 美元。我们的宣传效益应该是不错的。这个指标尽管很难准确统计，其悬殊差异原因也是多方面的，但与宣传促销的战略重点、技巧、手段和人员素质关系很大。我们的经费即使再增加一些，短时间内也很难与世界上前十位预算大户相比。我们钱少，要想办法把好钢用在刀刃上，例如，重点市场重点开拓，重点客源层重点做工作；加强高消费散客的促销和接待工作；整体形象宣传和名牌产品、有前途的新产品的宣传相结合；宣传要选准突破口，根据客源层选择不同媒介；提高宣传品的针对性等。这样，'97 旅游年的各项重大活动和产品的宣传促销一定会更有实效，市场份额的占有也将逐渐扩大。

例 说 篇

注：这里说这个话题，想强调两点：一是在有较好的产品供给条件下，没有较大的营销投入，想获得旅游收入的大幅度上升，那是妄想。二是有专家提议，营销费用应该市场出，不应该政府出，这是把完全市场经济的做法套在市场经济初级阶段的中国头上，是阶段性政策错位；欧洲的法国、英国、西班牙都是发达国家，政府投入的资金不少；即使是美国，营销的有些钱，也是政府出的。我们离市场经济的成熟阶段还有不小差距。大多数国家市场经济的程度，都不是我们能比的，我们营销的力度却远远落在人家后头，这不值得我们深思吗？三是政府主导和市场运作相结合，在相当长的时间内，应该是我们的主导方针。在营销费用使用上，政府管形象，市场管产品。政府这只手完全退到后边去，还需要时日。勇于担当，积极引导，培育市场，是政府该承担的责任。一味强调退，在中国的环境下，就是懒政，就是敷衍塞责，最终什么也干不成。有人说，一强调政府主导，有权的人就胡干乱干、徇私舞弊。出现这类问题，就要换干部，不是换指导思想。

（原载 1997 年 3 月 6 日《中国旅游报》）

附录一　市场营销 100 个接口

这些年我在各地调研，随手记下可作为营销接口的若干事例，大约有百个。附在后面供读者参阅。

从广义上说，产品是营销的基础。顶层设计、建设产品、市场促销等阶段若干环节要由接口相连，环环相扣。

1. 规划接口

规划，属于顶层设计。有了规划，就可以把产品做在区域发展的战略点上，决定其发展的前途和品牌高度。就全国范围而言，从"拍脑袋"盲目开发到普遍重视制定规划，大约用了旅游业起步后的 10 年时间。目前，编制规划已经成为各地旅游产品建设的首要步骤，"没有规划，不能立项"进入了法定程序。但是，笔者发现，搞规划成了一些领导的"政绩工程"，规划一旦做出便束之高阁，待换届后，新的领导有可能重新再搞。一经扯皮，几年光阴，倏忽而过。有些地方做总体规划时，没能经过筛选做出几个项目规划，因而在执行总体规划时，找不到"接口"和"把手"。再物色队伍重新来做，不仅思路不好衔接，时间上也耽误不起。所以，为了省时省钱省人力，应该提倡做总体规划的同时做几个拉动性、示范性的项目规划，一旦通过，马上启动。这是规划与产品建设的"接口"和"把手"，也是旅游产品链条中的第一个"榫子"或"拴桩"。

2. 道路接口

旅游产品不是一个个孤立的景点，而是线路和区域的概念，要把景区景点做成旅游目的地，旅游才可能形成产业规模。因而，景区与外界的道路必须连通，保证国道、省道、市县道、景区道一路畅通，做到大道通、小道顺，步道安全又省劲。这问题解决不好，营销效果就大打折扣。现在很多景区就耽误在"最后一公里"。所以解决"最后一公里"成为政府突击完成的事项。

3. 线路接口

线路是表示旅游产品的一个术语。这种线路有市线、省线、国线和跨国跨洲线。你的产品孤立的销售效果往往不佳；只有与上述线路连通，才有可能开上产品促销的高速路。许多还不太知名的景点在印制宣传品的时候，封面印上"中国××"，搞得县、市、省不高兴，再要经费也不愿意给。这些同志不懂得，入市好比过河，你知名度没那么高，腿没那么长，过河需要垫脚石，你把"垫脚石"都扔了，不是一下子就跳到水里了吗？我们千万注意捆绑发展，采取多赢政策，不要把"垫脚石"变成"绊脚石"。

4. 区域接口

旅游不是"点"的概念，也不仅是"线路"的概念，而是"区域"的概念（如长三角无障碍旅游、粤港澳三角游、丝绸之路和长江三峡跨省游），产品配置不要被行政区划分打乱。从市场需求来说，人家不了解你，进出的路径要在导游册里说清楚，哪怕出入口位置不在你的行政辖区，机场、铁路站点也要介绍清楚。

除了以上综合类接口，从产品到目标客源层的接口，都是个性化的，所以分别举例于后。

5. 周易与韩国市场

河南安阳、鹤壁等城市的对韩国促销，要以周易文化为接口。因为阴阳鱼图是韩国的国旗，八卦图是韩国的旅游标志，可以说周易文化已渗入了韩国国民的灵魂。这些城市在对韩宣传中，只要用事实说明本地是周易文化的发祥地，韩国人就会到这里来朝圣。

6. 镇远和平村与日本市场

镇远古城是一处环境优美、历史厚重、很有特色、不可多得的旅游目的地。有一处人文景点可以作为对日营销的"接口"。这就是抗日战争时期全国第一个也是现存唯一的日本在华反战同盟"和平村"。和平村位于镇远和平街南侧，是一组靠山临街的古建筑群。1937—1944年，中国政府在此收容日本战俘近700人。抗战时期，国共合作，在此成立"在华日本人民反战同盟西南分盟"，在周恩来、郭沫若等人领导下，在日本战俘中进行宣传工作，并编辑了《和平先锋》《东亚先锋》等杂志，起到了宣传抗日、瓦解日军的作用。后来受到了国民党顽固派的百般阻挠，但也得到了国际舆论的赞誉，国际红十字会还特意派出人员来镇远考察。抗战胜利后，郭沫若送当时的和平村工作队队长长谷川敏三率队返日，并赠"超越死线获得光辉的新生"的题词，以作纪念。反战盟员归国后，作出决议：今后要为坚持日中友好，维护世界和平而努力。他们终生宣传中日友好，主张恢复中日邦交。队长长谷川敏三一直担任日中友好事务局局长职务。他们把镇远和平村称为"我们参加革命的大学""再生之地""和平村是日本人民反侵略反霸权的大学"等。现和平村作为陈列室陈列当年的文物，介绍盟员们的活动，已列为省级重点文物保护单位。

作为世界反战同盟和中国人民反法西斯战争的历史遗迹，镇远和平村有重要意义，既是我们进行爱国主义教育的场所，也是满足部分日本老人的怀旧情绪和年轻修学者的重要吸引物。近年来，许多当年日本反战同盟的朋友和战俘来和平村参观，控诉侵略战争。因为这部分老人都年事已高，这是一个值得重视、应该抢救的"接口"，要抓紧联络，不仅要尽量多地联系他们本人，也要联系他们的后代和亲属，还要得到日本国内反战组织的支持和配合，宣传和平村的意义，扩大目标客源层。如果采取放任自流、自消自灭的态度，这个接口就真的变成了遗迹。

7. 马岭河—紫荆花—香港市场

贵州兴义马岭河大峡谷，峡深水急，17公里核心地段悬挂着数十条瀑布，是世界上审美效果最好的峡谷之一。在这样的峡谷中漂流，是最好的休闲享受。这里将是前景极佳的旅游目的地。我在这里考察，发现在河谷两岸，生长着一种紫荆，早春时节，先叶后花，花呈紫色。紫荆花是香港特别行政区的区花。马岭河对香港的营销，除了宣传峡谷之美而外，应该突出宣传紫荆花，讲述马岭河的紫荆花颜色、形状、花期、与香港的紫荆花的异同等。用紫荆花为接口引起港人的心理共鸣和认同，这就是感情诉求。如果说峡谷之美会引起港人的"购买欲望"的话，关于"紫荆花"的介绍可能会一下把"购买欲望"变成"购买行动"，促使这关键一步迈出的动力就是"感情诉求"，就是"接口"的作用。

黔西南马岭河峡谷盛产紫荆花，可以作为接口对香港进行感情诉求。

附录一 市场营销100个接口

8. 贵州龙与美国

兴义的贵州龙在美国有很大知名度,但兴义在美国知名度不高,可以把贵州龙作为接口开展对美营销。

9. "名人效应"也是接口

这是大家比较重视的。间接接口就是善于用与某地有关的伟人、名人的影响造势,以使产品形成吸引力。伟人是具有更大影响力的名人。善用伟人的影响提高知名度,是连古人都懂得的道理。清代袁枚有诗曰:"江山也要伟人扶,神化丹青即画图。"现在,不仅伟人故居、革命圣地是著名的旅游景区,连与伟人经历、题字、讲话、诗文等相关的地方,也在用"名人效应"打"知名度"。

10. 泉州与海上丝绸之路

在"一带一路"建议的推动下,泉州正在打造"海丝古港特色小镇"。2017年7月22日,4家国内高水平的规划团队提交的规划成果评审会在泉州召开,本人作为评审专家参加会议。"一带一路"是与沿途各国共建共赢的国际性战略,因而得到这些国家的响应。要实现"一带一路"战略,不能不突出泉州。泉州,古称刺桐。刺桐古港是联合国教科文组织认定的海上丝绸之路的起点,泉州是首个世界多元文化展示中心。特色小镇,要恢复必要的古港设施,体现古代"市井十州人""涨海声中万国商"的繁荣景象,把海上丝绸之路文化和现代特色商业相结合,打造国际旅游消费综合体。有一套商业化运营模式,就不是简单的不可持续的人造景观,而是成为新的旅游吸引物。当国内外游客纷至沓来的时候,就会体验到当年海上丝绸之路起点的辉煌和繁盛。

11. 愚公和王屋山

济源在何处?中国人可能许多人不知道,但说到一篇名文——老三篇中的《愚公移山》却无人不晓。因为《愚公移山》中的王屋山就在济源。只要把《愚公移山》与济源连接起来,王屋山就会成为一个旅游热点。营销中,借名扬名是重要的也是常用的策略之一。中国许多地方,都有名文、名诗、名联、名言,挖掘出来,都可能成为我们开展营销的市场接口。

12. 老外也用"老三篇"

加拿大女子露易斯说:2004年她在中国旅行时,因在旅行包上写了"我来自白求恩的故乡"9个字而备受礼遇。这几个字简直胜过护照,不管是在机场、宾馆,还是火车上,人们只要一看到包上的字,立刻投来友好的目光,饭馆老板甚至不肯收取饭费。

13. 徐霞客与万峰林

人们可能不知道兴义的万峰林,但几乎无人不知道游圣徐霞客。如用徐霞客的"世上山峰何其多,惟有此处峰成林""磅礴数千里,为西南奇胜"名句为广告词,万峰林通过徐霞客这几句话为间接接口就可推向市场;拿万峰林与桂林山水相比,当地人有点心虚,这是被那句"甲天下"给压的。其实,就欣赏价值而言,万峰林不比桂林山水差,再加之马岭河瀑布群,叠加效应超过了桂林山水,因而成为徐霞客赞赏的"西南奇胜"。

14. 宁海—宁海徐霞客开游节—中国旅游节

众所周知,我国著名的地理学家、旅行家徐霞客是无锡江阴人氏,与浙江宁海没什么关系。但宁海却搞出了一个"徐霞客开游节"。来由如何?考证如下:

《徐霞客游记》开篇第一段第一句曰:"癸丑之三月晦,自宁海出西门,云散日朗,人意山光,并有喜态。"从徐霞客生年分析并核万年历,文中"癸丑"年,当为明神宗朱翊钧在位的明万历四十一年(1613年);"晦",即农历每月最后一天;"癸丑之三月晦",即阳历1613年5月19日。这一天,徐霞客从宁海西门出发开始了他的旅行;准确地讲,是开始记录他的旅行。

405年前,徐霞客悄然上路;388年后的这一天,即2001年在宁海却举办了一个非常隆重的庆典,5月19日,被确定为"徐霞客开游节"。讲旅游,徐霞客是游圣;讲游记,《徐霞客游记》是名篇。宁海是徐霞客游记开篇地。这是个跨越时间和空间的连接,是创意与资源的整合,是借名扬名的一个杰作。所以,宁海徐霞客这个"接口"找得好。

宁海人也曾建议,把5月19日定为"中国徐霞客开游节"。我有不同意见。5月19日定为

"宁海徐霞客开游节"有根有据,但作为"中国徐霞客开游节"不妥。据记载,徐霞客从22岁开始"问奇于名山大川",以后的30多年里,他"东渡普陀,北历京冀,南涉闽粤,西达陕西,西南至云贵,其足迹遍山西、河北、河南、安徽、江西、福建、两广、两湖、云贵等地"。他开游时,是在1608年,非1613年,始发地当然也不是宁海;以前对北方的考察,在《徐霞客游记》中没有记载。2011年,经国务院批准,把5月19日定为"中国旅游节"。

15. 形象大使

目前普遍采取的聘请形象大使的促销办法。现在,有些国家的领导人担任本国旅游形象大使;世界4大选美活动的最高奖项获得者、影星、歌星等,都分别担任世界相关组织和旅游形象大使。比如:韩国通过聘请我国歌手孙悦为形象大使,向中国推出青年人喜欢的旅游产品,效果不错。

16. 智利诺贝尔文学奖获得者聂鲁达与北京

巴勃罗·聂鲁达1904年生于智利,在拉美文学史上是继现代主义之后涌现的伟大诗人,他一生积极参加反法西斯斗争与和平保卫运动,为讴歌人民而坚持创作,于1971年获得诺贝尔文学奖。

拉丁美洲人民是中国人民的好朋友。我2017年访问智利时,参观了聂鲁达故居。他死于奥古斯托·皮诺切特1973年上台后的第12天,智利人民非常怀念他。

巴勃罗·聂鲁达十分热爱中国和中国文化,曾于1928年、1951年和1957年3次到访中国,最后一次访华游览长江时写下了诗句"没有景色可以和这种如纱如雾的美景媲美"。

2014年11月12日,智利诺贝尔文学奖获得者、诗人巴勃罗·聂鲁达雕像揭幕仪式在北京朝阳公园国际友谊林举行。揭幕仪式上,智利总统巴切莱特与中国文化部部长助理刘玉珠共同为雕像揭幕并献花,中国学生分别用中文、西班牙文朗诵了巴勃罗·聂鲁达1954年写给中国的诗《葡萄和风》,以缅怀这位伟大的文学巨匠。

智利政府邀请知名造型艺术家、北京金台艺术馆馆长袁熙坤创作巴勃罗·聂鲁达雕像。袁熙坤创作的雕塑身体前倾、右手托腮,用极富张力和感染力的动作刻画了诗人思考的状态。

智利外交部部长穆尼奥斯、智利驻华大使贺乔治、中国驻智利大使李宝荣、中央统战部相关司局负责人和有关国家驻华使节及社会各界人士100余人出席揭幕仪式。

在南美洲，巴勃罗·聂鲁达的名字如雷贯耳，他是智利与北京、南美洲与中国的友好接口。

17. 郑和—非洲

从永乐三年（1405年）至明宣德八年（1433年），郑和奉朝廷之命率大型船队通使"西洋"——当时称加里曼丹至非洲之间的海洋，总计7次28年，经30余国，其中4次远抵非洲东海岸。郑和每到一地，都以瓷器、丝绸、铜铁器和金银等物，换取当地特产，与亚非各国加强联系。郑和七下西洋，每次动用的船只在二三百艘，随从官兵数万名，所乘最大的船只，长44.4丈，阔18丈，可容纳千余人。这些航行比哥伦布和达·伽马等西方航海家的远征早半个世纪以上，船队规模与船只之大，均超过他们几倍。那时，中国是名副其实的海洋大国、丝绸之路起始国。

郑和访问非洲的航线共有三条：从马尔代夫经亚丁湾至埃及；横渡印度洋至东非沿岸的木骨都束（今摩加迪沙）；经古里、阿丹、哈古角等沿东非海岸南下至麻林地（今马林迪）、慢八撒（今蒙巴萨）等地。当年郑和船队并不是所有船只一起行动，而是经常派出小分队到一些国家分头活动，有几次被海风吹散，或失踪或遇难。在当时的交通和通信状况下，失踪者无法与国内取得联系，获救幸存者在当地定居繁衍，是完全可能的。

美国女作家雷瓦西写的郑和传——《当中国称霸海上》。此书指出，郑和船队曾远达肯尼亚，作者本人在肯尼亚曾遇到自称是数百年前帕泰岛上中国海难幸存者的后裔。当年，郑和船队的一只巨轮在该岛附近沉没，船员游上海岸，后与当地土著女子结婚，延续后代至今。这引起了《纽约时报》一位记者的兴趣，他于1999年2月前往肯尼亚，冒险登上丛林密布的帕泰岛，在岛上发现那里人们的眼睛、头发和皮肤明显带有亚裔祖先留下的特征。《纽约时报》刊登了这个消息，南非的中文报《侨声日报》也以《郑和部下后裔现居东非肯尼亚》为题做了报道。

1996年8月10日，《侨声日报》又报道说，1988年，台湾省一位商人在索马里首都摩加迪沙的一家旅馆，遇到一位自称是中国人后裔的黑人服务员。据这位服务员讲，摩加迪沙至今仍可找到冠以读音似"林""黄"等中国姓氏的索马里人，还特别提到在首都之南的海滨城市基斯马尤，有一个村子就叫作"郑和村"，村民多为中国人后裔。为此，台湾《经典》杂志1998年曾派记者前往采访，只是由于索马里内战枪声不断未能如愿，后转到肯尼亚海岸，又因帕泰岛安全无法保障继而进行了迂回采访，并表示郑和部属后裔的文章今后有待大做。

上述报道虽然有待于证实，但至少说明郑和七下西洋影响至今还在，有些地方有当年船员后裔居住是有可能的。600年前船队途经的30余国，我们今天如果去进行旅游营销，郑和是拉近彼此关系的接口。

18. 重庆与美国华盛顿州

重庆与华盛顿州有什么关系呢？找到了接口，就有了关系。这个接口就是华盛顿州华人州长骆家辉。

华裔在美国学界、商界出人头地的不少，但在政界却凤毛麟角，骆家辉就是这样一位政治家。骆家辉的祖父是100年前去美国的，他本人是美国历史上的第一位、也是唯一一位华人州长。他不会说中文，但对中国、特别是对重庆，很有感情。因为他是华人后裔，又因为20多年以前，西雅图与重庆建立了友好城市。2000年，我访美期间，在西雅图就看见有一处中国公园，是重庆帮助建设的。

2003年6月14日，时任重庆市市长王鸿举通过越洋连线与骆家辉对话。我立即想到：这是一个很好的接口。西雅图—华盛顿州—全美，可以不知道重庆，但都知道骆家辉。通过骆家辉这个接口，华盛顿州乃至全美国就能认识重庆。要抓住时机，开展各方面的市州间的合作，当然也包括旅游方面的合作。这个"接口"已被发现并正在建筑和加固。

19. 马里兰州和陕西

我在马里兰州了解到，陕西省和马里兰是友好省州，但陕西对美的宣传没有重庆在西雅图做得好。在马里兰州到处是台湾的文化机构，活动很多，但大陆却没有机构在那里宣传中国文化，声音、影响微弱。建议陕西利用好友好省州这个接口，扩大文化旅游的推广营销活动。

20. 丹顶鹤与美国德宝市

丹顶鹤，仪态优雅，寿命60岁，有灵性，能与人沟通，它感情忠贞专一，一生只有一个配偶，是美的象征。江苏盐城是丹顶鹤的故乡，26万亩湿地是丹顶鹤的理想家园。全球有丹顶鹤2000多只，60%的丹顶鹤每年都飞到盐城来越冬。人们爱丹顶鹤如同爱自己的生命。有一个女孩叫徐秀娟，大学毕业后当了养鹤姑娘，为救丹顶鹤而献出生命，被传为美谈。著名歌手甘萍演唱的《一个真实的故事》，就是赞美这件事情的。

美国大底特律地区的迪尔伯恩（Dearborn）市长盖都（Michael Guido），了解上述情况。一天，他看到黄昏时分飞翔的丹顶鹤，十分激动，便与盐城联系。于是，促成了一次越洋连线。2003年7月5日，CCTV4《让世界了解你》栏目播出《丹顶鹤与美国市长》，盖都与盐城市委书记张九汉举行了越洋对话。

通过对话，两个城市还发现了许多共同特征：它们都走过农业市—工业市—生态市的发展历程，有着许多共同语言。张九汉书记还借机宣传了盐城的麋鹿保护区、枯枝牡丹的神奇和杂技艺术，表达了希望建立友好城市的愿望。盖都是一位连任五届的美国市长，之所以得到选民的拥护，他的信念是"爱迪尔伯恩"。当这位美国市长以同样话题反问张书记时，张九汉答曰：我的信念是"爱人民"。盐城古代著名学者范仲淹名句"先天下之忧而忧，后天下之乐而乐"，这就是我的座右铭。

作为媒体，CCTV是联系双方的一个媒介"接口"，而"美的象征"——丹顶鹤，是联系中美人民的"情感接口"。通过这两个"接口"，把盐城与迪尔伯恩紧紧地连在了一起；这种交流由浅入深、由点到面，加强了中美人民的相互了解。旅游业利用这个"接口"，还可以做许多文章，一直做到美国人的家门口，再把美国人引到自己的家门口。这就是旅游营销所追求的最佳效果。

21. 荣成—张保皋—金泳三

威海荣成是个县级小市，与韩国前总统金泳三因为1000多年前的一个出家人而发生了联系。

中韩两国是近邻，佛教徒往来传教，是中韩文化交流的重要内容。806年，新罗人张保皋渡海到我国山东荣成石岛赤山修建了法华院，在此传教8

年，声名远播，为唐代诗人杜牧所赞扬。1994年山东重修法华院，韩国前总统金泳三亲题"张保皋纪念塔"，在中韩两国一时传为佳话。于是，张保皋就成了山东与韩国交往的"接口"，因为有了总统的题词，这个"接口"就尤其显得弥足珍贵。如果山东去韩国促销，提到张保皋和金泳三总统的题词，会一下拉近韩国民众与荣成的感情距离，于是，产品介绍变成了感情诉求，其效果极佳。

22. 太极—韩国国旗

应韩国国家旅游局（观光公社）社长金泰渊之邀，1995年我赴韩访问。访问结束，在汉城金浦机场韩国观光公社咨询中心，我随手拿了一本小册子。封面有一个图案，是《易经》中的卦爻符号，韩国观光公社把它作为国家的旅游标志，就如同我们的"马超龙雀"一样。更值得一提的是，韩国的国旗图案是周易的阴阳鱼。经考察，自1883年开始，朝鲜根据中国人马建忠的建议开始使用太极旗作国旗，大韩民国建国后，继续沿用。1949年，韩国文教部正式确定韩国国旗现在的样式：旗中央是太极图案，四周配以八卦图形。据韩国官方解释：太极图中的红色代表阳，蓝色代表阴，阴阳合一代表宇宙的平衡与和谐。图案中以太极为中心，四角的卦分别象征着阴阳互相调和，乾卦代表天空，坤卦代表大地，坎卦代表月亮和水，离卦代表太阳和火。各个卦还象征着正义、富饶、生命力和智慧。国旗底色为白色，象征着韩国人民的纯洁和对和平的热爱。整个国旗则代表韩国人民永远与宇宙协调发展的理想。如此丰富的内涵，被韩国人解释得透彻，理解得全面，继承的坚定。

对这些中国传统文化，我们许多人都已说不出所以然来了，却被韩国朝野一致认可，并崇为国旨民宗，发扬光大。据韩国朋友介绍，许多现代理念，就是从这些传统文化中提炼出来的。如果河南安阳等城市把关于周易的景点进行整合，作为专项产品对韩促销，一定会取得很好的效果。

23. 河南邓州—台湾

我曾为一篇文章写过按语，题目是"隆重推荐"：

当我接到老友宋全忠的来信来稿，一气卒读，大为感动，深得启发。

感动：范仲淹任知州时写下不朽名篇《岳阳楼记》的河南邓州，又曝出一条新闻：邓州有个台湾村，半部家谱两岸情。

《邓州台湾土番垦屯陈氏家乘》中对这支高山族后裔的来龙去脉记述甚详。始祖依那思罗系"台湾嘉义县阿里山土番猫地干社人"（高山族部落猎首族），1668年，随黄廷部队来大陆，尊朝令在邓州屯垦，娶岑姓女子为妻，并从谐音姓陈。后生四子，其中两子留大陆，两子回台湾。于是，一支分两地，至今已356年。356年来，他们为国家和民族做着贡献，大陆和台湾同根同源。正如邓州台湾村牌楼楹联所写："祖启台湾源华夏，宗屯邓穰融九州。"

启发：这不仅是一则新闻，是海峡两岸往来的一段佳话，而且是我们对台旅游营销活动的一个难得的"接口"。356年来，始祖依那思罗留在大陆的长子陈元珍、四子陈元珠已传13代，人丁兴旺，眼下日子过得富足。但他们无时无刻不思念祖籍和同胞，并世世代代保留了高山族的风俗习惯。据陈家族谱载：当年始祖的次子陈元勋返归台湾故里后，将番名改为思罗邓勋，村名改为陈井寮；始祖第三子陈元杰返台后改番名为思罗垦杰，改村名为陈厝寮，保留了在大陆姓名、地名的特征。356年来，陆台两地陈氏后裔互相思念却音信渺然，互无往来，这是令人遗憾的。

旅游探亲可以消除这个遗憾。陈氏家谱就是邓州对台开展旅游营销的最好"接口"。"营销"，是一种"市场诉求"。单凭产品的"价值诉求"作用是有限的，如果能注入"感情诉求"，立刻拉近主客距离。"感情诉求"是将"购买欲望"变成"购买行动"的催化剂。这是我多年研究市场所得到的体会之一。邓州如果利用家谱这个"接口"做足文章，从启动"陈氏宗亲互访游"逐步扩大，就可以吸引大批台胞、台资。所以，当半部家谱续写完整的时候，不仅是台湾村陈家之幸事，也是邓州旅游业发展之幸事。各地如能从这件事中受到启发，善于寻找和利用"接口"，我们的市场营销就会取得更好的效果。

24. 纪录片《血脉》让台湾青年热泪涟涟

由南京电视台和南京华艺音像公司三进台湾、走遍祖国大陆摄制的纪录片《血脉》，片中有邓州台湾村和台湾彰化县陕西村的画面。2003年6月起在台湾真相电视台董事长周荃以主持人点评的方式播出。该台有几位工作人员恰好是高山族,当时惊奇得睁大了眼睛。一些大学生看后,被片中的故事感动得流下了眼泪,没有看到的同学则希望有机会补看。可以相信,邓州台湾村,很可能成为台胞下一个造访的热点。

25. 克什克腾旗——《父亲的草原,母亲的河》

父亲曾经形容草原的清香,让他在天涯海角也从不能相忘。

母亲总爱描摹那大河浩荡,奔流在蒙古高原我遥远的家乡。

如今终于见到辽阔大地,站在芬芳的草原上我泪落如雨,

河水在传唱着祖先的祝福,保佑漂泊的孩子找到回家的路。

啊——父亲的草原,啊——母亲的河,

虽然已经不能用不能用母语来诉说。

请接纳我的悲伤我的欢乐,我也是高原的孩子啊,

心里有一首歌,歌中有我父亲的草原母亲的河,啦啦啦!

这首动人心旌的歌,是著名台湾散文作家席慕蓉写给自己的,也是写给家乡的。

席慕蓉生于四川,童年在中国香港,后来长于中国台湾,青年时期在比利时,祖籍内蒙古。5岁以前,席慕蓉会讲蒙古语,会唱蒙古歌,以后,读书学普通话,在中国香港说广东话,在中国台湾说闽南话,在比利时学法文,慢慢地就不会再说蒙古语。此事成为席慕蓉一生最大的遗憾,于是,也就形成了她终生的草原情结。1989年,她发表了还乡散文集《我的家在高原上》,以后写草原的作品一发不可收。

席慕蓉的父亲是锡林郭勒盟正蓝旗人,母亲是赤峰克什克腾旗人。正蓝旗与克旗相邻。锡林郭勒大草原和赤峰的西拉木伦河是歌词中吟咏的对象。提起这条西拉木伦河,它曾是契丹人的母亲河,历史上叫潢河,因而,建在河边的契丹首都上京称为临潢府;契丹灭亡后,元代蒙古人仍称这条河为潢河(西拉木伦河是蒙语潢河的译音)。席慕蓉的母亲就生于潢源(西拉木伦河的源头),外祖母是成吉思汗黄金家族的后人。席慕蓉家族的蒙古姓为席连勃,当时为了在汉人世界交往方便,就以蒙古姓氏第一个字"席"作汉姓。席慕蓉的蒙古名字叫"穆伦",即家乡那条西拉木伦河的"木伦"("大河"之意)两个字的谐音,读起来发音也像"慕蓉"。可见,在她的生命中,

已难以和故乡割舍。近年来,席慕蓉曾三次回克什克腾,到潢源去追吊,到她外祖父创建的小学——现在的经棚实验小学去演讲。《父亲的草原,母亲的河》是一个海外游子饱含亲情、乡情的吟唱。每当席慕蓉自己唱这首歌或是听到别人唱这首歌时,她都泪雨滂沱,不能自已。

《父亲的草原,母亲的河》这首歌,实际上是两个名人的共创歌曲。1999年,席慕蓉回故乡拍了一部纪录片,德德玛看了十分感动,就约见了席慕蓉,并让她写一首歌,歌名就叫《父亲的草原母亲的河》。回到台湾后,席慕蓉写了三次,每次都打电话给德德玛,两人共同修改,最终成稿。所以说,这首歌是两位怀有同样乡音、乡愁、乡情的名人情感碰撞而成的佳作,弥足珍贵。

《父亲的草原,母亲的河》及其作者席慕蓉,就是内蒙古、特别是赤峰和克什克腾对台旅游营销的"接口"。有了这个接口,草原产品就很容易被台湾市场所接受。如果赤峰、克旗聘席慕蓉为形象代言人,其促销效果会更好。

26. 西拉木伦河——中华祖母河

近日去克什克腾旗帮助同程集团开发西拉木沦河项目作规划创意。提出抓住主题不放,这个主题就是西拉木伦河文化。我概括为:

(1) 河小名声大

席慕蓉和德德玛的作品《父亲的草原,母亲的河》唱的就是西拉木伦河,这首歌知名度很高,这两位是不用花巨资请的形象代言人。

(2) 水浅辈分高

长江长6397公里,黄河5464公里,西拉木伦河380公里。最短的河流却被中国考古学会创始人、中国考古学泰斗苏秉琦老先生称为"中国的祖母河"。原话是这样说的:"如果把黄河比作中华民族的母亲河,那么西拉木伦河就是我们的祖母河。"因为这条河的流域孕育了红山文化,这是中华文明的一抹曙光。

(3) 峡短成因奇

世界许多著名大峡谷都是河水长期冲刷形成的,但西拉木伦大峡谷不是,它是地球板块大断裂的产物,若干地质考察已经证实。

（4）村美故事多

内蒙古精华在赤峰，赤峰精华在克旗，克旗精华在柳林。村里有元宝山、聚钱炉、古战场、高人种、三河交汇、大湾迂回、古城遗址、传说神秘的南台村，有吸引人的故事。

产品建设，扭住大河做文章：

（1）祖母河畔作乐篇

此河秦汉时称饶乐水，两晋时称作乐水，寻欢作乐是主题，世界上称旅游休闲为"乐活"，主旨一致。可开展：①在祖母怀中滑水；②在祖母的掌上滑冰；③在祖母的肩头滑草；④在祖母的背上滑沙；⑤在祖母的头上滑索；⑥在祖母河畔拜河神；⑦普度桥头讲故事；⑧水上疯玩嘉年华。创意项目：为孩子们做的"作乐水畔快乐童年"，选择郝中峪夏令营项目引进；聚钱炉换村币；定向寻宝项目：下大地寻古钱；元宝山创意：企业家沙龙，登元宝山把金钱踩在脚下；白天商道论坛，晚上观星赏月，夜宿元宝神床；山顶八毡房，房内元宝床——睡在元宝上的民居。用美国国务卿鲍威尔当床垫推销员时的广告语：你愿意和我睡吗？元宝山又像神龟探海，在尖头处建独占鳌头观光餐厅，办主题宴会：金榜宴、谢师宴：人生得意最佳时，金榜题名谢恩师；新婚宴：命好钓得金龟婿，子孙绵延福长流；赏月宴：文人雅士多相聚，茶酒书画品管弦；吹牛宴：人生得闲须尽欢，狐朋狗友侃大山。

（2）祖母河畔养生篇

中药膳、欧李酒、有机蛋、肉、鱼、粮、菜；穿丁鱼200元1斤，壮阳补阴有奇效；冬季养生项目策划；针对自驾车打造后备厢工程。

（3）祖母河畔科考篇

平顶山地质科考；世界地质公园石阵科考；大峡谷穿越、半拉山寻奇：看大地断裂。

（4）祖母河畔探秘篇

6000年的百岔岩画；波尔贴皇后故里游；金界壕、聚钱炉访古；达里湖看冬捕；茶马古道；摄影天堂，自驾秘境。

把南台打造成寻欢作乐谷、健身养生谷、科考见学谷、摄影天堂谷、自驾秘境谷。克旗旅游以自然风光取胜，但缺少玩的项目。抓住上面的项目就抓住了市场的独特卖点。

有了产品骨架，还要为她还魂：祖母河是魂之一，普渡桥是魂之二。西拉木沦河隋唐时称弱水，正是佛教传入中国之始。佛经有言："弱水三千，只需一瓢。"这是教人行善，普度众生。牛亚彬作为外出打工的企业家回乡投资，这是新时代的新乡贤。品牌塑造：农旅融合的样板，乡村振兴的标杆，带乡亲同程致富，企业家中的乡贤。

27. 中国文明史起源与红山文化

《北京日报》2003年12月29日载长文，其中《史学篇》中，关于《中国文明史起源问题》有如下论述：在五个"文明中心"说中，提出"辽河流域文化中心说"，赤峰的红山文化并非受黄河仰韶文化的影响才形成的，远古时期并非落后于中原文化。关于中国文明起源的时间也有新说，有学者根据20世纪后期中国考古发现的成果，将其上推到1万年前，即分为"上下两个五千年"，上五千年是文明的起源过程，下五千年是文明的发展过程。

红山文化的发现，可追溯到20世纪之初。1908年，大名鼎鼎的日本考古学家鸟居龙藏来赤峰调查了英金河畔的几处新石器时代遗址；1924年，法国神甫、博物学家桑志华（Emile Licent）和德日进（Pierre Teilhard De Chardin）来到红山新石器遗址进行调查采样；1933年，日本人牟田哲二把红山的陶器、石器和青铜器带回日本；1930年，著名考古学家梁思永来遗址进行调查；1935年，东亚考古协会对红山遗址进行大规模勘察和挖掘；1938年，挖掘报告《赤峰红山后》问世。从此，红山新石器遗址为考古界所熟知；中华人民共和国成立后，北京大学考古系又来此进一步作调查和发掘，遂将其正式命名为红山文化。

以百年发现为基础，红山文化积淀甚深甚早，"在与之同时的中国新石器时代文化中占据最高的发展水平，这已是不争的事实"（摘自曲风《红山文化：中华文明的曙光》）。红山文化创造了许多中国文化的"第一"：诸如堪称"华夏第一村"的兴隆洼文化、"中华第一龙"的玉龙、"龙凤呈祥第一图"的赵宝沟文化壁画等。"兴隆洼文化"距今至少有7000年时间，作为红山文化的前身查海文化（辽宁阜新）中的巨龙，距今已有8000年的历史，它与黄河文化并行，形成后来的"红山文化"，被中国文化史界称为"中华文明的曙光"（见国家社会科学"七五"重点项目、国家社会科学资助项目——《中国古代北方民族文化史》，国家有突出贡献专家张碧波、董国尧主编，黑龙江人民出版社出版）。

2004年1月29日，《南方周末》以整版篇幅刊登曲风《红山文化：中华文明的曙光》的文章，以大量史实发现为证据，红山文化成为"中华文明的曙光"。历史学家在这篇文章的标题上标出："我们中华民族的文明之源因此提前了1000多年。"

著名考古学家苏秉琦、郭大顺对红山文化都有论著。苏秉琦先生认为："红山文化同中原以及中国其他地域相比，在文明起源史上处于'先走一步'的前导地位。"我国考古泰斗夏鼐先生遵循上述理论，认为殷墟具备了城市、文字和青铜器三个要素。礼器不仅是青铜器，玉器也是。红山文化"'惟玉为葬'实质乃是'惟玉为礼'"。刘素侠在《红山诸文化所反映的原始文明》一文中认为："红山后期出土的陶器上的刻画符号应当是原始的文字，同时其聚落城壕的出现、青铜冶炼依存的发现以及复杂的礼仪都足以证明红山文化已进入一个文明社会。"辽宁省文物考古研究所原所长孙守道先生从"黄帝为有熊"的说法考证，得出"暗示红山文化的活动区域正是黄帝时代的活动中心"的结论。王曾先生将考古发现和古史传说结合起来，"推断红山文化正是商文化的祖先"。马承源先生以考古发现"为据认为良渚文化的形成乃是受到了红山文化的影响"。

由于远古文明在赤峰地区形成较早，逐渐孕育了先进古族——东胡，使这里成为鲜卑和契丹文化的发祥地。一度兴盛的鲜卑开疆扩土，不仅拥有蒙古，整个西伯利亚也以其族名命名（实际应译为"鲜卑利亚"），后来曾建立北魏政权。契丹的疆土也曾北达蒙俄，西及中亚，南越幽燕，建立了与大宋割据的辽政权，北京就曾是辽国的陪都。鲜卑和契丹这两个古族统治的面积相当广阔，充分证明了他们当时的强大及"辽河文化中心说"不无依据。

许多史学家称，红山文化早于黄河文化，"如果黄河是母亲河，那么辽河之源西拉木伦河就是祖母河"。北京大学景观规划中心所做的《赤峰市旅游发展总体规划》中提出了中华文明的起点，打造祖母河的形象的概念，不仅有依据，也提升了赤峰旅游资源价值。"辽河流域文化中心说"是我国史学界研究的一大成果,也将是赤峰旅游产品入世的重要"接口"。

28. 河南滑县——名人与鸡、酒

2003年7月5日,我赴滑县参加《瓦岗寨景区规划》评审会。我在发表意见时谈到,文本下了功夫,但落实起来有两难:第一难,一般景点主题确定后,要把文章做深做透做足,但瓦岗寨历史主题是农民起义,这个主题无法做足,要有限制地开发,这就很难;第二难,滑县是国家级贫困县,政府无钱搞开发,1400万元景点建设预算无着落。有这两难,规划通过后很可能被束之高阁。如何解决?我献了一条"曲线救急"之策。

筹资问题不能由政府包下来,要采取市场运作的办法来解决。第一,调动本地民营企业的积极性;第二,招商引资。如果不成,就"曲线救急":前一晚就餐时,我了解到本地产的"冰堂春"是欧阳修在此任知州时主持酿造的,被陆游称为"天下第一名酒"。滑县还有一宝,就是道口烧鸡。如果请因为几部清宫电视剧热播而走红的河南作家二月河在央视黄金时段反复播放广告:"就着道口烧鸡,品天下第一名酒,乃神仙过的日子。"两个历史名人加一位现代名人,合托两个老字号产品,五大名牌产生的叠加效应,就会使两个商品(鸡和酒)的知名度和身价大大提高,附加值瞬间增加。只要注重产品质量,把营销网络铺开,就会迅速行销全国,两年内就会获得巨大经济效益。于是,修景点和其他建设所需的款项也就自筹到位了。

这个"曲线救急"之计,就是"东方不亮西方亮""东家无钱西家讨"。把市场与产品连接起来的"接口"就是3个名人。名人效应发掘得越好,经济效益越佳,滑县不妨一试。与会专家鼓掌赞同。

29. 河南——寻根访祖游

"根"文化、"祖"文化,是打造品牌制高点的元素。河南,"根"文化底蕴深厚。所谓"根",即为与海内外各地各方各类人群发生某种关联的"接口"。诸如姓氏寻根、武术寻根、军事寻根、知青寻根、易经寻根等。这些是开展寻根访祖游的丰富内容。

30. 姓氏寻根

河南是中华姓氏文化的发源地,在中国百家姓中,有73个姓氏发源于河南,经数千年演变,他们的后代遍及华夏大地;素有"陈林遍天下,黄郑

附录一　市场营销100个接口

排满街"之称的海外四大姓均起源于河南。近年来兴起的寻根问祖游，河南成为热点是不足为奇的。2003年，世界客属第十八届恳亲大会在河南举办，体现了海外赤子心向祖国，炎黄子孙根系中华的情结。这种情结山难隔，水难阻，岁月流逝也难消磨。随着祖国日益强盛和旅游业的发展，有这种情结的海内外人士是值得重视的客源层，寻根问祖游必将成为重要的专题项目而使旅游产品更加丰富。

31. 武术寻根。

武术，是中华传统文化的奇葩。多少年来，少林功夫和太极拳蜚声海内外，成为外界了解我们的窗口之一。河南堪称中国功夫的故乡，登封嵩山少林寺是少林武术的发源地，温县陈家沟是太极拳之乡。这两个地方的武术和拳术最正宗、最普及，不仅具有观赏价值，更重要的是具有强身健体价值，因而到这里研习的人群蜂拥而至。在对外促销中，先来一套地道拳脚，再附以声情并茂的推介，"河南风"便呼呼刮起，发挥了"征服"的作用。我在20世纪80年代带团去东南亚促销，少林拳让华裔们目瞪口呆。

32. 军事寻根

河南淇县云梦山有一处很有特色的人文景点，即中国第一所古军校——战国军庠，是中国历史上著名的军事理论家鬼谷子办的。鬼谷子，名王蝉，又名王翊、王利，因隐居鬼谷，故自号鬼谷子。此人长于养性持身和纵横捭阖之术，著有《鬼谷子》兵书传世。战国时，鬼谷子隐于云梦山，聚徒讲学，培养了苏秦、张仪、孙膑、庞涓、毛遂等历史上著名的纵横家和军事家。现在，古军校仍占地百亩，庙宇30余间，并存有名胜12处。学军事，学商战战法，此处不可不来。近年，这里举办过全国鬼谷子学术研讨会，军委、总部多位首长讲话、题词。因此，云梦山战国军庠成为研习古代战法、兵策、军事理论的培训班，也是一处极具特色的旅游景点，参观后让人长见识。正所谓"玩中得道，不亦乐乎"！

33. 河南——名人

某地人们可能不知道，但那里出了一个大多数人都知道的名人，只要把这个名人与这个地方联系起来，这个地方也就成了名地，从而访者蜂拥而至。这个名人就是连接某地与客源的接口。

河南历史悠久，人文荟萃。传说中的三皇五帝在中原活动，伏羲在淮阳，轩辕故里在新郑，燧人氏在商丘。还有军事家诸葛亮、科学家张衡、民族英雄岳飞、药圣张仲景、医圣华佗、水圣大禹、画圣吴道子、诗圣杜甫等，历史上1000多名思想家、政治家、军事家、文学艺术家、科学家出在河南。只要对号入座，河南的许多地方的知名度就会随这些名人而腾飞。

34. 河南——名地

在历史上，有20多个朝代，200多位帝王在河南建都，中国七大古都河南就有3个：安阳、洛阳、开封。这些地方文化古迹、山水名胜自然上乘，因而有条件成为旅游胜地。这些是宣扬地方形象、振兴地方经济的接口或突破口，应该是营销的重点。

35. 名诗与宁夏

唐朝诗人王维《使至塞上》"大漠孤烟直，长河落日圆"十分著名。近人王国维称这两句诗为"千古壮观"。诗中描写了大漠、长河（横贯沙漠的黄河）、长城烽火台上直奔云天的燧烟（宋陆佃《埤雅》：古之烽火用狼粪，取其烟直而聚，虽风吹之而不斜）。自我国发展旅游业以来，各地品牌意识有所增强，名人、名诗、名言成为争夺对象，比如上述这两句诗和"天苍苍，野茫茫，风吹草低见牛羊"的民谣使用上有点泛化，凡是有草原、大漠、黄河的地方都在用。一般地讲，这没有什么错。

但再好的东西，大家都用，也就不值钱了。所谓"核心竞争力"，就是别人抢不走、偷不去、学不到的东西。因此，有竞争力的产品是提炼出有"独特卖点"的产品。这个独特卖点具有唯一性、排他性、垄断性。我们所讲的优势，有先发优势、后发优势、比较优势、不对称优势。这些优势有时是显性的，有时是隐性的。一般地讲，不对称优势是显性的，独特卖点容易找。比如，西安的秦兵马俑，宁夏的西夏王陵、六盘山的毛泽东和成吉思汗两代天骄活动遗迹共聚一山，都是独一无二的。但有些独特卖点是靠主动性抢占后通过强势媒体造势夺来的，如香格里拉。有些独特卖点是抚去烟尘始见珠，是在比较优势中剥离出来的。

比如，王维的诗《使至塞上》，如果能找到原创地，这个"千古壮观"的景点就是唯一的。我们分析一下全诗，并弄清当年王维出使的路径，便一目了然了。全诗为：

　　单车欲问边，属国过居延。

　　征蓬出汉塞，归雁入胡天。

　　大漠孤烟直，长河落日圆。

　　萧关逢候骑，都护在燕然。

诗中几处关键地名：居延，在今张掖西北；萧关，在宁夏固原东南。翻检史籍，进行考察，王维出使路线基本可以勾勒出来：唐开元二十五年（737年），河西节度副使崔希逸战胜吐蕃，唐玄宗命王维以监察御史的身份出塞宣慰，察访军情。他从长安出发，沿丝绸之路乾县、长武进入甘肃泾川、平凉而后进入宁夏固原萧关，在此处听到骑马的侦察员报告，河西节度使此时不在居延，而在今外蒙古境内的燕然（杭爱山）。诗人继续前行，通过宁夏灵州、中宁、中卫，沿腾格里沙漠南缘西行渡黄河至景泰，过武威而张掖，从张掖北上而去居延。大致是这样一条路线，而具备诗中所写的丝路、大漠、长城、黄河四大品牌于一地的位置，只能在中宁至景泰之间的腾格里沙漠南缘的黄河边上。

如果在这一带寻找到这样一个地方，这就是欣赏"大漠孤烟直，长河落日圆"的最佳位置。这在东北、华北、西北拥有丝路、大漠、长城、黄河资源的省份中是独一无二的、是别的地方无法争去的。因此，宁夏就扛上了一面旗帜，创造了一个王牌：海内外游客，要欣赏四大品牌聚于一地的美景吗？请到宁夏来。"汇集四绝佳境，再现千古壮观"，打造王维"大漠孤烟直，长河落日圆"原创地品牌，就抓住了"独特卖点"，是宁夏旅游产品的一大亮点。可以与西安、北京等地开辟王维"千古壮观"旅游线，这对京城、港澳台和世界华人具有吸引力，也会给"精神家园"主题增加了理由而为市场所接受。

36. 毛泽东、成吉思汗与六盘山

宁夏是一个旅游业落后的省份，要实现跨越式发展，需要找助力、找市场接口。实现名人带动战略，就是其中之一。比如，把历史名人在宁夏范围内的活动遗迹、所写的文章、诗篇等找出来，挑选最有价值的内容与资源和市场对接。与资源对接以增强产品的文化底蕴，与市场对接以提高产品的知名度。

比如，六盘山，与中国两个历史巨人相联系。这两个巨人，一个是成吉思汗，另一个是毛泽东。成吉思汗创造了世界上版图最大的帝国。他统一了蒙古各部落之后，先后把欧亚大陆40多个国家、700多个民族收入他的蒙古帝国。美国科学院名誉院士捷克·法萨切优德说："成吉思汗改变了世界地图。"成吉思汗也是千年来世界最富有的人。据《亚洲华尔街日报》报道，近1000年来，50位全球最富有者中有6位是中国人，成吉思汗就是其中之一。据日本专家估计，成吉思汗是人类历史上的千年首富，他墓穴中的陪葬品足够现在的蒙古人坐吃300年。这种猜测有多大根据是一回事，成吉思汗之谜吸引世界上许多人的关注是确实的。这一点正是与成吉思汗有关联的地方的最大卖点。66岁的成吉思汗征伐西夏经六盘山，得重疾于1227年8月25日病逝，至今这里还有传说和遗迹可寻。

与成吉思汗时代相隔700多年后，毛泽东率领红军于1935年10月在宁夏会师，在六盘山上写下"不到长城非好汉，屈指行程二万""今日长缨在手，何时缚住苍龙"的不朽诗章。

而且，一提到这两位在世界知名度、影响力极高的人，人们会一下想到毛泽东的那首著名诗篇《沁园春·雪》中关于历史帝王的描写："惜秦皇汉武，略输文采；唐宗宋祖，稍逊风骚。一代天骄，成吉思汗，只识弯弓射大雕。"四位最著名的皇帝，诗中只用了32个字，成吉思汗一个人，就用了15个字。这样两位都与六盘山有关系的历史巨人，无疑增加了六盘山景区的独特魅力。

37. 中外友好城市与旅游营销

中国人民对外友好协会所负责的友好城市工作有了长足发展。在面向21世纪的国际舞台上，努力贯彻中国独立自主的和平外交政策，遵循和平共处五项原则，开展多层次、全方位的民间友好外交工作。它除了已和世界上130个国家的550个民间团体和组织机构建立了友好合作关系外，目前为止，中国在世界131个国家建立了2022对中外友好城市。利用友好城市交往的渠道搞好旅游营销，这是中国旅游产品与客源市场对接的重要"接口"。中国的1128个城市，如果都注意从国外对口的友好城市入手，有特色、有针对性地搞好旅游营销，进而扩大影响，增加该国旅游客源，就会对我国入境旅游市场产生重大影响和变化，从而使旅游业为改善我国国际环境和增加外汇收入做出重大贡献。

38. 杜牧与汾酒

山西汾酒的漂亮酒瓶上，写着杜牧的诗句：借问酒家何处有，牧童遥指杏花村。杜诗是汾酒的市场接口，确定无疑，以前都这样认为。我前几年去安徽贵池讲课，知道了杜牧在他们那里为官，诗句是写他们的杏花村，而非山西汾阳的杏花村。主人并拿出根据："明嘉靖二十年（1541年）《池州府志》：杏花村在城西里许，杜牧诗'借问酒家何处有，牧童遥指杏花村'，旧有黄公酒垆，后废，余酒圈在民田内，上刻'黄公广润泉'。"清版《杏花村志》还说："吾池杏花村，自昔开荒，于唐始著，贤刺史好游，特长吟歌。雨中所见以纪实，有行人取道，看遥指……"看史志，听介绍，我明白了：杏花村原址和杜牧诗的背景与池州有关。进而我上网一查，这"杏花村"复杂了：除了山西汾阳、安徽池州，还有湖北麻城、江苏南京、西安樊川，大家都在争。我太明白了：这是旅游业发展中的一个现象：争发源地就是争品牌。

我沉思良久，结论如下：发源地最有说服力，如果早争早做，品牌不会流失。但反应迟缓，谁先争到手，品牌就归谁。百年品牌竞争历史，不乏其例。山西汾阳，杜牧没有在那做过官，杜牧写的杏花村不可能是那里的。但他们最早注册，法律认注册，这是公理。最重要的是酒得好，没有做出好酒，其余的都是废话。汾酒成为中国清香型白酒的代表，酱香型代表是贵州茅台，浓香型白酒代表是宜宾五粮液，米香型代表是桂林三花，复香型代表是遵义董酒。只要这些品牌尊重历史传承，尊重消费者权益，品牌被别人代替是没有可能的。但如果欺世盗名，不认真做品牌了，让位是分分钟的事。谓予不信，请拭目以待。

39.《山海经》与旅游发端

作为研究，了解人类的旅游活动的发源是必要的。美国人罗伯特·麦金托什、爱希肯特·洛波特所著的《旅游学》认为：旅游的起源大约是在公元前4000年左右的时候，当时的苏莫人（巴比伦）发明了货币，贸易交往随之兴起，这便标志着"旅游时代"开始了。该书还认为，世界性的旅游行为是在距今数千年以前的古埃及产生的。大约在公元前1490年之际，荷赛普赛特女王就曾兴致勃勃地访问了旁特（Punt）地区（可能是今日的索马里）。作者认为这是世界上第一次"为和平和游览"的目的所进行的旅行。在中国也有这类的史载：在公元前1001—前947年，就有周穆王与西王母相会于昆仑山的旅行。《山海经》是一本奇书，其所载正是当时人们外出旅行（不管它是出于什么原因和目的）的所见所闻。这些材料都可以证明：旅游作为一种历史现象早在数千年以前就发生了。《山海经》是现代人了解旅游纵向发展链条的一个接口。

40.《易经》第五十六卦与旅游业

关于旅游最早的定义，在中国可以追溯到殷商时期。安阳羑里城，号称中国历史上的"第一监狱"，是殷纣王关押周文王的地方。"文王拘，而演《周易》。"这里有一块巨大石碑，镌刻着文王所演的"六十四卦"。其中第五十六卦为"旅"卦。现将卦象、卦名、卦辞解释一下：卦象为，上离为火，下艮为山，"山止于下，火炎于上，为去其所止而不处之象"，故卦以"旅"名之。卦辞为："小亨，旅贞吉。"意思是：客居他方，受人恩惠，各方关系得处理好，可得平安；旅途受条件所限，不可能成就大事，故辞曰"小亨"。然而要实现这个"小亨"，也不可随便从事，要坚守正道，方可获吉祥，故卦辞曰"旅贞吉"。正如朱熹所说："旅非常居，若可苟者，然道无不在，故自有其正，不可须臾离也。"也就是说，旅游是外出寻求乐趣，但也要守法遵规，方可平安无事，正所谓"旅之时义大矣哉！"

在中国文化中，《周易》六十四卦第五十六卦中对"旅"字的解释，是我所发现的关于旅游最早的定义了，距今已3100多年，比南朝梁诗人沈约的《悲哉行》所提及"旅游"一词要早1600年。其关于"旅"所强调的主要内容，至今仍有现实意义。所以，要写《旅游史》，其开端之据，这《六十四卦》的"旅"卦不可不提。**去其所止而不处**。我解释为，离开原住所停下来，但不久住，是为旅。看看，古人3000年前给旅游下的定义，多么准确，简洁得只用7个字。

41. 旅游与审美意识的形成

在我国,"旅游"一词出现在南朝时期,当时的山水诗和山水画盛行于世,伴随旅游实践的蓬勃发展,表现出对自然美的审美意识迅速显现。这一点有诗为证。请看南朝(梁)诗人沈约的《悲哉行》一诗：

旅游媚年春,年春媚游人。

徐光旦垂彩,和露晓凝津。

时嘤起稚叶,蕙气动初蘋。

一朝阻旧国,万里隔良辰。

这是"旅游"作为一个完整的词汇最早的出处。是山水诗与旅游活动结合的产物,是旅游活动中审美意识的表现。诗中所述旅游成为时尚,春游更是旺季,花开时节,游人如织的盛况,纵使过去了1500多年,依然徐光满眼,蕙气喷鼻。

42. 红豆与爱情

唐代著名诗人王维有《相思》一首,只写"红豆",托物寄意,盼与友人长相思,勿相忘,是咏物诗中不可多得的佳品：

红豆生南国,春来发几枝。

劝君多采撷,此物最相思。

生于南国的红豆,花似皂荚干如槐。这高大挺拔的乔木,皂荚中的红豆,经王维诗咏,成了友谊的象征,后来又被人们演绎发挥,成了爱情的象征。情侣之间多赠红豆,以表相思。所以,在南方生有红豆的景区,红豆被开发为旅游纪念品,也成为婚庆活动的信物之一。

43. 情侣果与汝阳西泰山

河南汝阳西泰山有一个"情侣谷",谷中生长着一种野生藤本植物,其果实为两个大小不等、两头相连的豆荚,当地百姓为之取名"情侣果",并流传民谣一首：

情侣果

一个个子低,一个身材高,

一个仰着脸,一个弯着腰;

上看头碰头,下看脚挨脚。

二人笑嘻嘻，甭提多亲密；

又是看，又是亲，今生今世不分离。

这首民谣虽不及王维《相思》诗中咏红豆的句子文雅，但更大众化。"情侣果"生在"情侣谷"，确实是开展与爱情有关的旅游活动很好的接口。如以其果作纪念品再配以这首民谣，既活跃现场情绪，又有纪念意义：睹物思情、睹物思人、睹物思地，怀念寄于这"情侣果"上，真是情意绵绵无终期。

44. 英国学者与长征路

2003年11月3日晚，在68年前中国工农红军抵达吴起镇时举行欢迎仪式的地方，胜利完成重走长征路的英国人李爱德和马普安受到当地政府、群众和诸多媒体的热烈欢迎。历时383天、行程6100公里的壮举在年轻"老外"的脚下完成，李爱德成为继共产国际代表李德之后，第二位走完长征路的外国人。一个叫李德，一个叫李爱德，不知道这是有意起的中国名字，还是一种巧合。

长征，是中国革命的壮丽诗篇，以其巨大的魅力不断引起中外人士的讴歌和传诵。在一些外国朋友所写的介绍中国的书籍中，时常提到长征；八角帽更是许多外国朋友爱买爱戴的纪念品。在中国建军60周年时，魏巍的《地球的红飘带》出版，这部专门描写长征的长篇小说曾掀起了一个"长征热"。

2002年，36岁的英国学者李爱德和35岁的英国记者马普安宣布要重走长征路。我得到消息，立即告诉时任贵州省旅游局局长杨胜明，希望她给予关注和配合，并将此事作为对外营销的接口。不久便得到消息，贵州省旅游局已聘请两位英国青年为该省"红色之旅"主题活动的形象大使。

这一做法，一定会收到好的效果。因为，以外国人的亲历宣传"红色之旅"最有说服力，特别是对海外游客。即使没有天上的飞机轰炸，地上的敌军围追堵截，仅仅大自然带来的困难，在一年多的时间里，两个年轻人忍饥受冻，致使记者马普安曾一度患严重的胃溃疡不得不中途返回北京治疗。他们从自己的亲身经历中，切实体会到长征是伟大壮举，这个精神遗产是全人类的。一路上，他们用大量的文字和图片记录，光胶卷就拍了300多个，采访了100多个长征见证人,拜访了10多个仍健在的老红军。他们要搞图片巡回展览,要出版书籍。随着我国媒体和英国BBC、《泰晤士报》、路透社、《每日电讯报》等媒体的宣传,一个新的"长征热"将在中国大地和英国掀起。

在2004年全国旅游工作会议上,上海、江西、福建、广东、陕西、河北、北京七省市共同签署了红色旅游《郑州宣言》,这是好事,跨地区、跨市场进行资源整合的做法值得提倡。但找好"接口",有利于产品营销。贵州的做法也值得这些地方学习。

45. 契丹与中国

我的家乡赤峰,不仅是红山文化的发祥地,也是契丹、鲜卑等民族的故乡。20世纪80年代,我向中国方志泰斗傅振伦老先生请教契丹在中国历史上的地位。他问我:学过俄语吗?我答:学过。俄语中国这个词怎么说?我答:Kitay。傅老说:Kitay就是契丹。不仅斯拉夫语系这么称呼中国,中古英语和古代穆斯林文献称中国为Cathay和Kata,这都是"契丹"的译音——这些在俄汉、英汉等词典中均可查到。在中华民族数千年发展史上,一个少数民族名被世界公认为中国的名称,只有"契丹"一个。

这是因为契丹人曾创造过举世震惊的辉煌:中国首都北京是契丹人建立并作为辽朝的陪都。他们不但在中国版图内建立起"东际于海,西至流沙,南括雄州(河北容城),北达胪朐(今蒙古国克鲁伦河)"如此幅员辽阔的北国契丹王朝;而且早在成吉思汗之前,就建立了面积超过400万平方公里的中亚最强大的西辽王朝。其影响超越地中海,其强盛程度让世界几大语系皆称中国为"契丹"。赤峰对国外的营销,应该把契丹作为与客源市场对接的接口。

46. 丝绸之路与中国国名

我收集了历史上外国对中国的若干称谓。

震旦(Sinian):古印度对中国的称谓。过去曾认为"震旦"是一种鸦雀,是中国特有的鸟。其实,"震旦"是5.7亿年前到18亿年前的地质年代,这段时间在生物演化历程中具有承前启后的意义。

丝国(Seres):也称塞里斯,古希腊和罗马对中国西北地方及其居民的称谓,意思是"丝的"或者"丝来的地方"。这大概距现在有近3000年的历史。因此,我们有理由说明丝绸之路的形成要比现在的传统说法——认为"是从张骞出使西域开始的"要早许多。因为在张骞去西域之前,东亚、中东一些国家已经种桑养蚕,他们称中国为"丝国"本身,就是明证。

契丹(Cathe):俄语称中国为"契丹"。斯拉夫语系和古英语都称中国为Cathe;宋辽代时期,当时的北方民族如女真、蒙古等都把中原地带叫作"契丹";中亚欧洲"只知契丹,不知有宋"。随着这些民族和北方或西方的交流融合,"契丹"的名字逐渐表示中国的土地。在中国的历史上,以一个少数民族的族名被世界作为中国的代称的,只有契丹一个。可见契丹在世界史上的影响有多大。

陶瓷(China):18世纪以前,中国昌南镇(今景德镇)的精美瓷器在欧洲很受欢迎,人们以能获得一件昌南镇瓷器为荣。欧洲人因此把"昌南"作为瓷器(china)和生产瓷器的"中国"(China)的代称。

清国人(Chink):源于清朝的"Ching",在英文的俚语中意指"中国人",带有贬义。

中国风(Chinoiserie):18世纪中期,法语中专指一种非常流行的艺术风格。当时,很多设计师和工匠大量采用中国题材,如中国服饰、龙、宝塔,结合艺术家的想象创造出各种新形象。后来演化为中国风格、中国工艺品,也有"中国的""中国人"的意思。

西内逊(Chinees):荷兰语中专指华人的词。现在,西内逊有两个含义:一是指"到中国餐馆里去吃饭";二是指"中国人"。

掌柜:19世纪初,韩国用"掌柜"一词来称呼那些到朝鲜的中国人,意思是中国人精于算计,善于做生意。

船国(NuocTau):越南民间把中国说成"船国",把居住在越南的华人称为"三船",意思是中国人是坐船来到越南的,中国的船舶制造业让越南人羡慕。(据《中国劳动保障报》)

唐山、唐人:辞海中册第2236页:"唐人,唐代盛时,声誉远及海外,后来海外各国因称中国人为唐人,大的城市有唐人街。""唐山,华侨、华裔对中国一种习惯的称呼。"

从上述称谓来看，多数与丝绸之路有关。丝绸是丝绸之路的主要货物，契丹也是因草原丝绸之路向西延伸而影响力增加的，瓷器是海上丝绸之路开通后才从水路运往国外的，船国更是当年中国因是造船大国而得到的称谓。现在，加强"一带一路"建设，是习近平总书记提出的我国和相关国家双边或多边关系发展的重要建议。上述正面的称谓，仍然是我们和这些国家交往的重要接口。

47. 樱花——中日旅游

1985 年，我率团参加日本筑波世博会。其间，建议日本友人坂本敬四郎先生组织植樱团，作为中日友好活动和经常性的特色旅游项目。

从此，坂本先生把组织"樱友谊林活动"当作了毕生事业。这一活动从 1985 年开始发动，1988 年开始成行，以后从未间断：万名以上日本朋友专门来中国植樱；影响了数十万亲友来华旅游；植樱队伍从群马县逐渐扩大到全日本；目的地从无锡一个城市发展到数十个中国城市；有 15 万日本朋友为此项活动捐款，声援和支持者从普通百姓到福田赳夫、中曾根康弘、小渊惠三、二阶俊博等 73 位日本政要、党魁及更多的县市知事。

"樱友谊林活动"为中国带来了数十万计客源和巨大的经济效益，也促成了数以千计的中日合资企业；这一活动既是一项很有特色的绿色之旅，又是具有深远影响的中日民间友好活动。

坂本敬四郎先生在 2003 年给我的信中说：

"17 年来，因为植樱活动，我与邵春先生结下深厚友谊。邵先生 1985 年访问日本，1986 年我们成立日中樱花友谊林全国实行委员会，至今已 17 年了。过去的许多事情犹然在目。今生有您这位好朋友，给予我们许多很好的合作，不胜感激。"

"政府是不断更换变化的，而人民是决定历史的真正主宰者。只要让日中友好之花根植在两国人民心中，就能从根本上避免战争悲剧的重演。"外交部副部长、中国驻日本全权大使徐敦信也给我写信说：从种樱花到大使莲，中日友好花为媒。荷花和樱花成为中日两国人民友好的接口和媒介。（详见本书 Part4 第二十五章《以花为媒》）

48. 世界几大选美活动与旅游形象大使

世界五大选美活动分别是：国际小姐、世界小姐、环球小姐、地球小姐和世界旅游小姐大赛。

国际小姐首届比赛于1960年在美国加州长滩举行，直到1967年。1968—1970年转移到日本举行。1971年重回美国长滩，但1972—2007年期间，除了2004年和2006年在中国北京举行外，其他全部在日本举行。2008—2011年举办的四次大赛，全部在中国举行，其中三次都在成都。2012年后重返日本至今。

世界小姐于1951年由爱瑞克·莫里在英国南岸创立，是世界几大选美活动之一。

环球小姐又称环宇小姐，一年一度的国际选美比赛中的获胜者有时简称为环姐。该项比赛于1952年由美国加州太平洋米尔斯服装公司创立，其总部设在菲律宾。

目前地球小姐赛事都在菲律宾当地举行，只有2010年和2015年赛事在越南和奥地利举办。

世界旅游小姐（Miss Tourism International），是一项国际性旅游文化使者评选活动，是全球性的选美赛事，自2009年进入中国迄今已经连续举办了9年。2006年第十三届世界旅游小姐年度皇后大赛执委会曾聘任作者为顾问。

五大选美赛事选出的得奖小姐，分别被国际有关组织和有关国家旅游机构聘为形象大使。比如，模特李茜参加世界旅游小姐大赛后，受聘担任云南旅游形象大使；演员及莉曾荣获第十三届世界旅游小姐年度皇后大赛中国区冠军，担任第十四届世界旅游小姐年度皇后大赛形象大使。

49. 媒体——产品进入市场的接口

在营销过程中，要使产品尽快地进入市场，选择好媒体十分重要。这里的关键是要根据目标客源层来选择媒介，而不是根据"发行量"来选择媒介。

从广义上说，整个日本国民都是我们的宣传招徕对象。但从日本客源市场的发展趋势看，我们必须在吸引青少年上做文章。而青少年这个市场也是十分广大的。我通过调查和比较，认为最有可能来华旅游的是：修学旅游的学生、有工作的未婚女青年、出国度蜜月的新婚夫妇。上述三种人，是日本大市场中的三个目标市场，应该作为我们今后一段时间宣传招徕的主要对象。此外，中老年人、农民和商务旅游者等阶层，也不能忽视。

明确了对象，就应针对不同对象的要求，开辟多种旅游宣传项目，使宣传品专题化、系列化。

要减少营销成本，还必须选准突破口。比如家庭旅游，我们经过多方面的调查，了解到在日本，去不去旅游，一般是男人说了算；去什么地方旅游，一般是妇女说了算。这就是说，在旅游目的地的选择上，家庭主妇起着决定性作用。要吸引家庭旅游，家庭主妇就是我们宣传的突破口。同样，日本的新婚旅游和女青年出国旅游，其宣传的突破口是青年妇女。这不难看出，在日本客源市场上，对妇女的宣传，应该引起我们极大的重视。修学旅游的突破口是什么呢？目前，日本组织修学旅行的学校多为私立高中，学生们到哪个国家去旅游，是由老师决定和安排的。所以，修学旅游的突破口是私立高中的老师、校长、教导主任。

要选准媒体。在日本这样的商品社会里，广播、电视、报刊繁多，而每一种媒体，都有自己的读者群。各种媒体每天都在轮番进行"广告轰炸"。利用外力为我们宣传，必须注意选准宣传媒介。否则，费力组织的宣传会被广告的汪洋大海吞没而泛不起任何波澜；你的宣传对象看不到，这个宣传就等于白做。

一般地说，电视是一种很好的宣传媒介。据统计，日本有家庭3580多万户，几乎平均每户有黑白、彩色电视各一台。平均每人每天看电视3小时，晚上80%以上的家庭都开着电视机。这些数据说明，利用电视宣传，是易于收到效果的。我们应该拍摄修学旅游、新婚旅游、购物旅游、疗养旅游等专题电视片向日本电视台提供。

日本的报刊很多，都拥有自己的不同的读者。我们要对妇女和学生宣传，最好选择妇女和学生的读物。以杂志为例，日本的女性杂志较有影响的有103种，如《周刊女性》《女性自身》《妇人之友》《夫人画报》《妇人公论》《家庭画报》《营养与料理》等。日本的青少年杂志较有影响的有83种，教育杂志有14种。我们可以邀请这些杂志的记者来访，通过他们写文章向妇女和青少年做宣传。实践证明，这个办法取得了很好的效果。

50.《夕阳红》与德天瀑布

广西德天瀑布，是中越边境的跨国瀑布，被广东的一位民营企业开发经营。几年来，南方市场开拓顺利，但北方市场一直打不开。2003年，德天瀑布的老总几次来京找我，我建议他们针对北方老年市场，与央视《夕阳红》栏目合作，搞访谈节目。

我当嘉宾录制了两期节目，在央视一套、二套、四套轮番各播两次，一下引起轰动性效果，北京50多家旅行社立即组团去广西踩线。不久，北方市场迅速启动，德天瀑布一年四季都红火起来。

51.交通台——城市圈旅游值得重视的媒体

城市圈的交通也日益发达，500公里半径当日往返。因而，每逢周末、节假日，城里人下乡、乡下人进城，目前已成为旅游时尚。这是郊区、卫星城山水游和农家乐项目比较火的原因。

但在营销媒体利用方面，景区比较重视电视、报纸和路牌等，不太重视广播，特别是不重视交通台的广播。我最近为河北、河南讲营销课时，建议他们要特别重视在北京交通台上做广告。

理由是：一是以北京为中心的高速路、快速路和高等级公路已经网络化，600公里周末游可轻松往返。

二是自驾车发展很快，以北京为例，据调查，截至2018年5月，北京市机动车保有量已接近600万辆大关，其中，私人机动车达450万辆，450万驾驶员可以影响1350万家庭成员出游。北京已经进入了汽车化社会，这一点具有划时代的意义。这个自驾车市场，对于首都圈旅游目的地都有巨大吸引力。

北京交通台是司机们爱听的台。目前广告价格比电视台稍低些，建议抓住不放，常年做下去。利用这两个媒体，还可组织企业做点《畅游天下》的专栏访谈节目。周围几座大城市的交通台、经济台亦可作为开发那里市场的首选媒介。

我为林州市所做的《旅游市场营销策划方案》中，强调了抓好北京交通台、经济台这个媒体接口。2003年"十一"黄金周开始投放广告，引来了大批北京自驾车旅游者。林州市市长高兴地说:"这个接口找得准,效果好。"

媒体,也是一种资源,也需要整合。各种接口疏通好了,客源就会源源不断地涌入。

52. 喀斯特地貌

特殊的地质景观是人类认识自然的科学接口,参观后可以让我们得到知识。

2003年10月,我应邀参加在四川兴文召开的中国首届喀斯特旅游研讨会,使我对喀斯特岩溶地貌的形成及价值有了较深的了解。喀斯特,英文是"KARST",地质学概念"岩溶"的意思,也指"水蚀石灰岩地区"。喀斯特地貌通常指岩石裸露、草木不生,具有洞穴、落水洞、地下河而缺乏地表河和湖泊的地区。是地下水对可溶性块状石灰岩溶蚀的结果。这个术语原先用于南斯拉夫达尔马提亚沿岸的石灰岩区喀尔斯,但经过推广,现已用于有类似现象的一切地区。喀斯特的发育条件是:①地表附近有节理发育的致密石灰岩;②中等到较大的降水量;③地下水循环通畅。石灰岩在有酸性的水中更易溶解,而这种水在自然界中广泛存在。雨水沿水平的和垂直的裂缝渗透,将石灰岩溶解,并以溶液形式带走。沿节理发育的垂直裂隙逐渐加宽、加深,形成石骨嶙峋的地形。当雨水沿地下裂缝流动时,就不断使地缝加宽、加深,直到终于形成洞穴系统或地下河道。世界上的大洞穴区,大多数都是喀斯特区。岩沟、天生桥、石灰岩孤峰之类都是喀斯特地区的特有地形。落水洞也是最有代表性的地形,常常合并成更大的凹陷,叫作"波立谷"(灰岩盆地),即所谓"天坑"。落水洞下面有地下河。

这种地质现象造成了地质奇观,这种奇观在中国有广泛的分布,成为重要的旅游景点。据统计,现在开放收票供游人参观的就有近1000多条溶洞。我国著名的洞穴专家朱学稳教授对"漏斗""天坑"有专门论著。成都理工大学的万新南等与法国洞穴科考队著文称:在碳酸盐岩地区发育了一系列奇特的地质地貌景观,因而不少世界级旅游胜地出现在这种地区,供游人观景观奇观形。宜观景者表现为一种幽雅的风貌,如桂林山水、黄果树瀑布、九寨沟钙华湖瀑、黄龙钙华盆景;宜观奇者表现为一种罕见奇观,如三峡兴隆的天坑地缝、四川兴文的石林;宜观形者表现为"象形"逼真,天造地设,如桂林芦笛岩、四川"猿王洞"的石笋造型。此外，洞穴探险旅游，如同滑雪、冲浪一样在国外风行，目前在国内还有待开发。

53. 丹霞地貌

丹霞地貌是以广东仁化县丹霞山命名的。这里以独特的红色沙砾岩构成的丹霞地貌、丹山碧水而名扬四海，被誉为中国的"红石公园"。丹霞名字很美，古来自有出处。典籍称这里"色渥如丹，灿若明霞"，丹霞山因此得名。经地质学家考证，在2500万年前，这里原是一片低平的湖泊，雨水不断冲刷砂石，黏土积聚到湖底，汇集了许多含钙质、氢氧化铁和石膏的沉积物。后来受到地质运动的作用，地壳上升，湖水退尽，形成高耸的山峰，原来湖底的沉积物受到氧化作用，逐渐变成红色。山峰也经过长期风雨侵蚀，流水的切割，形成各种形态的峰林、石蛋、石笋等红沙砾岩地形。这种地形的成因由于与石灰岩地形的成因类似，所以又叫"假喀斯特地形"。后来有地质学家考察发现，这里的峰林有顶平、身陡、麓缓、岩石裸露的特点，便根据这里的地名，在地理学上将这种地貌定名为"丹霞地貌"。在我国，福建的武夷山、广西资源、安徽齐云山、江西龙虎山、广东金鸡岭都是丹霞地貌。甘肃张掖、永登、白银景泰大规模的七彩丹霞，是地球上的绝景。世界上有丹霞地貌的国家不多，美国大峡谷、德国撒克逊、南斯拉夫某些地区是这种地貌。丹霞地貌有极好的景观欣赏价值，因此，凡有这种资源的地方，都开发成著名的旅游景区。

54. 嶂石岩地貌

这是中国三大砂岩地貌之一。这种地貌是由河北省科学院地质研究所郭康研究员在1988年、1989年为嶂石岩作旅游规划时发现并命名的。这种地貌有四个特征：一是丹霞长墙延续不断；二是阶梯状陡崖贯穿全境；三是"Ω"形嶂谷相连成套；四是棱角鲜明的块状结构。这种地貌雏形的形成是喜马拉雅山造山运动的结果，以后风磨雨洗形成了今天的嶂石岩。据地质学家说，当前的嶂石岩正处于风景地貌最完美的时期，这是今人的幸运。到了嶂石岩，一道紫红色弧形崖壁把天空围成一个半桶形，颇似一口深井的纵切面：高100米，长300米，弧度有250°。站在下面，无论你在哪里发出声响，均有一个清晰的回音传来。这个世界上最大的回音壁，于1997年已被

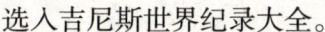

选入吉尼斯世界纪录大全。

嶂石岩地貌主要集中在太行山一带，河北井陉县的苍岩山、平山县的天柱山、河南林州市的王相岩、山西五老峰都是这种地貌。

55. 张家界峰林地貌——《阿凡达》

张家界地貌是世界上一处仅存的景观。大片的石英砂岩峰林所构成的武陵胜景，绵延369平方公里，拥有300多个景点，上千个潭湖溪瀑，上万种珍稀动植物，它以雄、奇、幽、野、秀、峻、险的景观吸引了千千万万海内外旅游者，1992年被联合国教科文组织正式列入"世界自然遗产名录"而成为世界级的旅游风景区。

张家界地貌不同于喀斯特地貌，也不同于丹霞地貌，3.8亿年前，这里也曾是一片汪洋大海，海底岩层逐渐沉积形成沉积岩，在经过复杂而漫长的成岩过程后形成今天看到的总厚度达560米的石英砂岩。形成张家界地貌的除石英砂岩外，还有石灰岩。它的最大特点是，前者抗溶蚀，后者可溶蚀，因而这里有许多石英岩和石灰岩共存景观。中国科学院院长、著名物理学家周光召赞誉张家界为"此景未必天上有，人间只有武陵寻"。这评价既是文学的，又是科学的；或者可以说是出自一位著名科学家的建立在科学基础上的文学评价。

因为它的罕见，美国影片《阿凡达》来张家界拍外景，高大无比的乾坤柱，如梦如幻的神话世界，刚刚杀青，就马上启动进入全球热播程序。这部电影也是对张家界的最好营销。

56. "不到长城非好汉"——万里长城广告词

做产品广告，讲究名人效应。"不到长城非好汉"是毛泽东的诗句。因为这句诗对人们游览长城有极大激励作用，所以，成为号召人们到长城一游的最好广告语。长城旅游是我国开发最早的产品之一。记得改革开放之初，海外客人来北京，八达岭是必去的景点。我们当初印制了《登长城证书》，登上八达岭的外国游客，可以花1元钱买一张，留作纪念。积攒起来的这笔钱作为对外宣传费用，由原国家旅游局和八达岭特区分成使用，我就曾经去收取过这笔费用。记得证书上印的就是毛泽东那句诗："不到长城非好汉。"凡登上长城的人都以"好汉"自居，爬长城的快感尽在其中。

57. 流失文物——使敦煌成为世界旅游热点

"丝绸之路"是知名度极高的王牌产品。敦煌是丝绸之路上的一颗明珠。敦煌为世界所知，与20世纪初各国列强疯狂盗窃敦煌文物有关。1900年，敦煌的藏经洞被发现，文物受到多国"探险家""考古学家"的掳掠，敦煌的文物大量流失。根据1962年商务印书馆编的《敦煌遗书总目索引》数目和迄今为止国内外公布的藏经洞文物编号数目可知，流失海外的文物分别是：英国图书馆有11297号；英国印度事务部图书馆藏765件藏文文本；法国巴黎国立图书馆有6000余号；法国吉美博物馆藏绢画220幅；俄国亚洲民族研究所藏11050号；德国柏林科学院藏6000余件；韩国有2000余件；日本有3000余件；美国有22件；此外，印度、瑞典、奥地利等国均有收藏。据不完全统计，敦煌藏经洞文物至少分布在世界上13个国家。中外敦煌学专家一致呼吁：流失海外的敦煌文物应该"完璧归赵"。1988年，联合国教科文组织通过了将文物归还原主的决定。国宝流失无疑是中国的重大损失。但世界各地保存的敦煌文物成为一种巨大吸引力，吸引各国人们来敦煌探秘，这是近20年来敦煌游客络绎不绝的原因之一。

58. 三峡大坝与"告别三峡游"

长江三峡，是中国旅游的著名"国线"，客人一直比较多。但2000年，客源形成爆满之势，旺季里三峡客轮"一票难求"。

这个原因来自于一种"炒作"：为了刺激人们的旅游欲望，有人放风说，三峡大坝修成后，三峡被淹，许多景点不复存在，现在推出"告别三峡游"，来迟了，许多美景就看不到了。于是，人潮滚滚，一时间应接不暇。其实，问题并没有那么严重，所谓"告别三峡"，只不过是人为地制造出一个"卖点"而已。这种制造出来的"卖点"也是一种特殊的"接口"。

59. 游承德——皇帝的选择

皇帝、总统游过的地方，一定是好地方，有钱有闲我也去。这个想法，古今中外，概莫能外。游承德——皇帝的选择，承德的这句广告语就是根据这种旅游消费心理编写的。承德，好山好水。这里有辽世宗、辽景宗、辽道宗和一代名主萧太后的遗迹，也留下了清代皇帝车辇的辙痕。

作为清顺治七年（1650年）建立的"避暑山庄"，休闲只是其次要功能。

马上得天下的爱新觉罗皇帝，在承德地区开辟围场，为了让八旗子弟不废武功，练习骑射，取名秋狝。当时皇帝认为，对满族政权威胁最大的是金戈铁马的蒙古族。与蒙古上层搞好统一战线，十分重要。于是，在承德建了外八庙，号召蒙古地区普遍建庙，规定每个蒙古家庭要有一人为僧，并给僧侣以优厚待遇，用宗教统治蒙古人心。同时，把皇族公主下嫁蒙古王公，封蒙古大小王爷为"贝勒""贝子"，爵位大大高于汉官，用待遇笼络蒙古人心。在承德建离宫，实质上是皇帝在塞外每年召见蒙古王公，以施怀柔。这个统一战线政策收到了极好的效果。

当我们参观承德避暑山庄的时候，在休闲游玩，品味"皇帝的享受"之外，还可以体味到许多值得借鉴的历史经验教训。

60. 克林顿访问桂林

我建议拍摄一部克林顿访华纪录片，名之为《总统之旅》，把这个录像片拿到美国市场和西柏林旅游博览会上去宣传。桂林这样做了，果然取得了很好的效果。于是，《总统之旅》这部影片就成了欧美客人到中国旅游的"接口"。以前，卡特、尼克松、撒切尔都来过桂林，由于没有制作这样的录像片，没有这个"接口"，欧美许多人不了解桂林，就形不成巨大的客源流。这部影片就如同电路上的一个闸口合龙一样，电流一下就接通了。我们搞市场营销，很大的精力应该花在寻找各种"接口"上。

61. 《枫桥夜泊》和苏州

1985年，我带队参加筑波世博会。在展台调查时，我问日本的学生：你们人人都知道苏州，却几乎无人知道无锡，为什么？他们告诉我：唐朝诗人张继的《枫桥夜泊》被选入日本的中学课本，人们读着"月落乌啼霜满天，江枫渔火对愁眠。姑苏城外寒山寺，夜半钟声到客船"这首诗长大，自然知道姑苏就是苏州，而且很多人新年时还会到寒山寺听钟声，体验那首名诗的意境。跨越1000多年，日本人通过这首诗，心里一直挂念着苏州这座城市。这样的接口太厉害了。

62. 《无锡旅情》和无锡扬名

上面那个故事，使我萌发了创作一首歌，让每一个日本人都会唱，把无锡宣传出去的想法。于是，我和无锡国旅的许吉荣一起找关系，聘请日本最著名的词曲作家中山大三郎来华编写了《无锡旅情》这首歌。经过日本当红歌手尾形大作演唱，音乐出版人山田广作三年全力推广，使《无锡旅情》成为日本音乐史上发行量最大的歌曲。再加之中山大三郎是日本央视 NHK 收视率极高的栏目《女性豪歌》的节目主持人，每周黄金时段，他都先唱一遍《无锡旅情》，作为开场白，使《无锡旅情》在日本迅速普及。于是，无锡从没有几个日本人知道的城市，很快在日本蹿红，成为日本国民唱着《无锡旅情》来华寻找的城市。《无锡旅情》对日营销大获成功。我国有关方面权威人士称：《无锡旅情》是"营销中国的里程碑""是中国对外宣传的一个创举""是创造性思维在旅游业应用的典范"；美国和日本的专家科特勒和德村志成在讲课中也将此歌作为城市营销经典案例进行引用。

63. 接口也是"托儿"

有些产品上市的时候，如果没有直接接口，就得借助外力，借助他人。做市场营销的人，都有这样的体会，自己说好不如别人说好，一般人说好不如名人说好。这就是市场诉求中的名人效应，从作用角度说，名人也就成了产品与消费者之间的"托儿"。

但"托儿"在市场上很臭。常见的有"医托儿""饭托儿""旅游纪念品托儿""珍宝工艺品托儿"等。这些人以诓骗的形式拉客，以提成的形式获利，以违法活动破坏市场秩序，是一股"地下水"，属于打击之类。但旅游业请正经的名人作"托儿"，是名人的第二职业。产品借名人扬名，名人从产品得利，双向需求，一拍即合。这种名人以体育界、演艺界居多。如成龙受聘于爱多 VCD，李连杰受聘于步步高 VCD，乔丹受聘于"耐克"体育用品。

也有请总统做旅游形象代言人的。

比如，韩国交通公社聘请本国总统金大中为旅游形象大使，并请他为旅游景点做广告。曼德拉也曾为南非旅游业做过形象代言人。

选择名人做形象代言人要具备几个条件：一是对受聘国有感情、有热心，对产品有了解；在产品销往的客源国的目标客源层中有相当知名度；受聘的人要有良好的公众形象，这不只是颜值，更重要的是德行。这样才能取得好的营销效果。比如，濮存昕当艾滋病形象大使，让社会以正常形态对待艾滋病及其患者，起到很好的作用。

附录一　市场营销100个接口

64. 马可·波罗与扬州

全世界最著名的大旅行家、意大利商人马可·波罗（Marco Polo）在狱中留给人间的一部名著《马可·波罗游记》。1271—1295年，他从意大利出发完成他的东方之旅。在游历的25年中，17年时间花在了中国。当时，中国正处于元代大汗忽必烈统治时期。马可·波罗是来中国长期旅游并把中国介绍给欧洲的第一人，他的游记被翻译的大约有140种抄本，影响极大，为世界第一奇书。书中记载："从真州向东南方向继续前进，到达重要的扬州市。在司法上，扬州管辖24个城镇，所以，必须把它看成是一个举足轻重的要地。它隶属于大汗的版图。人民信奉佛教，以商业和手工业维持生活。人们制造武器和各种军需品，因此，有许多军队屯驻在这一地区。马可·波罗奉大汗的特命，担任这个城市的总督达3年之久。"

此时非殖民时期，而是最强大的元朝，一个外国人在中国主政一方，不是绝无，也是仅有。这就在历史上有其特殊意义。加之《马可·波罗游记》的影响，对于宣扬扬州知名度的作用不可小觑。在欧洲特别是在意大利，扬州如去做市场开发，提及《马可·波罗游记》中曾记载马可·波罗做过扬州总督之事，会一下拉近中意人民的感情，这将是最好的市场接口。

此事在扬州地方志里虽未曾查到，但也不妨碍我们利用《马可·波罗游记》的影响为营销作的现成铺垫。不会用这个铺垫，就不懂营销技巧之真谛。

65. 鉴真和尚与日本市场

688年，鉴真出生于广陵江阳县（今扬州市），俗姓淳于，14岁于大云出家为沙弥，20岁游学洛阳、长安。鉴真在两京遍访名刹古寺，求教大德高僧，终成饱学之士。鉴真回到扬州，积极从事宗教和社会活动，建寺造塔，讲律授戒，设悲田院、敬田院救济贫病、供养三宝，被尊为淮南江左"独秀无伦，道俗归心"的宗教首领。

鉴真20岁之后，任大明寺住持。742年，日本留学僧荣睿、普照等人专程前来拜访鉴真，请他推荐高僧去日本整顿戒律，弘扬正法。许多人深知海路凶险，不愿前去。鉴真毅然说："为是法事也，何惜身！诸人不去，我去！"

55岁高龄的鉴真，率弟子工匠五次东渡。11年间，行程数万里，饱受风涛之险、牢狱之灾、饥渴之苦，先后牺牲36人。年过花甲的鉴真，也因长途跋涉，暑热煎熬，以致双目失明，成为盲僧。虽屡遭失败，但他不改初心，终于在753年率38位弟子、工匠，随日本遣唐使第六次东渡到日本，实现了多年宏愿。鉴真一行到达日本，受到朝廷的盛大欢迎。他三师七证为天皇、皇太后、皇太子及文武百官正规授戒后，名声大振。天皇随后发下圣旨："自今以后，授戒传律，一任大和尚。"从此，"凡经鉴真授戒者，方始为国家公认之僧。"鉴真以他的高深德学和崇高威望，确定了他在日本佛教界的领袖地位。

鉴真和尚在日本奈良唐招提寺开了一处草药园，他的弟子除讲律、传戒外，还在建筑、雕塑、医药、文学、书法、音乐、印刷、饮食等方面做出了杰出贡献。鉴真被日本人民奉为律宗开山祖、医药始祖、豆腐业祖师、日本文化恩人。鉴真在日本不辞劳苦生活了10年，最后圆寂在日本，享年76个春秋。1000多年来，中日两国人民深深怀念他、敬仰他。唐宋时代，日本便有思托著的《唐大和尚东征传》流传于世；中国的《宋高僧传》也记述了他的光辉业绩。他的足迹所到之处，人们都在以各种方式纪念他。赞颂他的电影、电视、戏剧、绘画和文学作品更是层出不穷。鉴真，永远活在人们心中。

我去唐招提寺参观过，知道日本人对鉴真和尚的景仰之情。近30多年来，因纪念鉴真东渡1230年和1250年的活动，在两国间搞得十分热烈。鉴真这位中日友好使者，永远活在两国人民的心中。

66. 大使莲与扬州荷花

我帮助坂本敬四郎先生策划栽种"中日樱友谊林"活动成功以后，坂本先生又通过我驻日大使徐敦信把扬州的荷花引种到日本。被称为"大使莲"的巨幅广告遍布日本，成为"樱友谊林活动"的续篇，被谱写得有声有色。

原中华人民共和国外交部副部长、中国驻日本国大使徐敦信在给我的信中指出：

"在坂本先生和其他日本人士的努力下，东渡莲子顺利种植成功，且年年开花，岁岁结果，深得日本人民喜爱。光阴荏苒，中日邦交正常化已届而立之年，今年又将迎来中日和平友好条约缔结25周年。愿中日友好之花繁荣茂盛，越开越好。借此机会，也对曾参与策划'日中樱花友谊林'活动的邵春同志将这一活动总结成文，结集发表致以祝贺。"

67. 首批世界地质公园与国际旅游市场

2004年2月13日，设在法国巴黎的联合国教科文组织总部举行首批世界地质公园评选大会，由12位国际知名专家组成评委会，通过了全世界28家地质公园为首批世界地质公园，我国有8家国家地质公园荣膺世界地质公园称号。它们是：黄山、云台山、庐山、嵩山、丹霞山、张家界、石林和五大连池等国家地质公园。此项评定，除了黄山、张家界已取得世界遗产的桂冠外，其余6家重要景区也因此获得了跨进全球旅游市场的入场券，这不仅对于提升这些旅游景区的品牌地位有极为重要的意义，也无疑提高了中国旅游业在全球的影响力。这次全世界共评出28家世界地质公园，中国就占了28.6%，着实让世界眼红，充分证明中国旅游资源的得天独厚。此外，这也是一条品牌打造的捷径。现在世界遗产的评定，每年一个国家最多只能有一处获得通过，我国已有数十家被列入预备名单，真正获批得等到猴年马月，这无疑是条"塞车路"。但世界地质公园同样是联合国教科文组织审批的，目前还没有限制每年各国的参评数目，我们要利用好这个时机，争取有更多的国家地质公园被评为世界地质公园。这是类似的旅游产品驶向国际市场的快速道。距首批地质公园获批后的14年，目前，中国已有36处世界地质公园。

68. 淄博与足球起源地

2004年7月15日上午9点，第三届中国国际足球博览会暨第三届世界足球论坛在北京展览馆召开，国际足联主席拉特正式向全世界宣布：中国淄博为足球发源地。他说：中国足球有着优秀的发展传统，山东淄博的蹴鞠，对足球的发展有很大贡献。今天我们欢聚一堂，目的是大力促进足球运动的发展，使之成为一项超越体育、商业、教育和文化的活动。时任中国足协副主席张吉龙说：中国足球今后将加倍努力，维护这一荣誉。早在2004年2月4日，国际足联已正式认定足球起源于中国。

上午11时，山东淄博与国际足联联合召开新闻发布会，中国社科院考古研究所副所长白云翔宣布：2300年前，足球运动起源于山东淄博。

这是一起具有非常意义的事件：足球是影响世界的运动，其发源地的认定，即肯定了中国对足球运动的贡献，又蕴藏着许多商机。在旅游方面，世界对淄博乃至山东，别的事可以不知道，但无人不知道足球，只要你讲清楚淄博是足球的发源地，人家就会因为认识足球而认识淄博，所以，足球就是淄博乃至山东对外营销的接口。还可以开发以足球为主题的各项活动，开发小小蹴鞠作为纪念品等。不要错过时机，是淄博旅游界应该考虑的问题。我早在2001年就给山东省、淄博市的领导建议：做好足球发源地的营销策划（见丛书《记者生涯篇》中给山东的信）。

69. 贵州雷山——苗族的祖山

贵州地处大西南，历史上就是闭塞之地。黔东南苗族侗族自治州所辖雷山县就更为外界所不知。2004年7月25日，我应邀来雷山为他们还未起步的旅游业出主意。除了关于产品建设的意见外，营销方面我谈的意见之一，就是对外宣传要找"接口"。全国乃至世界各地，许多人不知道雷山，但如果让他们知道与雷山有关的著名人物和知名机构，对外营销时把这些接口讲清楚，雷山就能迅速被外界所了解。

400里苗岭是苗族繁衍生息的家园。而雷山县以雷公山名之，雷公山为苗岭之巅，是苗族的圣山。中国许多人可以不知道雷山，但没有多少人不知道苗岭。把雷山作为苗族的祖山建设好。别处杜鹃是灌木，此处杜鹃早成乔木。连绵百里杜鹃林加上独特的苗家文化，这里一定会被打造成世界级旅游目的地。

70. 蚩尤——苗族的祖先

中国三大人文始祖：炎帝、黄帝和蚩尤。蚩尤是苗族的祖先，这是公认的。在雷山建设苗家祖庭，高高立起蚩尤塑像，及将他对中华文明的贡献刻成浮雕壁画，设坛祭祀，开展研讨，祭祖活动，雷山的影响力将被大大传播。

71. 毛泽东诗《十六字令三首》与雷山

毛泽东诗《十六字令三首》中："山，快马加鞭未下鞍。惊回首，离天三尺三。"是红军长征路过苗岭时，受当地民谣"上有骷髅山，下有八面山，离天三尺三，人过要低头，马过要下鞍"的启发而成诗。苗岭的最高峰雷公山正有这种气势。民谣入毛诗，是对雷山的最好宣传，应为雷山之幸。

72. 全球 18 个文化保护圈与雷山

设在巴黎的世界权威的民间文化组织——世界保护乡土文化基金会，对世界各地民间文化保护最好的地区进行调查，确定黔东南苗族侗族自治州为全球 18 个文化保护圈之一。亚洲只有两个，一个是黔东南苗族侗族自治州，另一个是西藏拉萨。得此殊荣很了不起。就苗族而言，700 多万人口分布全国 10 来个省份，贵州有 400 多万，得此殊荣的仅黔东南。雷山 15 万人口中苗族占 83%，对于苗族文化中心的雷山而言，这是一张对海外营销的王牌，含金量极高，是个独特卖点，容易引起旅游者的好奇心，应在对外营销中强化之、张扬之。

73. 舞钢市与冶炼史

我相信许多人没听说过舞钢。这是一座以生产特种钢材的钢铁公司而命名的城市。冶炼，是这个城市的独特卖点和文化底蕴。这里是历史上著名的龙泉剑、龙渊剑、干将、莫邪宝剑的生产地。现在用于运载火箭、坦克装甲、长江大坝闸门的特钢，都是这里生产的。恐怕不仅仅是历史的巧合。舞钢另一个特点就是三个水库环城，水在城中，城在水中。如果推出"冶都舞钢，中原水城"的总体口号，打造"水火相容，天人合一，花园城市"的总体形象，产品的卖点和市场接口就找到了。

74. 长治和苏轼

来长治讲课，也了解了长治。长治古称上党。苏轼有言："上党从来天下脊。"脊者，巅也。天下之巅峰恐怕不仅指地理上的，更重要的可能是指历史地位而言。曾经天下领先的上党，是今天长治人民的骄傲。长治有个天脊集团，是中国化工行业的老大，如同海尔是家电行业的老大一样，不负"天脊"名号。巧合的是，2004 年第二届中国策划大会，天脊老总李中华、海尔张瑞敏、蒙牛牛根生和本人同时被评为"中国十大策划风云人物"。近日来长治，使我感触良多。特别是苏轼的"上党从来天下脊"这句评语，深感这是长治提高市场认知率的最好接口。

75. 晋城的卖点

文化旅游界有一句话："中国 70% 地上文物在山西，山西的缩影是晋城。"大家知道，山西简称"晋"，所以此处称晋城，应该表明这里代表了山西的精髓，浓缩了山西的历史文化底蕴。如果这一点成立的话，到山西要来晋城，不到晋城就等于没到山西。如果这样的理念被市场所公认，晋城的知名度将会在山西数十个城市中跳出来。所以，把山西的简称"晋"字与"晋城"联系起来，就是这里区别于别的城市的最大"卖点"。

这个"卖点"是有历史事实作依据的：

我们从北京来，路上经过一个地方叫"长平"，是一个比伊拉克更知名的古战场。早在战国时期（前262年）赵王错用"纸上谈兵"的赵括，被秦将白起坑杀赵兵40万，至今，这里尸骨坑中仍然白骨累累、阴风飕飕。这就是著名的"长平之战"。此役是世界战争史上最为惨烈的武装大屠杀，包含着帝王用人失误、将军纸上谈兵、虐俘带来严重后果等血的教训。这个奴隶社会难以抚平的伤痕导致奴隶社会最后的瓦解，也为后世军事家提供了难得的可评可点的反面战例。

从皇城相府翻过山，就是山西沁水，有柳宗元故居。柳宗元，唐宋八大家之一，中国历史上伟大的文学家、思想家、政治家、哲学家。毛泽东评价他"熟读唐人《封建论》，莫从子厚返文王"，14个字有5个字直接点出他的著作和名字。

历史再近一点，就是眼前的这座雄伟的皇城相府。中国封建社会2000年，宰相级别的高官成千上万，没有哪一个宰相在故乡留下如此辉煌的府第。张廷敬一家在清朝260年间，享有"德积一门九进士，恩荣三世六翰林"之誉，举人、贡生数十，且父子同编一典《康熙字典》，堪称中国第一官宦望族，中国北方第一文化巨族。于是，给后世为官做学问的人留下了许多值得回味的东西，也为今天留下了这个5A级景区。

让我们感受最深的还是现代旅游业的发展，晋城在许多方面走在了前头。大家在这里住的酒店，管理的人性化水平和细腻程度，北京的多数饭店做不到；皇城村百姓的住宅，每家300多平方米，24小时热水，现代化卫浴设备。大家共同的感受是"这里乡下人比城里人牛"。各家都有为游客准备的客房，15元一个床位。正如胡锦涛总书记在上海崇明岛考察时说过的："农家乐旅游前途无限。"皇城村所以有这样的成就和前景，套用一段大家都知道的那句山西民谣:"中共中央国务院,晋城市委阳城县,皇城相府张书记,能干,能干,真能干!"

总之,晋城、皇城过去有过辉煌,今天正在创造辉煌,未来一定会更加辉煌!

皇城相府这个名字好!它把北京和这个美丽的小山村连在了一起,把《中国旅游报》和父老乡亲们连在了一起。《中国旅游报》是全国性唯一的旅游行业大报,我们有知名的记者、画家、摄影家,这次大家见了面,建立了感情和友谊,今后这里还将会有我们的身影,乡亲们将会体会到,在往后的日子里,将有一个旅游强势媒体做你们的后盾,为你们的事业呐喊。我们将是晋城对外营销的一个接口。(这是我在皇城相府欢迎大会上的讲话)

76. 武汉黄陂与花木兰

武汉黄陂,当地人认为这里是花木兰的故里。以木兰命名的遗址有:木兰将军墓、木兰将军坊、木兰殿、木兰山金顶等。在木兰外婆家,"木兰屠龙"的故事人人皆知。这里处处充满着木兰文化的气息。更重要的是,方圆946平方公里的木兰生态旅游区,山光水色、民俗风情、植被优良、景观上佳,是一个城里人难得的休闲旅游好去处。目前,景区划为八大景点,以木兰文化为主题已经完成4个规划,截至2003年已投入23亿元,形成了相当规模生产接待能力。作为武汉的后花园,当地政府正在花更大的努力,加强服务配套设施建设,尤其是着力强化木兰文化主题。将八大景点规划落实;开发以木兰为主题的旅游食品、旅游饮品、旅游工艺纪念品等系列产品。

木兰文化是个好品牌。一是在国内有很高的认同性。县志中有记载,北齐时曾设过木兰县,此时正是木兰事迹传颂的年代,朝廷之所以以木兰名字为县名,在于提倡和发扬木兰精神,这如同我们以志丹、靖宇为县名一样;历史上许多文人留有诗作,如杜牧诗;毛泽东在《毛选》第5卷中也说:"黄陂有个木兰山";邮政总局经过考察,在三地竞争中确定黄陂为木兰故里,出了一套纪念邮票;景区内有许多木兰遗迹;木兰作为民间替父从军的英雄形象和爱国精神,在民间广为传诵。二是由于花木兰的孝悌传统和爱国爱乡精神,在全球华人中有广泛的认同性。三是具有全球的认同性。由于世界最大的影视公司——迪士尼推出的卡通巨片《花木兰》，其影响覆盖全球。

但要把这个世界认同的品牌与武汉黄陂联系起来，还有许多关键性的工作要做。

（1）在全国，打木兰品牌的不止武汉一地，如同赤壁、杜康酒、桃花源、香格里拉等品牌一样，都在争抢，谁高明谁就能抢到手，要有品牌意识。

（2）对与木兰有关的品牌，如地名、景区点名、商品名要作商标注册，以抢占先机。

（3）要师出有名，要正名。对木兰生平故里做进一步考察论证，要出书，并通过宣传提高知名度。

（4）建立放映厅，购买卡通片，对来景区的游客播放，作为必须参观的节目之一。

（5）活化历史，以木兰生动片段编排3~5分钟的活报剧，以打动观众。

（6）要整理古代关于木兰的音乐、诗词，如乐府所在北朝民歌《鼓角横吹曲》，南朝僧人智匠所编《古今乐录》有载，可收集起来成立木兰雅乐剧班，进行表演。

（7）木兰诗多年被选入中学课本，中学生可以角色朗诵形式进行表演，引发青少年同感，勾起成人记忆。

（8）作为目的地，城市形象中突出木兰主题十分重要。如武汉和全省的妇女英模称号、组织以木兰命名，如景区的清洁队、街上的骑警、反扒队等以木兰命名；酒店、景区的女服务员、导游着木兰古装。

（9）在对外宣传方面要善用外力，借船出海、搭车远行。如，有消息说，章子怡要演电视剧《花木兰》，要设法联系请剧组来黄陂拍外景，景区要在片尾署名。

（10）在海外营销，口号和各类宣传品要打"木兰故里"旗号，并同迪士尼卡通巨片相联系，以迅速把目的地与客源市场沟通，等等。要做到这些，政府主导和市场运作必须紧密结合。认准的事要抓紧干，机会错过，品牌就会花落别家。（这是2004年马小援书记请我给黄陂讲课的部分内容）。

77. 乐山——利用特殊事件制造接口

接口，有的是老天爷给的，有的是老祖宗留的，现成的东西比较好找，将外界偶然发生的事件作为接口，需要敏感和智慧。乐山利用一次偶然事件提高自己在世界上的美誉度，是一个值得赞扬的做法。

2001年3月，阿富汗塔利班组织炸毁了巴米扬大佛，公然破坏世界遗产，引起国际社会高度关注和强烈谴责，保护世界遗产的呼声四起。乐山市利用这一事件，立即决定多方位维修乐山大佛，并通过强势媒体大造舆论，引起巨大轰动。从而引来联合国教科文组织的关注和世界银行的200万美元的无息贷款。维修工程迅速展开，整个过程中《人民日报》、新华社、中央电视台等130多家媒体、120余家网站追踪报道，其宣传规模、效应前所未有。维修没结束，景区海内外游客同比增长一倍，同年"五一"黄金周游客同比增长14.8%，更重要的是，大大提高了景区的形象和知名度、美誉度及市场回报的忠诚度。

78. 节庆活动与地方经济

这些年来，各地开展的丰富多彩的节庆活动，既是对外营销的好形式，也是旅游的好项目，更是促进地方经济发展的催化剂。

改革开放以来，最早的活动是潍坊风筝节、对海外华人影响巨大的如福建妈祖节。开展节庆活动，逐渐形成旅游搭台，经贸唱戏，以旅游为龙头，拉起一条产业链，提高了地方知名度，壮大了地方经济。如哈尔滨冰灯节和冰雪节、海南欢乐节、大连服装节、青岛啤酒节、广西歌会等。各地的节庆活动丰富多彩，成为促进旅游和当地经济发展的良好契机。

79. 莆田"妈祖节"——连接五洲华人的心

妈祖文化是海内外"大中华圈"旅游具有特殊接口的文化现象，每年举办的"妈祖文化节"在沿海许多城市盛况空前。比如，以"同谒妈祖，共享平安"为主题的第五届福建湄洲妈祖文化旅游节，2004年10月19日在福建莆田湄洲岛隆重开幕，上千名妈祖信徒和游客一同参加了妈祖祭祀大典。

近年来，每年赴湄洲岛进香朝圣的人数都超过百万，其中台胞达10万人之众，尤其是每年农历三月二十三和九月初九，分别是妈祖的生日和升天羽化纪念日，朝圣旅游更是规模空前。被誉为"海上明珠"的湄洲岛是闻名遐迩的海上女神妈祖的故乡，拥有独特的妈祖文化。妈祖庙遍布全球20多个国家和地区，约4000座，信众达2亿多人，仅台湾就有800多座妈祖庙，信众达1400多万人，占岛内总人口的2/3。妈祖崇拜并不局限在福建、台湾、澳门、浙江等南方地区，在有着长久出海历史的天津、山东甚至辽宁等北方地区，也有相当多的妈祖信徒，天津和山东旅游局还联办妈祖文化节，天津妈祖庙修葺一新。

　　据介绍，此次福建湄洲妈祖文化旅游节由原福建省旅游局与莆田市人民政府主办，吸引了众多海内外的妈祖信徒。届时，包括天津、山东、浙江、澳门等有妈祖崇拜历史的省份和地区的香客，将乘百艘海船由海上前来上香。其中包括来自台湾53所公庙的300余名信徒。此次活动为期三天，其间还将举行《清代妈祖档案资料》首发式、"全国摄影创作基地"授牌仪式暨"湄洲情韵"闽台摄影作品展、妈祖圣地平安祈福之旅等一系列活动。

80. 珠三角—大珠三角—泛珠三角（9+2）

　　广东作为中国改革开放的前沿，经济得到迅速发展，带动了珠江三角洲经济的腾飞，进而形成粤港澳大珠三角经济协作区。这个协作区扩大为泛珠三角，包括珠江流域及相近的9省区和香港、澳门，即"9+2"。这既给回归祖国的港澳以发展的新天地，也给内地9省区创造了无限机遇。旅游不是一个行政概念，而是一个区域概念，这样跨地区的广泛联合，优势互补，资源共享，避免浪费，创造先机，各地都会找到许多发展的接口。从这个区域内部来讲，各省市都有自己的优势，特别是港澳，由于实行资本主义制度，市场经济的一套东西较健全，值得内地借鉴，特别是他们与国际市场已经建立起来的广泛联系，是9+2泛珠三角地区对海外大市场的接口，具有特殊重要地位。

81. 长三角—泛长三角（15+1）

　　目前，区域联合已呈燎原之势，与泛珠三角一样，长三角也组成了泛长三角，即15+1，包括长江流域15省市另加黄山。黄山本来在华东，15省市已含安徽，何况黄山是地级市，也不匹配，为什么要用"+1"来表示？加号后边的地方一定有独特卖点，否则人家也不带你玩。这个独特卖点早在20多年前，邓小平同志就发现了，所以他才提出"要打黄山牌"。这位桥牌高手同样是经济战略博弈的高手。现在，黄山已成为世界双遗产，成为享誉全球的旅游目的地。黄山市以黄山为依托，提出"两山一湖"（黄山、九华山、太平湖）战略，但要把这个独特卖点打造完善，还需要下许多功夫。对黄山市来讲，这个"+1"的位置来之不易，十分珍贵，要把握好、利用好。人家带你玩，你首先自己要玩好，提高"玩"的技艺，这是黄山作为"+1"在泛长三角中存在的价值，然后才有资格同玩伴们玩好。一是继续做好黄山文章；二是以黄山为龙头拉起产业链，整合资源，优化产品，把九华山、太平湖及乡镇、农村等地方带动起来；三是山水、乡村容易雷同，但文化特质各有不同，这里最重要的是把徽州文化挖掘出来并融入旅游产品中去；四是善于利用区域环境，与15省市搞好合作，找出接口，借用外力，谋求发展。

82. 汉中的底色和底蕴

汉中的对外接口，一个是历史，另一个是生态。

说到历史，就让人想到一个个振聋发聩的名字：刘邦、韩信、张良、张骞、蔡伦、刘备、诸葛亮等；还有定军山、阳平关、拜将台、古汉台等著名的古迹；"明修栈道，暗度陈仓"等典故及遗迹等，这些都成为人们缅怀历史的重要线索。

说到生态，这是一个中国版图上的特殊单元。南有巴山，北有秦岭，中流汉江，造成了特殊的小气候，成为名副其实的"西北江南"。大山中保留了许多原生态，动植物品类繁多，洋县、佛坪的朱鹮、熊猫、金丝猴，是十分珍贵的动物，这里被评为"世界生态保留地"。

"世界生态保留地"、朱鹮、熊猫以及张骞通西域、蔡伦造纸等，这都是世界级品牌，是汉中的独特卖点，也是汉中旅游业进入世界市场的"入场券"。汉中旅游业以生态为底色，以历史为底蕴，建设全国乃至逐步建成世界级旅游休闲目的地，应该是很有竞争力的。

83. 骊靬与古罗马兵团

神秘也是一种接口。因为越神秘，人们越想探秘，以弄清底细。我参与作金昌的规划，了解了这里的古罗马兵团消失之谜。

公元前53年，古罗马三巨头之一的执政官克拉苏，统兵7个兵团45000人，东征安息（今伊朗）。卡尔莱战役，除其子尼·普布利乌斯所率第一兵团6000余人突围外，其余全军覆灭。而突围余部去往何处，竟成历史之谜。公元前20年，罗马帝国与安息签订和约，要求返还30年前的战俘，但突围的这批人却不知下落。这个历史悬案，一直困惑着罗马的史学家。原来，尼·普布利乌斯所率罗马逃亡军回国无路，辗转安息高原，寻机东移，终于越过防范松懈的安息东界，流徙到我国西域。

西汉时期，中国称古罗马帝国为大秦国，或称黎靬、骊靬、力乾等，司马迁的《史记》把古罗马称作黎靬。中国史书记载，公元前36年，西汉军伐河西，所俘匈奴军中，有一支善以"鱼鳞阵"作战的外国军队，归降后收编。建昭四年秋，即公元前35年8月15日，汉元帝命其守西陲降旨为其置县，县名曰"骊靬"，并任命李西尼（尼·普布利乌斯的中国名字）为县长。汉时不足万户之县长官不称"令"，而称"长"。此置地在今甘肃永昌县城南10华里处的者来寨。自西汉建昭四年建县到隋文帝开皇十年（590年），并入番和县，骊靬县制共存在625年。从《汉书》到《隋书》，史籍中都准确无误地记载了这个县的存在。

本人在参与金昌市旅游规划编制工作时，特到这个被称为"者来寨"的村子，"骊靬"遗址尚存。更让人确认这里居住着罗马人后裔的证据是：有几户人家隔代遗传，个头高、白皮肤、黄头发、蓝眼睛、高鼻子，周围村子也有这样长相的人，总计有200多人。他们自称"骊靬人"。有的说家里曾有祖传的家谱，写明祖上是罗马人，可惜家谱在"文革"中烧毁了。

古罗马兵团神奇地消失，他们的后裔在2000多年后被发现，许多学者查典索句，基本揭开了这个历史谜团。金昌历史上也称永昌、金川。1989年9月30日，新华社《参考消息》披露了"罗马降人"的情况；同年12月15日，《人民日报》以《永昌西汉安置罗马战俘城》为题做了报道，于是，消息传出，震惊世界，国内外专家学者纷纷到金昌考察；中央电视台《东方时空》播放了专题访谈片。

这一尘封的历史之门一旦被打开，为了探秘解谜，对国内、欧美（特别是意大利人）乃至海外游客都将具有巨大引力，吸引着各地游客来访。

84. 金昌与镍都

中华人民共和国成立后，西方国家称中国贫油缺镍，于是，石油和镍矿的勘探、开采就成为国家的战略任务。金昌镍矿发现开采45年来，成为中国镍都、世界第二镍生产基地，但多数中国人并不知道。

这是因为：镍是一种战略物资，在一段历史条件下，具有一定保密性。因此，镍厂有一个代号"886厂"；镍的用途不像铜铁那样普遍，开始被用于军工；后来被用于不锈钢等民用产品，但由于供不应求，不需要做广告，所以人们对这种金属及产地不了解；再加之公司没有上市，股民不知道。但镍对于国家的重要性是清楚的，许多中央领导都到过金昌。1966年3月27日，邓小平来金昌视察，夸赞这里是"难得的金娃娃，祖国的聚宝盆"。江泽民1992年8月12日为金昌题词"腾飞的镍都"。

镍都不仅为国家提供了紧缺物资，而且因找矿、炼矿，在大西北建起了一座新兴城市，成为工业旅游的示范点。从龙首山露天矿到选矿车间、闪速炉车间、电解铜车间和科技馆，人们可以了解从落后生产方式到现代化生产线的变迁，受到艰苦奋斗和爱国主义教育。因此，镍都的秘密一旦被揭开，金昌就会成为重要的工业旅游景区而为人们所了解。

85. 金昌与西路军之谜

1935年10月，中国工农红军一、四方面军在会宁会师后，西路军西征，许多红军指战员虽然浴血奋战，但终因寡不敌众而惨遭失败。金昌是西路军建立的唯一一个苏维埃红色政权，只坚持了40多天。此段历史数十年来由于张国焘的原因没人再提到过。这段尘封的历史已得到公正评价，金昌大地上竖起了徐向前元帅题写的"西路军烈士纪念碑"。2004年，中央决定开展红色旅游，与此有关的十几个省、20座城市、100个景点正在抓紧建设，金昌被列入其中。

86. 金昌与沙漠探秘

丝绸之路从巴丹吉林、腾格里沙漠边缘穿过，金昌与内蒙古阿拉善盟接壤。两地已有意联合促销沙漠之旅。沙漠风光与城市、与江南形成巨大反差，因而对城市人群有巨大吸引力。这两大沙漠里有最高的沙丘，有最优质的响沙湾、月牙湖，有史前的石刻，有黑城、绿城、居延海和胡杨林。可以举办沙漠观光、沙漠探险、沙漠摄影。旅游者到这里滑沙、沙浴、骑驼、观鸟、赏月等，其乐无穷。

87. 淄川与"聊斋文化"

山东淄川有位著名的历史文化名人——蒲松龄，他一生清贫，为人耿直，乐善好施，器识超远，淹贯经史。他著有《聊斋志异》8卷，491篇，《聊斋文集》4卷，杂著5种，《聊斋诗集》8卷，戏3出，俚曲14种，散文、杂文500余篇，诗1300多首，词100多阕，还有《药祟书》《草木传》等。这些作品在世界文坛史上有着非常重要的地位，特别是《聊斋志异》文学名著饮誉海内外，目前世界上已有60多个国家和地区用20多种语言文字出版发行，各种版本近100种，被称为世界文学珍品。蒲松龄因此被称为"中国17世纪著名文学巨匠，世界短篇小说之王，现实主义与浪漫主义诗人"。蒲松龄取得的伟大成就不仅是淄博、山东的光荣，也是全中国人民的荣耀。他在世界上如此高的知名度，是淄川、淄博对外促销的"接口"。因为你向外国说淄川，人家不知道，你说《聊斋志异》的作者蒲松龄，很多人知道，而后再说淄川是蒲松龄的家乡，这就容易拉近距离，人家就有可能来这里看看。

88. 钙酒的广告如何做

旅游饮品、纪念品也要讲文化品位。最近回赤峰，在克什克腾旗，同程集团老总牛亚彬拿出钙酒招待我们。钙酒，是用当地的一种山果酿造，这山果含钙最多，对孕妇和少年蹿个子、老年人健骨强身有好处。

在全民健康的时代，商品的使用价值固然重要，但文化价值对营销作用也很重要。酿造钙果酒的山果名字叫"欧李"，状若樱桃，矮小灌木。在赤峰的山山岭岭，到处可见，我小时候在山上割柴，经常采来止渴。因为太普通，没有正式名字，当地老百姓叫它"糯粒"，这是土音，实际上应该叫"欧李"。史书记载：辽国新皇登基，宋朝派欧阳修来送贺礼。欧阳修离开辽国时，就带上这时令水果路上消渴。回到开封，给皇帝复命，并拿出这水果让皇帝品尝。此时水果已完全熟透，涩味尽无，只余甘鲜，皇帝连连夸赞，并询问水果叫什么名字？欧阳修说：没有名字。皇帝就说：状若小李，欧阳修带回，就叫"欧李"吧。正好与当地土名"糯粒"谐音。如果把这个故事简要地写在钙酒说明上，岂不是未花分文，却请了宋皇和唐宋八大家之一的欧阳修当了一回形象代言人？

89. 敖汉小米和世界旱作农业起源地

2016年，敖汉旗邱书记带队来京促销。我才知道敖汉被称为"世界小米之乡"。2003年，考古工作者在敖汉兴隆沟发掘出粟和黍的碳化标本。据专家考证，距今8000年。据此，世界专业机构认证，敖汉地区为欧亚大陆旱作农业的发源地。2014年，世界粮农组织在敖汉旗召开了"世界小米起源与发展"学术会议。国家质检总局批准对"敖汉小米"实施地理标志产品保护。这再一次证明，赤峰是人类文明的发源地之一，红山文化是中华文明的曙光。小米也是人们了解敖汉的重要接口。

90. 连云港与《西游记》

连云港有个国家5A级景区花果山，是江苏最高峰，东临黄海，生态极佳，气候宜人。水帘洞、大圣湖，因为《西游记》故事远播海内外。凡来连云港的游客，花果山必去。《西游记》让国人记住了花果山，花果山吸引游客来看水帘洞，一探孙悟空隐退归山，和猢狲们过着幸福生活。真是一处世外桃源，人间秘境。

91. 水泊梁山与《水浒传》

山东梁山县水泊梁山景区，面积4.6平方公里，因《水浒传》而得名，因《水浒传》而扬名。

1985年，水泊梁山景区被山东省政府首批公布为省级风景名胜区，2008年被评为国家4A级景区。景区由梁山、青龙山、凤凰山、龟山和一些支脉组成，湖水环绕，是900多年前梁山好汉聚义的地方。2005年复修了忠义堂、号令台、石碣文台；山门、二关、摩崖石刻等工程完毕；2013年，宋江传说、梁孝王与梁山的传说等被选入梁山县非遗保护项目。

北交大王衍用教授为这个景区作了规划，主题设计是原则之一。比如"孙二娘店""时迁鸡""水浒宴""李师师虾"等。梁山武术也被开发：手使禅杖、板斧、九节鞭、月牙铲等兵器，三人对练，虎虎生风，引人入胜。豆腐上断石板、喉顶钢枪、四枪顶身三个特色表演，让游人连连称奇。

92.《红楼梦》与大观园

北京老城区西南角有一座大观园，是为87版《红楼梦》而建的取景地，占地13公顷，是1984年建的。里面按古典园林规制布局，贾宝玉的"怡红院"、林黛玉的"潇湘馆"、妙玉的"栊翠庵"、史湘云的"藕香榭"、贾迎春的"缀锦楼"、薛宝钗的"蘅芜苑"、李纨的"稻香村"、贾惜春的"暖香坞"、贾探春的"秋爽斋",还有"红香圃""蓼汀花溆""嘉荫堂"等公共空间。共计 40 多个景观。当年拍摄《红楼梦》时,我曾陪领导去检查工作,现在保存有与主要演员的合影。现在大观园已经成为一处游人常去的景点。

93.《三国演义》与名著景观

三国是真实的历史,史迹涉及面广,名人众多,所以,几乎重要遗址都被开发为旅游景区。加之《三国演义》名著的作用,三国故事中的人物、事件国人耳熟能详。魏、蜀、吴的都城基本得到开发,武侯祠、张飞庙等古迹成为旅游热点。20世纪90年代,三国城是人造景观的典型代表。为了拍摄电影需要,中央电视台在无锡的影视基地一下子造了三个城:三国城、水浒城、唐城。现在,成为电影文化与旅游结合的主题景区。

94. 名言与景观

景观因名言而名,在全国景区中不乏其例。有一句名言"先天下之忧而忧,后天下之乐而乐",语出范仲淹的《岳阳楼记》。也许你足迹没有到过洞庭湖,没有登临岳阳楼,但你一定读过《岳阳楼记》,因为那是中学课本中必选的古文,也是必背的古文。这句名言,不管是儒家、法家、道家,还是各个阶级有作为的思想家,都是可以共同接受的价值主张。因而传至久远,如雷贯耳。

因名言而记住名篇,因名篇而记住名楼。

95. 天下第一长联与滇池大观楼

楹联是中华文化的佳品之一。楹联千千万,有了特点就有了名。

上联

五百里滇池,奔来眼底;披襟岸帻,喜茫茫,空阔无边!看:东骧神骏,西翥灵仪,北走蜿蜒,南翔缟素,高人韵士,何妨选胜登临,趁蟹屿螺洲,梳裹就风鬟雾鬓,更苹天苇地,点缀些翠羽丹霞,莫辜负,四围香稻,万顷晴沙,九夏芙蓉,三春杨柳。

下联

数千年往事,注到心头,把酒凌虚,叹滚滚,英雄谁在!想:汉习楼船,唐标铁柱,宋挥玉斧,元跨革囊,伟烈丰功,费尽移山心力,尽珠帘画栋,卷不及暮雨朝云,便断碣残碑,都付与苍烟落照,只赢得,几杵疏钟,半江渔火，两行秋雁，一枕清霜。

这一副长联，上联描写滇池的景色，下联写景咏史，寓情于景，情景交融，意境深远，对仗工整。《滇南楹联丛钞·跋》认为它是"大气磅礴，光耀宇宙，海内长联，应推第一"，是当之无愧的"古今第一长联"。

说此联为"古今第一长联"，不确。此联为清朝孙髯翁所做，共180个字。据载，清张之洞《屈原庙湘妃祠联》408字，清潘炳烈《武昌黄鹤楼联》350字，清钟耘舫《六十自题寿诞联》892字，《成都望江楼崇丽阁联》212字，更有《江津临江城楼联》1612字。

我不认为联越长越好，也认可滇池大观楼是不错的长联。现在说它是"天下第一长联"也将就。这长联使滇池扬名，尽管被污染成臭池（现已治理）仍有人愿意前往一游，就是长联产生的场景意境，形成的巨大吸引力使然。

96. 鹳雀楼与王之涣诗

鹳雀楼，位于黄河边上的山西永济市，建于北周时期（约557—571年），历经隋、唐、五代、宋、金700余年后，至元初成吉思汗的金戈铁马进攻中原，毁于兵燹。2002年重建。

《登鹳雀楼》是盛唐诗人王之涣创作的一首诗：

白日依山尽，黄河入海流。

欲穷千里目，更上一层楼。

此诗前两句写景，但开笔就有"缩万里于咫尺，使咫尺有万里"之势；后两句写意，写得出人意料，把哲理与景物、情势融合得天衣无缝，成为鹳雀楼上一首不朽的绝唱。

诗人登高放眼，不断拓出愈益美好的崭新境界。清代诗评家也认为："王诗短短二十字，前十字大意已尽，后十字有尺幅千里之势。"这首诗是唐代五言诗的压卷之作，王之涣因这首五言绝句而名垂千古，鹳雀楼也因此诗而名扬中华。

97. 汤显祖与临川

汤显祖，中国明代戏曲家、文学家。江西临川人（今抚州市）。其戏剧作品《还魂记》《紫钗记》《南柯记》和《邯郸记》合称"临川四梦"，其中《牡丹亭》是他的代表作。汤氏的专著《宜黄县戏神清源师庙记》也是中国戏曲史上论述戏剧表演的一篇重要文献，对导演学起了拓荒开路的作用。汤显祖还是一位杰出的诗人。其诗作有《玉茗堂全集》四卷、《红泉逸草》一卷、《问棘邮草》二卷。因而，汤显祖有"中国莎士比亚"之称。

在2016年汤显祖逝世400周年的纪念大会上，我应邀赶往抚州，并在论坛上发言。汤显祖是中国乃至世界的文化名人，是抚州的一张名片。江西的牌手们在出牌时，要出王安石、文天祥、曾巩，也要出好汤显祖。看看今日电视剧的水平，好好学习纪念汤显祖，现实意义很大、很迫切。

98. 曾巩和南丰

因为做南丰的规划，我"结识"了曾巩。

他是唐宋八大家之一，南丰人，至今曾姓也是南丰的名门望族。曾子文化苑和故居建设是规划的重点之一。

2009年11月22日，在北京保利夜场，曾巩的《局事帖》，以1.3亿元起拍，1.8亿元落槌，最终以2.07亿元成交，打破国内书法拍卖成交纪录。此事让我惊愕：《局事帖》内容不过就是作者给故旧的一封短信，书法水平与古代大书法家的字比，也不显得拔萃。共124字，一字价值近170万元，中国文化市场真是乱套了！

但不管怎么说，曾巩给家乡长脸了，这事可以炒作一把，南丰就可再上层楼。

99. 供需侧和公共媒介

媒介和媒体，由英文media翻译而来。包括各种平面、立体、声像、网络等新闻媒体和出版物，也包括一些中介机构，如旅行社、婚介所、经纪人，甚至公益慈善组织。

信息不对称是公共媒介存在的条件。只要供需双方有沟通的需求，中介和媒体就有生存的空间，因为供给侧和需求侧都需要它们发挥作用。我们生活在社会上的任何人，每天的生活都离不开公共媒介，所以，媒介是每个人、每个企业、每个社会团体与外界联络的公共接口。要认真筛选，择优采纳。

新闻媒介大家比较熟悉，社会公益性媒介，在市场经济发达的国家，对促进社会治理的辅助作用很大，我们国家也在加强这方面的工作。比如，促进青少年健康的公益事业就引起了重视。由北京圆梦公益基金主办的"首都儿童视力康复捐赠仪式"2018年6月2日在京举行，基金会理事长王恭民先生邀我去讲话。这次活动使我了解到做这样的事业的重要性：从1985年开始，中国进行了青少年体质健康调查，调查显示，中国青少年体质连续下滑，学生肥胖率迅速上升，城市中1/4男生是胖墩；眼睛近视的比例，初中生接近60%，高中生为76%，大学生高达83%。过去没有专门机构关注、解决这个问题。最近，国家14个部委联合发起"中国健康校园行"活动，成立了专门机构"学生视力康复办公室"，许多公益慈善机构襄助其成。家长和学生找他们对接，会得到部分赞助，既节省时间，又节省经费。随着我国经济发展和社会治理水平的提高，这类没人管的事情，会逐渐纳入政府和社会团体的视野，使老百姓找到对接的"接口"。在旅游方面，游客受了骗，投诉困难，现在，除了旅游行政部门的质检部门，很多地方成立了旅游警察、旅游法庭等机构，都可以及时受理，旅游依法治理的水平也在提升。

100. 翁牛特与"中华第一龙"

最后一个"接口"说一下我的家乡。

我的祖籍是山东即墨，曾祖父那一辈逃难到现在的内蒙古赤峰市翁牛特旗。

这里在被称为"祖母河"的西拉木伦河边上，是"红山文化"的故乡。著名的"中华第一龙"就在翁牛特旗三星塔拉出土。这件文物的发现非同小可。1975年，这件形制特大的玉龙（高26厘米，呈钩形卷曲状，用绿玉雕成，头上无角，口吻很长，鼻端前突，双目长眦颈上长鬣刚立，凛凛有生气）造型古朴，简洁生动，世所罕见，立即引起轰动。中日等国文物界权威纷纷发表谈话，认为此物发现意义重大。

龙是中华文化肇端的象征，是传说中的一种神话的崇拜物，是全民族公认的古老图腾。但龙的崇拜何时起源？发源何地？是我国古今学者一直探讨的问题。红山文化考古不断取得新进展，使考古界找到了龙的起源，将中华文明史向前推进了1000多年。有实物证据可以与古巴比伦、古埃及、古印度一样悠久，并驾齐驱。这也是赤峰地区的先民为中华文明和世界文明做出的巨大贡献。

案例剖白说营销

此地又是契丹和鲜卑的发祥地，这两个民族后来都曾叱咤风云。契丹1000多年前建立大辽和西辽，疆土直抵中亚。鲜卑建立北魏，辽阔的西伯利亚就以其族名命名。到了元代，成吉思汗三弟后裔察罕诺颜成为蒙古翁牛特部的先祖。"翁牛特"是蒙古语，意为"诸王所在之部"，无疑是蒙古"黄金家族"，出的王爷也最多。元代不说，到了清代，这种王位还在"世袭罔替"。清朝的爵位有亲王、郡王、贝勒、贝子、辅国公、一等吉，翁牛特的扎萨克（旗长）最高时被封为郡王、贝勒衔，这是汉族一品朝官、封疆大吏也得不到的爵位。据清朝玉牒所记，清皇室下嫁赤峰地区的公主共7人，翁牛特右旗1人。

翁牛特旗的政府所在地有一个很有意思的名称——乌丹城。原名蒙古语叫"宝日浩特"，意为"紫城"，这是蒙古人以颜色命名地名的一种习惯，如"呼和浩特（青城）""乌兰浩特（红城）"一样。但这"紫城"就犯了"紫禁城"之讳，蒙古的王公贵族就不能不给它改名。不能改变"宝日浩特"的原意，即紫色不能变，但又不能叫"紫城"。于是，这聪明才智就显现出来了：紫色是由"黑""红"两色调和而成，"乌丹"正好为"紫"。这样，乌丹就成了延续至今的县城的名字。

营销是市场诉求，"给游客一个不得不去的理由"，中华第一龙、紫城，都是让人记住、引人一游的理由。

100个"接口"写完了，是平常采访记录拼凑起来的。其实，接口还有许多，甚至植物（如红豆）、动物（如熊猫）、文物、天文、地理、文化诸般典故、掌故都可以经过选择作为营销接口。有的地方，一下就可以找到几个接口。我找这么多接口的目的是让读者学到营销的一个窍门儿，利用接口营销，会省许多话、省许多劲、省许多钱、省许多时间。

附录二 营销口号举例

一、世界部分国家旅游标志举例

二、世界各国、中国各地营销口号举例

（一）世界旅游日主题口号

1979年9月，世界旅游组织（WTO）第三次代表大会，正式将每年9月27日确定为"世界旅游日"。此后，每年都有不同的宣传主题，供各成员国在"世界旅游日"活动时参考。我国自1983年被世界旅游组织接纳为正式成员国，每年9月27日都以一个城市为主会场，在全国范围围绕主题口号开展丰富多彩的促销活动。现将自1980年以后世界旅游组织确定的"世界旅游日"主题口号集纳如下：

1980年：旅游为保存文化遗产，为和平及相互了解作贡献。

1981年：旅游促进生活质量的提高。

1982年：旅游的骄傲：做文明的客人、文明的主人。

1983年：旅游和度假是所有人的一种权利，也是一种责任。

1984年：旅游为国际谅解、和平与合作服务。

1985年：开展青年旅游，文化和历史遗传为和平与友谊服务。

1986年：旅游——世界和平的促进力量。

1987年：旅游促进发展。

1988年：旅游：教育所有的人。

1989年：旅游者自由往来，创造团结的世界。

1990年：旅游：未获认知的产业，尚待开发的服务（认识旅游事业，开发旅游事业）。

1991年：交通、信息和教育是旅游发展的动力。

1992年：旅游是促进社会经济一体化和增进各国人民了解的途径。

1993年：争取旅游发展与环境保护的永久和谐。

1994年：高质量的员工、高质量的服务、高质量的旅游。

1995年：通过负起责任而受益（世界旅游组织——为世界旅游服务20年）。

1996年：旅游业——宽容与和平的因素。

1997年：旅游业——21世纪保护环境和创造就业的引导产业。

1998年：政府与企业的伙伴关系：旅游开发与促销的关键。

1999年：旅游：为了新世纪，保护世界遗产。

2000年：技术与自然：21世纪旅游业面临的双重挑战。

2001年：旅游——和平与文明的使者。

2002年：生态旅游——可持续发展的关键。

2003年：旅游业：一种消除贫困、创造就业与社会和谐的驱动力。

2004年：体育与旅游：增进相互了解、文化与社会发展的动力。旅游拉动就业。

2005年：旅游与交通：从儒勒·凡尔纳的幻想到21世纪的现实。

2006年：旅游让世界受益。

2007年：旅游为妇女敞开大门。

2008年：旅游：应对气候变化挑战。

2009年：庆祝多样性。

2010年：旅游与生物多样性。

2011年：旅游连接不同文化的纽带。

2012年：旅游与可持续能源：为可持续提供动力。

2013年：旅游与水：保护我们共同的未来。

2014年：旅游和社区发展。

2015年：5亿名游客，十亿个机会。

2016年：旅游促进发展，旅游促进扶贫，旅游促进和平。

2017年：旅游业促进可持续发展。

点评：世界旅游日口号的变化，勾勒出旅游和经济与社会发展方方面面的关系。世界旅游组织（WTO）一年确定一个主题，层层推进，各国响应，同一个行业，同一个调，形成势头，造成影响，效果极佳。这充分说明：旅游业的综合性强，关联度高，成长性好，带动功能大，是全世界公认的，各国都尝到了甜头。

（二）部分国（地区）旅游营销口号

美国

Newyork 纽约　　　　　　　　　　I Love Newyork 我爱纽约

Pennsylvania 宾夕法尼亚　　　　America Starts Here 美国从这里开始
Hershey, Pennsylvania 赫希, 宾夕法尼亚
The Sweetest Place on Earth 地球上最甜的地方
Detroit, Michigan 底特律（密歇根州）
The Renaissance City 再生的城市
Boston, Massachusetts 波士顿（麻省）
The Bicentennial City 两百年的城市
佛罗里达州　　　　　　　　佛罗里达, 与众不同
夏威夷是微笑的群岛, 这里阳光灿烂; 让人向往的地方。
加拿大
四季皆宜的旅游目的地（DESTINA——TIONFORFOURSEASONS）
Ouebec 魁北克　　　　　　It Feels So Different 感觉如此不同
荷兰
Aruba 阿鲁巴
Our Only Business is You 我们唯一的事情就是为你服务
Spain 西班牙 不仅仅是"3S"; Everything under the sun 阳光下的一切
瑞士
世界的公园, 瑞士、瑞士还是瑞士
澳大利亚
令人心旷神怡的澳大利亚; 新世纪, 新澳大利亚;
根据客源地不同, 还设计了不同的促销口号:
对欧洲市场: 发现自己的另一半（DISCOVER THE OTHERSIDE OF YOURSELF）;
对北美市场: 见见澳大利亚人（AUSTRALIA——MEET THE LOCALS）;
对亚洲市场: 到澳大利亚见（AUSTRALIA——SEE YOU THERE）;
新加坡　无限的新加坡, 无限的旅游业; 尽情享受新加坡（LIVEITUP）;
　　　　尽情享受, 难以忘怀; 新亚洲—新加坡, 新感觉
日本　把您本世纪最后一次旅行放在日本
韩国　四季美景, 尽在韩国

泰国　神奇的泰国（AMAZING TAILAND）

（三）中国历年旅游活动主题和宣传口号

1992 年：92 中国友好观光年　　游中国，交朋友

1993 年：93 中国山水风光游　　锦绣河山遍中华，名山胜水任君游

1994 年：94 中国文物古迹游　　中华文物古迹，奉给世人共享
　　　　　　　　　　　　　　　保护文物古迹，促进旅游发展

1995 年：95 中国民俗风情游　　中国——56 个民族的家：众多的民族，
　　　　　　　　　　　　　　　各异的风情；探访中华民族风情，难忘
　　　　　　　　　　　　　　　神奇经历

1996 年：96 中国度假休闲游　　96 中国——崭新的度假天地

1997 年：97 中国旅游年　　12 亿人喜迎 97 中国旅游年
　　　　　　　　　　　　　游中国——全新的感受

1998 年：98 华夏城乡游　　现代城乡，多彩生活

1999 年：99 中国生态环境游　　返璞归真，怡然自得

2000 年：2000 神州世纪游　　文明古国，世纪风采

2001 年：2001 中国体育健身游

2002 年：2002 中国民间艺术游　　悠久的古国文明，神奇的民间艺术
　　　　　　　　　　　　　　　　展现民间艺术风采，促进旅游事业发展
　　　　　　　　　　　　　　　　民间艺术，华夏瑰宝
　　　　　　　　　　　　　　　　旅游——民间艺术走向世界的桥梁

2003 年：2003 中国烹饪王国游　　游历中华胜境，品尝天堂美食
　　　　　　　　　　　　　　　　集华夏美食，飨四方宾朋
　　　　　　　　　　　　　　　　传播烹饪艺术，弘扬中华文化
　　　　　　　　　　　　　　　　中国饮食文化，人类文化瑰宝
　　　　　　　　　　　　　　　　尝美食、学习烹饪艺术——了解中华
　　　　　　　　　　　　　　　　文化的轻松之路

2004 年：2004 中国百姓生活游

2005 年：中国旅游年　　2008 北京——中国欢迎你，红色旅游年

2006 年：中国乡村游　　新农村，新旅游，新体验，新时尚

2007年：中国和谐城乡游　魅力乡村、活力城市、新体验、新风尚
2008年：中国奥运旅游年　北京奥运 相约中国
2009年：中国生态旅游年　走进绿色旅游，感受生态文明
2010年：中国世博旅游年　相约世博 精彩中国
2011年：中华文化游　游中华，品文化
2012年：中国欢乐健康游　欢乐中国游，健康伴你行
2013年：中国海洋年　海洋旅游，引领未来
2014年：智慧旅游年　智慧旅游，让生活更精彩
2015年：美丽中国——2015丝绸之路旅游年　游丝绸之路，品美丽中国
2016年：丝绸之路旅游年　神奇丝绸之路，美丽中国梦
2017年：旅游让生活更幸福

（四）中国各地旅游形象定位和营销口号

1. 省、自治区、直辖市旅游口号

北京　Oriental Capital and Great Wall 东方古都；不到长城非好汉；长城故乡；新北京、新奥运

上海　上海，精彩每一天；感受新上海；上海旅游，现代感受；新上海、新感受

天津　新世纪、新天津、新景观

重庆　永远的三峡，世界的重庆

山西　华夏古文明，山西好风光；当一天八路军，做一回太行人

内蒙古　休闲大草原，激情内蒙古。自然、纯洁、浪温，圆您梦中情结

辽宁　神奇辽宁，多彩关东

黑龙江　大森林、大冰雪、大界江、大草原、大湿地
　　　　针对国际；冬季——冰雪世界；夏季——清凉世界
　　　　针对国内：黑龙江——中国"COOL"省。国际专家为黑龙江提出的形象口号是：中国COOL省（COOL，冬季冰雪，夏季凉爽；COOL还有"酷"的意思，体现城市风貌的时尚）。

浙江　诗画江南，山水浙江

安徽	精彩山水，魅力安徽；中国黄山，皇帝之山； 针对国际：皖南群山秀湖，卧虎藏龙之地； 针对国内：黄山旅游区，世界遗产地；2003年：走进安徽，体验精彩
福建	福天福地福建游；清新福建
江西	针对国际：认识CHINA从这里开始；针对国内：红色摇篮、绿色家园
山东	走进孔子，扬帆青岛；针对韩日市场：欢迎到孔子家乡来；好客山东
河南	拥抱青山绿水，走进健康天地；弘扬文化，传承文明；老家河南
湖北	新世纪、新湖北、新三峡；白云黄鹤的故乡，热情好客的人民；东方的巨龙，中部的湖北；神农架，人与自然可爱的家
湖南	人文湘楚，山水湖南；世界自然遗产——张家界
广东	魅力广东，精彩纷呈；活力广东
广西	绿色诗境家园——山水画廊，壮瑶风情，南国滨海，边关雄姿
海南	椰风海韵醉游人；碧海连天远，琼崖尽是春；寻梦海南岛，作客诗画中；畅游海南，回归自然；国际旅游岛
四川	大熊猫的故乡
贵州	绿色喀斯特王国、文化千岛、亲水之旅；1999年：中国旅游宝库，世界天然公园；
云南	彩云之南，万绿之宗；彩云之南，旅游天堂；奇山异水，民族风情；永远的香格里拉
西藏	千山之宗，万水之源；西藏旅游，寻梦者的乐园；雪域高原，世界屋脊在西藏
陕西	游览陕西——纵观中华文明五千年；自古华山一条路
甘肃	丝绸之路，大漠风光，黄河奇观，道教圣地，黄土风情，丝路花雨。
青海	青海并不遥远
宁夏	多姿多彩的塞外；最后一片处女地。

新疆　新疆，世界旅游的新选择；我们的新疆好地方；丝绸之路探幽

香港　魅力香港，万象之都；动感之都；City of Life；我们是香港 We are Hong Kong；乐在此、爱在此

澳门　宾至如归，澳门欢迎您

台湾　台湾触动你的心

2. 部分城市旅游营销口号

宁波　东方大港，儒商摇篮，名人故里，千年河姆；东方商埠，时尚水都

大连　浪漫之都，中国大连；北方明珠，浪漫之都

青岛　多彩青岛，相约酒吧；北京奥运，扬帆青岛

厦门　海上花园，温馨厦门；天风海涛琴音，温馨滨海厦门

深圳　深圳——每天带给你新的希望精彩；精彩深圳，欢乐之都深圳；畅游深圳，了解中国

珠海　休闲度假，会议会展旅游城

武汉　高山流水，白云黄鹤

哈尔滨　东方巴黎

沈阳　针对国际：清代开国龙兴地，都市田轩新沈阳

　　　中国东北第一大都市；中国第二个故宫

　　　针对国内：畅游沈阳，了解东北新世纪，新辽宁，新沈阳

　　　针对省内：清代发祥地，商都田园情

　　　针对市内：环城郊野，都市田园

成都　休闲之都，天府之乐；天府之国，璀璨明珠；针对国际市场：东方伊甸园

南京　博爱之都——世界第一城垣

杭州　爱情之都；天堂城市

昆明　昆明天天是春天

合肥　包公桑梓地 黄山壮大门

南宁　南国绿都

西宁　中国夏都·西宁

附录二 营销口号举例

银川	塞上明珠，中国银川
福州	福山福水福州游
苏州	东方水城，天堂苏州；人间天堂，苏州之旅
桂林	桂林山水甲天下
龙岩	福建西部风情
三明	回归大自然，请到三明来
常州	华东旅游新亮点
南通	追江赶海到南通
徐州	两汉文化看徐州，高祖刘邦故里游
肇庆	肇庆山水美如画，堪称东方日内瓦
东莞	东莞之路——从虎门销烟到改革开放
中山	伟人故里，锦绣中山
韶关	到韶关看大自然本色
梅州	客家风情，情浓景秀
汕头	百载商埠汕头游
惠州	名山秀水游惠州
佛山	国家级名城，黄飞鸿故乡
湛江	相约在中国大陆最南端
云浮	奇山异水云浮游
河源	绿色生态河源游
揭阳	揭阳古邑风情游
江门	侨乡山水风情画；江门——中国温泉之乡欢迎您
清远	青山绿水新清远
曲阜	旅游到曲阜，胜读十年书
泰安	国泰民安，魂系泰山
烟台	人间仙境，中国烟台
宜昌	三峡风光地，世界水电城；三峡明珠，世界电都
富阳	富春山水、孙权故里
白银	黄河石林　西北瑰宝

承德　游承德，皇帝的选择
开封　七朝古都　千年梦华 北方水城；《清明上河图》的故乡
伊犁　不到伊犁，就不知新疆之美
喀什　不到喀什，就等于你没有来过新疆
柳州　山水桂林，风情柳州
北海　南国珍珠之乡，滨海度假胜地
无锡　太湖美景、无锡旅情
日照　游山登五岳，赏海到日照
吴江　千年水天堂，人间新吴江
舟山　海天佛国、渔都港城——中国舟山群岛
高邮　神州第一邮（游）生态旅游、自然高邮梦里水乡，古韵秦邮
广安　小平故里行、华蓥山上游

3. 部分区县市旅游营销口号

密云　山水大观与首都郊野公园——北京旅游卫星城
平遥　华夏第一古县城
鄯善　我们拥有世界上离城市最近的沙漠
凤凰　月月有节庆，天天黄金周
宁海　天下旅游，宁海开游
阳朔　自然山水精髓，绿色诗境家园
兴安　"千古灵渠""华南第一峰"
龙胜　世界一绝的龙脊梯田
资源　丹霞之魂
荔浦　亚洲第一洞
三江　三江侗乡情
融水　请到融水苗乡来
桂平　宗教圣地朝拜，天国风云考察
东兴　南国边海东兴游
凭祥　南国边关
蒙自　蒙自近代名城游，蒙自红色之旅游

崇明　绿岛休闲，返璞归真
金山　玩陶品画，访古尝鲜
奉贤　回归自然，拥抱大海
嘉定　以茶为宗，置园添景
婺源　寻梦婺源
清江　九曲十八弯，弯弯不一般
新昌　唐诗之路，佛教之旅
临潼　探寻华夏源脉，领略秦风唐韵
象山　东方不老岛，海山仙子国
五指山　不登五指山，不算到海南

4. 名山口号

中国庐山，春如梦、夏如滴、秋如醉、冬如玉

中国黄山，黄帝之山

世界自然遗产——张家界

湖北神农架——人与自然可爱的家

5. 部分主题公园口号

锦绣中华　一步跨进历史，一日畅游中国

中国民俗文化村　24个村寨，56个民族

苏州乐园　迪士尼太远，去苏州乐园

宋城　给我一天，还你千年

三、海外著名企业理念和营销口号

（一）理念和口号

为了国内企业在形象策划方面有所借鉴，特将海外著名企业宗旨、经营理念（用 * 表示）、营销口号或称广告用语（用 ** 表示）集纳如下：

美国假日旅游公司：为旅客提供最经济、最方便、最令人舒畅的住宿条件。

假日酒店："假日"早晚陪伴您。

法国阿科尔旅馆集团公司：发展、利润、质量、教育、分权、参与、沟通。

匈牙利布达佩斯论坛旅馆：多关心人，不把员工当机器人使用。

东京新大谷饭店：跳出寻常范畴，扩展国际视野。

美国波音公司：以服务顾客为经营目标；我们每一个人都代表公司。

美国德尔塔航空公司：亲如一家。

三角洲航空公司：以人为主的公司。

美国航空公司：以顾客为尊，最佳服务；快乐的员工，和谐的人际关系；高度可靠性，安全准时。

日本本田汽车公司：*以科学技术为经，以合理管理为纬。（在本田公司的社训里，甚至有这样的话："尊崇神佛，心存感激，为报恩而感谢生活"，由于信仰不同，不一定有普遍推广价值，但显然有其特点。）

丰田汽车：车到山前必有路，有路必有丰田车。路遥知马力，日久见丰田。

福特汽车：市场不是 100 米的短跑，而是一个 42 公里的长跑马拉松。只有福特汽车能和芝加哥一般地日新月异。

雪铁龙轿车：法国"第一夫人"——雪铁龙轿车与您同行。

日产汽车：古有千里马，今有日产车。

奔驰汽车：非凡之人座驾，长车极品奔驰。

德国福斯：如果有人发现奔驰牌汽车突然发生故障被抛锚，本公司将赠送您美金 1 万元。

宝马汽车：宝马当先。

通用汽车：结局很美妙的事开头并非如此。化繁为简，梦想成真。

大众汽车：没有人能够当然地指望永远保有一份好工作，而要去争取好工作。

埃尔克牌摩托游艇——浮在水面上的家。

加略特飞机——我们的脚下是坚实的大地。

人头马酒：人头马一开，好事自然来。

法国 X.O. 白兰地：长颈 XO，高人一筹。

PM 威士忌：没有 PM，怎么能算是一个夜晚！

附录二　营销口号举例

海涅根啤酒：根本不用细想——来一杯"海涅根"。
瑞士雀巢咖啡：雀巢咖啡，味道好极了！
　　　　　　　世界的早晨，都是雀巢咖啡！
美国黑眼睛姜汁酒："黑眼睛"早晚会走进你心里。
可口可乐：全球最熟悉的商标。
百事可乐公司：胜利是最重要的。
七喜饮料：汽水饮料有两种类型，一种是可乐，一种是非可乐，
　　　　　而"七喜"饮料即属于后者。
麦氏咖啡：麦氏咖啡屋早已是美国风景的组成部分。
明治巧克力：味觉的先端，赞美青春的广播员。
美国麦当劳公司：经营理念——Q+S+C+V，即质量上乘+服务周到+
　　　环境清洁+物（产品）美价廉。对员工的要求——忠诚守实、吃苦
　　　耐劳、献身精神。经营口号——顾客是最重要的，服务是无价的，
　　　公司是大家的。
沃尔玛商店：顾客永远是对的，如有疑问，请参照第一条。
骆驼香烟：**骆驼世界，任我闯荡。
美国云丝顿香烟：**吸美国云丝顿，领略美国精神。
美国万宝路：横扫美国，再创高峰，万宝路销量第一。
世界销量第一，烟味当然第一。
西门子：请愉快地工作，哪怕是假装的。
IBM（美国国际商用机器公司）：尊重个人、顾客至上、追求完美。*
　　　成功的法则就是把犯错误的速度提高一倍。*公司座右铭——诚实。
　　　IBM就是服务。
日本卡西欧计算机公司：开发就是经营。
索尼电视机：横看、直看，都是SONY最好看。
松下电子：如果你只是个做拉面的，也要做出比别处更鲜美的拉面。
松下音响：百见不如一闻，松下让你享受高尚音质音响。
飞利浦音响：飞利浦——身临其境的感受。
三菱冷气机：领导全球冷凉科技。

三菱电梯：上上下下的享受。

东芝空调：空调用东芝，清凉又舒适。

松下空调：快速冷聚，快速加湿，解除灰尘，净化空气。

日本松下电器公司：以生产再生产、无穷尽地供应物质产品和建设乐土为宗旨；

松下是制造电器产品的公司，也是造就人才的公司。

奇异电器公司：奇异是我们最好的产品。

松下传真机：快一拍的节奏，高一层的清晰。

富士通移动电话：盖上盖，形体小；打开盖，形体美。

瑞士劳力士手表公司：前后一贯、品质、销售、管理；仁心待人、严格待事。

飞亚达表：一经拥有，终生何求。

博鲁瓦钟表：美国人民是依靠"博鲁瓦"的时间运行的。

派克金笔：总统用的派克。

攀特牌涂改笔：一笔勾销。

住友商事：没有别的，我们只是快人一步地顺应环境变化。

三井物产：成功有三点：一是强健，二是弹性，三是感情。

荷兰皇家壳牌集团：你可能不理解他人，但请先尊重他人。

查伯保险公司：保险业最杰出。

开拓农机公司：服务全天候、全覆盖。

雷欧·伯纳特广告公司：创造伟大广告。

美国电报电话公司：普及的服务。

施乐伯百货公司：价廉物美。

劳斯公司：为人类创造最佳环境。

普莱斯·华德豪斯公司：力求技术完善。

宝龄公司：做正确的事。

杜邦公司：为了更好的生活，制造更好的产品。

坦顿公司：坦顿的人员和产品是工作在一起的。

贝泰公司：不断地去试，不断地去做。

福罗工程公司：采行构思，付诸实施。

德州仪器公司：写出两个以上目标就等于没有目标。

娇生公司：你必须愿意接受失败。

3M 公司：热衷奉献的精神是产品开发的必要条件。

美国奥顿工业公司：照顾好你的顾客，照顾好你的员工，市场就会对你加倍照顾。

美国坦德姆计算机公司：公司每一个人都必须懂得公司经营业务的实质；所有的雇员都能受益于公司的成功。

美国宝碱公司：重视顾客、主动创事、培养员工向心力。

巴西富勒公司：顾客第一、雇员第二、股东第三、社区第四。

韩国三星集团公司：第一主义；服务是人生最高的道德；人的管理是所有管理中最重要的一环。

艺术家公司：反省和挑战。

新光公司：维持现状就是落伍。

大日本印刷公司：对明天的挑战。

大通集团公司：民有、民治、民享。

花旗银行：当人人都认为发生灾难时，我们却把它看成机会。

住友银行：传统与创新结合。

新日本制铁公司：钢铁立国。

日产公司：品不良在于心不正；一分钟就是八万分钟。

日本三 S 公司：善的循环。

日本东洋纺织公司：愿天下无寒人。

日本太阳企业集团：见缝即扎根，不计啥环境，生命付大地，开花不求荣。

日本东邦药品公司：与其选择阿谀奉承的员工，不如选择有独立思考精神的员工。

日本菱备公司：把信赖用形状表现出来。

日本朝日新闻社：立于不偏不倚之地，以贯彻言论之自由，并求民主国家的胜利，与世界和平的确立；基于正义之道，献身于新闻。

香港《大公报》：*忘己之为大，无私之为公；扩大公无我之怀。《大公报》创刊于1902年，坚持如上理念，在国际上荣获多项荣誉。

菲利浦刮胡刀：价格也挨菲利浦一刀。

瑞士裘皮大衣：**唯一的缺点是——将使您不得不忍痛扔掉以前购买的内衣。

英国其乐牌鞋：腾云驾雾，乐在其中。

德国阿司匹林：家里有人伤风，或染上流行性感冒时，医师一定是这么说："第一，让他好好休息；第二，让他多喝点开水；第三，吃片阿司匹林。"

日本救心药：心病还需心药医。

美国宝洁公司：世界优质产品，美化您的生活。

美国强生婴儿系列护肤品：除了妈妈以外，最爱护我的就是"强生"。

美国蕾蔓美发精：将自然留给大地，把空瓶留给蕾蔓。

香港狮宝牌洗洁剂：高朋满座之后，狮宝就是主角。

台湾兰丽祛斑霜：兰丽祛斑霜，只要青春不要痘。

（二）广告之战案例

——可口可乐百年营销口号变化

作为"理念"，虽然也有与时俱进的问题，但一般来说还是相对稳定的。而广告"口号"则不同，在商战中，因市场和竞争对手的变化，口号也要变化。以可口可乐为例，看一下饮料竞争战中广告口号的变化之激烈。

可口可乐是有百年历史的软饮料，但最初，是一种药品。

早期的广告为：除了可以治疗精神疾病、严重的头痛症、神经痛、癔症、精神忧郁症外，还是一种美味、清爽、提神、令人精力充沛的饮料。

1907年，美国南部邦联994个县有825个县颁布了禁酒令，此时可口可乐打出的广告是：全国著名无酒精饮料。

20世纪20年代，出现了多种可乐饮料与之竞争，可口可乐为了刺激消费，打出了"口渴不分季节""提神醒脑"的广告口号。

30年代，百事可乐脱颖而出，在无线电广播里模仿英国传统的狩猎歌曲《约翰·皮尔》做了一个广告：百事可乐打中了猎物，足有12盎司，真不错。5分钱能买两份，百事可乐是您的选择。

可口可乐马上调整策略，不但也降价到5分钱，而且打出"两份货，值更优"的广告。

1956年：可口可乐质量好，口味佳。

1957年：美味的标志。

1958年：可口可乐口味清凉可口。

1959年：绝对清爽。

于是，百事可乐推出大包装和百事一代。广告表述为：

1961年：百事可乐是那些感觉年轻的人的选择。

1964年：来吧，加入百事一代。

1967年：品尝一下与众不同的百事可乐。

1969年：您所需要的，就是百事可乐给予的。

1983年：百事可乐，现在就买吧。

在这个时候，可口可乐推出了"喝可口可乐，万事顺心"的广告词。

1970年，可口可乐摆起了老资格，打出"正宗货"的广告。

此后，又策划了"货品7X"广告，这是可口可乐的秘密配方，调动了消费者的想象力。

1975年：看哪，美国。

1976年：可口可乐为生活添姿加彩。

1979年：喝可口可乐，喝出好心情。

1982年：就是它，可口可乐。

这就是第一轮可乐产品烽烟四起的广告之战。"口号"不过是这场战争的武器。这个武器或利或钝，全靠使用这个武器的人；靠他头脑中市场观念的强弱、产品质量的好坏、策划水平的高低以及对消费者心理的把握。

四、国内部分著名企业营销口号

1. 茅台酒：空杯尚留满室香。
2. 杏花村汾酒：借问酒家何处有，牧童遥指杏花村。
3. 董酒：不喝董酒不懂酒，喝了董酒回味久。

4. 兰陵酒广告：兰陵美酒郁金香，玉碗盛来琥珀光。但使主人能醉客，不知何处是故乡。

5. 兰陵葡萄酒广告：葡萄美酒夜光杯，欲饮琵琶马上催。醉卧沙场君莫笑，古来征战几人回？

6. 张弓酒：东西南北中，好酒在张弓。

7. 河南宋河酒：东奔西走，要喝宋河好酒。

8. 江苏汤沟酒：南国汤沟酒，开坛十里香。

9. 海口皇妹啤酒：身价不凡的皇妹，男人至爱的啤酒。

10. 健力宝：一个盛夏，一片凉意。健力宝是健康之宝。

11. 雪碧汽水：晶晶亮，透心凉。

12. 宁红减肥茶：衣带渐宽终不悔，常饮宁红减肥茶。

13. 延生护宝液：让您挺直腰杆、容光焕发。

14. 丽珠肠乐：丽珠肠乐，为您筑起健康长城。

15. 娃哈哈儿童营养液：甜甜的，酸酸的，有营养，味道好；喝了娃哈哈，吃饭就是香。

16. 达宁保健品：达宁神茶，给你一个强壮的肾。

17. 丽斯达保健品：把烦恼留给丽斯达，让风采感染每个人。

18. 太阳神口服液：当太阳升起的时候，我们的爱天长地久！

19. 美媛春口服液："寻美人启事"，喝了美媛春，能不漂亮吗！

20. 鲨命美隆：您是否希望仍然拥有20岁时的精力？"鲨命美隆"使您如愿以偿。

21. 太太口服液：每天送您一位新"太太"。

22. 龟鳖丸：除了家人的关怀，医生的嘱咐，还有龟鳖丸。

23. 三九胃泰：悠悠寸草心，报得三春晖——三九胃泰的承诺。

24. 四方牌胃片：胃病患者"治"在"四方"！

25. 洁尔阴消炎药：难言之隐，一洗了之。

26. 云山前列康片：捧出一颗爱心，献给千万老人。

27. 速效救心丸：犯了再吃，不如常吃不犯。

28. 乐得胃：为什么众多胃药都与乐得胃相比？

29. 康泰克：无微不至的关怀。
30. 金水宝药品：昔有冬虫草，今有金水宝。
31. 舒乐安定：舒舒服服入睡，清清爽爽醒来。
32. 荡石片：荡去您人生路上的绊脚石。
33. 胆宁片：免去开刀苦，唯有胆宁片。
34. 正天丸：给你一个宁静的天空。
35. 芬必得：疼痛时，为什么没有想到芬必得。
36. 楚天舒护心贴：口不服，心服。
37. 丹碧丝：享受自由自在的每一天。
38. 喘乐宁气雾剂：喘顺气，只要吸一口气。
39. 贴之消：肿瘤特效药，用了再说好。
40. 山海丹：冠心病的克星。
41. 乌鸡白凤丸：让女性充满新活力。
42. 东阿阿胶：千挑万挑，还是东阿阿胶。
43. 御宫神丹：宫廷秘药，效果显著。
44. 驱风油：居家旅行，常备良药。
45. 红双喜香烟：喜上加喜，人人欢喜。
46. 康师傅方便面：康师傅方便面，好吃看得见。
47. 王致和腐乳：臭名远扬，香飘万里。
48. 乐凯胶卷：时光记忆，乐凯的魅力。
49. 福达彩色胶卷：卷卷福达，片片情。
50. 白丽美容香皂：今年二十，明年十八。
51. 芳草牙膏：药物牙膏知多少，一枝独秀数芳草。
52. 虹美化妆品：早一天使用，迟一天衰老。
53. 新飞电冰箱：新飞广告做得好，不如新飞冰箱好。
54. 中意电冰箱：中意：把"新鲜"直接拉出来。
55. 中意空调：终生无"汗"。
56. 长虹电视机：天上彩虹，人间长虹，长虹彩电。
57. 菊花电扇：菊花电扇，吹出来的名牌。

58. 美的空调机：春意浓，美的亲情更浓。
59. 远大中央空调：远大，开创中央空调新纪元。
60. 格力电器：格力电器，创造良"机"。
61. 万家乐燃气具：万家乐，乐万家。
62. 佳友牌英文打字机：不打不相识。
63. 王麻子剪刀：刀店传名本姓王，两边更有"万"同"汪"，诸公拭目分明认，头上三横看莫慌。
64. 华力牌电蚊香：默默无"蚊"的奉献！
65. 鄂尔多斯羊绒衫：鄂尔多斯羊绒衫，温暖全世界。
66. 兰薇儿：温柔多情的夜，甜蜜温馨的梦。
67. 香港金利来领带：恭喜发财迎新岁，长年好运金利来。
68. 杉杉西服：杉杉西服，不要太潇洒。
69. 内联升鞋：千里之行，始于足下。
70. 盛锡福——以"帽"取人。
71. 永久自行车：永久，骑士的风采。
72. 飞鸽自行车：有天空，就有飞鸽。
73. 庐山名人别墅：蒋介石失去的，毛泽东得到的，全都卖给你。
74. 半山名厦：半山名厦，智者之选。
75. 碧桂园：碧桂园，给您五星级的家。
76. 富丽花园房地产：富丽花园，"贵"而不贵。
77. "百望家园"房地产：百望家园——颐和园后的夏宫。5000元的花园别墅，天天看山水。